A collection of standards for dedicated bridge products（Ⅲ）

桥梁专用产品标准汇编（三）

中国公路学会桥梁和结构工程分会
全国交通工程设施（公路）标准化技术委员会 编

人民交通出版社股份有限公司
China Communications Press Co.,Ltd.

内容提要

本书汇编了交通运输部发布实施的桥梁专用产品标准23项(2014—2016年)。这些标准为国内领先,或达到国际先进水平,对规范产品市场和新产品的推广应用具有促进作用。

本书可供广大桥梁科技工作者和产品生产企业参考使用。

图书在版编目(CIP)数据

桥梁专用产品标准汇编. 三 / 中国公路学会桥梁和结构工程分会,全国交通工程设施(公路)标准化技术委员会编. — 北京:人民交通出版社股份有限公司,2018.4

ISBN 978-7-114-14293-2

Ⅰ. ①桥… Ⅱ. ①中… ②全… Ⅲ. ①桥梁工程—产品标准—汇编—中国 Ⅳ. ①U44-65

中国版本图书馆CIP数据核字(2017)第262683号

书　　名:	桥梁专用产品标准汇编(三)
著 作 者:	中国公路学会桥梁和结构工程分会 全国交通工程设施(公路)标准化技术委员会
责任编辑:	丁　遥
责任校对:	宿秀英
责任印制:	张　凯
出版发行:	人民交通出版社股份有限公司
地　　址:	(100011)北京市朝阳区安定门外外馆斜街3号
网　　址:	http://www.ccpress.com.cn
销售电话:	(010)59757973
总 经 销:	人民交通出版社股份有限公司发行部
经　　销:	各地新华书店
印　　刷:	北京市密东印刷有限公司
开　　本:	880×1230　1/16
印　　张:	33.75
插　　页:	8
字　　数:	1014千
版　　次:	2018年4月　第1版
印　　次:	2018年4月　第1次印刷
书　　号:	ISBN 978-7-114-14293-2
定　　价:	150.00元

(有印刷、装订质量问题的图书,由本公司负责调换)

总 目 次

1. JT/T 892—2014	公路桥梁节段装配式伸缩装置	1
2. JT/T 901—2014	桥梁支座用高分子材料滑板	19
3. JT/T 902—2014	环氧涂层高强度钢丝拉索	39
4. JT/T 903—2014	悬索桥索鞍索夹	61
5. JT/T 926—2014	桥梁用黏滞流体阻尼器	85
6. JT/T 927—2014	桥梁双曲面球型减隔震支座	109
7. JT/T 928—2014	桥梁超高阻尼隔震橡胶支座	139
8. JT/T 736—2015	混凝土工程用透水模板布	193
9. JT/T 1037—2016	公路桥梁结构安全监测系统技术规程	209
10. JT/T 1038—2016	斜拉索外置式黏滞阻尼器	237
11. JT/T 1039—2016	公路桥梁聚氨酯填充式伸缩装置	255
12. JT/T 1061—2016	桥墩附着式柔性防车撞装置	275
13. JT/T 1062—2016	桥梁减隔震装置通用技术条件	297
14. JT/T 1063—2016	桥梁用填充型环氧涂层钢绞线拉索	315
15. JT/T 1064—2016	桥梁阻尼减振多向变位梳齿板伸缩装置	349
16. JT/T 529—2016	预应力混凝土桥梁用塑料波纹管	381
17. JT/T 1090—2016	桥梁用填充型环氧涂层钢绞线挤压锚固拉索	401
18. JT/T 1104—2016	桥梁用热镀锌铝合金钢丝	421
19. JT/T 1105—2016	桥梁用热镀锌铝合金钢绞线	435
20. JT/T 1106—2016	悬索桥主缆缠绕用S形钢丝	447
21. JT/T 1107—2016	桥梁用蟹钳式三角钢管支架	457
22. JT/T 327—2016	公路桥梁伸缩装置通用技术条件	477
23. JT/T 775—2016	大跨度斜拉桥平行钢丝拉索	503

ICS 93.040
P 28
备案号:

中华人民共和国交通运输行业标准

JT/T 892—2014

公路桥梁节段装配式伸缩装置

Block assembly type expansion and contraction installation for highway bridge

2014-04-15 发布

2014-09-01 实施

中华人民共和国交通运输部 发 布

JT/T 892—2014

目　次

前言 ……………………………………………………………………………………………………… 4
引言 ……………………………………………………………………………………………………… 5
1　范围 …………………………………………………………………………………………………… 7
2　规范性引用文件 ……………………………………………………………………………………… 7
3　术语和定义 …………………………………………………………………………………………… 7
4　分类、型号和规格 …………………………………………………………………………………… 8
5　技术要求 ……………………………………………………………………………………………… 12
6　试验方法 ……………………………………………………………………………………………… 15
7　检验规则 ……………………………………………………………………………………………… 17
8　标志、包装、运输和储存 …………………………………………………………………………… 18

JT/T 892—2014

前　言

本标准按照GB/T 1.1—2009给出的规则起草。

本标准由中国公路学会桥梁和结构工程分会提出并归口。

本标准起草单位：交通运输部科学研究院、南京辰顺交通科技有限责任公司、成都市新筑路桥机械股份有限公司、衡水冀军桥闸工程橡胶有限公司、新疆石河子公路管理局。

本标准主要起草人：冯惠、张浩、陈旸、刘家富、张建国、亚森·肉孜、陈光和、汪炜、吴敦营、李亚敏、蔡汇文。

引 言

本文件的发布机构提请注意,声明符合本文件时,可以涉及4.4中有关结构形式的相关专利的使用。

本文件的发布机构对于该专利的真实性、有效性和范围无任何立场。

该专利持有人已向本文件的发布机构保证,他愿意同任何申请人在合理且无歧视的条款和条件下,就专利授权许可进行谈判。该专利持有人的声明已在本文件的发布机构备案。相关信息可以通过以下联系方式获得:

专利持有人姓名:南京辰顺交通科技有限责任公司 陈光和

地址:南京市中华路420号(江苏省科技创业中心内)619室

请注意:除上述专利外,本文件的某些内容仍可能涉及专利。本文件的发布机构不承担识别这些专利的责任。

JT/T 892—2014

公路桥梁节段装配式伸缩装置

1 范围

本标准规定了公路桥梁节段装配式伸缩装置(简称伸缩装置)的产品分类、型号、规格、技术要求、试验方法、检验规则及标志、包装、运输和储存。

本标准适用于公路桥梁伸缩量为 0～240mm 的伸缩装置,市政桥梁和其他结构工程可参照使用。

2 规范性引用文件

下列文件对于本文件的应用是必不可少的。凡是注日期的引用文件,仅注日期的版本适用于本文件。凡是不注日期的引用文件,其最新版本(包括所有的修改单)适用于本文件。

GB/T 528	硫化橡胶或热塑性橡胶　拉伸应力应变性能的测定
GB/T 699	优质碳素结构钢
GB/T 700	碳素结构钢
GB/T 1222	弹簧钢
GB/T 1591	低合金高强度结构钢
GB/T 1682	硫化橡胶低温脆性的测定　单试样法
GB/T 1690	硫化橡胶或热塑性橡胶　耐液体试验方法
GB/T 1839	钢铁产品镀锌层质量试验方法
GB/T 2650	焊接接头冲击试验方法
GB/T 3512	硫化橡胶或热塑性橡胶　热空气加速老化和耐热试验
GB/T 6031	硫化橡胶或热塑性橡胶硬度的测定(10～100IRHD)
GB/T 7659	焊接结构用钢铸件
GB/T 7759	硫化橡胶、热塑性橡胶　常温、高温和低温下压缩永久变形测定
GB/T 7762	硫化橡胶或热塑性橡胶　耐臭氧龟裂静态拉伸试验
GB/T 11264	热轧轻轨
GB/T 11345	焊缝无损检测　超声检测　技术、检测等级和评定
GB/T 11352	一般工程用铸造碳钢件
GB/T 12467.3	金属材料熔焊质量要求　第3部分:一般质量要求
GB/T 23934	热卷圆柱螺旋压缩弹簧　技术条件
JT/T 327	公路桥梁伸缩装置

3 术语和定义

JT/T 327 中所确立的以及下列术语和定义适用于本文件。

3.1

公路桥梁节段装配式伸缩装置　block assembly type expansion and contraction installation for highway bridge

伸缩装置的边梁、组合中梁采用分节制造、节段间对接装配的方式,并在边梁、组合中梁上,沿梁长方向开纵向槽口,将特殊设计的菱形密封橡胶带(简称密封橡胶带)穿拉至纵向槽口内的伸缩装置。

3.2
三维支承 three-dimensional support
使模数式伸缩装置实现多向变位的支承。

3.3
阳极防腐活性元件 anode antiseptic activity components
金属构件采用金属锌涂层,相应设置的阳极防腐活性元件。

3.4
组合中梁 combination beam
在模数式伸缩装置中,由中梁主体(轻轨)和辅助梁体(无缝钢管加工件)组成的构件。

4 分类、型号和规格

4.1 分类

4.1.1 单缝式伸缩装置,代号为 SE。
4.1.2 模数式伸缩装置,代号为 ME。

4.2 型号

型号表示方法如下:

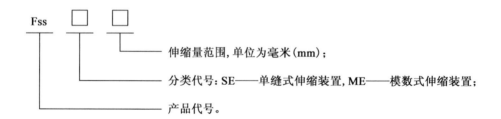

示例1:
伸缩量为80mm的单缝式伸缩装置,其型号表示为 Fss SE 80。
示例2:
伸缩量为240mm的模数式伸缩装置,其型号表示为 Fss ME 240。

4.3 规格

伸缩装置规格见表1。

4.4 结构形式

4.4.1 单缝式伸缩装置

单缝式伸缩装置由边梁(标准节或非标节)、密封橡胶带、阳极防腐活性元件、边梁辅件(装配接头、环氧水泥砂浆或齿条等)、多孔锚固板、锚固钢筋和防裂钢筋网等组成。其中,伸缩量(t)不大于80mm时,采用直形缝结构形式,见图1a);伸缩量在100mm≤t≤140mm时,采用齿形缝结构形式,见图1b)。

JT/T 892—2014

表1 伸缩装置规格

分类		型号	标准节长度（mm）	长度允许误差（mm）	伸缩量 t（mm）	适应槽口		单位质量（kg/m）
						深 H（mm）	宽 W（mm）	
单缝式	直形缝	Fss SE 40	2 000 4 000	±2 或 ±3	$0 < t \leq 40$	$50 < H \leq 100$	$250 < W \leq 300$	≥13.6
		Fss SE 60			$0 < t \leq 60$			
		Fss SE 80		±3	$0 < t \leq 80$			
	齿形缝	Fss SE 100	1 000 2 000 3 000 4 000	±3	$0 < t \leq 100$	$100 < H \leq 140$	$250 < W \leq 300$	≥44
		Fss SE 120			$0 < t \leq 120$			
		Fss SE 140		±4	$0 < t \leq 140$			
模数式		Fss ME 160	4 000 6 000 8 000 10 000 12 000	±5	$0 < \sum t \leq 160$	$160 < H \leq 200$	$300 < W \leq 400$	≥80
		Fss ME 240		±5	$0 < \sum t \leq 240$	$200 < H \leq 260$	$300 < W \leq 400$	≥100

注：$\sum t$ 为模数式伸缩装置各密封橡胶带伸缩量的总和。

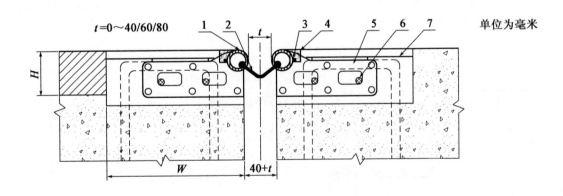

说明：
1——边梁；
2——密封橡胶带；
3——阳极防腐活性元件；
4——边梁辅件；
5——多孔锚固板；
6——锚固钢筋；
7——防裂钢筋网。

a）直形缝

图 1

9

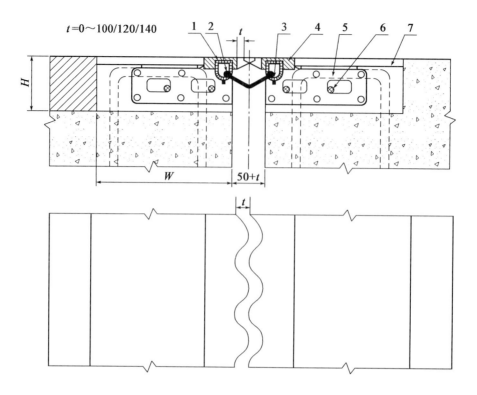

说明：
1——边梁；　　　　3——阳极防腐活性元件；　　5——多孔锚固板；　　7——防裂钢筋网。
2——密封橡胶带；　4——齿形板；　　　　　　　6——锚固钢筋；

b）齿形缝

图1 单缝式伸缩装置结构示意

4.4.2 模数式伸缩装置

模数式伸缩装置由边梁（标准节或非标节）、密封橡胶带、阳极防腐活性元件、组合中梁、支承横梁、多孔锚固板、密封支承箱、三维支承和弹簧等组成，适用于160mm≤$\sum t_{max}$≤240mm的伸缩量范围（$\sum t_{max}$ 为桥梁结构最大伸缩量），见图2。

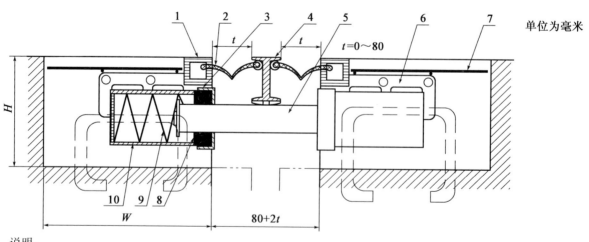

说明：
1——边梁；　　　　3——阳极防腐活性元件；　　5——支承横梁；　　7——防裂钢筋网；　　9——弹簧；
2——密封橡胶带；　4——组合中梁；　　　　　　6——多孔锚固板；　8——三维支承；　　10——密封支承箱。

a）伸缩量为160mm的模数式伸缩装置

图 2

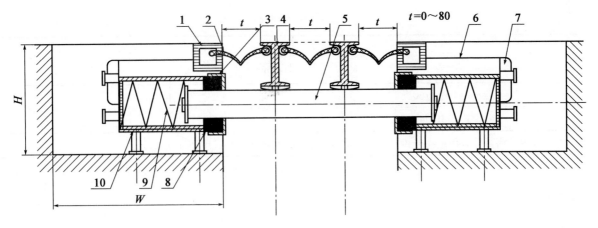

说明:
1——边梁;
2——密封橡胶带;
3——阳极防腐活性元件;
4——组合中梁;
5——支承横梁;
6——防裂钢筋网;
7——多孔锚固板;
8——三维支承;
9——弹簧;
10——密封支承箱。

b) 伸缩量为240mm的模数式伸缩装置

图 2 模数式伸缩装置结构示意

4.4.3 密封橡胶带断面

4.4.3.1 密封橡胶带断面见图3。

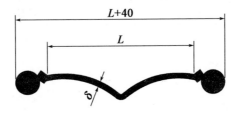

单位为毫米

说明:
δ——密封橡胶带厚度;
L——单缝自然状态下伸缩上限尺寸。

图 3 密封橡胶带断面示意

4.4.3.2 密封橡胶带尺寸规格见表2。

表 2 密封橡胶带尺寸规格

分类		型号	L (mm)	δ (mm)
单缝式	直形缝	Fss SE 40	85、100	3.5
		Fss SE 60		
		Fss SE 80		
	齿形缝	Fss SE 100	120、140	
		Fss SE 120	140、160	
		Fss SE 140	160、200	

表2(续)

分类	型号	L (mm)	δ (mm)
模数式	Fss ME 160	≥85	3.5
	Fss ME 240		

注:齿形缝橡胶密封带L值取决于设计的齿长有无重叠(最大允许重叠长度20mm)部分。

5 技术要求

5.1 外观

伸缩装置应装配牢固、稳定。钢构件外表应平整、光洁、美观,边角过渡圆滑,无飞边、毛刺。

5.2 材料

5.2.1 橡胶

5.2.1.1 密封橡胶带材质应采用天然橡胶或三元乙丙橡胶,不应采用再生胶。

5.2.1.2 密封橡胶带物理机械性能应符合表3的规定。

表3 密封橡胶带物理机械性能

序号	项目		单位	天然橡胶	三元乙丙橡胶
1	硬度		IRHD	60±5	60±5
2	拉伸强度		MPa	≥17	≥15.2
3	扯断伸长率		%	≥400	≥350
4	脆性温度		℃	≤-40	≤-60
5	恒定压缩永久变形(压缩率25%,室温×24h)		%	≤15	≤25
6	耐臭氧老化[臭氧浓度(50±5)×10^{-8},20%伸长40℃×96h]		—	无龟裂	无龟裂
7	热空气老化试验	试验条件	℃×h	70℃×168h	100℃×70h
		拉伸强度降低率	%	-15	±10
		扯断伸长率降低率	%	-40	±20
		硬度变化	IRHD	0~10	0~10
8	耐水性、质量变化(室温×144h)		%	<4	<4
9	耐油污性、体积变化(一号机油,室温×70h)		%	<45	<45

5.2.2 钢材

5.2.2.1 边梁及中梁辅助梁采用不低于20号优质碳素结构钢,其中边梁壁厚不小于5mm,中梁辅助梁壁厚不小于3mm,应符合GB/T 699的规定。

5.2.2.2 中梁主梁体采用不低于55Q碳素钢,应符合GB/T 11264的规定。

5.2.2.3 弹簧材料采用60Si$_2$Mn,其刚度应符合GB/T 1222的规定。

5.2.2.4 多孔锚固板宜采用不低于ZG200—400H铸钢,应符合GB/T 7659的规定。

5.2.2.5 其他钢材应符合 GB/T 700、GB/T 1591 及 GB/T 11352 的规定。

5.3 工艺要求

5.3.1 焊接及涂装

5.3.1.1 焊接工艺及方法不应低于如下要求，焊接质量应符合 GB/T 12467.3 的规定：
 a) 边梁与多孔锚固板间的焊接采用 T422 焊条交流弧焊；
 b) 中梁主梁与辅助件之间的焊接采用 CO_2 气体保护焊；
 c) 中梁节间对接采用 T502 焊条交流弧焊；
 d) 支承横梁与中梁焊接采用 T506 焊条交流弧焊。

5.3.1.2 伸缩装置与混凝土结合的主要受力部件(边梁、多孔锚固板及密封支承箱)，其表面应进行金属涂装，涂层厚度不应小于 $80\mu m$，质量应符合 GB/T 1839 的规定。

5.3.2 装配

5.3.2.1 产品尺寸应符合 4.3 的规定，标准节或非标节纵向平面度不应大于 1.3mm/2m，全长纵向平面度不应大于 5mm/10m。

5.3.2.2 产品的边梁、组合中梁采用分节制作、现场组装：
 a) 边梁节间接头采用台阶式接头或榫接头连接，其接头连接构造示意见图 4；
 b) 组合中梁节间接头采用滑套连接，其接头连接构造示意见图 5；
 c) 节段之间装配后接缝间隙不应大于 1.5mm；
 d) 节间对接装配后采用现场施焊密封工艺。

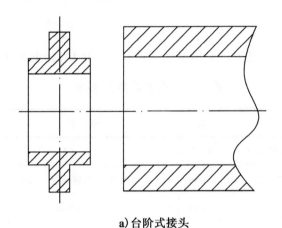

a) 台阶式接头

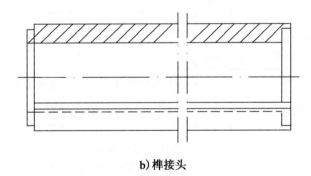

b) 榫接头

图 4 边梁节间接头连接构造示意

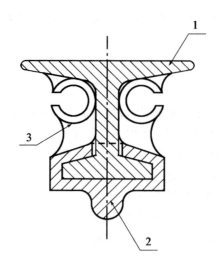

说明：
1——组合中梁；
2——滑套；
3——夹筋。

图 5　组合中梁节间接头连接构造示意

5.3.2.3 产品顶面宽度允许误差为 ±5mm。

5.3.2.4 单缝式伸缩装置，两边梁顶面高差不应大于 1.0mm；模数式伸缩装置，除两边梁顶面高差不应大于 1.0mm 外，两边梁顶面与组合中梁顶面高差不应大于 1.5mm。

5.3.2.5 边梁两端与多孔锚固板之间应设置阳极防腐活性元件，活性元件应与多孔锚固板和锚固钢筋间构成的 PBL 剪力键连通。多孔锚固板沿伸缩装置长度方向排列间距不大于 300mm。

5.4 性能要求

伸缩装置适应的工作环境温度为日平均温度 -30℃ ~ +36℃，其主要性能要求见表4。

表 4　伸缩装置性能要求

序号	项　目	单位	模 数 式	单 缝 式
1	拉伸、压缩时最大水平摩阻力	kN/m	≤4	—
2	拉伸、压缩时变位均匀性	mm	每单元位移偏差 -2 ~ 2	—
3	横向错位	mm	≥6.0	
4	竖向错位	mm	≤5	
5	纵向错位	mm	≤48.0	
6	组合中梁水平制动位移	mm	≤15	
7	密封橡胶带穿拉性能	—	密封橡胶带 100% 穿入，无脱落和断裂	
8	节段接头密封及伸缩装置防水性能	—	注水 24h 无渗漏	
9	锚固性能	—	伸缩装置应能通过插入多孔锚固板孔内的锚固钢筋与混凝土良好结合，形成 PBL 剪力键，按 6.4.10 试验后，锚固件不脱落，钢构件不开裂，试样无重大裂纹和破损现象	

JT/T 892—2014

6 试验方法

6.1 外观

外观质量采用目测法,观察伸缩装置钢构件外观及密封橡胶带装配情况。

6.2 材料

6.2.1 橡胶

6.2.1.1 橡胶硬度应按 GB/T 6031 规定的方法进行。
6.2.1.2 拉伸强度、扯断伸长率应按 GB/T 528 规定的方法进行。
6.2.1.3 脆性温度试验应按 GB/T 1682 规定的方法进行。
6.2.1.4 恒定压缩永久变形测定应按 GB/T 7759 规定的方法进行。
6.2.1.5 耐臭氧老化试验应按 GB/T 7762 规定的方法进行。
6.2.1.6 热空气老化试验应按 GB/T 3512 规定的方法进行。
6.2.1.7 橡胶的耐水性、耐油性试验应按 GB/T 1690 规定的方法进行。

6.2.2 钢材

6.2.2.1 钢材性能试验应按 GB/T 699、GB/T 700、GB/T 1591、GB/T 11352 和 GB/T 11264 规定的方法进行。
6.2.2.2 铸钢件性能试验应按 GB/T 7659 规定的方法进行。
6.2.2.3 弹簧性能试验应按 GB/T 23934 规定的方法进行。

6.3 工艺性能

6.3.1 焊接及涂装

6.3.1.1 焊接质量试验方法应按 GB/T 2650、GB/T 11345 规定的方法进行。
6.3.1.2 金属涂装质量应按 GB/T 1839 规定的方法进行,金属涂层厚度采用超声波测厚仪测量。

6.3.2 装配

6.3.2.1 产品外形尺寸及形位偏差,在开口间隙闭合条件下用钢尺、水平尺、高度尺、角尺、塞尺和直径不大于 0.5mm 的细钢丝测量。
6.3.2.2 装配尺寸要求,在桥梁设计图纸预设开口间隙条件下用卡尺、塞尺和 φ≤0.5mm 的细钢丝测量。

6.4 性能

6.4.1 试样

6.4.1.1 试验设备应能对整体组装后的伸缩装置进行试验。如受试验设备限制,不能对整体伸缩装置进行试验时,单缝式伸缩装置长度取含两组多孔锚固板的试样进行试验,模数式伸缩装置长度取含两组密封支承箱的试样进行试验。
6.4.1.2 试验时应将伸缩装置或试样两边的锚固系统用定位螺栓或其他有效方法固定在试验平台上。

6.4.2 拉伸、压缩时最大水平摩阻力

6.4.2.1 采用带压力仪表的油压千斤顶或压力传感器,沿行车方向向边梁均匀加力至最大伸缩量的

15

80%时,读取拉力值,重复三次,取其平均值。

6.4.2.2 在伸缩装置处于最大伸缩量的80%时,沿行车方向均匀加力压缩边梁至最小伸缩量的80%时,读取拉力值,重复三次,取其平均值。

6.4.3 变位均匀性

6.4.3.1 变位均匀性试验按环境温度20℃时的最大伸缩量条件进行测试。

6.4.3.2 在伸缩装置两端和中间位置做标记,用油压千斤顶或压力传感器对伸缩装置进行往返压缩、拉伸至最大、最小值的80%时,用直尺测量伸缩装置标记处各断面总宽和每条缝隙宽度变位值,重复三次,取其平均值。

6.4.4 横向错位

6.4.4.1 横向错位试验应在伸缩装置最大伸缩量的80%下进行测试。

6.4.4.2 用油压千斤顶或压力传感器对伸缩装置一侧的边梁沿伸缩缝长度方向均匀加力至最大变形,用直尺测量横向错位值。

6.4.5 竖向错位

6.4.5.1 竖向错位试验应在伸缩装置最大伸缩量的80%下进行测试。

6.4.5.2 用油压千斤顶或压力传感器,对伸缩装置一侧的边梁底部沿垂直方向向上均匀加力至最大变形,用高度尺测量竖向高度错位值,重复三次,取平均值。

6.4.6 纵向错位

6.4.6.1 纵向错位试验按环境温度20℃时的最大伸缩量条件进行测试。

6.4.6.2 用油压千斤顶或压力传感器在伸缩装置试样两端沿桥梁行车方向均匀加力,一端向内压缩,另一端向外拉伸,至最大变形,用直尺测量两端纵向错位,重复三次,取平均值。

6.4.7 组合中梁水平制动位移

6.4.7.1 组合中梁水平制动位移试验按环境温度20℃时的最大伸缩量条件进行测试。

6.4.7.2 在两密封支承箱中间的组合中梁顶面,单独设置施力点,用油压千斤顶或压力传感器沿行车方向水平施压,均匀加压至设计的水平制动力时,测量两边梁间隙变化值,重复三次,取平均值。

6.4.8 密封橡胶带穿拉性能

6.4.8.1 将密封橡胶带采用穿拉方式安装在边梁间或边梁与组合中梁、组合中梁与组合中梁之间,用大于49N的压力检验密封橡胶带穿入状况。

6.4.8.2 以1.2kN拉力做拉伸试验,检验其有无滑脱和断裂。

6.4.9 节段接头密封及伸缩装置防水性能

对伸缩装置试样做外设密封体,在最大拉伸状态下,向密封体内注满水,并向密封体内施以大于0.1MPa的气压,观察24h后的渗漏情况及边梁、组合中梁节段接头接缝状况。

6.4.10 锚固性能

对伸缩装置试样边梁体用C40或C50混凝土浇筑,形成伸缩装置锚固试块,在标准荷载试验台上,对伸缩装置锚固试块,采用公路—Ⅰ级荷载后轴重力标准值1.5倍进行200万次振动冲击疲劳试验,卸载后观察伸缩装置结构锚固状况,即观察锚固件是否脱落、钢构件是否开裂、试样有无重大裂纹和破损现象。

7 检验规则

7.1 检验分类

7.1.1 检验分为型式检验和出厂检验。

7.1.2 凡出现下列情况之一者,应做型式试验:
  a) 新产品试制定型鉴定或老产品转厂生产时;
  b) 产品结构、材料、工艺有较大改变,可能影响产品性能时;
  c) 产品停产一年以上,恢复生产时;
  d) 正常生产连续三年或单一品种累计长度超过20 000m时;
  e) 国家质量监督机构提出进行型式检验要求时。

7.1.3 产品经出厂检验合格并签发合格证后方可出厂。

7.2 检验项目

型式检验和出厂检验项目按表5的要求进行。

表5 伸缩装置检验项目

序号	项目名称	技术要求	试验方法	型式检验	出厂检验
1	外观	5.1	6.1	+	+
2	材料	5.2	6.2	+	+
3	焊接及涂装	5.3.1	6.3.1	+	+
4	装配	5.3.2	6.3.2	+	+
5	拉伸、压缩时最大水平摩阻力	表4	6.4.2	+	−
6	变位均匀性	表4	6.4.3	+	−
7	横向错位	表4	6.4.4	+	−
8	竖向错位	表4	6.4.5	+	−
9	纵向错位	表4	6.4.6	+	−
10	组合中梁水平制动位移	表4	6.4.7	+	−
11	密封橡胶带穿拉性能	表4	6.4.8	+	−
12	节段接头密封及伸缩装置防水性能	表4	6.4.9	+	−
13	锚固性能	表4	6.4.10	+	−
注:"+"为检验项目;"−"为非检验项目。					

7.3 组批与抽样

7.3.1 组批

伸缩装置的检验组批可由一个生产批组成。

7.3.2 抽样

型式检验从该批正常生产产品中随机抽取1个～2个样品数,出厂检验从每批产品中随机抽取

2个~3个样品数。

7.4 判定规则

7.4.1 型式检验时有一项指标不合格,则应从该批产品中再随机抽取双倍数目的样品和试样,对不合格项目进行复试,若仍有一项不合格,则判定该批产品不合格。

7.4.2 出厂检验时有一项指标不合格,则应从该批产品中再随机抽取双倍数目的样品,对不合格项目进行复试,若仍有一项不合格,则判定该批产品不合格。

8 标志、包装、运输和储存

8.1 标志

伸缩装置标志可采用铭牌或直接喷刷、印字等形式,标注在产品明显位置,其标志的内容应包括下列项目:
a) 商标;
b) 型号、规格;
c) 制造编号。

8.2 包装

8.2.1 伸缩装置应根据分类、规格及货运质量规定成套包装,但可采用不同的包装方式。不论采用何种包装方式,都应捆扎包装平整、牢固可靠,如有特殊要求,可由厂方与用户协商确定。

8.2.2 伸缩装置出厂时,制造厂应向用户提供下列文件:
a) 产品合格证,合格证上署有制造厂名、型号、规格、出厂日期、检验员代号;
b) 产品使用说明书;
c) 安装图。

8.2.3 伸缩装置出厂由厂家提供安装服务时,制造厂应向用户提供安装工程质量保证书。

8.2.4 产品的技术文件应采用塑料薄膜装袋封口,并附在产品包装中。

8.3 运输和储存

8.3.1 伸缩装置可用常规运输工具运输,运输过程中应避免剧烈震动、雨雪淋袭、太阳暴晒、接触腐蚀性液体及机械损伤。

8.3.2 伸缩装置应储存在干燥、通风、遮阳、自然环境温度范围内,并远离热源、化工溶剂1m以上。

ICS 930.040
P 28
备案号：

中华人民共和国交通运输行业标准

JT/T 901—2014

桥梁支座用高分子材料滑板

Polymer materials sliding plate for bridge bearings

2014-04-15 发布　　　　　　　　　　　　　　　　　　2014-09-01 实施

中华人民共和国交通运输部　发 布

JT/T 901—2014

目　次

前言 …… 22
1　范围 …………………………………………………………………………………………………… 23
2　规范性引用文件 ……………………………………………………………………………………… 23
3　术语和定义 …………………………………………………………………………………………… 23
4　分类及型号 …………………………………………………………………………………………… 24
5　技术要求 ……………………………………………………………………………………………… 25
6　试验方法 ……………………………………………………………………………………………… 28
7　检验规则 ……………………………………………………………………………………………… 29
8　标志、包装、运输和储存 ……………………………………………………………………………… 30
附录 A（规范性附录）　滑板摩擦系数试验方法 …………………………………………………… 31
附录 B（规范性附录）　滑板线磨耗率试验方法 …………………………………………………… 33
附录 C（规范性附录）　滑板荷载压缩变形试验方法 ……………………………………………… 35
附录 D（规范性附录）　铜基三层复合滑板层间结合牢度和压缩变形试验方法 ………………… 37

前 言

本标准按照GB/T 1.1—2009给出的规则起草。

本标准由中国公路学会桥梁与结构工程分会提出并归口。

本标准起草单位：深州市工程塑料有限公司、衡水宝力工程橡胶有限公司、中交第一公路勘察设计研究院有限公司、北京市塑料研究所、衡水中铁建工程橡胶有限责任公司。

本标准主要起草人：庄军生、杜文明、王希慧、葛胜锦、庄甦、杜天民、刘萃、张文雅、麻书龙、宫小能。

JT/T 901—2014

桥梁支座用高分子材料滑板

1 范围

本标准规定了桥梁支座用高分子材料滑板的分类及型号、技术要求、试验方法、检验规则、标志、包装、运输和储存等。

本标准适用于桥梁盆式支座、球型支座和四氟滑板橡胶支座用滑板,也适用于其他类型的桥梁支座及结构工程用的滑板。

2 规范性引用文件

下列文件对于本文件的应用是必不可少的。凡是注日期的引用文件,仅注日期的版本适用于本文件。凡是不注明日期的引用文件,其最新版本(包括所有的修改单)适用于本文件。

GB/T 1033.1 塑料 非泡沫塑料密度的测定 第1部分:浸渍法、液体比重瓶法和滴定法
GB/T 1040.2 塑料 拉伸性能的测定 第2部分:模塑和挤塑塑料的试验条件
GB/T 1591 低合金高强度结构钢
GB/T 3280 不锈钢冷轧钢板和钢带
GB/T 3398.1 塑料 硬度测定 第1部分:球压痕法
GB/T 11352 一般工程用铸造碳钢件
HG/T 2502 5201硅脂
JT/T 4 公路桥梁板式橡胶支座
JT/T 391 公路桥梁盆式支座
TB/T 2331 铁路桥梁盆式支座

3 术语和定义

下列术语和定义适用于本文件。

3.1
高分子材料滑板 polymer material sliding plate

用聚四氟乙烯、改性聚四氟乙烯、超高分子量聚乙烯等高分子材料制成的以减小桥梁支座平面或曲面滑动摩擦系数的板材(简称滑板)。

3.2
线磨耗率 line rate of wear

滑板在一定温度、压力和滑动速度条件下,与对磨件相对滑动时,单位距离的磨耗量,单位为微米每千米(μm/km)。

3.3
对磨件 backing plate

与滑板产生相对滑动的金属板。

3.4
储脂坑 dimple pattern

在滑板表面按一定规则排列模压成型的凹坑,用于存放硅脂以减小滑板与对磨件的静摩擦系数和磨耗。

3.5

导向槽 guide

单向活动支座用于约束支座沿单方向位移的导槽。

4 分类及型号

4.1 分类

4.1.1 按滑板材料分为:
    a) 聚四氟乙烯滑板,代号为 PTFE;
    b) 改性聚四氟乙烯滑板,代号为 M-PTFE;
    c) 超高分子量聚乙烯耐磨滑板,代号为 M-PE;
    d) 铜基三层复合滑板,代号为 SF-I。

4.1.2 按滑板使用功能分为:
    a) 承压用滑板(平面及曲面),代号为 CY;
    b) 侧向导槽用滑板,代号为 CD。

4.1.3 按滑板形状分为:
    a) 圆形滑板,代号为 YX;
    b) 矩(正方)形滑板,代号为 JX;
    c) 球面滑板,代号为 QM;
    d) 柱面滑板,代号为 ZM;
    e) 弓形(劣弧或半圆)滑板,代号为 GX;
    f) 条形侧向滑板,代号为 TX。

4.2 型号

滑板产品型号表示如下:

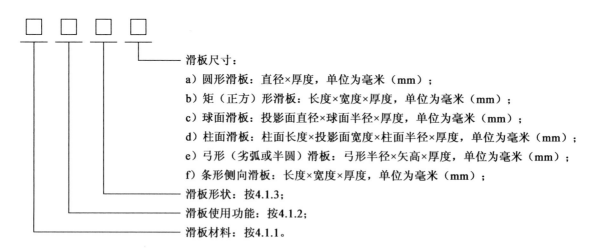

示例 1:
PTFE CY YX 360×7,表示聚四氟乙烯承压用圆形滑板,直径 360mm,厚度 7mm。

示例 2:
M—PTFE CY JX 355×285×7,表示改性聚四氟乙烯承压用矩形滑板,长度 355mm,宽度 285mm,厚度 7mm。

示例3：
PTFE CY QM 540×950×7，表示聚四氟乙烯承压用球面滑板，投影面直径540mm，球面半径950mm，厚度7mm。

示例4：
M—PE CY ZM 290×245×490×7，表示超高分子量聚乙烯承压用柱面滑板，柱面长度290mm，投影面宽度245mm，柱面半径490mm，厚度7mm。

示例5：
M—PE CY GX 180×150×7，表示超高分子量聚乙烯承压用弓形滑板，弓形半径180mm，矢高150mm，厚度7mm。

示例6：
SF—ⅠCD TX 400×30×2.4，表示铜基三层复合侧向导槽用条形侧向滑板，长度400mm，宽度30mm，厚度2.4mm。

5 技术要求

5.1 外观

5.1.1 聚四氟乙烯滑板、改性聚四氟乙烯滑板和超高分子量聚乙烯耐磨滑板

滑板表面应光滑平整，质地均匀，不应有裂纹、气泡、分层、夹带杂质和机械损伤缺陷。聚四氟乙烯滑板为树脂本色，改性聚四氟乙烯滑板和超高分子量聚乙烯耐磨滑板为黑灰色。

5.1.2 铜基三层复合滑板

表面应光滑、平整，无明显脱层、起泡、剥落、机械夹杂等缺陷。

5.2 材料

5.2.1 聚四氟乙烯滑板和改性聚四氟乙烯滑板

聚四氟乙烯滑板应采用新鲜纯料，改性聚四氟乙烯滑板应采用新鲜纯料加新型高分子改性增强剂，混合应均匀，聚四氟乙烯新鲜纯料平均粒径不应大于50μm。不应采用再生料和回头料。

5.2.2 超高分子量聚乙烯耐磨滑板

超高分子量聚乙烯耐磨滑板采用聚乙烯原材料加添加剂，聚乙烯原料分子量不宜小于900万，混合应均匀。不应采用再生料和回头料。

5.2.3 铜基三层复合滑板

铜基三层复合滑板的基体高密度铜合金板厚度为2.15mm±0.15mm，中间烧结多孔青铜层厚度为$0.25_{0}^{+0.15}$mm，表面由80%聚四氟乙烯和20%铅（体积比）组成的填充聚四氟乙烯烧结而成，厚度为$0.10_{0}^{+0.02}$mm。其公差要求应符合JT/T 391的规定。铜基三层复合滑板成品的总厚度为$2.4_{0}^{+0.1}$mm。

5.2.4 滑板对磨件

滑板对磨件为不锈钢板或镀硬铬钢板。平面滑板对磨件用不锈钢板，曲面滑板对磨件用不锈钢板或镀硬铬钢板。

不锈钢板材料性能应符合GB/T 3280的规定，表面硬度HV150~HV200，粗糙度R_z不应大于0.8μm；镀硬铬钢板采用Q345或铸钢ZG270-500，其材料力学性能应符合GB/T 1591和GB/T 11352的规定。

5.2.5 硅脂

滑板采用5201-2硅脂，材料性能应符合HG/T 2502一等品的规定。

5.3 力学性能

5.3.1 聚四氟乙烯滑板、改性聚四氟乙烯滑板和超高分子量聚乙烯耐磨滑板

聚四氟乙烯滑板、改性聚四氟乙烯滑板和超高分子量聚乙烯耐磨滑板力学性能要求见表1。

表1 聚四氟乙烯滑板、改性聚四氟乙烯滑板和超高分子量聚乙烯耐磨滑板力学性能要求

序号	项目			聚四氟乙烯滑板	改性聚四氟乙烯滑板	超高分子量聚乙烯耐磨滑板
1	密度 ρ (g/cm³)			$2.14 < \rho \leq 2.20$	$2.0 < \rho \leq 2.10$	$0.93 < \rho \leq 0.98$
2	拉伸强度[a] (MPa)			≥30	≥21	≥30
3	断裂伸长率[a] (%)			≥300	≥300	≥250
4	球压痕硬度 (H132/60) H (MPa)			23≤H≤33	26.4≤H≤39.6	26.4≤H≤39.6
5	弹性模量 E_t (MPa)			—	—	680≤E_t≤1 020
6	在5201-2硅脂润滑条件下与不锈钢板或镀硬铬钢板滑动摩擦系数	静摩擦系数 μ_s	相对滑动速度 (mm/s)	0.4		
			试验温度 (℃) 21±2	≤0.012		
			试验温度 (℃) 0±2	≤0.018		
			试验温度 (℃) -35±2	≤0.035		
		动摩擦系数 μ_{dyn}	相对滑动速度 (mm/s)	8	15	
			试验温度 (℃) 21±2	≤0.005		
			试验温度 (℃) 0±2	≤0.012		
			试验温度 (℃) -35±2	≤0.025		
7	在5201-2硅脂润滑条件下与不锈钢板摩擦时的线磨耗率		压应力 (MPa)	30	45	45
			试验温度 (℃)	21±2	21±2	21±2
			相对滑动速度 (mm/s)	8	15	15
			往复滑动距离 (mm)	±10	±10	±10
			累计滑动距离 (km)	1	50	50
			线磨耗率 (μm/km)	≤15	≤5	≤5
8	荷载压缩变形		平均压应力 (MPa)	60	90	180
			试验温度 (℃)	35±2	35±2	35±2
			相对滑动速度 (mm/s)	8	15	15
			持荷时间 (h)	48	48	48
			压缩变形量 (mm)	≤0.000 5h_0		

注: h_0 为试件初始外露高度。

[a] 对于厚度大于2mm的滑板,按车削方法制取的试件的拉伸强度和断裂伸长率,不应低于表中规定值的90%。

5.3.2 铜基三层复合滑板

5.3.2.1 支座侧向导槽用铜基三层复合滑板在280MPa压应力下,压缩永久变形量小于或等于0.03mm。

5.3.2.2 层间结合牢固程度按规定方法反复弯曲五次,不应有脱层、剥离,表层的填充聚四氟乙烯层面不断裂。

5.4 工艺要求

5.4.1 聚四氟乙烯滑板和改性聚四氟乙烯滑板

聚四氟乙烯滑板和改性聚四氟乙烯滑板应采用模压板，不应使用车削板。聚四氟乙烯滑板的模压成型压力不宜小于25MPa，改性聚四氟乙烯滑板的模压成型压力不宜小于30MPa。烧结温度360℃≤T≤380℃，烧结时间根据板材厚度确定。

5.4.2 超高分子量聚乙烯耐磨滑板

板材加工采用模压、烧结同时进行，根据支座规格尺寸设计模具定型压制烧结，也可制成大型板材再进行裁剪。模压成型压力、烧结温度和烧结时间应根据烧结设备、工艺条件和板材的厚度确定。

5.4.3 尺寸公差

按设计图和技术条件生产。圆形滑板直径或矩形滑板边长尺寸偏差应符合表2的要求，曲面滑板凹曲深度按设计要求应考虑加工余量和温度环境对自由公差的影响，滑板厚度应均匀。

表2 滑板尺寸公差　　　　　　　　　　　　　　　　　　　　　　　　单位为毫米

直径或长度 d	直径或长度偏差	厚　度	厚度偏差
$d\leqslant 600$	$\begin{array}{c}+1.5\\0\end{array}$	7,8(2,3)	$\begin{array}{c}+0.4\\0\end{array}\left(\begin{array}{c}+0.2\\0\end{array}\right)$
$600<d\leqslant 1200$	$\begin{array}{c}+2\\0\end{array}$	7,8(2,3)	$\begin{array}{c}+0.5\\0\end{array}\left(\begin{array}{c}+0.3\\0\end{array}\right)$
$d>1200$	$\begin{array}{c}+3\\0\end{array}$	>8	$\begin{array}{c}+0.7\\0\end{array}$

注：括号内数值用于四氟滑板橡胶支座。

5.4.4 储脂坑的设置

承压用滑板表面应设置存放硅脂的储脂坑。储脂坑应模压成型，不应用机械加工方法成型，储脂坑平面布置和尺寸应符合TB/T 2331的规定，见图1。支座组装时滑板主要滑移方向应与支座主位移方向一致。侧向导槽用滑板表面不设储脂坑。

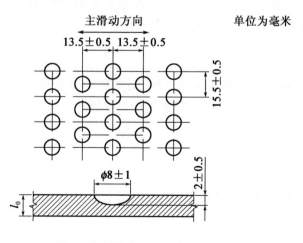

图1 滑板储脂坑平面布置和尺寸

5.4.5 粘合面的处理

5.4.5.1 聚四氟乙烯滑板、改性聚四氟乙烯滑板背面与支座钢部件或橡胶粘合面应经萘钠活化处理，处理后的滑板应避光保存，20d内完成粘接。滑板与橡胶粘合面的粘接强度应符合JT/T 4的规定。

5.4.5.2 超高分子量聚乙烯耐磨滑板背面应经砂光处理成粗糙面，以与支座接合面粘接牢固。

5.4.5.3 铜基三层复合滑板与基层钢板采用厌氧胶粘接，并用M5沉头螺钉（中距不大于150mm）连接。

6 试验方法

6.1 外观质量

滑板外观质量在自然光线下用目视检查。

6.2 密度

密度测定方法按GB/T 1033.1的规定进行。

6.3 拉伸强度、断裂伸长率和弹性模量

6.3.1 试验要求

试验温度23℃±2℃，相对湿度45%~55%。试验方法按GB/T 1040.2的规定进行。试验结果按算术平均值取值。

6.3.2 试件

试验前，试件应在试验温湿度条件下放置8h以上。试件采用1BA型试件，试件制取要求如下：
a) 厚度2mm的板材，可在板上直接冲取五个试件；
b) 厚度大于2mm的板材，可将板材车削成2mm±0.2mm试验用板材，沿板材车削纵向冲取五个试件。

6.3.3 试验机上两夹具的相对移动速度

试验机上两夹具的相对移动速度取值如下：
a) 聚四氟乙烯滑板为(100±10)mm/min；
b) 改性聚四氟乙烯滑板和超高分子量聚乙烯耐磨滑板为(50±10)mm/min；
c) 弹性模量试验速度为1mm/min，允许偏差±50%。

6.4 球压痕硬度

试验试件ϕ50mm×4mm，每组试件不少于2块，测点数不少于10个，按GB/T 3398.1规定的方法进行，荷载132N，持荷时间60s。试验结果按算术平均值取值。

6.5 摩擦系数和线磨耗率

6.5.1 滑板摩擦系数

滑板摩擦系数试验方法按附录A的要求进行。

6.5.2 滑板线磨耗率

滑板线磨耗率试验方法按附录B的要求进行。

6.6 滑板荷载压缩变形

滑板荷载压缩变形试验方法按附录C的要求进行。

6.7 滑板尺寸

6.7.1 测量温度23℃±2℃,尺寸公差应符合表2的要求。

6.7.2 厚度用精度不低于0.02mm的量具测量。

6.7.3 直径、长度和宽度应符合设计要求,用精度不低于0.1mm的钢直尺测量。

6.8 铜基三层复合滑板试验

铜基三层复合滑板层间结合牢度和压缩变形试验方法按附录D的要求进行。

7 检验规则

7.1 滑板检验分类

滑板检验分型式检验和出厂检验。

7.2 型式检验

7.2.1 凡属下列情况之一时,应进行型式检验:
a) 新产品或老产品转厂生产的试制定型试验;
b) 正式生产后,结构、材料和工艺有改变,影响产品质量及性能时;
c) 产品停产一年后,恢复生产时;
d) 出厂检验结果与上一次型式检验有差异时;
e) 国家质量监督机构提出进行型式检验的要求时。

7.2.2 型式检验项目应符合表3的要求。

7.3 出厂检验

每批产品应按表3的要求进行出厂检验,对小型产品每批产品数量不宜大于200kg,对每件板质量大于1kg的产品,每批产品数量不大于500kg。

7.4 复检和判定

型式检验和出厂检验时,当不合格项目不超过两项时,允许对不合格项目进行一次加倍复检,加倍复检项目均合格者,可判定该批产品合格;如仍有复检项目不合格者,则判定该批产品不合格。

表3 滑板检验项目

检验项目	技术要求		试验方法		型式检验	出厂检验	检验频次
	聚四氟乙烯滑板、改性聚四氟乙烯滑板和超高分子量聚乙烯耐磨滑板	铜基三层复合滑板	聚四氟乙烯滑板、改性聚四氟乙烯滑板和超高分子量聚乙烯耐磨滑板	铜基三层复合滑板			
外观质量	5.1.1	5.1.2	6.1	6.1	+	+	每块
尺寸公差	5.4.3	5.2.3	6.7	6.7	+	+	

表3(续)

检验项目		技术要求		试验方法		型式检验	出厂检验	检验频次
		聚四氟乙烯滑板、改性聚四氟乙烯滑板和超高分子量聚乙烯耐磨滑板	铜基三层复合滑板	聚四氟乙烯滑板、改性聚四氟乙烯滑板和超高分子量聚乙烯耐磨滑板	铜基三层复合滑板			
力学性能	密度	表1	—	6.2	—	+	+	内检每批一次，抽检不少于三块，外检每年一次
	拉伸强度	表1	—	6.3	—	+	+	
	断裂伸长率	表1	—	6.3	—	+	+	
	球压痕硬度	表1	—	6.4	—	+	+	
	弹性模量	表1	—	6.3	—	+	+	
	摩擦系数	表1	—	6.5.1	—	+	—	两年一次
	线磨耗率	表1	—	6.5.2	—	+	—	
	压缩变形	表1	5.3.2	6.6	6.8	+	—	
	层间结合牢度	—	5.3.2	—	6.8	+	—	

8 标志、包装、运输和储存

8.1 标志

每批滑板应附有质量检验合格证，注明产品名称、型号、产品批号、数量、执行标准、生产日期。

8.2 包装

滑板用塑料薄膜袋做内包装，厚纸箱或木箱做外包装。经背面萘钠活化处理的聚四氟乙烯滑板和改性聚四氟乙烯滑板应采用避光保存的包装。

8.3 运输

滑板在运输和装卸过程中，应小心操作，防止碰伤，不应受到划伤、抛甩、剧烈撞击及油污和化学品等污染。

8.4 储存

滑板应储存在清洁、阴凉、干燥的库房内，摆放整齐，曲面板应采取保型措施，以防受压变形。

附 录 A
（规范性附录）
滑板摩擦系数试验方法

A.1 试件

试件形状与尺寸见图 A.1。

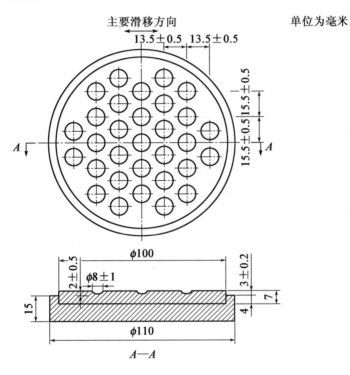

图 A.1 滑板摩擦系数试验用试件

A.2 试验方法

试验应按以下要求和操作程序进行：
a) 试验时试件表面涂满 5201-2 硅脂；
b) 采用双剪试验方式，试验装置见图 A.2，滑板摩擦系数试验条件见表 A.1；

表 A.1 滑板摩擦系数试验条件

序号	试 验 条 件	单位	聚四氟乙烯滑板	改性聚四氟乙烯滑板	超高分子量聚乙烯耐磨滑板
1	试件正应力	MPa	30	45	
2	试验温度	℃	21±2, 0±2 和 -35±2		
3	测试温度下的持荷时间	h	1		
4	相对滑动距离	mm	±10		

表 A.1(续)

序号	试验条件		单位	聚四氟乙烯滑板	改性聚四氟乙烯滑板	超高分子量聚乙烯耐磨滑板
5	静摩擦	相对滑动速度	mm/s	0.4		
		次数	次	5		
6	动摩擦	相对滑动速度	mm/s	8	15	
		次数	次	10	10	

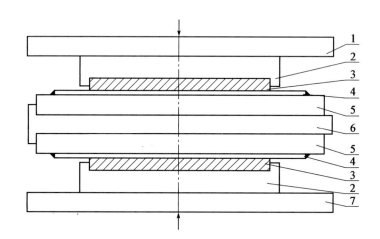

说明：
1——试验机上承压板；
2——嵌放滑板钢板；
3——滑板；
4——不锈钢板；
5——焊接不锈钢板用的基层钢板；
6——水平力加载装置；
7——试验机下承压板。

图 A.2 滑板摩擦试验装置

c) 试件数量为三组，三组静摩擦系数平均值为滑板静摩擦系数，三组动摩擦系数平均值为滑板动摩擦系数，其数值应分别符合表1的要求。

A.3 试验报告

试验报告应包括以下内容：
a) 试件概况：试验设备、试验荷载、试验温度、加载速度等；
b) 试验过程中有无异常情况，如有异常，描述异常情况发生的过程；
c) 试件摩擦系数实测结果，并评定试验结果；
d) 试验现场照片。

附 录 B
（规范性附录）
滑板线磨耗率试验方法

B.1 试件

滑板线磨耗率试验用试件与摩擦系数试验用试件相同，见图 A.1。试件数量为两件，另附密度试件一件。试件应从支座用滑板上随机抽取。

B.2 试验准备

试验准备应按以下要求和操作程序进行：
a) 试验前先将试件表面储脂坑内涂满硅脂，放置24h，随后仔细擦去硅脂，用丙酮擦洗干净，在干燥皿中放置24h，用精度1/1 000g天平称试件质量，作为试件原始质量 W_0，单位为克(g)；
b) 用千分尺测量试件直径，计算试件表面积 A（应扣除储脂坑面积），单位为平方毫米(mm^2)；
c) 按 GB/T 1033.1 测定试件密度 ρ，单位为克每立方毫米(g/mm^3)。

B.3 试验方法

试验方法按以下要求进行：
a) 滑板线磨耗率试验按双剪试验方式进行，见图 A.2；
b) 试验条件见表 B.1；

表 B.1 滑板线磨耗率试验条件

序号	试验条件	单位	聚四氟乙烯滑板	改性聚四氟乙烯滑板	超高分子量聚乙烯耐磨滑板
1	试件尺寸	mm	$\phi100 \times 7$		
2	试件压应力	MPa	30	45	45
3	试验温度	℃	21 ± 2		
4	试件预压时间	h	1		
5	每次往复滑动相对距离	mm	± 10		
6	相对滑动速度	mm/s	8	15	
7	累计滑动距离	km	1	50	
8	磨耗试验的对磨材料	—	符合5.2.4要求的不锈钢板或镀铬钢板		

c) 试验过程中应记录温度和摩擦系数随摩擦距离增加的变化情况。绘制温度—摩擦距离和摩擦系数—摩擦距离曲线；
d) 线磨耗率试验结束后，应仔细擦去试件表面硅脂，用丙酮擦洗干净，在干燥皿中停放24h，用精度1/1 000g天平称试件质量，作为试验后试件质量 W，单位为克(g)；
e) 线磨耗率由试验前后试件质量损失按下式计算确定：

$$\eta = \frac{W - W_0}{\rho} \cdot \frac{10^3}{A \cdot L} \tag{B.1}$$

式中：η——线磨耗率，单位为微米每千米($\mu m/km$)；

W——磨耗后试件质量,单位为克(g);
W_0——磨耗前试件质量,单位为克(g);
ρ——试件密度,单位为克每立方毫米(g/mm³);
A——试件滑动表面面积,单位为平方毫米(mm²);
L——累计滑动距离,单位为千米(km)。

B.4 试验报告

试验报告应包括以下内容:
a) 试件概况:试验设备、试验荷载、试验温度、加载速度等;
b) 试验过程中有无异常情况,如有异常,描述异常情况发生的过程;
c) 试验过程中记录温度和摩擦系数随摩擦距离增加的变化情况,绘制温度—摩擦距离和摩擦系数—摩擦距离曲线;
d) 试件摩擦系数及磨耗率实测结果,并评定试验结果;
e) 试验现场照片。

JT/T 901—2014

附 录 C
（规范性附录）
滑板荷载压缩变形试验方法

C.1 试件

滑板（带储脂坑）试件：板直径 155mm，厚 7mm，板外露高度 3mm。滑板表面涂满 5201-2 硅脂。对磨件采用不锈钢板，不锈钢板的表面硬度、粗糙度应符合 5.2.4 的要求。

C.2 试验条件

试验条件见表 C.1，试验装置见图 C.1。

表 C.1 滑板荷载压缩变形试验条件

序号	试验条件	单位	聚四氟乙烯滑板	改性聚四氟乙烯滑板	超高分子量聚乙烯耐磨滑板
1	试件压应力	MPa	60 ± 1	90 ± 1.5	180 ± 3
2	试验温度	℃		35 ± 2	
3	持荷时间	h		48	
4	试件数量	个		3	

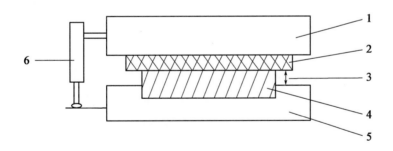

说明：
1——上支撑块并加热； 4——试件改性聚四氟乙烯滑板；
2——不锈钢板； 5——下支撑块并加热；
3——试件外露高度 h； 6——四只位移传感器，精确度 0.001。

图 C.1 滑板压缩变形试验装置

C.3 试验过程

试验应按以下要求和操作程序进行：
a) 试验开始前，在常温 23℃ ± 2℃ 条件下，用千分尺测量试件外露高度 h，以对称测量四点的平均值作为试件初始外露高度 h_0；
b) 试验过程中应保持荷载和温度稳定，连续测量并记录滑板外露高度 h 的变化。试验要求外露高度 h 在 48h 之内趋于稳定；

c) 试验时,试件加热至35℃±2℃,保持1h,然后在试验温度条件下,加压至各类滑板相应试验应力60MPa、90MPa、180MPa,每隔1h用四只千分表测量滑板外露高度变化值,直至48h。由3h~48h滑板外露高度 h 变化值,按下式计算每小时滑板外露高度变化的平均值 Δh,单位为毫米(mm):

$$\Delta h = \frac{h_3 - h_{48}}{48 - 3} \tag{C.1}$$

式中:h_3——第3h滑板外露高度,单位为毫米(mm);
h_{48}——第48h滑板外露高度,单位为毫米(mm)。

当每1h滑板外露高度变化的平均值 Δh 满足以下条件时,可判定滑板变形已稳定。

$$\Delta h \leqslant 0.0005 h_0 \tag{C.2}$$

C.4 试验报告

试验报告应包括以下内容:
a) 时间—Δh 关系曲线;
b) 时间—温度关系曲线;
c) 外露高度 h 的变化值 Δh 的判定;
d) 试验照片。

JT/T 901—2014

附 录 D
（规范性附录）
铜基三层复合滑板层间结合牢度和压缩变形试验方法

D.1 试件

铜基三层复合滑板试件应从成品中取样。层间结合牢度试件尺寸为120mm×120mm×2.5mm，压缩变形试件尺寸为15mm×15mm×2.5mm。

D.2 试验方法

D.2.1 层间结合牢度

试验通过多次弯曲来检验铜基三层复合滑板层与层之间的结合牢度。

D.2.1.1 试验装置

铜基三层复合滑板层间结合牢度试验，在台虎钳上设置两块有R5圆角的专用夹具进行，试验装置见图D.1。

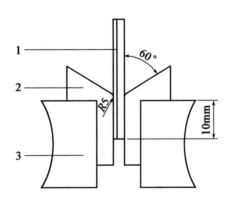

说明：
1——板材弯曲试件；
2——夹具；
3——台虎钳。

图 D.1 铜基三层复合滑板层间结合牢度试验装置

D.2.1.2 操作步骤

试验操作步骤如下：
a) 按图D.1安装试件，并将试件夹紧；
b) 试件首先向有填充聚四氟乙烯面方向按60°弯曲，然后再向有铜背方向弯曲，反复五次；
c) 每反复弯曲一次，仔细观察试件是否有脱层、剥落、开裂等现象；
d) 如中途出现较严重的破坏，试验终止。

D.2.2 压缩变形

在试件正中部位用一级千分尺测量3次厚度，取其算术平均值作为初始厚度值。加载至280MPa，停留10s，然后卸载，30min后在同样部位再测量3次厚度，取其算术平均值作为变形后的厚度值，前后两次厚度差为压缩永久变形量。

D.3 试验报告

试验报告应包括以下内容：
a) 试件概况：试验设备、试验荷载、试验温度等；
b) 试验过程有无异常情况，如有异常，描述异常情况发生的过程；
c) 测试结果；
d) 试验现场照片。

ICS 93.040
P 28
备案号：

中华人民共和国交通运输行业标准

JT/T 902—2014

环氧涂层高强度钢丝拉索

Epoxy-coated high strength wire stay cable

2014-04-15 发布　　　　　　　　　　　　　　　　2014-09-01 实施

中华人民共和国交通运输部　发 布

JT/T 902—2014

目　次

前言	42
1 范围	43
2 规范性引用文件	43
3 术语、定义和符号	43
4 结构形式、型号与规格	44
5 技术要求	46
6 试验方法	50
7 检验规则	53
8 标志、包装、运输和储存	54
附录A（规范性附录） 环氧涂层钢丝拉索主要技术参数	56
附录B（规范性附录） 环氧涂层钢丝拉索锚具主要尺寸	58

前　言

本标准按照 GB/T 1.1—2009 给出的规则起草。

本标准由中国公路学会桥梁和结构工程分会提出并归口。

本标准起草单位：江苏法尔胜缆索有限公司、中交公路规划设计院有限公司。

本标准主要起草人：赵军、袁洪、薛花娟、宁世伟、许春荣、周祝兵、冯苠、黄可彬、黄李骥、强强、张克、刘晓娣。

环氧涂层高强度钢丝拉索

1 范围

本标准规定了环氧涂层高强度钢丝拉索(简称环氧涂层钢丝拉索)的结构形式、型号与规格、技术要求、试验方法、检验规则、标志、包装、运输和储存等。

本标准适用于缆索桥、拱桥用拉索、吊索、系杆,其他结构用拉索可参照使用。

2 规范性引用文件

下列文件对于本文件的应用是必不可少的。凡是注日期的引用文件,仅注日期的版本适用于本文件。凡是不注日期的引用文件,其最新版本(包括所有的修改单)适用于本文件。

GB/T 228.1　金属材料　拉伸试验　第1部分:室温试验方法
GB/T 238　　金属材料　线材　反复弯曲试验方法
GB/T 239.1　金属材料　线材　第1部分:单向扭转试验方法
GB/T 699　　优质碳素结构钢
GB/T 3077　　合金结构钢
GB/T 4162　　锻轧钢棒超声检测方法
GB/T 4237　　不锈钢热轧钢板和钢带
GB/T 4956　　磁性基体上非磁性覆盖层　覆盖层厚度测量　磁性法
GB/T 5796.2　梯形螺纹　第2部分:直径与螺距系列
GB/T 8923.1　涂覆涂料前钢材表面处理　表面清洁度的目视评定　第1部分:未涂覆过的钢材表面和全面清除原有涂层后的钢材表面的锈蚀等级和处理等级
GB/T 17101　桥梁缆索用热镀锌钢丝
GB/T 21073　环氧涂层七丝预应力钢绞线
GB/T 21839　预应力混凝土用钢材试验方法
GB/T 23257　埋地钢质管道聚乙烯防腐层
GB/T 25835　缆索用环氧涂层钢丝
JB/T 4730.4　承压设备无损检测　第4部分:磁粉检测
JT/T 775　　大跨度斜拉桥平行钢丝斜拉索

3 术语、定义和符号

3.1 术语和定义

下列术语和定义适用于本文件。

3.1.1

环氧涂层钢丝拉索　epoxy-coated wire stay cable

将一定数量环氧涂层钢丝轻度扭绞并缠绕高强聚酯纤维带,在其表面热挤高密度聚乙烯防护套,索端用锚具锚固,锚具与索体间进行有效防腐密封处理的拉索。

3.1.2
公称破断索力 nominal breaking load of the cable

环氧涂层钢丝标准抗拉强度与索体钢丝净公称截面面积的乘积。

3.2 符号

下列符号适用于本文件。

- A——索体钢丝束公称截面积,单位为平方毫米(mm^2);
- B——锚杯外径,单位为毫米(mm);
- C——锚圈外径,单位为毫米(mm);
- D——预留管尺寸,单位为毫米(mm);
- E——弹性模量,单位为兆帕(MPa);
- F——弯曲疲劳试验时施加于拉索的横向力,单位为千牛(kN);
- f_{pk}——环氧涂层钢丝抗拉强度,单位为兆帕(MPa);
- H——锚圈高度,单位为毫米(mm);
- K——索力设计安全系数,由设计确定;
- L_{C0}——环氧涂层钢丝拉索设计基准温度下无应力长度,单位为米(m);
- L_{CP}——环氧涂层钢丝拉索承受张拉力 P_1 时的长度,单位为米(m);
- L_S——锚杯长度,单位为毫米(mm);
- ΔL——环氧涂层钢丝拉索长度允许误差,单位为米(m);
- ΔL_P——环氧涂层钢丝拉索对应于 P_1、P_2 荷载下的长度变化值,单位为米(m);
- P_b——环氧涂层钢丝拉索公称破断索力,单位为千牛(kN);
- P_1——环氧涂层钢丝拉索弹性模量检测时的起始张拉荷载,单位为千牛(kN);
- P_2——环氧涂层钢丝拉索弹性模量检测时的终止张拉荷载,单位为千牛(kN);
- P_{20}——20% 预张拉力,单位为千牛(kN);
- t——环氧涂层钢丝拉索长度测量时稳定均匀温度,单位为摄氏度(℃);
- t_0——环氧涂层钢丝拉索设计基准温度,由设计确定,单位为摄氏度(℃);
- W——锚具质量,单位为千克(kg);
- α——环氧涂层钢丝拉索线膨胀系数,取 1.2×10^{-5}/℃;
- η——环氧涂层钢丝拉索效率系数;
- $\Delta\sigma$——疲劳试验应力幅值,单位为兆帕(MPa);
- ϕ——钢丝直径,单位为毫米(mm)。

4 结构形式、型号与规格

4.1 结构形式

4.1.1 环氧涂层钢丝拉索

4.1.1.1 环氧涂层钢丝拉索结构示意见图1。

4.1.1.2 环氧涂层钢丝拉索索体防护采用热挤双层高密度聚乙烯(HDPE)护套,代号为 EPES,索体断面结构示意见图2。

4.1.2 锚具

4.1.2.1 环氧涂层钢丝拉索锚固结构为冷铸镦头锚,采用螺纹调整拉索长度,其组成部件包括锚杯、锚圈、盖板、分丝板、连接筒等。

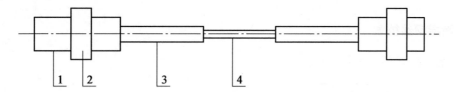

说明：
1——锚杯；　　3——连接筒；
2——锚圈；　　4——环氧涂层钢丝拉索索体。

图1　环氧涂层钢丝拉索结构示意

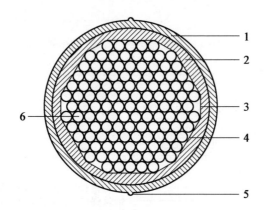

说明：
1——外层彩色高密度聚乙烯护套；　　4——环氧涂层钢丝；
2——内层黑色高密度聚乙烯护套；　　5——抗风雨振措施；
3——高强聚酯纤维带；　　　　　　　6——光面钢丝。

图2　索体断面结构示意

4.1.2.2　为防止水渗入，拉索锚固端采用锚具保护罩，预埋钢管端采用锥形拉索防护罩和拉索密封罩。

4.1.2.3　锚具结构示意见图3。

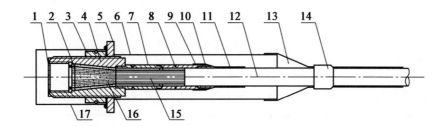

说明：
1——盖板；　　　7——连接筒a；　　　13——拉索防护罩；
2——分丝板；　　8——连接筒b；　　　14——拉索密封罩；
3——锚圈；　　　9——密封胶圈；　　　15——密封填料；
4——锚杯；　　　10——密封压环；　　　16——冷铸锚固填料；
5——锚垫板；　　11——聚乙烯热收缩套；17——锚具保护罩。
6——预埋管；　　12——环氧涂层钢丝拉索索体；

图3　锚具结构示意

4.2 型号

4.2.1 环氧涂层钢丝拉索

环氧涂层钢丝拉索型号表示方法如下：

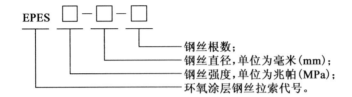

示例：
109根直径7mm钢丝、抗拉强度1960MPa的环氧涂层钢丝拉索，其型号表示为EPES 1960-7-109。

4.2.2 环氧涂层钢丝拉索锚具

环氧涂层钢丝拉索锚具的型号表示方法如下：

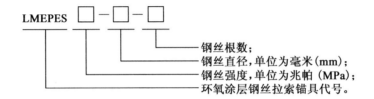

示例：
109根直径7mm钢丝、抗拉强度1960MPa的环氧涂层钢丝拉索锚具，其型号表示为LMEPES 1960-7-109。

4.3 规格

4.3.1 环氧涂层钢丝拉索主要技术参数见附录A。

4.3.2 环氧涂层钢丝拉索锚具主要尺寸见附录B。

5 技术要求

5.1 材料

5.1.1 环氧涂层钢丝

5.1.1.1 环氧涂层钢丝拉索采用直径7.0mm，抗拉强度为1770MPa、1860MPa和1960MPa的环氧涂层钢丝。其主要技术指标应符合表1的要求。

表1 环氧涂层钢丝主要技术指标

序 号	项 目	单 位	技术指标		
1	光面钢丝公称直径	mm	7.0±0.07		
2	光面钢丝不圆度	mm	≤0.07		
3	光面钢丝公称截面积	mm²	38.5		
4	光面钢丝理论质量	g/m	301		
5	抗拉强度	MPa	≥1770	≥1860	≥1960

表1（续）

序 号	项 目	单 位	技术指标		
6	规定非比例延伸率（0.2%）强度	MPa	≥1 580	≥1 660	≥1 770
7	疲劳应力幅	MPa	360	410	460
8	涂层厚度	mm	0.3±0.1		
9	伸长率	%	≥4.0		
10	弹性模量	MPa	$(2.0\pm0.1)\times10^5$		
11	反复弯曲	次	≥5,不断裂		
12	缠绕	圈	8,不断裂		
13	扭转性能	次	≥12,不断裂		
14	伸直性能（取弦长1 000mm钢丝,弦与弧的最大自然矢高）	mm	≤15		
15	自由圈升高度	mm	≤150		
16	松弛率	%	Ⅰ级应力松弛率≤7.5		
		%	Ⅱ级应力松弛率≤2.5		

注1：计算环氧涂层钢丝抗拉强度、规定非比例延伸率（0.2%）强度及弹性模量的钢丝面积为光面钢丝公称截面积。
注2：疲劳应力幅值是指应力上限在$0.45f_{pk}$条件下,进行2×10^6次疲劳循环试验,钢丝不断裂的疲劳应力幅。
注3：松弛率是指钢丝在70%公称破断索力下,经1 000h后的钢丝松弛率。

5.1.1.2 光面钢丝不应有任何接头。涂覆环氧涂层前,钢丝表面应无油、脂、涂料等污物,不应有裂纹、尖角、毛刺、机械损伤、氧化铁皮。

5.1.1.3 进行涂覆的光面钢丝表面应通过化学方法或其他不降低钢丝性能的方法进行净化处理,净化要求不应低于 GB/T 8923.1 中 Sa 2.5 级的规定。

5.1.1.4 环氧粉末形成的涂层应符合 GB/T 21073 的规定。

5.1.1.5 环氧涂层钢丝应采用静电喷涂方法进行涂层涂覆,涂层固化后,表面应为连续涂层,无孔洞、裂纹和其他目视可见缺陷。

5.1.1.6 环氧涂层钢丝应进行连续针孔检测,每 30m 检测出两个或两个以下针孔,允许进行修补;多于两个针孔,该段钢丝应废弃。

5.1.1.7 涂层修补材料应与熔融结合的环氧涂层相容且性能不应低于环氧涂层,修补后的涂层应符合 5.1.1.6 的要求。

5.1.1.8 环氧涂层耐蚀性技术要求应符合 GB/T 21073 的规定。

5.1.2 高强聚酯纤维带

高强聚酯纤维带技术要求应符合 JT/T 775 的规定。

5.1.3 高密度聚乙烯（HDPE）护套料

索体防护用高密度聚乙烯（HDPE）护套料性能应符合 JT/T 775 的规定。

5.1.4 锚杯和锚圈

5.1.4.1 锚杯和锚圈主件材质应符合以下要求：
a) 锚杯和锚圈材质为45号钢优质碳素结构钢、40Cr及42CrMo合金结构钢，应符合GB/T 699和GB/T 3077的规定；
b) 锚杯和锚圈应采用锻钢件制作；
c) 根据环氧涂层钢丝抗拉强度等级，锚杯、锚圈应采用相应抗拉强度等级的钢材，见表2；
d) 锚杯和锚圈螺距与直径应符合GB/T 5796.2的规定；
e) 锚杯和锚圈表面镀锌前应进行超声波和磁粉检测，应符合GB/T 4162中B级和JB/T 4730.4 Ⅱ级质量等级的规定；
f) 锚杯和锚圈应采用热镀锌防腐，锌层厚度不应小于90μm；
g) 分丝板丝孔直径为φ7.8mm±0.1mm。

表2 环氧涂层钢丝抗拉强度等级及相应锚杯、锚圈所用材质

环氧涂层钢丝抗拉强度 f_{pk} (MPa)	锚 杯 材 质	锚 圈 材 质
1 770	40Cr	45钢
1 860	40Cr	40Cr
1 960	42CrMo	40Cr

5.1.4.2 锚杯和锚圈应标记锚具规格型号和产品流水号，同规格型号锚具相同部件应保证互换，锚具应有出厂检验报告和合格证。

5.1.5 冷铸锚固填料

5.1.5.1 冷铸锚固填料由钢丸、环氧树脂、固化剂、增韧剂、稀释剂和填充料等组成。

5.1.5.2 冷铸锚固填料试件在23℃±5℃下，抗压强度不应小于147MPa。

5.1.6 聚乙烯热收缩套

5.1.6.1 聚乙烯热收缩套边缘应平直，表面应平整、清洁，无气泡、疵点、裂口和变色。

5.1.6.2 聚乙烯热收缩套收缩前基材厚度不应小于1.2mm，胶层厚度不应小于1.0mm，其性能指标应符合GB/T 23257的规定。

5.1.6.3 聚乙烯热收缩套周向收缩率不应小于50%，轴向收缩率不应大于10%。

5.1.6.4 聚乙烯热收缩套性能应符合GB/T 23257的规定，并由厂家提供质量保证书。

5.1.7 附属件

5.1.7.1 附属件包括环氧涂层钢丝拉索锚具保护罩、拉索防护罩和密封罩等。

5.1.7.2 锚具保护罩宜采用022Cr17Ni12Mo2优质不锈钢，应符合GB/T 4237的规定。为方便检查锚具锈蚀情况，锚具保护罩宜设置窥视孔或其他有相似功能的构造。

5.1.7.3 拉索防护罩宜采用022Cr17Ni12Mo2优质不锈钢，应符合GB/T 4237的规定。

5.1.7.4 拉索密封罩宜采用20号钢或022Cr17Ni12Mo2优质不锈钢，应符合GB/T 699和GB/T 4237的规定。

5.1.7.5 附属件采用其他材料，其性能应符合相关标准的规定。

5.2 外观和尺寸误差

5.2.1 索体外表面

5.2.1.1 护套外表面应无破损,厚度均匀,护套厚度偏差 -0.5mm ~ +1.0mm,外表面不应有深于1.0mm、面积大于100mm² 的表面缺陷。

5.2.1.2 索体外表面宜设置压花或螺旋线等抗风雨振构造。

5.2.2 锚杯和锚圈

锚杯和锚圈外表面镀层不应有可视损伤,螺纹不应有任何碰伤,螺纹连接副应能自由旋合。

5.2.3 环氧涂层钢丝拉索索长允许误差

环氧涂层钢丝拉索索长允许误差应符合以下要求:
a) 索长 $L_{CO} \leq 200\mathrm{m}$,$\Delta L \leq 0.020\mathrm{m}$;
b) 索长 $L_{CO} > 200\mathrm{m}$,$\Delta L \leq (L_{CO}/20\,000 + 0.010)\mathrm{m}$。

5.3 力学性能

5.3.1 弹性模量

环氧涂层钢丝拉索弹性模量不应小于 $1.90 \times 10^5 \mathrm{MPa}$。

5.3.2 预张拉性能

环氧涂层钢丝拉索预张拉性能应符合 JT/T 775 的规定。

5.3.3 静载性能

环氧涂层钢丝拉索静载性能应符合 JT/T 775 的规定。

5.3.4 疲劳性能

环氧涂层钢丝拉索经轴向疲劳性能或弯曲疲劳性能试验,再进行拉伸试验后,护套不应有损伤,且锚杯和锚圈旋合正常,拉索断丝率不应大于2%。若试验拉索规格型号小于151根钢丝,则允许断丝不大于三根,断丝不应发生在锚固区。

5.3.5 水密性能

环氧涂层钢丝拉索水密性能应符合 JT/T 775 的规定。

5.4 工艺性能

5.4.1 扭绞

按设计长度和规格型号要求,将一定数量环氧涂层钢丝呈正六边形或缺角六边形紧密排列,将钢丝束同心左向扭绞,最外层钢丝扭合角为 $(3 \pm 0.5)°$,并右向缠绕高强聚酯纤维带。

5.4.2 挤塑

经扭绞后的钢丝束外表面热挤双层高密度聚乙烯形成防护套,内层护套为黑色,外层护套颜色可根据桥梁景观设计确定,不宜采用黑色。

5.4.3 灌锚

灌注冷铸锚固填料,锚固力不应小于环氧涂层钢丝拉索公称破断索力的95%。

5.4.4 预张拉

每根环氧涂层钢丝拉索均应进行预张拉,预张拉索力取1.4倍~1.5倍设计索力,分五级加载,加载速度不大于100MPa/min。

6 试验方法

6.1 材料

6.1.1 环氧涂层钢丝

环氧涂层钢丝试验方法按表3的要求进行。

表3 环氧涂层钢丝试验方法

序 号	项 目	试验方法	序 号	项 目	试验方法
1	光面钢丝直径	GB/T 17101	10	弹性模量	GB/T 25835
2	光面钢丝不圆度	GB/T 17101	11	反复弯曲	GB/T 238
3	光面钢丝截面积	GB/T 17101	12	缠绕	GB/T 25835
4	光面钢丝每米质量	GB/T 17101	13	扭转性能	GB/T 239.1
5	抗拉强度	GB/T 228.1	14	伸直性能	GB/T 17101
6	规定非比例延伸率(0.2%)强度	GB/T 228.1	15	应力松弛性能	GB/T 21839
7	疲劳性能	GB/T 17101	16	涂层连续性	GB/T 25835
8	涂层厚度	GB/T 25835	17	涂层附着性	GB/T 25835
9	伸长率	GB/T 25835	18	涂层耐蚀性	GB/T 21073

6.1.2 高强聚酯纤维带

6.1.2.1 高强聚酯纤维带宽度和厚度尺寸用卡尺和千分尺进行测量。

6.1.2.2 高强聚酯纤维带力学性能试验方法应按JT/T 775的规定进行。

6.1.3 高密度聚乙烯(HDPE)护套料

高密度聚乙烯(HDPE)护套料试验方法应按JT/T 775的规定进行。

6.1.4 锚杯和锚圈

锚杯和锚圈试验方法按表4的要求进行。

表4 锚杯和锚圈试验方法

序 号	项 目	试 验 方 法
1	机械性能	GB/T 699、GB/T 3077
2	化学成分	GB/T 699、GB/T 3077
3	超声波检测	GB/T 4162
4	磁粉检测	JB/T 4730.4
5	镀锌层厚度	GB/T 4956
6	外形尺寸	游标卡尺测量

6.1.5 冷铸锚固填料

冷铸锚固填料试验方法应按 JT/T 775 的规定进行。

6.1.6 聚乙烯热收缩套

6.1.6.1 聚乙烯热收缩套外观用目视检查。

6.1.6.2 聚乙烯热收缩套厚度尺寸用游标卡尺进行测量。

6.1.7 附属件

附属件试验方法按表5的要求进行。

表5 附属件试验方法

序 号	项 目	试 验 方 法
1	外形尺寸	钢卷尺、游标卡尺测量
2	锚具保护罩化学成分	GB/T 4237
3	拉索防护罩化学成分	GB/T 4237
4	拉索密封罩化学成分	GB/T 699、GB/T 4237

6.2 外观和尺寸误差

环氧涂层钢丝拉索外观和尺寸检验方法按 JT/T 775 的规定进行。

6.3 力学性能

6.3.1 弹性模量

弹性模量试验按 JT/T 775 的规定进行。计算拉索弹性模量时,拉索截面积取索体钢丝(除去环氧涂层厚度)净公称截面积。

6.3.2 预张拉

预张拉试验按 JT/T 775 的规定进行。

6.3.3 静载试验

静载性能试验按 JT/T 775 的规定进行。

6.3.4 轴向疲劳试验

6.3.4.1 轴向疲劳试验取三根试件为一组。试件宜取有代表性的大、中、小三种规格环氧涂层钢丝拉索各一根，试验拉索索体自由长度（不包括锚具内钢丝长度）不应小于3.5m，轴向疲劳试验前试件应先经 $0.48P_b \sim 0.56P_b$ 预张拉。

6.3.4.2 试验方法如下：
a) 将试件安装在试验设备上，然后进行锚固；
b) 将试件预张拉到 $0.45f_{pk}$；
c) 在 $0.45f_{pk}$ 上限应力下，进行200万次循环脉动加载，频率不超过8Hz；
d) 拉索轴向疲劳试验应力幅值应根据拉索抗拉强度等级确定，见表6；
e) 试验过程中观测试件状况，如有异常现象发生，应记录发生异常位置、现象及当时脉冲计数；
f) 轴向疲劳试验后，对同一试件进行 $0.95P_b$ 轴向拉伸试验，试验过程中逐步缓慢地增加荷载；
g) 其余步骤、方法按 JT/T 775 的规定进行。

表6 拉索抗拉强度等级与疲劳应力幅值对照表　　　单位为兆帕

钢丝抗拉强度 f_{pk}	钢丝应力幅值	拉索应力幅值
1 770	360	200
1 860	410	250
1 960	460	300

6.3.5 弯曲疲劳试验

6.3.5.1 弯曲疲劳试验取三根试件为一组。试件宜取有代表性的大、中、小三种规格环氧涂层钢丝拉索各一根，试验拉索索体自由长度（不包括锚具内的钢丝长度）不应小于3.5m，弯曲疲劳试验前试件应先经 $0.48P_b \sim 0.56P_b$ 预张拉。

6.3.5.2 试验方法如下：
a) 将试件安装在试验设备上，锚杯和锚圈由锚板支撑并形成10mrad夹角，然后进行锚固；
b) 将试件预张拉到 $0.45f_{pk}$；
c) 在 $0.45f_{pk}$ 上限应力下，进行200万次循环脉动加载，频率不超过8Hz；
d) 拉索弯曲疲劳试验应力幅值见表6；
e) 试验过程中观测试件状况，如有异常现象发生，应记录发生异常位置、现象及当时脉冲计数；
f) 弯曲疲劳试验后，对同一试件进行 $0.95P_b$ 轴向拉伸试验，试验过程中逐步缓慢地增加应力荷载；
g) 其余步骤、方法按 JT/T 775 的规定进行。

6.3.6 水密性

6.3.6.1 静态水密性

从疲劳试验后的拉索中取一根（未进行 $0.95P_b$ 拉伸试验拉索）进行静态水密性试验，按 JT/T 775 的规定进行。

6.3.6.2 动态水密性

动态水密性试验采用与实际工程同规格的环氧涂层钢丝拉索,试件数量至少一件,按 JT/T 775 的规定进行。

7 检验规则

7.1 检验分类

环氧涂层钢丝拉索的检验包括原材料检验、型式检验和出厂检验。

7.1.1 原材料检验

环氧涂层钢丝拉索原材料检验项目见表7。

表7 原材料检验项目

序号	检验项目	技术要求	试验方法	抽样数量
1	环氧涂层钢丝	5.1.1	6.1.1	供方数量5%
2	高强聚酯纤维带	5.1.2	6.1.2	每批2%
3	高密度聚乙烯护套料	5.1.3	6.1.3	外观每袋0.5kg;性能检验每批1kg
4	锚杯和锚圈	5.1.4	6.1.4	机械性能、化学成分1个/炉;超声波检测、磁粉检测、镀锌层厚度、外形尺寸100%
5	冷铸锚固填料	5.1.5	6.1.5	100%
6	聚乙烯热收缩套	5.1.6	6.1.6	每批三个
7	附属件	5.1.7	6.1.7	锚具保护罩、拉索防护罩、拉索密封罩化学成分1个/炉;外形尺寸100%

注:高强聚酯纤维带和聚乙烯热收缩套检验以批为单位,同一原料、同一配方、同一设备连续生产同一型号的产品为一批。

7.1.2 型式检验

有下列情况之一时,应进行型式检验。
a) 新产品或老产品转厂生产的试制定型鉴定;
b) 正式生产后,如结构、材料、工艺有改变,影响产品性能时;
c) 正常生产时,定期或积累一定产量后,每两年至三年进行一次检验;
d) 产品长期停产后,恢复生产时;
e) 出厂检验结果与上次型式检验有较大差异时;
f) 国家质量监督机构提出进行型式检验的要求时。

7.1.3 出厂检验

环氧涂层钢丝拉索出厂检验项目见表8,每根环氧涂层钢丝拉索质量保证单应附检验结果。

表8 环氧涂层钢丝拉索检验项目

序 号	检 验 项 目	技术要求	试验方法	型式检验	出厂检验
1	斜拉索外观	5.2.1	6.2	+	+
2	索体直径	5.2.1	6.2	+	+
3	护套厚度	5.2.1	6.2	+	+
4	锚杯和锚圈	5.2.2	6.1.4	+	+
5	冷铸锚固填料	5.1.5	6.1.5	+	+
6	斜拉索长度	5.2.3	6.2	+	+
7	弹性模量	5.3.1	6.3.1	+	+
8	预张拉	5.3.2	6.3.2	+	+
9	索端密封	5.1.6	6.1.6	+	+
10	附属件	5.1.7	6.1.7	+	+
11	静载试验	5.3.3	6.3.3	+	-
12	疲劳试验	5.3.4	6.3.4、6.3.5	+	-
13	静动态水密性试验	5.3.5	6.3.6	+	-
注:"+"为检验,"-"为不检验。					

7.2 判定和复验

7.2.1 原材料检验项目表7中1~4不符合要求时,应重新自该批产品中取双倍试样,对该不合格项目进行复检;当复检结果全部符合要求时,则判该批产品为合格品,反之,则判为不合格品。

7.2.2 每根环氧涂层钢丝拉索出厂检验应按拉索检验项目表8中1~9进行检验(序号7检验可按每种规格至少一根进行),如有一项未通过,该根环氧涂层钢丝拉索即为不合格品。

7.2.3 附属件应按环氧涂层钢丝拉索检验项目表8中10进行检验,材料化学成分不符合要求时,应重新自该批产品中取双倍试样,对该不合格项目进行复检;当复检结果全部符合要求时,则判该批产品为合格品,反之,则判为不合格品。

8 标志、包装、运输和储存

8.1 标志

8.1.1 在每根环氧涂层钢丝拉索两端锚具连接筒上,用红色涂料标明拉索编号和规格型号。

8.1.2 每根环氧涂层钢丝拉索应有合格标牌,合格标牌和质量保证单相对应,标牌应牢固可靠地系于包装层外两端锚具上,并确保在运输过程中不丢失,标牌上应注明环氧涂层钢丝拉索编号、规格型号、长度、质量、制造厂名、工程名称、生产日期等,字迹应清晰。

8.2 包装

8.2.1 环氧涂层钢丝拉索外包装宜采用阻燃或经防火处理的材料。

8.2.2 环氧涂层钢丝拉索经出厂检验合格后独立包装,拉索索体包装共两层:内层棉布,外层包覆纤维编织布。

8.2.3 环氧涂层钢丝拉索两端锚具涂防锈油脂,用聚丙烯薄膜及塑料纤维编织布双层包装后,再用三合一塑料编织套作整体包裹。

8.2.4 环氧涂层钢丝拉索以脱胎成盘或钢盘卷绕的形式包装,其盘绕内径视环氧涂层钢丝拉索规格而定,不应小于20倍环氧涂层钢丝拉索外径。

8.2.5 每盘环氧涂层钢丝拉索采用不损伤环氧涂层钢丝拉索表面质量的材料捆扎结实,捆扎不少于六道,然后用阻燃布将整个圆周紧密包裹。

8.3 运输和储存

环氧涂层钢丝拉索运输和储存应按JT/T 775的规定进行。

JT/T 902—2014

附 录 A
（规范性附录）

环氧涂层钢丝拉索主要技术参数

环氧涂层钢丝拉索主要技术参数见表 A.1。

表 A.1 环氧涂层钢丝拉索主要技术参数

规格型号	拉索索体				裸索			破断索力 P_b (kN)			设计索力 (kN)					
	外径 (mm)	护套层厚 (mm)		单位质量 (kg/m)	直径 (mm)	面积 (mm)	单位质量 (kg/m)	钢丝抗拉强度 f_{pk} (MPa)			$K=3$			$K=2.5$		
		内层	外层					1 770	1 860	1 960	钢丝抗拉强度 f_{pk} (MPa)			钢丝抗拉强度 f_{pk} (MPa)		
											1 770	1 860	1 960	1 770	1 860	1 960
EPES( )-7-109	115	5	4	37.9	97	4 195	35.5	7 425	7 802	8 222	2 475	2 601	2 741	2 970	3 121	3 289
EPES( )-7-121	121	5	4	42.1	103	4 657	39.4	8 242	8 661	9 127	2 747	2 887	3 042	3 297	3 465	3 651
EPES( )-7-127	129	5	4	44.4	111	4 888	41.4	8 651	9 091	9 580	2 884	3 030	3 193	3 460	3 636	3 832
EPES( )-7-139	130	5	4	48.4	112	5 349	45.3	9 468	9 950	10 485	3 156	3 317	3 495	3 787	3 980	4 194
EPES( )-7-151	135	6	4	52.5	115	5 811	49.2	10 286	10 809	11 390	3 429	3 603	3 797	4 114	4 324	4 556
EPES( )-7-163	140	6	4	56.7	120	6 273	53.1	11 103	11 668	12 295	3 701	3 889	4 098	4 441	4 667	4 918
EPES( )-7-187	148	6	4	65.0	128	7 197	60.9	12 738	13 386	14 105	4 246	4 462	4 702	5 095	5 354	5 642
EPES( )-7-199	153	7	4	69.1	131	7 658	64.8	13 555	14 245	15 010	4 518	4 748	5 003	5 422	5 698	6 004
EPES( )-7-211	159	7	4	73.4	137	8 120	68.7	14 373	15 104	15 916	4 791	5 035	5 305	5 749	6 041	6 366
EPES( )-7-223	164	7	4	77.6	142	8 582	72.6	15 190	15 963	16 821	5 063	5 321	5 607	6 076	6 385	6 728
EPES( )-7-241	169	8	4	83.7	145	9 275	78.5	16 416	17 251	18 179	5 472	5 750	6 060	6 567	6 900	7 271
EPES( )-7-253	172	8	4	87.8	148	9 737	82.4	17 234	18 110	19 084	5 745	6 037	6 361	6 893	7 244	7 633
EPES( )-7-265	178	8	4	92.2	154	10 198	86.3	18 051	18 969	19 989	6 017	6 323	6 663	7 220	7 588	7 996

表 A.1（续）

规格型号	拉索索体					裸索			破断索力 P_b (kN)			设计索力 (kN)					
	外径(mm)	护套层厚(mm)		单位质量(kg/m)	直径(mm)	面积(mm)	单位质量(kg/m)		钢丝抗拉强度 f_{pk} (MPa)			$K=3$			$K=2.5$		
		内层	外层									钢丝抗拉强度 f_{pk} (MPa)			钢丝抗拉强度 f_{pk} (MPa)		
									1 770	1 860	1 960	1 770	1 860	1 960	1 770	1 860	1 960
EPES( )-7-283	181	8	4	98.3	157	10 891	92.2		19 277	20 257	21 347	6 426	6 752	7 116	7 711	8 103	8 539
EPES( )-7-301	186	8	4	104.6	162	11 584	98.0		20 503	21 546	22 704	6 834	7 182	7 568	8 201	8 618	9 082
EPES( )-7-313	191	8	5	108.7	165	12 046	101.9		21 321	22 405	23 609	7 107	7 468	7 870	8 528	8 962	9 444
EPES( )-7-337	197	8	5	117.0	171	12 969	109.7		22 956	24 123	25 420	7 652	8 041	8 473	9 182	9 649	10 168
EPES( )-7-349	200	8	5	121.2	174	13 431	113.6		23 773	24 982	26 325	7 924	8 327	8 775	9 509	9 993	10 530
EPES( )-7-367	207	9	5	127.5	179	14 124	119.5		24 999	26 270	27 683	8 333	8 757	9 228	10 000	10 508	11 073
EPES( )-7-379	208	9	5	131.5	180	14 586	123.4		25 817	27 129	28 588	8 606	9 043	9 529	10 327	10 852	11 435
EPES( )-7-409	217	10	5	141.9	187	15 740	133.2		27 860	29 277	30 851	9 287	9 759	10 284	11 144	11 711	12 340
EPES( )-7-421	221	11	5	146.0	189	16 202	137.1		28 678	30 136	31 756	9 559	10 045	10 585	11 471	12 054	12 702
EPES( )-7-439	228	11	5	152.6	196	16 895	143.0		29 904	31 424	33 114	9 968	10 475	11 038	11 961	12 570	13 245
EPES( )-7-451	231	11	5	156.7	199	17 357	146.9		30 721	32 283	34 019	10 240	10 761	11 340	12 288	12 913	13 608
EPES( )-7-475	235	11	5	164.9	203	18 280	154.7		32 356	34 001	35 829	10 785	11 334	11 943	12 942	13 600	14 332

注1：K 为安全系数。
注2：括号中表示钢丝抗拉强度。

附 录 B
（规范性附录）

环氧涂层钢丝拉索锚具主要尺寸

环氧涂层钢丝拉索锚具主要尺寸见表 B.1。

表 B.1 环氧涂层钢丝拉索锚具主要尺寸

规 格 型 号	配 套 拉 索	锚杯外径 B (mm)	锚杯长度 L_s (mm)	锚圈外径 C (mm)	锚圈高度 H (mm)	锚具质量 W (kg)	预留管尺寸 $\phi M \times t$ (mm)
LMEPES( )-7-109	EPES7-109	225	430	305	110	120	$\phi 273 \times 11$
LMEPES( )-7-121	EPES7-121	240	450	310	135	140	$\phi 273 \times 11$
LMEPES( )-7-127	EPES7-127	245	450	315	135	147	$\phi 273 \times 9$
LMEPES( )-7-139	EPES7-139	250	460	325	135	155	$\phi 273 \times 7$
LMEPES( )-7-151	EPES7-151	265	480	340	135	177	$\phi 299 \times 11$
LMEPES( )-7-163	EPES7-163	270	510	350	135	192	$\phi 299 \times 8$
LMEPES( )-7-187	EPES7-187	285	520	380	155	231	$\phi 325 \times 10$
LMEPES( )-7-199	EPES7-199	300	540	385	155	253	$\phi 325 \times 7.5$
LMEPES( )-7-211	EPES7-211	305	555	405	180	287	$\phi 351 \times 12$
LMEPES( )-7-223	EPES7-223	310	575	405	180	297	$\phi 351 \times 12$
LMEPES( )-7-241	EPES7-241	325	585	420	180	329	$\phi 351 \times 8$
LMEPES( )-7-253	EPES7-253	335	595	440	180	361	$\phi 377 \times 10$
LMEPES( )-7-265	EPES7-265	340	610	445	200	387	$\phi 377 \times 10$
LMEPES( )-7-283	EPES7-283	345	635	450	200	402	$\phi 377 \times 10$
LMEPES( )-7-301	EPES7-301	360	645	475	200	452	$\phi 402 \times 10$
LMEPES( )-7-313	EPES7-313	365	655	480	200	466	$\phi 402 \times 10$

JT/T 902—2014

表 B.1（续）

规格型号	配套拉索	锚杯外径 B (mm)	锚杯长度 L_s (mm)	锚圈外径 C (mm)	锚圈高度 H (mm)	锚具质量 W (kg)	预留管尺寸 $\phi M \times t$ (mm)
LMEPES( )-7-337	EPES7-337	375	695	485	220	513	$\phi 402 \times 9$
LMEPES( )-7-349	EPES7-349	385	710	505	220	569	$\phi 426 \times 12$
LMEPES( )-7-367	EPES7-367	390	715	510	220	577	$\phi 426 \times 12$
LMEPES( )-7-379	EPES7-379	400	725	530	220	627	$\phi 450 \times 12$
LMEPES( )-7-409	EPES7-409	415	755	540	245	703	$\phi 450 \times 10$
LMEPES( )-7-421	EPES7-421	420	775	545	245	728	$\phi 450 \times 10$
LMEPES( )-7-439	EPES7-439	425	785	560	245	758	$\phi 465 \times 10$
LMEPES( )-7-451	EPES7-451	430	790	560	245	775	$\phi 465 \times 10$
LMEPES( )-7-475	EPES7-475	445	815	580	265	861	480×10

注1：不同环氧涂层钢丝抗拉强度所用锚具材质见表2。
注2：括号中表示钢丝抗拉强度。

ICS 93.040
P 28
备案号：

中华人民共和国交通运输行业标准

JT/T 903—2014

悬索桥索鞍索夹

Cable saddle and cable clamp for suspension bridge

2014-04-15 发布　　　　　　　　　　　　　　2014-09-01 实施

中华人民共和国交通运输部 发布

JT/T 903—2014

目　次

前言 …………………………………………………………………………………………………… 64
1 范围 ………………………………………………………………………………………………… 65
2 规范性引用文件 …………………………………………………………………………………… 65
3 术语和定义 ………………………………………………………………………………………… 66
4 产品分类、型号、结构及成形方式 ………………………………………………………………… 67
5 技术要求 …………………………………………………………………………………………… 70
6 试验方法 …………………………………………………………………………………………… 75
7 检验规则 …………………………………………………………………………………………… 77
8 标志、包装、运输与储存 …………………………………………………………………………… 79
附录 A（规范性附录）　铸钢件探伤要求 ………………………………………………………… 81
附录 B（规范性附录）　铸钢件超标缺陷修补要求 ……………………………………………… 82
附录 C（规范性附录）　焊缝探伤要求 …………………………………………………………… 83

JT/T 903—2014

前 言

本标准按照 GB/T 1.1—2009 给出的规则起草。

本标准由中国公路学会桥梁和结构工程分会提出并归口。

本标准起草单位：武汉船用机械有限责任公司、四川天元机械工程股份有限公司、中交公路规划设计院有限公司、中铁大桥局集团武汉桥梁科学研究院有限公司、武汉海润工程设备有限公司。

本标准主要起草人：陈云节、董小亮、朱厚玲、何巍、唐明、涂小东、赵鹏贤、张克、常志军、冯茞、李文杰、曾宇、叶觉明、吴俊、程文池。

JT/T 903—2014

悬索桥索鞍索夹

1 范围

本标准规定了悬索桥索鞍、索夹产品的分类、型号、结构及成形方式、技术要求、试验方法、检验规则、标志、包装、运输与储存等。

本标准适用于悬索桥全铸式、铸焊式索鞍和全铸式索夹,其他形式的索鞍、索夹可参照使用。

2 规范性引用文件

下列文件对于本文件的应用是必不可少的。凡是注日期的引用文件,仅注日期的版本适用于本文件。凡是不注日期的引用文件,其最新版本(包括所有的修改单)适用于本文件。

GB/T 700　　　碳素结构钢
GB 713　　　　锅炉和压力容器用钢板
GB/T 985.1　　气焊、焊条电弧焊、气体保护焊和高能焊束的推荐坡口
GB/T 985.2　　埋弧焊的推荐坡口
GB/T 1175　　铸造锌合金
GB/T 1184　　形状和位置公差　未注公差值
GB/T 1228　　钢结构用高强度大六角头螺栓
GB/T 1229　　钢结构用高强度大六角螺母
GB/T 1230　　钢结构用高强度垫圈
GB/T 1231　　钢结构用高强度大六角头螺栓、大六角螺母、垫圈技术条件
GB/T 1591　　低合金高强度结构钢
GB/T 1804　　一般公差　未注公差的线性和角度尺寸的公差
GB/T 2970　　厚钢板超声波检验方法
GB/T 3077　　合金结构钢
GB/T 4162　　锻轧钢棒超声检测方法
GB/T 4237　　不锈钢热轧钢板和钢带
GB/T 5677　　铸钢件射线照相检测
GB/T 6402　　钢锻件超声检测方法
GB/T 6414　　铸件　尺寸公差与机械加工余量
GB/T 7233.1　铸钢件　超声检测　第1部分:一般用途铸钢件
GB/T 7659　　焊接结构用铸钢件
GB/T 9443　　铸钢件渗透检测
GB/T 9444　　铸钢件磁粉检测
GB/T 11345　焊缝无损检测　超声检测　技术、检测等级和评定
GB/T 11352　一般工程用铸造碳钢件
GB/T 16923　钢件的正火与退火
GB/T 16924　钢件的淬火与回火
GB/T 17107　锻件用结构钢牌号和力学性能

GB/T 19804		焊接结构的一般尺寸公差和形位公差
GB/T 19869.1		钢、镍及镍合金的焊接工艺评定试验
GB/T 29711		焊缝无损检测　超声检测　焊缝中的显示特征
GB/T 29712		焊缝无损检测　超声检测　验收等级
GB 50661		钢结构焊接规范
JB 4726		压力容器用碳素钢和低合金钢锻件
JB/T 4730.4		承压设备无损检测　第4部分:磁粉检测
JB/T 4730.5		承压设备无损检测　第5部分:渗透检测
JB/T 6061		无损检测　焊缝磁粉检测
JB/T 6062		无损检测　焊缝渗透检测
JB/T 6402		大型低合金钢铸件
JB/T 10175		热处理质量控制要求
JT/T 722		公路桥梁钢结构防腐涂装技术条件
QB/T 3625		聚四氟乙烯板材

3　术语和定义

下列术语和定义适用于本文件。

3.1
索鞍　cable saddle
为主缆提供支撑并使其线形平顺改变方向的构件。

3.2
索夹　cable clamp
紧箍主缆索股并连接主缆与吊索(如有)的构件。

3.3
零件　part
组成部件或构件的最小单元。

3.4
部件　component
由若干零件组成的单元。

3.5
构件　element
由零件或零件和部件组成的索鞍、索夹结构单元。

3.6
I.P.点　intersection point
索鞍承缆槽圆弧曲线上的两侧主缆理论中心线的交点,也称为JD点(交点)。

3.7
T.P.点　tangency point
索鞍承缆槽圆弧曲线上的两侧主缆理论中心线切线的起始点,也称为QD点(切点)。

3.8
本体试样　bulk sample
铸钢件或锻钢件,附置于零件上,其状态与待检零件一致的试样。

4 产品分类、型号、结构及成形方式

4.1 分类

4.1.1 索鞍分为：
  a) 主索鞍，代号为 ZA；
  b) 散索鞍（含散索套），按结构形式分为摆轴式、滚轴式、支座式，代号为 SA(ST)。

4.1.2 索夹按结构形式分为销接式和骑跨式，代号为 XSJ 和 QSJ。

4.2 型号

4.2.1 主、散索鞍型号表示方式

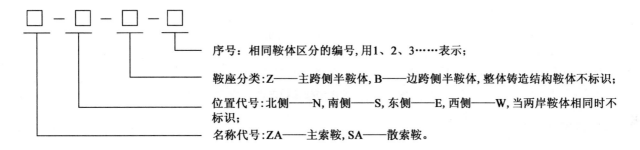

序号：相同鞍体区分的编号，用1、2、3……表示；
鞍座分类：Z——主跨侧半鞍体，B——边跨侧半鞍体，整体铸造结构鞍体不标识；
位置代号：北侧——N，南侧——S，东侧——E，西侧——W，当两岸鞍体相同时不标识；
名称代号：ZA——主索鞍，SA——散索鞍。

示例1：
北侧主索鞍主跨侧第2件鞍体表示为：ZA—N—Z—2。

示例2：
北侧散索鞍第1件鞍体表示为：SA—N—1。

4.2.2 索夹型号表示方式

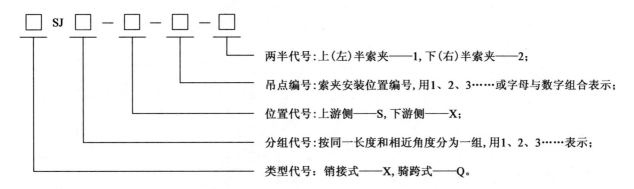

两半代号：上（左）半索夹——1，下（右）半索夹——2；
吊点编号：索夹安装位置编号，用1、2、3……或字母与数字组合表示；
位置代号：上游侧——S，下游侧——X；
分组代号：按同一长度和相近角度分为一组，用1、2、3……表示；
类型代号：销接式——X，骑跨式——Q。

示例1：
上游侧6号吊点销接式1组上半索夹表示为：XSJ1—S—6—1。

示例2：
下游侧8号吊点骑跨式2组右半索夹表示为：QSJ2—X—8—2。

4.3 结构及成形方式

4.3.1 主索鞍

主索鞍结构形式见图1。主索鞍鞍体成形方式有铸焊式、全铸式和全焊式，其纵向可分块。

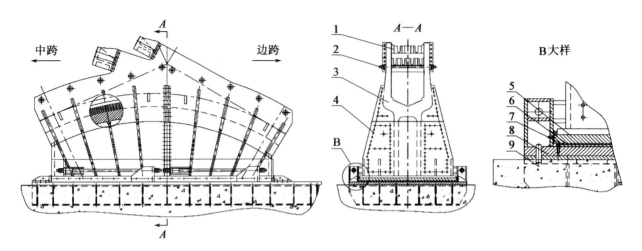

说明：
1——锚梁；
2——拉杆连接副；
3——鞍体鞍头；
4——鞍体底座；
5——上承板；
6——不锈钢板；
7——聚四氟乙烯板；
8——下承板；
9——格栅和反力架。

图1 铸焊式主索鞍结构示意

4.3.2 散索鞍（含散索套）

散索鞍结构形式见图2，散索套结构形式见图3。散索鞍鞍体成形方式有铸焊式、全铸式。散索套成形方式为全铸式。

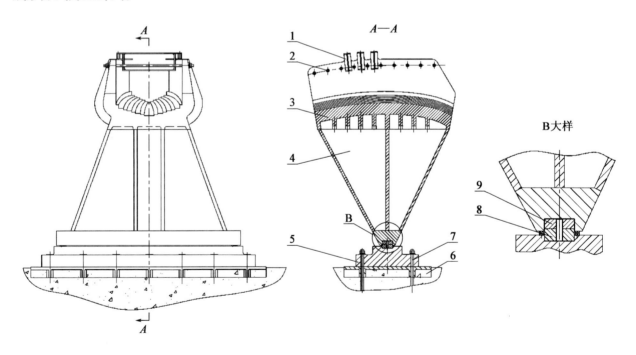

说明：
1——压紧梁；
2——拉杆连接副；
3——鞍体鞍头；
4——鞍体底座；
5——底座；
6——底板；
7——地脚锚栓连接副；
8——下承板；
9——上承板。

图2 铸焊摆轴式散索鞍结构示意

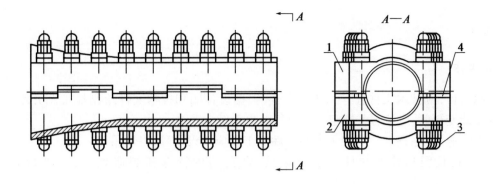

说明：
1——上半散索套； 3——拉杆连接副；
2——下半散索套； 4——密封带。

图3 散索套结构示意

4.3.3 索夹

销接式和骑跨式索夹结构形式见图4、图5。索夹成形方式为全铸式。

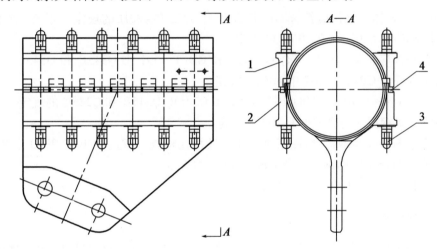

说明：
1——上半索夹； 3——拉杆连接副；
2——下半索夹； 4——密封带。

图4 销接式吊索索夹结构示意

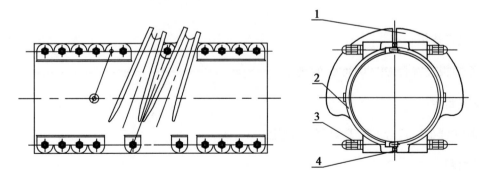

说明：
1——左半索夹； 3——拉杆连接副；
2——右半索夹； 4——密封带。

图5 骑跨式吊索索夹结构示意

5 技术要求

5.1 一般要求

5.1.1 对设计图和技术文件进行工艺性审查,根据设计图和技术文件绘制加工图并编写制造工艺文件。当需设计变更时,应按有关规定程序履行变更手续。

5.1.2 鞍头、鞍体、格栅和反力架等大型零件加工图应增设吊耳,以便吊装。

5.1.3 根据设计图和技术文件要求及索鞍、索夹结构特点和制造难点,应进行必要的工艺性试验。

5.1.4 金属材料复验应按材料标准进行,生产厂应对复验试样做永久标记并长期保存,以便备查。

5.1.5 计量器具、检测和测量仪器仪表等应经法定计量单位检验合格并在有效期内使用。制造、安装、验收用的量具应采用统一标准,并有相应精度等级。

5.2 材料

5.2.1 钢材

5.2.1.1 索鞍鞍头、鞍体铸钢件应符合 GB/T 7659 中 ZG270-480H 的规定。索夹(含散索套)、底座、底板铸钢件应符合 JB/T 6402 中 ZG20Mn 的规定。

5.2.1.2 散索鞍鞍体底板锻钢件应符合 GB 713 和 GB/T 1591 中 Q345R 和 Q345C 的规定。散索鞍上、下承板锻钢件应符合 GB/T 17107 中 40Cr 的规定。

5.2.1.3 鞍体钢板应符合 GB 713 和 GB/T 1591 中 Q245R、Q345R 和 Q345C 的规定。主索鞍上承板、下承板、格栅和反力架钢板应符合 GB/T 700 的规定。

5.2.1.4 厚度大于 50mm 的钢板,应逐张进行超声波探伤检查,并符合 GB/T 2970 中 Ⅱ 级的规定。

5.2.1.5 拉杆连接副合金结构钢应符合 GB/T 3077 的规定。

5.2.1.6 不锈钢板应符合 GB/T 4237 的规定。

5.2.2 高强度螺栓连接副

高强度螺栓连接副应符合 GB/T 1228、GB/T 1229、GB/T 1230 和 GB/T 1231 的规定。

5.2.3 焊接材料

焊接材料应符合设计图要求并根据焊接工艺评定确定,进厂应有生产厂质量证明书或检验报告。

5.2.4 聚四氟乙烯板

聚四氟乙烯板应符合 QB/T 3625 的规定。

5.2.5 铸造锌合金

锌块铸造锌合金应符合 GB/T 1175 的规定。

5.2.6 涂装材料

涂装材料品种、规格、性能应符合设计图和 JT/T 722 的规定,进场应有生产厂质量合格证明书或检验报告。

5.3 工艺要求

5.3.1 铸钢件

5.3.1.1 钢水应充分精炼,冶炼时应尽量减少钢水中的气体和非金属夹杂物。钢水出炉前应从精炼炉内取样进行化学成分分析。

5.3.1.2 浇注完成的铸钢件应逐渐冷却、松箱,避免由于铸造应力或局部冷却产生热应力使铸钢件变形或开裂,开箱后应全面清砂,除去冒口、毛刺等。

5.3.1.3 铸钢件清砂后,应进行整体退火处理,以消除铸造应力。在割除冒口、粗整外形和焊补后,进行正火加回火或调质处理。

5.3.1.4 铸钢件表面应平整,尖角和棱边处应倒圆角。

5.3.1.5 铸钢件非加工尺寸及形位公差,索鞍不应低于GB/T 6414中CT13级的规定,索夹(含散索套)不应低于GB/T 6414中CT11级的规定。

5.3.1.6 铸钢件无损探伤应符合附录A的要求。

5.3.1.7 铸钢件超标缺陷需修补,应符合附录B的要求。

5.3.1.8 铸钢件应有质量合格证明书,包括生产厂名称代号、图号或件号(发运号)、牌号、炉号、热处理、无损检验、化学成分和力学性能试验报告。

5.3.2 锻钢件

5.3.2.1 锻钢件锻造用原材料应有质量合格证明并经复验合格,用钢锭直接锻造应在锻造前复验钢锭化学成分。

5.3.2.2 锻钢件锻造后应进行热处理,减小锻造应力和细化晶粒,使其具有良好的力学性能和机加工性能。

5.3.2.3 锻钢件粗加工后按GB/T 6402的规定进行超声波探伤,3级合格。锻钢件精加工后按JB/T 4730.4的规定进行磁粉探伤,Ⅱ级合格。

5.3.2.4 锻钢件应有质量合格证明书,包括生产厂名称代号、图号或件号(发运号)、牌号、炉号、热处理、无损检测、化学成分及力学性能试验报告。

5.3.3 拉杆连接副

5.3.3.1 直径大于M30mm的拉杆连接副,应采用静载拉力试验检测连接副力学性能。

5.3.3.2 拉杆连接副无损探伤应符合以下要求:
a) 拉杆加工螺纹前、螺母粗加工后应按GB/T 4162的规定进行超声波探伤,AA级合格;
b) 拉杆、螺母、垫片热处理后应按JB/T 4730.4的规定进行磁粉探伤,Ⅰ级合格;
c) 拉杆精加工后螺纹部分应按JB/T 4730.5的规定和JB/T 4730.4的规定进行渗透或磁粉探伤,Ⅰ级合格。

5.3.4 焊接

5.3.4.1 焊接施工前按设计图、GB/T 19869.1和GB 50661的规定进行焊接工艺评定。

5.3.4.2 焊接材料应通过焊接工艺评定确定;焊剂、焊条应按说明书规定烘干使用,不应使用脱皮、受损、潮湿的焊条;焊剂、焊丝上的脏物、油锈等杂质应清除干净。CO_2气体纯度应大于99.5%。

5.3.4.3 焊接坡口按GB/T 985.1和GB/T 985.2的规定制备。

5.3.4.4 焊接应在室内进行,环境温度不低于5℃,相对湿度小于80%。

5.3.4.5 鞍体焊接前应进行整体预热,并进行保温焊接,预热和保温温度应通过焊接性能试验和焊接工艺评定确定。

5.3.4.6 鞍体构件制作过程中，根据组装、焊接顺序应进行两次以上中间消除应力处理，焊后应在退火炉中进行整体退火处理。

5.3.4.7 焊缝外观、修磨和返修焊应符合 GB 50661 的规定。

5.3.4.8 焊接构件尺寸、形位公差应符合 GB/T 19804 中 B 级和 F 级的规定。

5.3.4.9 焊缝探伤应符合附录 C 的要求。

5.3.5 热处理

5.3.5.1 铸钢件、锻钢件、焊接件和拉杆连接副的退火、正火、调质等热处理工艺要求应符合 GB/T 16923、GB/T 16924 和 JB/T 10175 的规定。

5.3.5.2 零件调质和淬火热处理后产品硬度应符合设计图要求。

5.3.6 机加工

5.3.6.1 一般要求

5.3.6.1.1 加工设备精度应符合设计图对工件加工精度的要求。

5.3.6.1.2 零件应磨去边缘飞刺、挂渣，与主缆接触处锐边应倒圆，光滑匀顺。

5.3.6.1.3 零件机加工表面精度应符合设计图要求。

5.3.6.1.4 除注明外，孔径、孔距均按粗装配要求加工。未注尺寸公差应符合 GB/T 1804 中 m 级的要求，未注形位公差应符合 GB/T 1184 中 k 级的要求。

5.3.6.2 索鞍机加工

5.3.6.2.1 鞍体应先粗加工，再精加工。铸焊式索鞍鞍头应先粗加工，探伤合格后再与鞍体底座焊接，焊接合格后再进行整体精加工。

5.3.6.2.2 主索鞍鞍体宜整体机加工，如分体机加工，应采取工艺保证措施，并在加工后进行鞍体配合检查。

5.3.6.2.3 索鞍机加工精度除满足设计图要求外，应符合表 1 和表 2 的要求。

5.3.6.2.4 索鞍鞍体 I.P. 点、T.P. 点及座板、底板、格栅和承板等零部件相对位置中心应在机加工完成后在线做永久性定位标记，I.P. 点、T.P. 点见图 6、图 7。

5.3.6.2.5 鞍体机加工后质量偏差应符合设计图和技术规范的要求。

表 1 主索鞍机加工精度要求

序号	检查项目		单位	规定值或允许偏差
1	平面度	主要平面	mm/m	0.08
		主要平面全平面	mm	0.5
2	鞍体下平面对中心索槽竖直平面垂直度偏差		mm	0.5
3	上、下承板全平面平行度		mm	0.5
4	对合竖直平面与鞍体下平面垂直度偏差		mm	0.5
5	鞍体底面对中心索槽底高度偏差		mm	±1
6	鞍槽轮廓的圆弧半径偏差		mm/m	±0.5
7	各槽宽度、深度偏差，全长及累积误差		mm	±0.15，±1.2
8	轮廓度	各槽	mm/m	0.3
		各槽全弧长	mm	1

表1(续)

序号	检查项目	单位	规定值或允许偏差
9	各槽对中心索槽对称度	mm	0.5
10	各槽曲线立面角度偏差	°	±0.2
11	鞍槽表面粗糙度	μm	Ra12.5

注1：主要平面包括鞍体下平面、对合竖直平面、中心索槽竖直(基准)平面,上承板、下承板支承表面,格栅和反力架支承表面。
注2："对合竖直平面与鞍体下平面垂直度偏差"针对两块及两块以上制坯的鞍体。

表2 散索鞍机加工精度要求

序号	检查项目		单位	规定值或允许偏差
1	平面度	主要平面	mm/m	0.08
		主要平面全平面	mm	0.5
2	摆轴中心线与索槽中心平面垂直度偏差		mm	2
3	支承板平面平行度		mm	0.5
4	摆轴接合面到索槽底面高度偏差		mm	±1
5	鞍槽轮廓的圆弧半径偏差		mm/m	±0.5
6	各槽宽度、深度偏差,全长及累积误差		mm	±0.15,±1.2
7	各槽对中心索槽对称度		mm	0.5
8	轮廓度	各槽	mm/m	0.3
		各槽全弧长	mm	1
9	各槽曲线平面、立面角度偏差		°	±0.2
10	鞍槽表面粗糙度		μm	Ra12.5

注1：主要平面包括鞍体下表面、中心索槽竖直(基准)平面,底座、底板支承表面。
注2：支承板平面包括上承板、下承板、底座、底板支承表面。

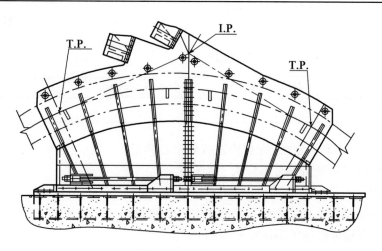

图6 主索鞍标记点

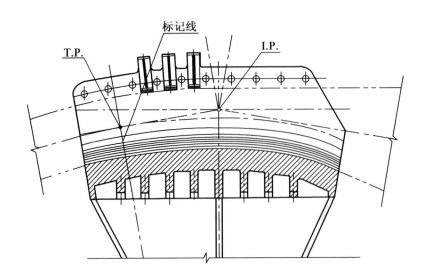

图 7 散索鞍标记点

5.3.6.3 索夹(含散索套)机加工

5.3.6.3.1 索夹(含散索套)应先粗加工,再精加工。

5.3.6.3.2 索夹内孔机加工时,应将两半本体锁合在一起整体机加工。

5.3.6.3.3 索夹(含散索套)两半本体拉杆孔分开加工时,应采取相应的工艺保证措施。

5.3.6.3.4 索夹(含散索套)机加工精度除满足设计图要求外,还应符合表3的要求。

表3 索夹(含散索套)机加工精度要求

序 号	检 查 项 目	单 位	规定值或允许偏差
1	圆弧薄壁部分壁厚偏差	mm	0 ~ +3
2	长度偏差	mm	±2
3	内径偏差	mm	±1.2
4	拉杆孔位置偏差	mm	1.2
5	拉杆孔直径偏差	mm	±1
6	拉杆孔直线度	mm	≤$L/500$
7	索夹耳板销孔位置偏差	mm	1
8	内孔表面粗糙度	μm	Ra12.5 ~ Ra25
注:L——拉杆孔深度。			

5.3.6.3.5 索夹(含散索套)机加工完后应在线做中心标记。

5.3.6.3.6 索夹机加工后质量偏差不应大于8%。

5.3.6.4 其他要求

5.3.6.4.1 主索鞍滑动副不锈钢板焊接和聚四氟乙烯板黏结应采取可靠技术工艺保证措施。不锈钢板与上承板焊接后,应整体机加工不锈钢板滑动面。

5.3.6.4.2 摆轴式散索鞍上、下承板机加工后,应使用销轴进行锁合检查。

5.3.7 防腐涂装

5.3.7.1 索鞍、索夹应进行防腐涂装,符合设计图和 JT/T 722 的要求。

5.3.7.2 索鞍鞍槽和隔板、索夹(含散索套)内表面应采用热喷锌防护,厚度不小于 200 μm。

5.3.7.3 预埋构件与混凝土接触面应进行除锈处理并采取防锈措施,机加工配合表面应涂油脂防锈,机加工非配合表面应进行涂装。

5.3.7.4 拉杆连接副表面防锈保护应符合设计图要求,未规定时,表面应镀锌钝化或涂装进行保护。

5.3.7.5 地脚锚栓表面应氧化处理。

5.4 试装配

5.4.1 一般要求

5.4.1.1 索鞍、索夹零部件应进行试装配,试装配后应符合设计要求。

5.4.1.2 各零部件涂装表面应无损伤,损伤处应及时修补。

5.4.1.3 索鞍、索夹组装合格后,应做好标识并有标识说明。

5.4.1.4 试装配完成后,应做好检查记录。

5.4.2 鞍体配合

分体加工的主索鞍两半鞍体应锁合检查接触面间隙和鞍槽错边值,要求如下:
a) 两半鞍体结合面周边处间隙不大于 0.15mm,鞍体与上承板接触面周边处间隙不大于 0.50mm;
b) 鞍体结合面处鞍槽在槽宽、槽深方向和侧壁三处的错边值不应大于 0.15mm。

5.4.3 静摩擦

主索鞍试装配检验合格后应进行顶推试验,计算滑动副静摩擦系数。静摩擦系数应符合设计要求。

5.4.4 偏摆角度

摆轴式散索鞍试装配合格后,应按设计图要求做偏摆试验,计算偏摆角度。试验测得偏摆角度应符合设计图要求。经产品使用单位和设计单位同意可在出厂前进行摆轴适配检验,在工地安装时进行偏摆试验。

6 试验方法

6.1 材料

6.1.1 钢材

6.1.1.1 钢板化学成分、力学性能试验按 GB/T 700、GB 713 和 GB/T 1591 的规定进行。

6.1.1.2 钢板超声波探伤按 GB/T 2970 的规定进行。

6.1.1.3 合金结构钢化学成分、力学性能试验按 GB/T 3077 的规定进行。

6.1.1.4 不锈钢板化学成分、力学性能试验按 GB/T 4237 的规定进行。

6.1.2 高强度螺栓

高强度螺栓试验方法按 GB/T 1231 的规定进行。

6.2 铸钢件

6.2.1 铸钢件化学成分、力学性能试验和表面质量检验按 GB/T 7659、GB/T 11352 和 JB/T 6402 的规定进行。

6.2.2 铸钢件几何形状和尺寸检测应采用相应精度的检测工具、样板和划线检查。外观采用目测进行检查。

6.2.3 铸钢件无损探伤试验按附录A的要求进行。

6.3 锻钢件

6.3.1 锻钢件化学成分、力学性能试验和表面质量检验按 GB/T 17107、GB/T 1591、GB 713 和 JB 4726 的规定进行。

6.3.2 锻钢件超声检测和磁粉检测按 GB/T 6402 和 JB 4730.4 的规定进行。

6.4 拉杆连接副

6.4.1 静载拉力试验。试验时沿拉杆、螺母轴线方向施加拉力荷载,持荷15s。试验时螺纹不应有脱扣或断裂现象,卸载后应能用手将螺母退出,可借助扳手松开螺母,但不超过半扣。试验拉力荷载按式(1)计算。

$$F = \frac{A_S \times R_{P0.2} \times 88\%}{1\,000} \tag{1}$$

式中:F——静载试验拉力荷载,单位为千牛(kN);
　　A_S——拉杆螺纹应力截面积,单位为平方毫米(mm^2);
　　$R_{P0.2}$——拉杆材料规定非比例延伸强度(或下屈服强度R_{eL}),单位为兆帕(MPa)。

6.4.2 超声检测、渗透检测、磁粉检测按 GB/T 4162、JB/T 4730.5 和 JB/T 4730.4 的规定进行。

6.5 焊接

6.5.1 焊缝外观检查按 GB 50661 的规定进行。

6.5.2 焊接构件尺寸、形位公差检测按 GB/T 19804 的规定进行。

6.5.3 钢板焊接构件超声检测、渗透检测、磁粉检测和铸钢件与钢板热熔透性焊缝超声检测按附录C的要求进行。

6.6 热处理

零件热处理后硬度检测按 GB/T 16923 和 GB/T 16924 的规定进行。

6.7 机加工

6.7.1 用工装、样板、游标卡尺、平尺、钢卷尺、内径千分尺、塞尺、直角尺和机床在线检测检查尺寸及形位公差。

6.7.2 用样板检验表面粗糙度。

6.8 防腐涂装

涂料和热喷涂涂层表面质量、附着力和厚度检测按 JT/T 722 的规定进行。

6.9 试装配

6.9.1 用工装、钢卷尺、钢板尺、游标卡片和塞尺检查各处配合尺寸和间隙,并做好记录。目测检测各零部件外观、标识。

6.9.2 鞍体配合。将上承板放置在平台上,将分体主索鞍鞍体分别放置在上承板上,装入定位销拼装成整体,具体检查方法如下:
   a) 使用塞尺均匀检查两半鞍体结合面和鞍体与上承板接触面间隙;
   b) 使用游标卡尺检查鞍体结合面处鞍槽在槽宽、槽深方向和侧壁三处的错边值。

6.9.3 静摩擦。将主索鞍下承板固定,用液压缸或千斤顶推动主索鞍鞍体和上承板进行顶推滑移试验,计算静摩擦系数,按表4记录试验结果。

表4 顶推试验结果记录表

静摩擦系数 μ	测试油压 P (MPa)	液压缸或千斤顶活塞直径 D (mm)	重力加速度 g (N/kg)	鞍体+上承板质量 m (kg)
			9.81	
$\mu = \dfrac{p\pi D^2}{4mg}$				

6.9.4 偏摆角度。将散索鞍底座和鞍体临时固定,通过外力使散索鞍鞍体绕摆轴转动,计算散索鞍偏摆角度,同时记录试验结果。

7 检验规则

7.1 检验分类

检验分为原材料进厂检验和出厂检验。

7.2 检验项目

7.2.1 原材料进厂检验

7.2.1.1 原材料进厂检验应符合表5的要求。

表5 原材料进厂检验

检验项目		技术要求	试验方法
钢板	化学成分、力学性能	5.2.1.3	6.1.1.1
	无损探伤	5.2.1.4	6.1.1.2
合金结构钢	化学成分、力学性能	5.2.1.5	6.1.1.3
不锈钢板	化学成分、力学性能	5.2.1.6	6.1.1.4
高强度螺栓	性能要求	5.2.2	6.1.2
铸钢件	化学成分、力学性能	5.2.1.1 5.3.1	6.2.1
	尺寸精度	5.3.1.5	6.2.2
锻钢件	化学成分、力学性能	5.2.1.2 5.3.2	6.3.1

7.2.1.2 钢板进厂抽验应按同一厂家、同一材质、同一板厚、每十炉(批)号检验一组试样,进行化学成分和力学性能的检验。

7.2.1.3 合金结构钢应按同一材质、同一规格、同一炉(批)号抽验一组试样,进行化学成分和力学性能检验。

7.2.1.4 不锈钢板应按同一材质、同一规格、同一炉(批)号抽验一组试样,进行化学成分和力学性能检验。

7.2.1.5 高强度螺栓连接副每批次抽检八套进行扭矩系数、机械性能检验。

7.2.1.6 铸钢件应每炉(批)检验一组本体试样,进行化学成分和力学性能的检验。鞍头、鞍体、底座、底板等大型铸钢件应每件检验一组本体试样,进行化学成分和力学性能检验。

7.2.1.7 锻钢件应每炉(批)检验一组本体试样,进行化学成分和力学性能检验。摆轴式散索鞍上承板、下承板和鞍体底板等大型锻钢件试样取样部位应符合相应锻件材料标准或 GB/T 17107 和 JB 4726 的规定。

7.2.2 出厂检验

产品出厂检验应符合表6的要求。

表6 出 厂 检 验

检验项目		技术要求	试验方法	抽样
主索鞍	铸钢件无损探伤	附录A	附录A	逐件
	焊缝外观、焊缝无损探伤	5.3.4.7、附录C	6.5.1、附录C	
	机加工尺寸精度、表面精度	表1	6.7	
	防腐涂装	5.3.7	6.8	
	装配后外观、各零部件配合情况	5.4.1	6.9.1	
	鞍体配合	5.4.2	6.9.2	
	静摩擦	5.4.3	6.9.3	每批次同类型索鞍抽检一组
散索鞍	铸钢件无损探伤	附录A	附录A	逐件
	锻钢件无损探伤	5.3.2.3	6.3.2	
	焊缝外观、焊缝无损探伤	5.3.4.7、附录C	6.5.1、附录C	
	上、下承板硬度	5.3.5.2	6.6	
	机加工尺寸精度、表面精度	表2	6.7	
	防腐涂装	5.3.7	6.8	
	装配后外观、各零部件配合情况	5.4.1	6.9.1	
	偏摆角度	5.4.4	6.9.4	每批次同类型索鞍抽检一组
索夹(含散索套)	铸钢件无损探伤	附录A	附录A	逐件
	机加工尺寸精度、表面精度	表3	6.7	
	防腐涂装	5.3.7	6.8	
	装配后外观、各零部件配合情况	5.4.1	6.9.1	

表6(续)

检验项目		技术要求	试验方法	抽样
拉杆连接副	静载拉力试验	5.3.3.1	6.4.1	每批次抽检三组（同种螺纹规格为一批次），每批次数量不超过3 000套
	无损探伤	5.3.3.2	6.4.2	逐件
	硬度	5.3.5.2	6.6	每种螺纹规格抽检不少于总数量的15%

7.3 判定规则

7.3.1 原材料进厂检验

7.3.1.1 钢板、合金结构钢、不锈钢板和高强度螺栓检验不合格不允许使用。

7.3.1.2 铸钢件化学成分不合格，允许在铸钢件上取样复检。力学性能不合格，允许对该批铸钢件及试样进行重新热处理，但次数不应超过两次（回火除外）。

7.3.1.3 锻钢件拉伸性能试验不合格，可在原取样部位附近再取两个拉伸试样进行复测，复测结果应全部满足要求。冲击性能试验不合格，可在原取样部位附近再取三个冲击试样进行复测，合格条件为前后两组共六个试样试验结果算术平均值不低于规定要求，允许有两个试验数据低于规定值，其中低于规定值70%的数据仅允许有一个。

7.3.1.4 锻钢件力学性能试验或复验不合格，该批锻钢件可重新进行热处理后取样试验，但重新热处理次数不应超过两次（回火除外）。

7.3.1.5 拉杆连接副静载拉力试验，如有一组试验不合格，则需要对该批次总数的1%且不少于五组进行复验，如再出现不合格，则判定该批次不合格。

7.3.2 出厂检验

7.3.2.1 产品经出厂检验合格并签发合格证后，方可出厂。

7.3.2.2 不符合要求零部件可进行返修。不符合要求零部件在不影响产品使用性能时可以原样使用，但应进行设计变更，获得同意后方可出厂。

8 标志、包装、运输与储存

8.1 标志

8.1.1 铸钢件铸造时应在规定部位铸造永久性标记。索鞍、索夹型号标记应符合4.2的要求。

8.1.2 索鞍鞍体I.P.点、T.P.点和各零部件定位中心标记应进行标识。

8.1.3 各零部件应有便于识别的标志，标志应完整、无遗漏，并清晰可见、正确无误。包装箱外应注明零部件名称、规格、制造日期、体积和质量。

8.1.4 属同一部件的零件应印有识别标志和定位标志，防止在发运和安装时互相混淆，保证在安装施工过程中准确确定其相对位置。

8.2 包装

8.2.1 零部件应有良好的防锈、防尘等措施,机加工表面应涂防锈油脂。包装时应根据零部件实际情况采用适当包装方式,鞍体等大件可裸装,小件和零散件应装箱。

8.2.2 包装应牢靠,箱内应附有合格证、安装说明书和装箱单。

8.3 运输与储存

8.3.1 零部件在搬运、运输时,不应使任何部件受到永久性损伤和散失。

8.3.2 零部件应存放在清洁、干燥、无有害介质的环境中。应设有遮盖物防止日晒雨淋,保持通风,防止受潮锈蚀。

8.3.3 零部件的储存应架离地面,不应有水或污垢聚积在其表面。堆垛零部件时,应在其层间设置衬垫,避免涂装受损。上承板、下承板、底板等零件临时存放时应在底面垫平,防止出现变形。

8.3.4 零部件在运输、储存过程中,应避免雨雪浸淋,并保持清洁;严禁与酸、碱、油类、有机溶剂等有害物质接触。

附 录 A
（规范性附录）
铸钢件探伤要求

铸钢件探伤应符合以下要求：

a) 铸钢件清砂后，除去氧化皮，在铸钢件转角处进行磁粉探伤，应按 GB/T 9444 的规定进行，2 级合格；

b) 铸钢件加工面经粗加工后进行超声波探伤，应按 GB/T 7233.1 的规定进行，3 级合格，其中索夹（含散索套）2 级合格；

c) 销接式索夹耳板根部等厚区域、轴承及销孔周边等部位粗加工后应按索夹总数量的 20% 进行射线探伤抽查，按 GB/T 5677 的规定进行，2 级合格；有效截面厚度大于 60mm，经产品使用单位和设计单位同意，可用超声波探伤代替射线探伤；

d) 铸钢件精加工面，应按 GB/T 9443 和 GB/T 9444 的规定进行渗透或磁粉探伤，索鞍、索夹（含散索套）主缆支承部的加工面，1 级合格，其他加工面 2 级合格。

附 录 B
（规范性附录）
铸钢件超标缺陷修补要求

B.1 允许修补范围

B.1.1 铸钢件如发现表面、内部有超标缺陷，应及时修补。

B.1.2 半只索夹（含散索套）超标缺陷允许修补范围符合表 B.1 要求，超过表 B.1 的缺陷应予以报废。

表 B.1 索夹（含散索套）超标缺陷允许修补范围

缺陷部位	缺陷深度	缺陷长度
圆弧薄壁区、销接式索夹耳板根部壁厚过渡区	<20% 或 10mm（取两者中较小值）	<4 倍壁厚或 150mm（取两者中较小值）
其他区域	<20% 或 25mm（取两者中较小值）	

B.1.3 主、散索鞍铸钢件补焊时，当补焊坡口深度不超过壁厚 20%（且不超过 25mm），坡口长度不超过 4 倍壁厚（且在 150mm 以下）时，可由制造厂自行补焊，并做好补焊情况记录备查，超过上述规定缺陷应协商后再处理。

B.1.4 铸钢件机加工后表面不应有气孔、砂眼、缩松等可见缺陷。

B.1.5 铸钢件非机加工表面不超过 3mm 的凹坑、气孔等缺陷可不进行修补。

B.2 修补工艺要求

B.2.1 缺陷修补应按以下要求进行：
a） 补焊前应制定补焊工艺；
b） 补焊前应证实缺陷已去除干净；
c） 应采用与母材等强度的焊材补焊；
d） 补焊处焊接后应进行超声波探伤和表面渗透或磁粉探伤，验证缺陷确已消除。

B.2.2 修补后热处理。铸钢件表面缺陷面积不超过 $65cm^2$，深度不超过该处铸钢件厚度的 10%，补焊后可不进行热处理，超过上述规定则应重新进行热处理。

附 录 C
（规范性附录）
焊缝探伤要求

构件焊接后，应对主要焊缝进行探伤。焊缝探伤应符合以下要求：
a) 焊接工艺评定试板焊缝应进行超声波、渗透或磁粉探伤，超声波探伤按 GB/T 11345、GB/T 29711和GB/T 29712 的规定进行，B2级合格；渗透或磁粉探按 JB/T 6062 或 JB/T 6061 的规定进行，1级合格；
b) 构件焊接后有热处理要求，应在热处理后对焊缝进行探伤；
c) 钢板构件的角焊缝、T形焊缝、十字焊缝和所有熔透性焊缝应进行渗透或磁粉探伤，按 JB/T 6062 或 JB/T 6061 的规定进行，2级合格；
d) 钢板构件熔透焊缝应进行超声波探伤，按 GB/T 11345、GB/T 29711 和 GB/T 29712 的规定进行，B3级合格；
e) 铸钢件与钢板的熔透焊缝应在焊接24h后进行超声波探伤，按 GB/T 7233.1 的规定进行，2级合格。

ICS 93.040
P 28
备案号:

中华人民共和国交通运输行业标准

JT/T 926—2014

桥梁用黏滞流体阻尼器

Fluid viscous damper for bridges

2014-06-27 发布　　　　　　　　　　　　　2014-11-01 实施

中华人民共和国交通运输部 发布

JT/T 926—2014

目　次

前言	88
1　范围	89
2　规范性引用文件	89
3　术语、定义和符号	90
4　结构形式、规格和型号	91
5　技术要求	92
6　试验方法	95
7　检验规则	96
8　标志、包装、运输和储存	97
附录 A（规范性附录）　耐压性能试验	99
附录 B（规范性附录）　慢速性能试验	100
附录 C（规范性附录）　速度相关性能试验	102
附录 D（规范性附录）　频率相关性能试验	104
附录 E（规范性附录）　温度相关性能试验	105
附录 F（规范性附录）　地震作用性能试验	106
附录 G（规范性附录）　风振荷载性能试验	107
附录 H（规范性附录）　疲劳与耐磨性能试验	108

JT/T 926—2014

前 言

本标准按照 GB/T 1.1—2009 给出的规则起草。

本标准由中国公路学会桥梁和结构工程分会提出并归口。

本标准起草单位：株洲时代新材料科技股份有限公司、湖南省交通规划勘察设计院、衡水宝力工程橡胶有限公司。

本标准主要起草人：陈彦北、胡建华、唐璐、周万红、孙湘民、晏红卫、韩鹏飞、宋文彪、吴坚、王希慧、张贵明、李瑜、刘榕、郭红锋、陈娅玲、朱小铁、付强。

JT/T 926—2014

桥梁用黏滞流体阻尼器

1 范围

本标准规定了桥梁用黏滞流体阻尼器产品的结构形式、规格和型号、技术要求、试验方法、检验规则、标志、包装、运输和储存等。

本标准适用于桥梁用黏滞流体阻尼器的生产和检验,不适用于拉索及调谐质量阻尼器(TMD)用黏滞流体阻尼器。

2 规范性引用文件

下列文件对于本文件的应用是必不可少的。凡是注日期的引用文件,仅注日期的版本适用于本文件。凡是不注日期的引用文件,其最新版本(包括所有的修改单)适用于本文件。

GB/T 191	包装储运图示标志
GB/T 197	普通螺纹　公差
GB/T 223	钢铁及合金　含量的测定
GB/T 226	钢的低倍组织及缺陷酸蚀检验法
GB/T 228.1	金属材料　拉伸试验　第1部分:室温试验方法
GB/T 231.1	金属材料　布氏硬度试验　第1部分:试验方法
GB/T 699	优质碳素结构钢
GB/T 1184	形状和位置公差　未注公差值
GB/T 1220	不锈钢棒
GB/T 1591	低合金高强度结构钢
GB/T 1800.1	产品几何规范(GPS)　极限与配合　第1部分:公差、偏差和配合的基础
GB/T 1804	一般公差　未注公差的线性和角度尺寸的公差
GB/T 1814	钢材断口检验法
GB/T 3077	合金结构钢
GB/T 4162	锻轧钢棒超声检测方法
GB/T 7314	金属材料　室温压缩试验方法
GB/T 9163	关节轴承　向心关节轴承
GB/T 11379	金属覆盖层　工程用铬电镀层
GB/T 12332	金属覆盖层　工程用镍电镀层
HG/T 2366	二甲基硅油
JB/T 4730.3	承压设备无损检测　第3部分:超声检测
JB/T 4730.4	承压设备无损检测　第4部分:磁粉检测
JB/T 4730.5	承压设备无损检测　第5部分:渗透检测
JB/T 6396	大型合金结构钢锻件　技术条件
JT/T 722	公路桥梁钢结构防腐涂装技术条件
SH/T 0692	防锈油

3 术语、定义和符号

3.1 术语和定义

下列术语和定义适用于本文件。

3.1.1
黏滞流体阻尼器 fluid viscous damper
以黏滞流体为阻尼介质,用于吸收、耗散外部输入能量的装置,属于速度相关的被动型阻尼器。

3.1.2
初始长度 initial length
黏滞流体阻尼器活塞位于缸体内居中位置时,两端轴承间的中心距。

3.1.3
设计抗震位移 design anti-seismic displacement
桥梁结构遭遇抗震设防烈度的地震时,黏滞流体阻尼器产生的位移。

3.1.4
设计风振位移 design wind vibration displacement
桥梁结构遭遇设计基准风速时,黏滞流体阻尼器产生的最大位移。

3.1.5
设计行程 design stroke
黏滞流体阻尼器处于初始长度时,允许产生的最大伸长量或缩短量。

3.1.6
阻尼力 damping force
活塞在缸体内运动时,黏滞流体阻尼器产生的输出力。

3.1.7
设计最大阻尼力 design maximum damping force
黏滞流体阻尼器在正常工作状态下可产生的最大输出力。

3.1.8
运动速度 movement velocity
黏滞流体阻尼器活塞与缸体的相对运动速度。

3.1.9
速度指数 velocity exponent
黏滞流体阻尼器阻尼力与速度关系的幂指数参数。

3.1.10
阻尼系数 damping coefficient
黏滞流体阻尼器在以单位速度运动时所产生的阻尼力之值。

3.1.11
设计工作频率 design working frequency
黏滞流体阻尼器在正常工作状态下每秒钟可往复运动的次数。

3.2 符号

下列符号适用于本文件。

A——加载振幅,单位为毫米(mm);
C——阻尼系数,设计值,单位为千牛每(米每秒)$^\alpha$[kN/(m/s)$^\alpha$];

D——缸体内径,单位为毫米(mm);
d——活塞杆直径,单位为毫米(mm);
F_a——实际阻尼力,单位为千牛(kN);
F_{a2}——第二个循环的实际阻尼力,单位为千牛(kN);
F_{a5}——第五个循环的实际阻尼力,单位为千牛(kN);
F_{a1999}——第1999个循环的实际阻尼力,单位为千牛(kN);
F_{max}——设计最大阻尼力,单位为千牛(kN);
F_{th}——理论阻尼力,单位为千牛(kN);
f——加载频率,单位为赫兹(Hz);
f_d——设计工作频率,单位为赫兹(Hz);
P_{max}——对应于设计最大阻尼力的压强,单位为兆帕(MPa);
S_a——实际行程,单位为毫米(mm);
S_d——设计行程,单位为毫米(mm);
S_{eq}——设计抗震位移,单位为毫米(mm);
S_{wv}——设计风振位移,单位为毫米(mm);
$sign(\ )$——符号函数;
t——加载时间,单位为秒(s);
u——加载位移,单位为毫米(mm);
v——运动速度,单位为米每秒(m/s);
v_{max}——设计最大运动速度,单位为米每秒(m/s);
α——速度指数;
η_1——地震阻尼力衰减率;
η_2——风振阻尼力衰减率。

4 结构形式、规格和型号

4.1 结构形式

黏滞流体阻尼器由密闭缸体、活塞、活塞杆、阻尼介质、密封部件及连接部件组成,结构示意见图1。

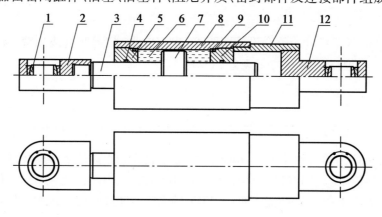

说明:
1——轴承;　　　　4——动密封件;　　　　7——活塞;　　　　10——右端盖;
2——活塞杆耳环;　　5——左端盖;　　　　　8——缸体;　　　　11——连接筒;
3——活塞杆;　　　　6——阻尼介质;　　　　9——静密封件;　　12——连接筒耳环。

图1　黏滞流体阻尼器结构示意

4.2 规格

4.2.1 黏滞流体阻尼器规格系列按设计最大阻尼力分为17级:600,700,800,900,1 000,1 200,1 350, 1 500,1 650,1 800,2 000,2 200,2 500,2 800,3 000,3 500,4 000kN。

4.2.2 设计行程分为18级:±100,±125,±150,±175,±200,±250,±300,±350,±400,±450, ±500,±550,±600,±650,±700,±800,±900,±1 000mm。实际行程(S_a)不应小于设计行程(S_d)。

4.2.3 速度指数分为7级:0.1,0.2,0.3,0.4,0.5,0.6,1.0。

4.2.4 转角范围不应小于±6°。

4.3 型号

黏滞流体阻尼器型号表示方法如下:

速度指数 α;
阻尼系数 C,单位为千牛每(米每秒)$^{\alpha}$ [kN/(m/s)$^{\alpha}$];
设计行程 S_d,单位为毫米(mm);
设计最大阻尼力 F_{max},单位为千牛(kN);
黏滞流体阻尼器名称代号:FVD。

示例:

设计最大阻尼力1 000kN,设计行程±500mm,阻尼系数1 500kN/(m/s)$^{0.3}$,速度指数0.3的黏滞流体阻尼器,其型号表示为:FVD1000/±500—1500—0.3。

5 技术要求

5.1 工作条件

5.1.1 黏滞流体阻尼器适用环境温度为-25℃~50℃。应避免长时间阳光直射和雨水浸淋,周围应无强磁场源、强电场源和高温热源。

5.1.2 黏滞流体阻尼器的设计工作频率范围宜不大于1Hz。

5.2 外观

黏滞流体阻尼器的外形尺寸应符合设计图要求,表面应光洁,无凹坑或划痕,无漏油,无机械损伤,漆膜表面光滑,不应有漏喷、流痕、橘皮等现象。

5.3 材料

5.3.1 钢材

5.3.1.1 活塞杆应采用力学性能不低于40Cr的合金结构钢,化学成分、力学性能应符合GB/T 3077的规定;或采用力学性能不低于14Cr17Ni2的不锈钢,化学成分、力学性能应符合GB/T 1220的规定。

5.3.1.2 缸体、活塞应采用力学性能不低于40Cr的合金结构钢,化学成分、力学性能应符合GB/T 3077的规定。

5.3.1.3 耳环、端盖、连接筒应采用力学性能不低于45号钢的优质碳素结构钢,化学成分、力学性能应符合GB/T 699的规定;或采用力学性能不低于Q345B的低合金高强度结构钢,化学成分、力学性能应符合GB/T 1591的规定。

5.3.1.4 钢材应采用锻钢或轧钢,不应采用铸钢。优质碳素结构钢、低合金高强度结构钢、合金结构钢、不锈钢等原材料应分别符合 GB/T 699、GB/T 1591、GB/T 3077、GB/T 1220 的规定。

5.3.2 阻尼介质

阻尼介质宜选用无毒、不易燃、具有良好化学惰性的二甲基硅油。二甲基硅油应无色透明,无可见机械杂质;理化性能应符合 HG/T 2366 中"一等品"的规定。

5.4 工艺性能

5.4.1 热处理

5.4.1.1 锻钢件应进行热处理,热处理后力学性能应符合 JB/T 6396 的规定。

5.4.1.2 轧钢件应进行热处理,热处理宜采用退火,退火后优质碳素结构钢、低合金高强度结构钢、合金结构钢、不锈钢的硬度应分别符合 GB/T 699、GB/T 1591、GB/T 3077 和 GB/T 1220 的规定。

5.4.2 机加工

5.4.2.1 缸体内表面和活塞杆表面尺寸公差不应低于 GB/T 1800.1 中 IT8 级的规定;未注尺寸公差不应低于 GB/T 1804 中 c 级的规定。

5.4.2.2 缸体内表面和活塞杆表面圆柱度不应低于 GB/T 1184 中 6 级的规定;未注形位公差不应低于 GB/T 1184 中 L 级的规定。

5.4.2.3 传递荷载的螺纹连接副螺纹精度不应低于 GB/T 197 中 7H/6g 级的规定。

5.4.2.4 轴承应选用向心关节轴承,其外形尺寸、公差应符合 GB/T 9163 的规定。

5.4.2.5 缸体内表面、活塞杆表面粗糙度不应低于 $R_a 0.8$ 的要求;安装密封件的沟槽表面粗糙度不应低于 $R_a 1.6$ 的要求。

5.4.2.6 活塞杆、缸体、活塞、端盖的配合面和摩擦面目视不应有凹坑、划痕等缺陷。

5.4.3 探伤

5.4.3.1 缸体、活塞杆应进行磁粉或渗透探伤,表面不应有任何裂纹、白点和横向缺陷显示,磁粉探伤的质量分级应符合 JB/T 4730.4 中Ⅰ级的规定,渗透探伤的质量分级应符合 JB/T 4730.5 中Ⅰ级的规定。

5.4.3.2 缸体、连接筒、活塞、耳环、端盖应进行超声波探伤,超声波探伤质量分级应符合 JB/T 4730.3 中Ⅱ级的规定;活塞杆应进行超声波探伤,超声波探伤质量分级应符合 GB/T 4162 中 A 级的规定。

5.4.4 防腐

5.4.4.1 活塞杆表面镀硬铬、镀镍或铬镍共镀,基底材料为合金钢时,镀层总厚度不宜低于 70μm;基底材料为不锈钢时,镀层总厚度可低至 40μm。硬铬层的技术要求应符合 GB/T 11379 的规定,镍层的技术要求应符合 GB/T 12332 的规定。

5.4.4.2 黏滞流体阻尼器成品外露表面除活塞杆外均应进行防腐涂装。涂层应符合 JT/T 722 中涂层配套体系编号为"S05"的要求。

5.4.5 装配

5.4.5.1 所有待装的金属部件,都应有生产厂家质量检验部门的合格标记。密封件、轴承、阻尼介质等外购部件应有厂家提供的合格证明,方可进行装配。

5.4.5.2 已涂装金属部件在涂装未干透前,不应进行装配。

5.4.5.3 金属部件装配前,应将铁屑、毛刺、油污和泥沙等杂物清除干净。其配合面和摩擦面不应有锈蚀、凹坑和影响使用性能及寿命的划痕。相互配合面均应洁净。

5.4.5.4 装配过程中应防止密封件损坏,密封件不应有划伤、碰伤及挤压变形等受损现象。

5.4.5.5 阻尼介质在缸体内应填充满。缸体密封后不应解封,若有特殊情况需要解封,应由生产厂家进行解封及重新密封的操作。解封后应重新填充阻尼介质至解封前状态,方可重新密封。

5.4.5.6 装配完成后,轴承内外表面均用 SH/T 0692 中 L-RD-4-3 防锈油进行防腐。

5.5 力学性能

5.5.1 理论阻尼力

黏滞流体阻尼器理论阻尼力(F_{th})与运动速度(v)的关系按式(1)计算:

$$F_{th} = C|v|^{\alpha}sign(v) \tag{1}$$

5.5.2 耐压性能

黏滞流体阻尼器在1.5倍设计最大压强(P_{max})下,持荷120s,不应出现泄漏、部件损坏等现象。

5.5.3 慢速性能

黏滞流体阻尼器在运动速度(v)不低于1×10^{-4}m/s慢速运动时,实际阻尼力(F_a)不应大于设计最大阻尼力(F_{max})的10%。

5.5.4 速度相关性能

在设计最大运动速度(v_{max})的0.1倍~1.0倍范围内,实际阻尼力(F_a)相对于理论阻尼力(F_{th})的偏差不应超过±15%。其中设计最大运动速度值(v_{max})按式(2)计算:

$$v_{max} = \left|\frac{F_{max}}{C}\right|^{\frac{1}{\alpha}} \tag{2}$$

5.5.5 频率相关性能

在设计最大运动速度(v_{max}),频率为0.5倍~2.0倍设计工作频率(f_d)范围内,各实际阻尼力(F_a)之间的偏差不应超过±15%。

5.5.6 温度相关性能

在-25℃和50℃时的实际阻尼力(F_a),相对于20℃时实际阻尼力(F_a)的偏差不应超过±15%。

5.5.7 地震作用性能

在模拟地震工况条件下,实际阻尼力(F_a)相对于理论阻尼力(F_{th})的偏差不应超过±15%。实际阻尼力(F_a)的衰减率(η_1)不应超过15%。

5.5.8 风振荷载性能

在模拟风振工况条件下,实际阻尼力(F_a)的衰减率(η_2)不应超过15%。

5.5.9 疲劳与耐磨性能

加载次数不小于50 000次且密封件与金属部件的摩擦滑动距离累积不小于1 000m的条件下,不应出现泄漏、部件损坏等现象。

6 试验方法

6.1 外观

黏滞阻尼器成品外形尺寸用直尺、游标卡尺等常规量具检测，外观质量采用目测或借助放大镜检测。

6.2 材料

6.2.1 钢材

6.2.1.1 钢材力学性能检测按 GB/T 228.1 和 GB/T 7314 的规定进行，化学成分检测按 GB/T 223 的规定进行。

6.2.1.2 钢材内部缺陷检测按 GB/T 226 和 GB/T 1814 的规定进行。

6.2.2 阻尼介质

外观采用目视法检验，二甲基硅油的各项理化性能技术指标测定按 HG/T 2366 的规定进行。

6.3 工艺性能

6.3.1 热处理

6.3.1.1 锻钢件热处理后的力学性能试验按 JB/T 6396 的规定进行。

6.3.1.2 轧钢件热处理后的硬度试验按 GB/T 231.1 的规定进行。

6.3.2 机加工

6.3.2.1 金属部件的尺寸公差用直尺、游标卡尺、千分尺等常规量具检测，形位公差用专用仪器和设备检测。

6.3.2.2 金属部件粗糙度用粗糙度检测仪器检测。金属部件的凹坑、划痕等表面缺陷用目视法检测。

6.3.3 探伤

6.3.3.1 磁粉探伤方法按 JB/T 4730.4 的规定进行，渗透探伤方法按 JB/T 4730.5 的规定进行。

6.3.3.2 缸体、连接筒、活塞、耳环、端盖的超声波探伤方法按 JB/T 4730.3 的规定进行，活塞杆的超声波探伤方法按 GB/T 4162 的规定进行。

6.3.4 防腐

6.3.4.1 活塞杆镀层厚度用金属镀层测厚仪检测，镀层的表面质量采用目视法检测。

6.3.4.2 黏滞流体阻尼器成品涂层的检测方法按 JT/T 722 的规定进行。

6.4 力学性能

6.4.1 在需要通过试验设备加载的试验中，控制试样运动应采用位移控制法。

6.4.2 试验设备的精度应满足以下要求：静态误差不超过 ±0.5%FS，动态误差不超过 ±3%FS。

注：FS 代表试验设备的满量程。

6.4.3 黏滞流体阻尼器的耐压性能试验方法见附录 A。

6.4.4 黏滞流体阻尼器的慢速性能试验方法见附录 B。

6.4.5 黏滞流体阻尼器的速度相关性能试验方法见附录 C。

6.4.6 黏滞流体阻尼器的频率相关性能试验方法见附录D。
6.4.7 黏滞流体阻尼器的温度相关性能试验方法见附录E。
6.4.8 黏滞流体阻尼器的地震作用性能试验方法见附录F。
6.4.9 黏滞流体阻尼器的风振荷载性能试验方法见附录G。
6.4.10 黏滞流体阻尼器的疲劳与耐磨性能试验方法见附录H。

7 检验规则

7.1 检验分类

黏滞流体阻尼器的检验分为原材料检验、型式检验和出厂检验三类。

7.1.1 原材料检验

原材料检验为部件加工用原材料及外协、外购件进厂时进行的验收检验。

7.1.2 型式检验

有下列情况之一时,应进行型式检验:
a) 新产品在设计最大阻尼力(F_{max})、阻尼系数(C)和速度指数(α)中的任何一项发生变化时,进行的试制定型鉴定;
b) 正常生产后,当原料、结构、工艺等有变化,对产品质量有影响时;
c) 正常生产时,每两年检验一次;
d) 停产一年以上,恢复生产时;
e) 国家质量监督机构提出型式检验要求时;
f) 因特殊需要应进行型式检验时。

7.1.3 出厂检验

黏滞流体阻尼器应经制造厂家质量检验部门检验合格并附合格证明文件,方可出厂。

7.2 检验项目

7.2.1 原材料检验

黏滞流体阻尼器原材料检验的检验项目应符合表1的规定。

表1 黏滞流体阻尼器原材料检验项目

检验项目	技术要求	试验方法	检验频次
钢材力学性能和化学成分	5.3.1	6.2.1	每批100%
二甲基硅油理化性能	5.3.2	6.2.2	每批1次

7.2.2 型式检验和出厂检验

黏滞流体阻尼器型式检验和出厂检验的检验项目应符合表2的规定。

表 2 黏滞流体阻尼器型式检验和出厂检验

检验项目	技术要求	试验方法	型式检验	出厂检验	检验频次 型式检验	检验频次 出厂检验
外观	5.2	6.1	+	+	100%	100%
防腐	5.4.4	6.3.4	+	-	不少于2件	/
耐压性能	5.5.2	6.4.3	+	+	不少于2件	100%
慢速性能	5.5.3	6.4.4	+	+	不少于2件	20%,但不少于2件
速度相关性能	5.5.4	6.4.5	+	+	不少于2件	100%
频率相关性能	5.5.5	6.4.6	+	-	不少于2件	/
温度相关性能	5.5.6	6.4.7	+	-	不少于1件	/
地震作用性能	5.5.7	6.4.8	+	-	不少于2件	/
风振荷载性能 a	5.5.8	6.4.9	△	-	不少于2件	/
疲劳与耐磨性能	5.5.9	6.4.10	+	-	不少于1件	/

注:"+"表示要进行该项检验,"-"表示不进行该项检验,"△"为选做,"/"表示无此项规定。

a 当以风振荷载作用为主时,该项型式检验为必检项。

7.3 判定规则

7.3.1 原材料

检验结果不符合本标准要求的原材料及外协、外购件不应使用。

7.3.2 型式检验

型式检验采用随机抽样方式进行。型式检验项目全部合格,则该批产品为合格。当检验项目中有不合格项,应取双倍试样对不合格项目进行复检,复检后仍有不合格,则该批产品为不合格。

7.3.3 出厂检验

7.3.3.1 外观及尺寸、行程检验结果不符合本标准要求的黏滞流体阻尼器成品,可对相关部件更换或返修,合格后方可出厂。

7.3.3.2 每批产品中的耐压性能、速度相关性能试验结果合格件可出厂,不合格件不应出厂。

7.3.3.3 慢速性能试验采取随机抽样方式进行。抽样试验全部合格,则该批产品为合格;若抽样试验有不合格件,应取双倍试样进行复检,复检后仍有不合格件,则该批产品为不合格。

8 标志、包装、运输和储存

8.1 标志

8.1.1 在黏滞流体阻尼器的明显部位应有清晰永久的标志,应包含以下内容:
   a) 产品名称、型号;
   b) 基本参数;

c) 商标;
d) 出厂编号;
e) 出厂日期;
f) 制造厂名;
g) 执行标准号。

8.1.2 包装箱外部明显位置上应有产品名称、型号、商标、制造厂名等标志,有关标志的图式符号应符合 GB/T 191 的规定。

8.2 包装

8.2.1 每件产品应采用可靠包装或按用户要求包装,便于运输和搬运安全。

8.2.2 包装发货的每箱产品中应具备下列文件:
a) 产品使用说明书;
b) 产品出厂检验合格证;
c) 装箱单。

8.3 运输

运输过程中应注意防雨、防潮和防晒,严禁与有腐蚀性的化学品混运接触,并不应磕碰、超高码放。

8.4 储存

产品应储存在干燥、通风、无阳光直射、无腐蚀性气体并远离热源的场所。

附 录 A
（规范性附录）
耐压性能试验

A.1 试样

黏滞流体阻尼器耐压性能试验应采用本体进行。

A.2 试验方法

试验按以下步骤进行：

a) 按图 A.1，将试样的一个注油口与液压加载设备连接，确认注油口及其他部位密封好后，控制加载设备向注油口中注入与试样中相同的阻尼介质，使其内部压强缓慢上升；

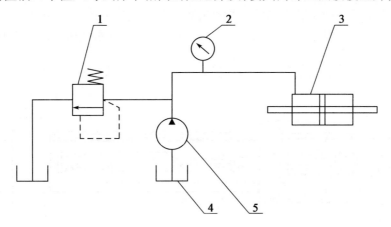

说明：
1——溢流阀； 4——油箱；
2——压力表； 5——液压泵。
3——黏滞流体阻尼器试样；

图 A.1 耐压性能试验示意

b) 待压强上升至 $1.5P_{max}$ 时，停止注入阻尼介质，并持荷 120s 以上。设计最大压强 P_{max} 由式（A.1）计算；

$$P_{max} = \frac{4F_{max}}{\pi(D^2 - d^2)} \tag{A.1}$$

c) 解除注油口与液压加载设备的连接，检查试样是否有阻尼介质泄漏和部件损坏等现象。

A.3 试验报告

试验报告应包括以下内容：

a) 试验设备、试样规格、最高压力值、最高压力持续时间；
b) 描述试验过程及试验结果，记录试验过程中的异常情况；
c) 压力表最高读数的照片。

附 录 B
（规范性附录）
慢速性能试验

B.1 试样

黏滞流体阻尼器慢速性能试验应采用本体进行，受试验设备能力限制时可采用缩尺模型进行。缩尺模型只允许行程缩短，其他应与本体相同。

B.2 试验方法

试验按以下步骤进行：
a) 慢速性能试验应在$(23±5)$℃的环境温度下进行；
b) 图B.1给出了一种黏滞流体阻尼器测试装备及其连接方式示意图，根据试验装备的不同连接方式也会有所不同，但均需与实际工况相吻合并避免对测试精度造成不利影响；

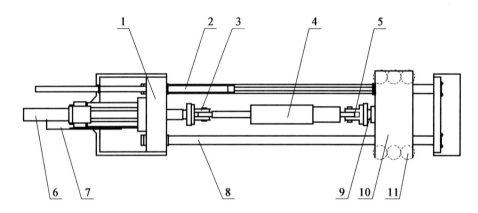

说明：
1——底座；
2——后座驱动器；
3——前连接头；
4——黏滞阻尼器试样；
5——后连接头；
6——加载驱动器；
7——位移传感器；
8——导轨；
9——力传感器；
10——后座；
11——锁紧油缸。

图B.1 试验设备及连接方式示意

c) 在图B.1所示的试验设备上对试样加载，使其进行一个完整的位移循环运动；
d) 加载方式为三角波加载（见图B.2），运动速度(v)不小于$1×10^{-4}$m/s，加载振幅A不小于工程结构温度变化引起的阻尼器本身位移，且不小于10mm，加载位移(u)按式(B.1)计算。

$$u = \begin{cases} vt & \left(0 \leq t \leq \dfrac{A}{v}\right) \\ 2A - vt & \left(\dfrac{A}{v} < t \leq \dfrac{3A}{v}\right) \\ vt - 4A & \left(\dfrac{3A}{v} < tv \leq \dfrac{4A}{v}\right) \end{cases} \quad （B.1）$$

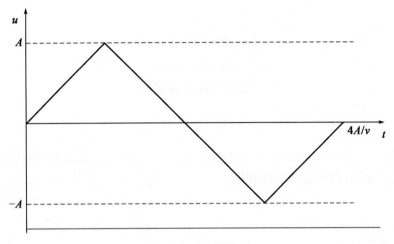

图 B.2 三角波波形

B.3 试验过程与数据

试验过程与数据应满足以下要求：

a) 试验过程应运行平稳，无卡滞；
b) 阻尼力时程曲线和位移时程曲线数据应全程连续记录。

B.4 试验报告

试验报告应包括以下内容：

a) 环境温度、试验设备、试样规格、试验输入参数；
b) 描述试验过程及试验结果，记录全程阻尼力时程曲线和位移时程曲线，以及试验过程中异常情况。

附 录 C
（规范性附录）
速度相关性能试验

C.1 试样

黏滞流体阻尼器速度相关性能试验应采用本体进行，受试验设备能力限制时可采用缩尺模型进行。缩尺模型只允许行程缩短，其他应与本体相同。

C.2 试验方法

试验按以下步骤进行：
a) 速度相关性能试验应在(23±5)℃的环境温度下进行；
b) 在图 B.1 所示的试验设备上对试样加载，使其在 $0.1v_{max}$, $0.25v_{max}$, $0.5v_{max}$, $0.75v_{max}$, $1.0v_{max}$ 五个不同运动速度(v)下分别进行三个完整的位移循环测试；
c) 加载频率(f)为设计工作频率(f_d)，加载振幅(A)按式（C.1）计算；

$$A = \frac{v}{2\pi f} \tag{C.1}$$

d) 加载方式为正弦波加载（见图 C.1），加载位移 u 按式（C.2）计算；

$$u = A\sin(2\pi f t) \tag{C.2}$$

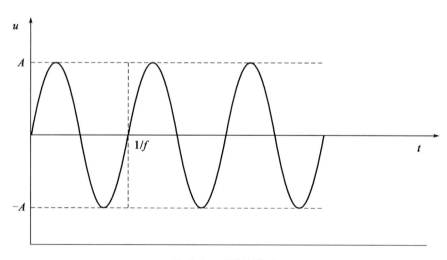

图 C.1 正弦波波形

e) 对试样温度进行监测，超过指定温度时应暂停试验。

C.3 试验过程与数据

试验过程与数据应满足以下要求：
a) 理论阻尼力(F_{th})按式（1）计算；
b) 实际阻尼力(F_a)取值以第二个滞回圈上的数据为准，拉伸、压缩两个方向分别取值，均应满足要求；
c) 阻尼力—位移滞回曲线应光滑，无异常；阻尼力时程曲线、位移时程曲线和阻尼力—位移滞回曲线数据应全程连续记录。

C.4 试验报告

试验报告应包括以下内容：
a) 环境温度、试验设备、试样规格、试验输入参数；
b) 描述试验过程及试验结果，记录全程阻尼力时程曲线、位移时程曲线和阻尼力—位移滞回曲线，以及试验过程中的异常情况。

附 录 D
（规范性附录）
频率相关性能试验

D.1 试样

黏滞流体阻尼器频率相关性能试验应采用本体进行,受试验设备能力限制时可采用缩尺模型进行。缩尺模型只允许行程缩短,其他应与本体相同。

D.2 试验方法

试验按以下步骤进行：
a) 频率相关性能试验应在(23 ± 5)℃的环境温度下进行；
b) 在图 B.1 所示的试验设备上对试样加载,使其在五种不同加载频率(f)下,以相同运动速度(v)分别进行三个完整的位移循环运动；
c) 加载方式为正弦波加载(见图 C.1),加载位移(u)按式 (C.2)计算；
d) 加载振幅(A)和加载频率(f)见表 D.1,加载振幅(A)应控制在设计行程(S_d)以内,则加载频率(f)则相应改变；
e) 对试样温度进行监测,超过指定温度时应暂停试验。

表 D.1 频率相关性能试验输入数据表

序号	加载振幅 A (mm)	加载频率 f (Hz)
1	$\dfrac{v_{max}}{2\pi f}$	$0.5f_d$
2		$0.75f_d$
3		$1.0f_d$
4		$1.5f_d$
5		$2.0f_d$

D.3 试验过程与数据

试验过程与数据应满足以下要求：
a) 实际阻尼力(F_a)取值以第二个滞回圈上的数据为准,拉伸、压缩两个方向分别取值,均应满足要求；
b) 阻尼力—位移滞回曲线应光滑,无异常；阻尼力时程曲线、位移时程曲线和阻尼力—位移滞回曲线数据应全程连续记录。

D.4 试验报告

试验报告应包括以下内容：
a) 环境温度、试验设备、试样规格、试验输入参数；
b) 描述试验过程及试验结果,记录全程的阻尼力时程曲线、位移时程曲线和阻尼力—位移滞回曲线,以及试验过程中的异常情况。

附 录 E
（规范性附录）
温度相关性能试验

E.1 试样

黏滞流体阻尼器温度相关性能试验应采用本体进行,受试验设备能力限制时可采用缩尺模型进行。缩尺模型只允许行程缩短,其他应与本体相同。

E.2 试验方法

试验按以下步骤进行：

a) 温度相关性能试验应分别在 −25℃,20℃,50℃ 的温度下进行；
b) 试样应在所需试验温度环境下放置不小于24h,试样取出后需采取保温措施并在15min内完成试验；
c) 在图 B.1 所示的试验设备上对试样加载,使其连续进行三个完整的位移循环运动；
d) 加载方式为正弦波加载(见图 C.1),加载位移(u)按式 (C.2) 计算；
e) 加载频率(f)为设计工作频率(f_d),加载振幅(A)为设计抗震位移(S_{eq}),若缩尺模型的行程小于设计抗震位移(S_{eq}),则在不改变最大加载速度的前提下可以减小加载振幅(A)；
f) 对试样温度进行监测,超过指定温度时应暂停试验。

E.3 试验过程与数据

试验过程与数据应满足以下要求：

a) 理论阻尼力(F_{th})按式(1)计算；
b) 实际阻尼力(F_a)取值以第二个滞回圈上的数据为准,拉伸、压缩两个方向分别取值,均应满足要求；
c) 阻尼力—位移滞回曲线应光滑,无异常；阻尼力时程曲线、位移时程曲线和阻尼力—位移滞回曲线数据应全程连续记录。

E.4 试验报告

试验报告应包括以下内容：

a) 环境温度、试验温度、试验设备、试样规格、试验输入参数；
b) 描述试验过程及试验结果,记录全程的阻尼力时程曲线、位移时程曲线和阻尼力—位移滞回曲线,以及试验过程中的异常情况。

附 录 F
（规范性附录）
地震作用性能试验

F.1 试样

黏滞流体阻尼器地震作用性能试验应采用本体进行，受试验设备能力限制时可采用缩尺模型进行。缩尺模型只允许行程缩短，其他应与本体相同。

F.2 试验方法

试验按以下步骤进行：
a) 地震作用性能试验应在(23 ± 5)℃的环境温度下进行；
b) 在图B.1所示的试验设备上对试样加载，使其连续进行六个完整的位移循环运动；
c) 加载方式为正弦波加载（见图C.1），加载位移(u)按式（C.2）计算；
d) 加载频率(f)为设计工作频率(f_d)，加载振幅(A)为设计抗震位移(S_{eq})；
e) 连续记录全程的阻尼力时程曲线、位移时程曲线和阻尼力—位移滞回曲线；
f) 对试样温度进行监测，超过指定温度时应暂停试验。

F.3 试验过程与数据

试验过程与数据应满足以下要求：
a) 理论阻尼力(F_{th})按式（1）计算；
b) 地震阻尼力衰减率(η_1)由式（F.1）计算；

$$\eta_1 = \frac{F_{a2} - F_{a5}}{F_{a2}} \times 100\% \tag{F.1}$$

c) 阻尼力—位移滞回曲线应饱满、光滑，无异常；试验结束后试样应无泄漏、部件损坏等现象。

F.4 试验报告

试验报告应包括以下内容：
a) 环境温度、试验设备、试样规格、试验输入参数；
b) 描述试验过程及试验结果，记录试验过程中的异常情况。

附 录 G
（规范性附录）
风振荷载性能试验

G.1 试样

黏滞流体阻尼器风振荷载性能试验应采用本体进行，受试验设备能力限制时可采用缩尺模型进行。缩尺模型只允许行程缩短，其他应与本体相同。

G.2 试验方法

试验按以下步骤进行：
a) 在图 B.1 所示的试验设备上对试样加载，使其进行 2 000 个完整的位移循环运动；
b) 加载方式为正弦波加载（见图 C.1），加载位移（u）按式（C.2）计算；
c) 加载频率（f）为设计工作频率（f_d），加载振幅（A）为设计风振位移（S_{wv}）；
d) 对试样温度进行监测，超过指定温度时应暂停试验。

G.3 试验过程与数据

试验过程与数据应满足以下要求：
a) 理论阻尼力（F_{th}）按式（1）计算；
b) 风振阻尼力衰减率（η_2）由式（G.1）计算；

$$\eta_2 = \frac{F_{a2} - F_{a1999}}{F_{a2}} \times 100\% \tag{G.1}$$

c) 试验过程中试样应运行平稳，无卡滞；试验结束后试样应无泄漏、部件损坏等现象。

G.4 试验报告

试验报告应包括以下内容：
a) 环境温度、试验设备、试样规格、试验输入参数；
b) 描述试验过程及试验结果，记录全程的阻尼力时程曲线、位移时程曲线和阻尼力—位移滞回曲线，以及试验过程中的异常情况。

JT/T 926—2014

附 录 H
(规范性附录)
疲劳与耐磨性能试验

H.1 试样

黏滞流体阻尼器疲劳与耐磨性能试验应采用本体进行,受试验设备能力限制时可采用缩尺模型进行。缩尺模型只允许行程缩短,其他应与本体相同。

H.2 试验方法

试验按以下步骤进行:
a) 在图 B.1 所示的试验设备上对试样加载,使其进行 50 000 个完整的位移循环运动;
b) 加载方式为正弦波加载(见图 C.1),加载位移(u)按式(C.2)计算;
c) 加载振幅(A)为 ±5mm,加载频率(f)不大于 1Hz,不小于 0.1Hz;
d) 对试样温度进行监测,超过指定温度时应暂停试验。

H.3 试验过程与数据

试验过程与数据应满足以下要求:
a) 试验过程应运行平稳,无卡滞;
b) 记录阻尼力—位移滞回曲线数据,数量不少于 600 个循环,应包含最前 200 个循环和最后 200 个循环。

H.4 试验报告

试验报告应包括以下内容:
a) 环境温度、试验设备、试样规格、试验输入参数;
b) 描述试验过程及试验结果,记录的阻尼力—位移滞回曲线,以及试验过程中的异常情况。

ICS 93.040
P 28
备案号：

中华人民共和国交通运输行业标准

JT/T 927—2014

桥梁双曲面球型减隔震支座

Double spherical seismic isolation bearing for bridges

2014-06-27 发布

2014-11-01 实施

中华人民共和国交通运输部　发 布

JT/T 927—2014

目　次

前言 …… 112

引言 …… 113

1 范围 ……………………………………………………………………………………………………… 115

2 规范性引用文件 ………………………………………………………………………………………… 115

3 术语、定义和符号 ……………………………………………………………………………………… 115

4 分类、型号、结构形式和规格 ………………………………………………………………………… 116

5 技术要求 ………………………………………………………………………………………………… 119

6 试验方法 ………………………………………………………………………………………………… 124

7 检验规则 ………………………………………………………………………………………………… 125

8 标志、包装、运输和储存 ……………………………………………………………………………… 126

附录A（规范性附录）　支座竖向承载力试验方法 …………………………………………………… 127

附录B（规范性附录）　支座水平滞回性能试验方法 ………………………………………………… 129

附录C（规范性附录）　支座限位板水平承载力试验方法 …………………………………………… 131

附录D（规范性附录）　支座自复位性能试验方法 …………………………………………………… 133

附录E（规范性附录）　非金属滑板约束下极限抗压强度试验方法 ………………………………… 134

附录F（规范性附录）　非金属滑板初始静摩擦系数及线磨耗率试验方法 ………………………… 136

前 言

本标准按照GB/T 1.1—2009给出的规则起草。

本标准由中国公路学会桥梁和结构工程分会提出并归口。

本标准主编单位:洛阳双瑞特种装备有限公司、同济大学、中交公路规划设计院有限公司。

本标准主要起草人:冯刚宪、李建中、宋建平、彭天波、李恒跃、冯苠、顾海龙、王勇、刘晓娣、曾宇。

引 言

本文件的发布机构提请注意,声明符合本文件时,可能涉及4.3支座结构形式与ZL 200420010939.8《双曲面球型减隔震支座》、ZL 200920224219.4《具有球面不锈钢滑板的球型支座》和ZL 200920258542.3《一种具有分片镶嵌聚四氟乙烯滑板的球型支座》等相关专利的使用。

本文件的发布机构对于该专利的真实性、有效性和范围无任何立场。

该专利持有人已向本文件的发布机构保证,他愿意同任何申请人在合理且无歧视的条款和条件下,就专利授权许可进行谈判。该专利持有人的声明已在本文件的发布机构备案。相关信息可以通过以下联系方式获得:

专利持有人姓名:洛阳双瑞特种装备有限公司

地址:河南省洛阳市高新开发区滨河路32号

邮编:471000

请注意除上述专利外,本文件的某些内容仍可能涉及专利。本文件的发布机构不承担识别这些专利的责任。

JT/T 927—2014

桥梁双曲面球型减隔震支座

1 范围

本标准规定了桥梁双曲面球型减隔震支座的分类、型号、结构形式和规格、技术要求、试验方法、检验规则、标志、包装、运输和储存等。

本标准适用于竖向承载力为1 000kN～100 000kN的桥梁双曲面球型减隔震支座。

2 规范性引用文件

下列文件对于本文件的应用是必不可少的。凡是注日期的引用文件，仅注日期的版本适用于本文件。凡是不注日期的引用文件，其最新版本（包括所有的修改单）适用于本文件。

GB/T 699　　优质碳素结构钢
GB/T 700　　碳素结构钢
GB/T 1033.1　塑料　非泡沫塑料密度的测定　第1部分：浸渍法、液体比重瓶法和滴定法
GB/T 1040.1　塑料　拉伸性能的测定　第1部分：总则
GB/T 1040.3　塑料　拉伸性能的测定　第3部分：薄膜和薄片的试验条件
GB/T 1184　　形状和位置公差　未注公差值
GB/T 1591　　低合金高强度结构钢
GB/T 1804　　一般公差　未注公差的线性和角度尺寸的公差
GB/T 3077　　合金结构钢
GB/T 3280　　不锈钢冷轧钢板和钢带
GB/T 3398.1　塑料　硬度测定　第1部分：球压痕法
GB/T 4171　　耐候结构钢
GB/T 7233.1　铸钢件　超声检测　第1部分：一般用途铸钢件
GB/T 11352　一般工程用铸造碳钢件
HG/T 2502　　5201硅脂
JT/T 722　　公路桥梁钢结构防腐涂装技术条件

3 术语、定义和符号

3.1 术语和定义

下列术语和定义适用于本文件。

3.1.1

双曲面球型减隔震支座　double spherical seismic isolation bearing

一种具有两个曲面摩擦副，并设置有水平限位板，具备减隔震功能的球型支座。

3.1.2

滞回曲线　hysteretic curve

给定竖向荷载作用下，往复水平荷载与位移形成的闭合曲线族。

3.1.3
屈后刚度 stiffness after yielding

支座滞回曲线(荷载—位移)中直线的斜率。

3.1.4
等效阻尼比 equivalent damping ratio

一个荷载循环所吸收的能量与弹性变形能的 2π 倍之比。

3.1.5
综合位移 comprehensive displacement

支座正常位移和地震位移的组合位移。

3.2 符号

下列符号适用于本文件。

D——限位板破坏后支座水平位移,单位为毫米(mm);

D_1——最大位移,单位为毫米(mm);

D_2——最小位移,单位为毫米(mm);

d——非金属滑板整板直径或分片镶嵌板分布外轮廓直径,单位为毫米(mm);

E_D——滞回曲线包络面积,单位为千牛毫米(kN·mm);

e——综合位移,单位为毫米(mm);

e_1——正常位移,单位为毫米(mm);

e_2——地震位移,单位为毫米(mm);

F——支座设计竖向承载力,单位为千牛(kN);

K_h——屈后刚度,单位为千牛每毫米(kN/mm);

K_{eff}——等效屈后刚度,单位为千牛每毫米(kN/mm);

Q_1——最大剪力,单位为千牛(kN);

Q_2——最小剪力,单位为千牛(kN);

Q_{d1}——滞回曲线正向与剪力轴交叉值,单位为千牛(kN);

Q_{d2}——滞回曲线负向与剪力轴交叉值,单位为千牛(kN);

R_{eq}——支座等效曲面半径,单位为毫米(mm);

S_i——第 i 个有效试样应力水平,单位为兆帕(MPa);

$\bar{S}$——试验求得的极限抗压强度,单位为兆帕(MPa);

t_0——非金属滑板厚度,单位为毫米(mm);

β_{eq}——等效阻尼比;

μ——支座滑动摩擦系数。

4 分类、型号、结构形式和规格

4.1 分类

4.1.1 双曲面球型减隔震支座具有承受竖向荷载及各向转动的功能,并具有水平向减隔震功能。按其正常使用工作状况的水平位移分为:
- a) 多向活动双曲面球型减隔震支座:具有多向水平位移性能,代号 DX;
- b) 纵向活动双曲面球型减隔震支座:具有纵桥向水平位移性能,同时约束横桥向水平位移,代号 ZX;
- c) 横向活动双曲面球型减隔震支座:具有横桥向水平位移性能,同时约束纵桥向水平位移,代号 HX;

d) 固定双曲面球型减隔震支座：无水平位移，代号 GD。

4.1.2 按适用温度范围分为：

a) 常温型支座，适用于 -25℃ ~ +60℃，代号 C；

b) 耐寒型支座，适用于 -40℃ ~ +60℃，代号 F。

4.2 型号

支座型号表示方法为：

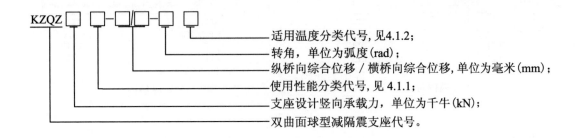

示例：

支座设计竖向承载力为 5 000kN 的纵向活动常温型双曲面球型减隔震支座，纵桥向综合位移为 ±150mm、横桥向综合位移为 ±100mm、转角 0.02rad，其型号表示为 KZQZ5000ZX—150/100—0.02C。

4.3 结构形式

4.3.1 多向活动双曲面球型减隔震支座由上座板、不锈钢上滑板、非金属上滑板、中座板、不锈钢下滑板、非金属下滑板、下座板、密封防尘装置和锚栓等组成，支座结构示意见图1。

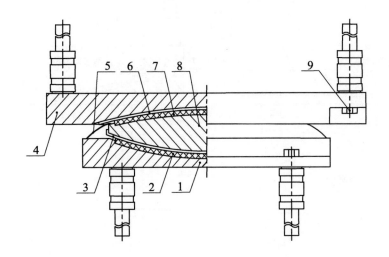

说明：
1——下座板；
2——非金属下滑板；
3——不锈钢下滑板；
4——上座板；
5——密封防尘装置；
6——不锈钢上滑板；
7——非金属上滑板；
8——中座板；
9——锚栓。

图1 多向活动双曲面球型减隔震支座结构示意

4.3.2 纵向、横向活动双曲面球型减隔震支座由上座板、不锈钢上滑板、非金属上滑板、中座板、不锈钢下滑板、非金属下滑板、下座板、限位板、不锈钢导向滑板、非金属导向滑板、密封防尘装置和锚栓等组成，支座结构示意见图2和图3。

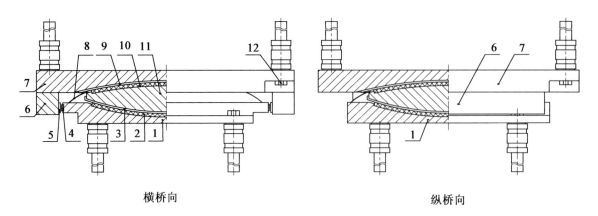

横桥向　　　　　　　　　　　　　　　纵桥向

说明：
1——下座板；　　　　　7——上座板；
2——非金属下滑板；　　8——密封防尘装置；
3——不锈钢下滑板；　　9——不锈钢上滑板；
4——非金属导向滑板；　10——非金属上滑板；
5——不锈钢导向滑板；　11——中座板；
6——限位板；　　　　　12——锚栓。

图2　纵向活动双曲面球型减隔震支座结构示意

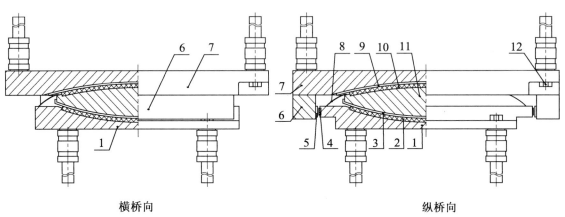

横桥向　　　　　　　　　　　　　　　纵桥向

说明：
1——下座板；　　　　　7——上座板；
2——非金属下滑板；　　8——密封防尘装置；
3——不锈钢下滑板；　　9——不锈钢上滑板；
4——非金属导向滑板；　10——非金属上滑板；
5——不锈钢导向滑板；　11——中座板；
6——限位板；　　　　　12——锚栓。

图3　横向活动双曲面球型减隔震支座结构示意

4.3.3 固定双曲面球型减隔震支座由上座板、不锈钢上滑板、非金属上滑板、中座板、不锈钢下滑板、非金属下滑板、下座板、限位板、密封防尘装置和锚栓等组成，支座结构示意见图4。

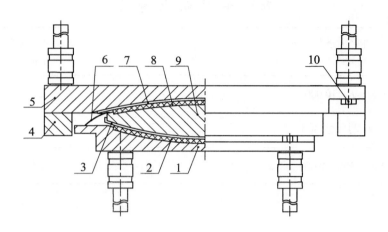

说明：
1——下座板；
2——非金属下滑板；
3——不锈钢下滑板；
4——限位板；
5——上座板；
6——密封防尘装置；
7——不锈钢上滑板；
8——非金属上滑板；
9——中座板；
10——锚栓。

图 4 固定双曲面球型减隔震支座结构示意

4.4 规格

4.4.1 支座设计竖向承载力分为37级：1 000，1 500，2 000，2 500，3 000，3 500，4 000，4 500，5 000，5 500，6 000，7 000，8 000，9 000，10 000，12 500，15 000，17 500，20 000，22 500，25 000，27 500，30 000，35 000，40 000，45 000，50 000，55 000，60 000，65 000，70 000，75 000，80 000，85 000，90 000，95 000，100 000kN。

4.4.2 支座限位方向设计水平承载力分为五级，分别为设计竖向承载力的10%，15%，20%，25%，30%。

4.4.3 支座位移分为10级：±50，±100，±150，±200，±250，±300，±350，±400，±450，±500mm。

注：多向活动支座各向、纵向活动支座纵桥向和横向活动支座横桥向的综合位移(e)取正常使用位移(e_1)或正常使用位移0.5倍与设防地震作用产生位移(e_2)之和两者中较大者。固定支座各向、纵向活动支座横桥向和横向活动支座纵桥向位移量取设防地震作用产生位移(e_2)。

4.4.4 支座转角分为五级：0.02，0.03，0.04，0.05，0.06rad。

5 技术要求

5.1 外观

5.1.1 支座外露表面应平整、美观、焊缝均匀，涂装表面应光滑，不应有脱落、流痕、褶皱等现象。

5.1.2 支座组装后上座板与下座板应平行，平行度不应大于下座板长边的0.2%。单向活动支座上、下导向板应保持平行，最大交叉角不应大于0.08°。

5.1.3 成品支座组装后高度（无荷载状态下）偏差应符合表1的要求。

表1 组 装 高 度 偏 差

支座设计竖向承载力 F （kN）	组装高度偏差 （mm）
1 000 ≤ F < 10 000	±2
10 000 ≤ F < 27 500	±3
27 500 ≤ F ≤ 100 000	±4

5.2 支座性能

5.2.1 支座应具有自复位功能。

5.2.2 设计竖向承载力作用下，支座竖向压缩变形不应大于支座总高度的1%或2mm两者中较大者。

5.2.3 设计竖向荷载力作用下，支座设计滑动摩擦系数取 $0.02 \leq \mu \leq 0.05$，其检测值与设计值偏差应在 ±15% 以内。

5.2.4 支座滞回曲线线形应近似平行四边形，支座水平滞回性能试验中第四、五次位移循环测得滑动摩擦系数和屈后刚度相差不应超过10%。实测支座屈后刚度与设计值偏差应在 ±15% 以内。支座屈后刚度 K_h 按式（1）计算。

$$K_h = \frac{F}{R_{eq}} \tag{1}$$

5.2.5 实测支座等效阻尼比与设计值偏差应在 ±15% 以内。支座等效阻尼比 β_{eq} 按式（2）计算。

$$\beta_{eq} = \frac{2}{\pi[D/(\mu R_{eq}) + 1]} \tag{2}$$

5.2.6 支座应在限位方向设置限位板，限位板应满足以下要求：
a) 限位板应通过试验检测水平承载力，检测值不应低于设计值且偏差不应超过设计值的25%；
b) 正常使用和多遇地震作用下不失效；
c) 限位板失效后不影响地震作用下支座滑动功能和自复位功能；
d) 限位板失效后应可更换。

5.2.7 支座应可更换。

5.3 材料

5.3.1 钢件

5.3.1.1 支座上座板、中座板、下座板和限位板等采用钢板时，应符合 GB/T 700 或 GB/T 1591 的规定。

5.3.1.2 支座上座板、中座板、下座板和限位板等采用铸钢件时，其化学成分、热处理后的机械性能应符合 GB/T 11352 中 ZG270-500 的规定。

5.3.1.3 支座用于低温环境时，其上座板、中座板、下座板和限位板等用钢应符合钢材夏比（V型）冲击试验温度和冲击吸收能量的要求。

5.3.1.4 支座用于腐蚀环境时，其上座板、中座板、下座板和限位板等应采用耐候钢，耐候钢板应符合 GB/T 4171 的规定。

5.3.1.5 支座其他部件采用优质碳素结构钢、碳素结构钢、合金结构钢和低合金高强度结构钢时，其性能应符合 GB/T 699、GB/T 700、GB/T 3077 和 GB/T 1591 的规定。

5.3.2 不锈钢板

5.3.2.1 支座采用06Cr17Ni12Mo2、06Cr19Ni13Mo3和06Cr18Ni11Ti不锈钢冷轧钢板,地处严重腐蚀环境宜采用022Cr17Ni12Mo2和022Cr19Ni13Mo3不锈钢冷轧钢板。不锈钢板化学成分及力学性能应符合GB/T 3280的规定。不锈钢板表面应符合No.4级加工要求,表面粗糙度R_a不应大于0.8μm。

5.3.2.2 不锈钢板表面应平整、光洁,不应有分层、裂纹、结疤、褶皱等影响使用性能的损伤。

5.3.2.3 不锈钢板厚度应符合表2的要求,厚度偏差应符合GB/T 3280的规定。

表2 不锈钢板厚度

支座设计竖向承载力 F（kN）	不锈钢板厚度（mm）
$1\,000 \leqslant F < 10\,000$	1.5
$10\,000 \leqslant F < 50\,000$	2
$50\,000 \leqslant F \leqslant 100\,000$	3

5.3.3 非金属滑板

5.3.3.1 支座用非金属滑板为填充聚四氟乙烯板、填充聚四氟乙烯复合夹层板和改性超高分子量聚乙烯板三种。

5.3.3.2 填充聚四氟乙烯板、填充聚四氟乙烯复合夹层板应采用新鲜聚四氟乙烯料,不应采用再生料、回头料。滑板制作应采用模压板,不应采用车削板。填充聚四氟乙烯板和填充聚四氟乙烯复合夹层板模压成型压力不应小于30MPa。

5.3.3.3 填充聚四氟乙烯板、填充聚四氟乙烯复合夹层板、改性超高分子量聚乙烯板物理机械性能应符合表3的要求。

表3 非金属滑板物理机械性能

序号	项目	单位	填充聚四氟乙烯板	填充聚四氟乙烯复合夹层板	改性超高分子量聚乙烯板
1	密度	g/cm³	$2.14 \leqslant \rho \leqslant 2.30$	$2.14 \leqslant \rho \leqslant 2.30$	$0.93 \leqslant \rho \leqslant 0.98$
2	球压痕硬度 H132/60	MPa	≥25	≥25	26.4~39.6
3	约束下极限抗压强度	MPa	≥200	≥200	—
4	拉伸强度	MPa	—	—	≥30
5	断裂标称应变	%	—	—	≥250
6	初始静摩擦系数(对不锈钢板)	—	≤0.015	≤0.012	≤0.008
7	线磨耗率(在5201-2硅脂润滑条件下)	μm/km	≤15	≤15	≤5

注:球压痕硬度中H132/60为荷载132N,持荷60s。

5.3.3.4 非金属滑板表面应有储硅脂坑,且应采用热压成型,不应采用机加工方法成型。

5.3.3.5 非金属滑板颜色应均匀一致,表面光滑,不应有裂纹、鼓泡、分层、气孔、夹带任何杂质和影响使用性能的机械损伤等缺陷。

5.3.4 硅脂润滑剂

5.3.4.1 支座采用5201-2硅脂润滑剂,其技术性能应符合HG/T 2502中一等品的规定。

5.3.4.2 硅脂应为乳白色或浅灰色半透明脂状物,不应带有任何机械杂质。

5.3.5 粘接剂

非金属滑板与基层钢板粘接,粘接剂应为不可溶且具有热固性,质量应稳定。当采用整板镶嵌时,非金属滑板与基层钢板的粘接剥离强度不应小于5kN/m。

5.3.6 密封件

支座应设置可靠的密封装置,采用耐久性好、抗老化性强的材料,密封件应符合设计要求。

5.4 工艺性能

5.4.1 支座摩擦副

5.4.1.1 摩擦副构成

支座上座板、中座板和下座板之间的摩擦副均采用贴覆不锈钢板和镶嵌非金属滑板。

5.4.1.2 不锈钢板

不锈钢板与基层钢板采用焊接连接。不锈钢板焊接后应与基层钢板密贴,贴覆后的不锈钢板表面不应有褶皱、脱空等缺陷,面轮廓度公差 ΔZ 应符合表4的要求。

表4 不锈钢滑板曲面面轮廓度公差　　单位为毫米

直径 d	面轮廓度公差 ΔZ
$d \leq 670$	≤0.2
$d > 670$	≤0.0003d

5.4.1.3 非金属滑板

5.4.1.3.1 支座非金属滑板可采用整板镶嵌或分片镶嵌两种形式,其厚度不应小于7mm。嵌入钢件的深度不应小于厚度1/2,外露高度不小于3mm,其厚度偏差与镶嵌间隙应符合表5的要求。

表5 非金属滑板尺寸偏差　　单位为毫米

直径 d	厚度偏差	外露厚度偏差	组装间隙偏差
$d \leq 600$	+0.4 / 0	+0.3 / 0	≤0.5
$600 < d \leq 1200$	+0.7 / 0	+0.5 / 0	≤0.8
$d > 1200$	+1.0 / 0	+0.7 / 0	≤1.1

5.4.1.3.2 非金属滑板表面储硅脂坑排列和尺寸应符合图5的要求。当采用分片镶嵌板时,储硅脂坑的容积率应与整体板相当。

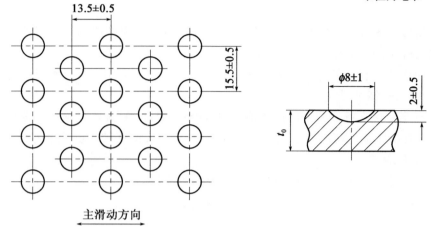

图 5 非金属滑板表面储硅脂坑的平面布置与尺寸

5.4.1.3.3 非金属滑板曲面的面轮廓度公差 ΔZ 应符合表4的要求。

5.4.2 钢件

5.4.2.1 焊接件

不锈钢板与基层钢板应采用惰性气体保护焊,焊缝应光滑、平整、连续,不应出现裂纹、夹渣、未熔合和未填满弧坑,焊接过程中不应烧伤母材。

5.4.2.2 机加工件

支座钢件机加工尺寸及公差配合应符合设计图要求,未注线性尺寸和角度尺寸公差应符合 GB/T 1804 中 m 级的规定,未注形状和位置公差应符合 GB/T 1184 中 L 级的规定。

5.4.2.3 铸钢件

5.4.2.3.1 支座铸钢件应逐个进行超声波检测,其探测方法和质量评级方法应符合 GB/T 7233.1 的规定,铸钢件质量要求不低于 2 级,不应有裂纹及蜂窝状孔洞。

5.4.2.3.2 铸钢件加工后表面缺陷小于表6的规定时,应对缺陷进行修补。超过表6的规定,允许进行电焊修补一次,但对有蜂窝状孔洞的部件不允许修补使用。

表 6 铸钢件加工表面缺陷　　单位为毫米

缺陷部位	气孔、缩孔、砂眼、渣孔					
	缺陷直径	缺陷深度	缺陷个数	缺陷总面积	缺陷间距
下座板外圆柱以内的底面及上座板、中座板	≤2	不大于所在部位厚度的10%	在100×100内不多于1个	不大于所在部位面积的1.5%	≥80
下座板外圆柱以外的底面及下座板上表面	≤3				

5.4.2.3.3 铸钢件焊补前,应将缺陷处清铲至呈现良好金属为止,并将距坡口边沿30mm范围内及坡口表面清理干净,焊补后应修磨至符合铸件表面质量要求,不应有未焊透、裂纹、夹渣、气孔等缺陷。焊补后的铸件应进行退火或回火处理。

5.5 支座组装

5.5.1 组装前,待装的零部件应按5.1、5.3和5.4的规定对其主要性能逐件进行检测,合格后打上合格标记,外协件应有合格证书,方可进行组装。

5.5.2 组装前,应清洁所有零部件。支座滑动、转动面应用丙酮或酒精将不锈钢板表面清洗擦净,不锈钢板表面不应有碰伤、锈蚀、划痕。

5.5.3 组装时,支座座板在镶嵌非金属滑板前,应将凹槽清洁干净,并均匀涂抹一薄层粘接剂,非金属滑板嵌入凹槽后应粘接牢固。嵌装非金属滑板时,应检查滑板表面储硅脂坑的排列方向,并在储硅脂坑内注满5201-2硅脂润滑剂。

5.5.4 组装后,支座非金属滑板与座板凹槽间不应有空气夹层。

5.6 支座防护

5.6.1 支座钢件表面应根据不同环境条件按JT/T 722的规定采用相应涂装防护体系进行防护。

5.6.2 支座锚栓应根据使用环境条件,采用镀锌、锌铬涂层等方法进行防护。

5.6.3 支座应设置可靠、有效的密封防尘装置。密封防尘装置应便于安装、更换及日常维修养护。

6 试验方法

6.1 支座尺寸与外观

6.1.1 支座尺寸采用直尺、卡尺、卷尺等量具进行测量,量具精度应满足测量要求。

6.1.2 支座钢件和非金属件的尺寸和形位公差采用量具进行测量。

6.1.3 支座组装尺寸采用量具进行测量,外观质量采用目测法进行检查。

6.1.4 支座防护采用量具进行尺寸测量,采用目测法进行外观质量检查。

6.2 成品支座

6.2.1 样件

支座承载力试验宜采用成品支座进行。当受试验设备能力限制时,可选用有代表性的小型支座进行试验。

6.2.2 支座性能

6.2.2.1 支座竖向承载力试验按附录A进行。

6.2.2.2 支座水平滞回性能试验按附录B进行。

6.2.2.3 支座限位板水平承载能力试验按附录C进行。

6.2.2.4 支座自复位性能试验按附录D进行。

6.3 支座用材料

6.3.1 钢件和非金属滑板的外观质量检查采用目测法进行。

6.3.2 钢件性能试验方法按GB/T 699、GB/T 700、GB/T 3077和GB/T 1591进行。

6.3.3 铸钢件性能试验方法按GB/T 11352进行。

6.3.4 不锈钢板性能试验方法按GB/T 3280进行。

6.3.5 非金属滑板性能试验按以下要求进行:
   a) 非金属滑板密度试验方法按GB/T 1033.1进行;

b) 非金属滑板球压痕硬度 H132/60 试验方法按 GB/T 3398.1 进行；
c) 非金属滑板约束状态下极限抗压强度试验方法按附录 E 进行；
d) 非金属滑板拉伸强度和断裂标称应变试验方法按 GB/T 1040.1 和 GB/T 1040.3 进行；
e) 非金属滑板与不锈钢板间初始静摩擦系数及线磨耗率试验方法按附录 F 进行。

6.3.6 5201-2 硅脂润滑剂的物理性能试验方法按 HG/T 2502 进行。

7 检验规则

7.1 检验分类

支座检验分原材料进厂检验、型式检验和出厂检验。

7.1.1 原材料进厂检验

支座加工用原材料及外加工件进厂时，应进行验收检验。

7.1.2 型式检验

有下列情况之一时，应进行型式检验：
a) 新产品或老产品转厂生产的试制定型鉴定；
b) 正式生产后，如结构、材料、工艺有改变，影响产品质量及性能时；
c) 正常生产时，每两年定期进行一次；
d) 国家质量监督机构或用户提出要求时。

7.1.3 出厂检验

支座出厂时，生产厂对每批成品支座交货前进行检验。

7.2 检验项目

7.2.1 支座用原材料及零部件进厂检验应符合表 7 的要求，并附每批进料材质证明。

表 7 原材料及零部件进厂检验

检验项目	技术要求	试验方法	检验周期
非金属滑板	5.3.3.3	6.1.2、6.3.1、6.3.5	每批（不大于 1 000 kg）；其中初始静摩擦系数和线磨耗率每年至少一次
	5.3.3.5		每件
	5.4.1.3		每批（不大于 1 000 kg）
不锈钢板	5.3.2	6.1.2、6.3.1、6.3.4	每批
钢板	5.3.1	6.3.2	每批
铸钢件	5.3.1	6.3.3	每炉
	5.4.2.3		每件
硅脂	5.3.4	6.3.6	每批（不大于 1 000 kg）

7.2.2 支座型式检验和出厂检验应符合表8的要求。

表8 支座型式检验和出厂检验

检验项目	技术要求	试验方法	型式检验	出厂检验
各零部件	5.4.1.2、5.4.1.3、5.4.2.2	6.1.2	+	+
非金属滑板	5.4.1.3	6.1.2	+	+
不锈钢板	5.4.1.2	6.1.2、6.3.1	+	+
支座组装	5.1	6.1.3	+	+
支座防护	5.6	6.1.4	+	+
支座原材料及零部件检验	表7	表7	+	-
成品支座检验	5.2.2	6.2.2.1	+	-
成品支座检验	5.2.3、5.2.4、5.2.5	6.2.2.2	+	-
成品支座检验	5.2.6	6.2.2.3	+	-
成品支座检验	5.2.1	6.2.2.4	+	-
注："+"表示进行该项检验，"-"表示不进行该项检验。				

7.3 判定

7.3.1 在原材料进厂检验中不合格原材料及零部件不应使用。

7.3.2 型式检验项目全部合格，则该次检验为合格。当检验项目中有不合格项，应取双倍试样进行复检，复检后仍有不合格项，则该次检验为不合格。

7.3.3 出厂检验时，检验项目全部合格，则该批产品为合格。当检验项目中有不合格项时，应从该批产品中再随机抽取双倍试样对不合格项目进行复检，复检后仍有不合格项，则该批产品为不合格。

8 标志、包装、运输和储存

8.1 标志

8.1.1 每个出厂支座应有明显标志，其内容应包括：产品名称、规格型号、主要技术指标（竖向承载力、位移量、转角）、生产厂名、出厂编号和生产日期。

8.1.2 支座上表面应喷涂支座型号和纵桥向方向箭头。

8.1.3 支座包装外应注明：产品名称、规格型号、生产厂名。

8.2 包装

每个支座均应进行包装，并应附有产品合格证、使用说明书及装箱单，上述文件应用塑料袋装并封口，以防受潮。支座使用说明书应包括支座简图、支座安装注意事项、支座相接部位混凝土等级要求以及支座安装养护更换要求。

8.3 运输和储存

8.3.1 支座在运输、储存过程应避免阳光直射、雨雪浸淋，并保持清洁。不应与酸、碱、油类、有机溶剂等影响支座质量的物质相接触，并距离热源1m以上。

8.3.2 支座在运输、储存过程中不应随意拆卸，运输装卸时应轻起轻落，储存时应保持干燥。

附 录 A
（规范性附录）
支座竖向承载力试验方法

A.1 试验环境

试验室标准温度为 23℃±5℃，湿度不大于 85%。

A.2 试样

支座试样应符合 6.2.1 要求。

A.3 试验方法

按图 A.1 放置支座后，按下列步骤进行支座竖向承载力试验：

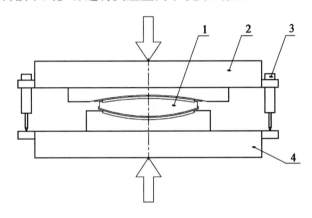

说明：
1——支座；　　　　　3——位移传感器；
2——试验机上压板；　4——试验机下压板。

图 A.1 支座竖向承载力试验示意

a) 将支座置于试验机压板上，支座中心与压板中心位置对准，偏差小于 1% 支座下座板边长。支座安装好后，在试验支座上、下座板间对称放置四只位移传感器，测试支座竖向压缩变形；

b) 加载至设计竖向承载力的 1%（不小于 50kN），核对位移传感器，确认无误后进行预压；

c) 预压——将支座竖向承载力以连续均匀速度加至设计竖向承载力，然后卸载至设计竖向承载力的 1%（不小于 50kN），反复三次；

d) 正式加载——将试验荷载由 0 至检验荷载（取支座设计竖向承载力的 1.5 倍）均分为 10 级，试验时以设计竖向承载力的 1%（不小于 50kN）作为初始压力，然后逐级加载。每级荷载稳压 2min 后记录位移传感器数据，直至检验荷载，稳压 3min 后卸载至初始压力。加载过程连续进行三次；

e) 竖向压缩变形取四只位移传感器读数的算术平均值，绘制竖向荷载—竖向压缩变形曲线。

A.4 试验报告

试验报告应包括以下内容：
a) 试验环境描述：试验标准温度和湿度；
b) 支座概况描述：支座型号、设计竖向承载力、转角和位移，并附简图；

c) 试验机性能及配置描述；
d) 试验过程中出现异常现象描述；
e) 完整试验记录，计算支座在设计竖向承载力下竖向压缩变形值及与支座总高度的百分比，评定试验结果；
f) 试验照片。

附 录 B
（规范性附录）
支座水平滞回性能试验方法

B.1 试验环境

试验室标准温度为23℃±5℃，湿度不大于85%。

B.2 试样

支座试样应符合6.2.1要求。

B.3 试验方法

按图B.1放置试样后，按下列步骤进行支座水平滞回性能试验：

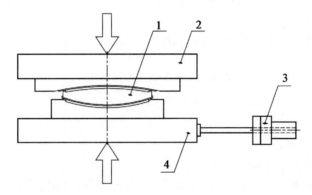

说明：
1——支座；   3——水平加载装置；
2——试验机上压板；   4——试验机下压板。

图 B.1 支座水平滞回性能试验示意

a) 将支座按单剪组合置于试验机压板上，支座中心与压板中心位置对准，偏差小于1%支座下座板边长；
b) 预压——将支座竖向承载力以连续均匀的速度加至设计竖向承载力，预压1h，在整个水平滞回性能试验过程中保持不变；
c) 正式加载——用水平位移加载装置连续匀速施加水平位移，由专用力传感器记录水平力大小，支座水平位移量达到设计位移值后，反向施加水平位移直至位移0mm，再反向施加水平位移直至设计位移值，再重新回至0mm，由此计算出支座滑动摩擦系数。试验过程连续进行五次；
d) 以实测第五次滞回曲线计算支座水平滞回性能，支座水平滞回曲线形状见图B.2；
e) 按式(B.1)计算滑动摩擦系数；

$$\mu = \frac{Q_{d1} - Q_{d2}}{2W} \tag{B.1}$$

f) 按式(B.2)计算屈后刚度；

$$K_h = \frac{1}{2}\left(\frac{Q_1 - Q_{d1}}{D_1} + \frac{Q_2 - Q_{d2}}{D_2}\right) \tag{B.2}$$

g) 按式(B.3)、式(B.4)计算等效阻尼比：

$$\beta_{eq} = \frac{2E_D}{\pi K_{eff}(D_1 - D_2)^2} \quad (B.3)$$

$$K_{eff} = \frac{Q_1 - Q_2}{D_1 - D_2} \quad (B.4)$$

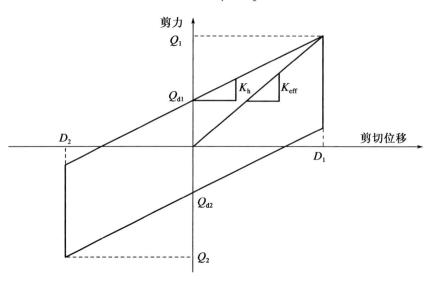

图 B.2 支座水平滞回曲线

B.4 试验报告

试验报告应包括以下内容：
a) 试验环境描述：试验标准温度和湿度；
b) 支座概况描述：支座型号、设计竖向承载力、转角和位移，并附简图；
c) 试验机性能、配置及加载速度描述；
d) 试验过程中出现异常现象描述；
e) 完整试验记录，并计算滑动摩擦系数、屈后刚度和等效阻尼比，评定试验结果；
f) 试验照片。

附 录 C
（规范性附录）
支座限位板水平承载力试验方法

C.1 试验环境

试验室标准温度为23℃±5℃，湿度不大于85%。

C.2 试样

限位板试样宜与被检成品支座限位板结构设计一致。当受试验设备能力限制时，可选用有代表性的小型限位板试样进行试验。

C.3 试验方法

按图C.1放置试样后，按下列步骤进行限位板水平承载力试验：

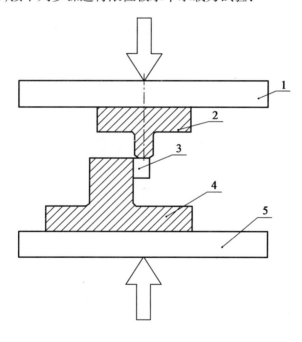

说明：
1——试验机上压板； 3——限位板试样； 5——试验机下压板。
2——上承载板； 4——下承载板；

图C.1 支座限位板水平承载力试验示意

a) 按照成品支座限位板水平受力状态，将上承载板与限位板试样位置对准，偏差不大于1mm；
b) 加载至设计水平承载力的1%，核对加载竖向力—竖向位移，确认无误后进行正式加载；
c) 正式加载——将竖向承载力以连续均匀速度加载，直至限位板发生完全断裂失去承载作用，停止试验；
d) 绘制竖向力—竖向位移曲线图，并将整个曲线中最大竖向力作为限位板水平承载力。

C.4 试验报告

试验报告应包括以下内容：

a) 试验环境描述：试验标准温度和湿度；
b) 支座概况描述：支座型号、设计竖向承载力、水平承载力、转角和位移，并附简图；
c) 试验过程中出现异常现象描述；
d) 完整试验记录，并记录限位板水平承载力，评定试验结果；
e) 试验照片。

附 录 D
（规范性附录）
支座自复位性能试验方法

D.1 试验环境

试验室标准温度为 23℃±5℃，湿度不大于 85%。

D.2 试样

支座试样应符合 6.2.1 要求。

D.3 试验方法

按图 D.1 放置支座后，按下列步骤进行支座自复位性能试验：

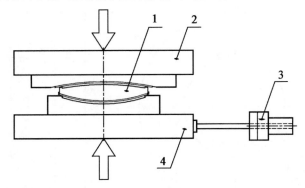

说明：
1——支座； 2——试验机上压板； 3——水平加载装置； 4——试验机下压板。

图 D.1 支座自复位性能试验示意

a) 将支座按单剪组合置于试验机压板上，支座中心与压板中心位置对准，偏差小于 1% 支座下座板边长；
b) 预压——将支座竖向承载力以连续均匀的速度加至设计竖向承载力，预压 1h，在整个自复位性能试验过程中保持不变；
c) 正式加载——用水平位移加载装置连续匀速施加水平位移，由专用力传感器记录水平力大小，支座水平位移量达到设计位移值即停止。解除水平向约束后，使支座在竖向载荷作用下自由运动，观察支座运动情况，并记录支座停止时的残余位移。试验过程连续进行五次，以五次平均值作为残余位移；
d) 解除水平向约束后，观察支座的运动情况。

D.4 试验报告

试验报告应包括以下内容：
a) 试验环境描述：试验标准温度和湿度；
b) 支座概况描述：支座型号、设计竖向承载力、转角和位移，并附简图；
c) 试验机性能和配置描述；
d) 试验过程中出现异常现象描述；
e) 完整试验记录，并评定试验结果；
f) 试验照片。

附 录 E
（规范性附录）
非金属滑板约束下极限抗压强度试验方法

E.1 试验环境

试验室标准温度为23℃±5℃，湿度不大于85%。

E.2 试样

E.2.1 非金属滑板约束下极限抗压强度试样（包括约束件）形状及尺寸见图E.1，试样数量不少于20个。

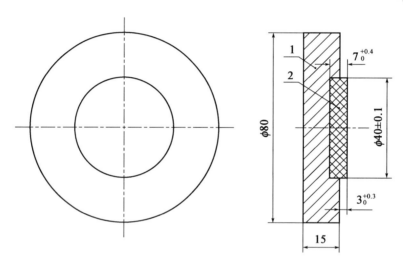

说明：
1——约束件； 2——非金属滑板。

图E.1 非金属滑板约束下极限抗压强度试验试样示意

E.2.2 试验前将试样在标准温度下放置24h。

E.3 试验方法

试验步骤如下：
a) 将试样放置到压机加载平台上，对中放置，见图E.2；
b) 随机选取第一个试样，镶嵌于约束坑内，以5kN/s的加载速度加载，加载到预选的第一级荷载，稳压1min卸载，卸载后观察试样是否出现破坏，当滑板表面出现裂纹视为破坏；
c) 随机选取第二个试样，镶嵌于约束坑内，若前一试样破坏，则选择低一级荷载进行试验；若前一试样未出现破坏，则选择高一级荷载进行试验。每级荷载级差宜取6.3kN（应力级差为5MPa），荷载级数不宜大于四级；
d) 按照步骤c)依次进行试验。当首次出现试样结果为破坏，而后一个试样结果为未破坏时，则该破坏试样即为初始有效试样。当有效试样达到10个后，停止试验；
e) 以10个有效试样的荷载平均值作为非金属滑板约束下的极限抗压强度。

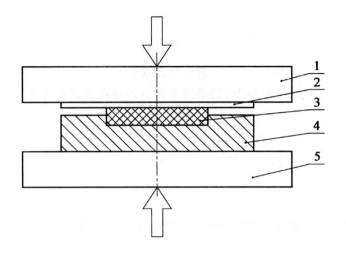

说明：
1——试验机上压板； 3——非金属滑板； 5——试验机下压板。
2——不锈钢滑板； 4——约束件；

图 E.2 非金属滑板约束下极限抗压强度试验示意

E.4 试验报告

试验报告应包括以下内容：
a) 试验环境描述：试验标准温度和湿度；
b) 试样概况描述：试样材质、数量、表面状态等；
c) 试验设备名称及性能简述；
d) 描述试验过程概况，重点记录试验过程中出现的异常现象；
e) 计算非金属滑板约束下极限抗压强度，并评定试验结果；
f) 试验照片。

附录 F
（规范性附录）
非金属滑板初始静摩擦系数及线磨耗率试验方法

F.1 试验环境

试验室标准温度见表 F.1 和表 F.2，湿度不大于 85%。

F.2 试样

F.2.1 非金属滑板初始静摩擦系数和线磨耗率试验用试样形状及尺寸见图 F.1。对磨件采用不锈钢板，其材质性能应符合 5.3.2 的要求，外观质量应符合 5.3.2、5.4.1.2 的要求。不锈钢板焊接在厚约 15mm 的基层钢板上，焊缝应光滑、平整、焊缝低于不锈钢板表面。

单位为毫米

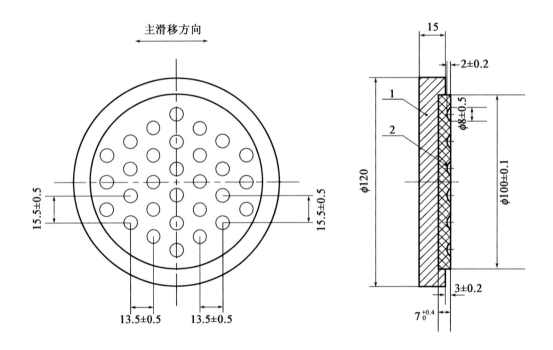

说明：
1——约束件； 2——非金属滑板。

图 F.1 非金属滑板初始静摩擦系数及线磨耗率试验用试样

F.2.2 试验开始前试样应在标准温度下放置 24h。

F.3 试验方法

F.3.1 初始静摩擦系数

F.3.1.1 试样发生初次滑动时的摩擦系数为初始静摩擦系数。

F.3.1.2 试验步骤如下：
a) 摩擦试验采用双剪试验方法，试验装置见图 F.2；

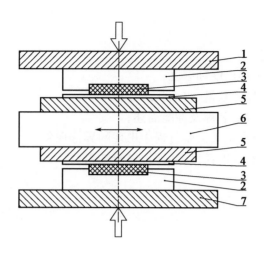

说明：
1——试验机上压板；　　4——不锈钢滑板；　　7——试验机下压板。
2——约束件；　　　　　5——不锈钢基板；
3——非金属滑板；　　　6——水平加载装置；

图 F.2　非金属滑板初始静摩擦系数试验示意

b) 试验时将试样表面的储硅脂坑内涂满5201-2硅脂。摩擦试验的试验条件见表F.1；

表 F.1　非金属滑板初始静摩擦系数试验条件

试 验 条 件	要 求	试 验 条 件	要 求
试样压应力(MPa)	45	滑动距离(mm)	10
试验温度(℃)	23±2	滑动速度(mm/s)	0.4
预压时间(h)	1		

c) 试样数量为三组，由三组初始静摩擦系数的平均值为该批非金属滑板的初始静摩擦系数。

F.3.2　线磨耗率

线磨耗率试验采用双剪试验方法，试验装置与初始静摩擦系数试验相同，试验条件见表F.2。线磨耗率由试验前后试件质量(测量精度0.001g)差计算确定。

表 F.2　非金属滑板线磨耗率试验条件

试 验 条 件	填充聚四氟乙烯板、填充聚四氟乙烯复合夹层板	改性超高分子量聚乙烯板
试样压应力(MPa)	45	45
试验温度(℃)	23±2	21±1
相对滑动平均速度(正弦波)(mm/s)	8	15
相对往复滑动距离(mm)	±10	±10
累计滑动距离(km)	1	15(进厂检验) 50(型式检验)

F.4 试验报告

试验报告应包括以下内容:
a) 试验环境描述:试验标准温度和湿度;
b) 试样概况描述:试样材质、数量、表面状态等;
c) 试验装置简图及所用设备名称及性能简述;
d) 描述试验过程概况,重点记录试验过程中出现的异常现象;
e) 计算初始静摩擦系数和线磨耗率,并评定试验结果;
f) 试验照片。

ICS 93.040
P 28
备案号:

中华人民共和国交通运输行业标准

JT/T 928—2014

桥梁超高阻尼隔震橡胶支座

Super high-damping seismic isolation rubber bearing for bridge

2014-06-27 发布　　　　　　　　　　　　2014-11-01 实施

中华人民共和国交通运输部　发 布

JT/T 928—2014

目 次

前言 … 142
1 范围 … 143
2 规范性引用文件 … 143
3 术语、定义和符号 … 143
4 产品分类、结构、规格和型号 … 145
5 技术要求 … 148
6 试验方法 … 152
7 检验规则 … 154
8 标志、包装、运输和储存 … 156
附录A(资料性附录) 超高阻尼隔震橡胶支座规格系列 … 157
附录B(资料性附录) 竖向刚度及转角计算 … 192

前言

本标准按照 GB/T 1.1—2009 给出的规则起草。

本标准由中国公路学会桥梁和结构工程分会提出并归口。

本标准起草单位：柳州东方工程橡胶制品有限公司、华中科技大学、陕西省交通规划设计研究院、西安市政设计研究院有限公司、四川省交通运输厅公路规划勘察设计研究院、天津城建设计院有限公司、上海市政工程设计研究总院（集团）有限公司、柳州欧维姆机械股份有限公司、衡水宝力工程橡胶有限公司、江苏扬州合力橡胶制品有限公司、成都市新筑路桥机械股份有限公司、株洲时代新材料科技股份有限公司、上海彭浦橡胶制品有限公司、衡水橡胶股份有限公司、衡水震泰隔振器材有限公司。

本标准主要起草人：资道铭、袁涌、叶明坤、朱宏平、陈长海、高中俊、庄卫林、张振学、吴志勇、王希慧、袁建东、游珏涛、宁响亮、吴德兴、魏存杰、赵烽。

JT/T 928—2014

桥梁超高阻尼隔震橡胶支座

1 范围

本标准规定了桥梁用超高阻尼隔震橡胶支座的产品分类、结构、规格和型号、技术要求、试验方法、检验规则、标志、包装、运输和储存等。

本标准适用于竖向承载力不大于21 000kN,抗震设防烈度为水平峰值加速度0.4g及以下地震烈度区的各类桥梁工程的超高阻尼隔震橡胶支座(以下简称支座)。

2 规范性引用文件

下列文件对于本文件的应用是必不可少的。凡是注日期的引用文件,仅注日期的版本适用于本文件。凡是不注日期的引用文件,其最新版本(包括所有的修改单)适用于本文件。

GB/T 528　硫化橡胶或热塑性橡胶　拉伸应力应变性能的测定
GB/T 700　碳素结构钢
GB/T 1591　低合金高强度结构钢
GB/T 1682　硫化橡胶低温脆性的测定　单试样法
GB/T 3512　硫化橡胶或热塑性橡胶　热空气加速老化和耐热试验
GB/T 6031　硫化橡胶或热塑性橡胶硬度的测定(10~100IRHD)
GB/T 7759　硫化橡胶、热塑性橡胶　常温、高温和低温下压缩永久变形测定
GB/T 7760　硫化橡胶或热塑性橡胶与硬质板材粘合强度的测定　90°剥离法
GB/T 7762　硫化橡胶或热塑性橡胶　耐臭氧龟裂静态拉伸试验
GB 20688.3　橡胶支座　第3部分:建筑隔震橡胶支座
HG/T 2198　硫化橡胶物理试验方法的一般要求
JT/T 722　公路桥梁钢结构防腐涂装技术条件

3 术语、定义和符号

3.1 术语和定义

下列术语和定义适用于本文件。

3.1.1
超高阻尼隔震橡胶支座 super high-damping seismic isolation rubber bearing

采用高阻尼橡胶制成的阻尼比大于20%的隔震橡胶支座,通过支座在水平方向的大位移剪切变形及滞回耗能实现结构的减隔震功能。

3.1.2
设计压应力 design compressive stress

设计采用的作用于支座上压应力。
[GB 20688.3—2006,定义3.6]

3.1.3
初始水平刚度 pre-yield stiffness

支座发生水平剪切位移时屈服前的水平刚度。

3.1.4
屈服后水平刚度 post-yield stiffness
支座发生水平剪切位移时屈服后的水平刚度。

3.1.5
第一形状系数 1st shape factor
支座中单层橡胶层的有效承压面积与其自由侧面表面积之比。

3.1.6
第二形状系数 2nd shape factor
内部橡胶层有效宽度(短边或直径)与内部橡胶总厚度之比。
[GB 20688.3—2006,定义3.12]

3.1.7
等效阻尼比 equivalent damping ratio
支座产生水平剪切应变时,一个荷载往复循环所损耗的能量与最大弹性储能之比。

3.1.8
水平等效刚度 shear equivalent stiffness
支座产生水平剪切应变时,一个滞回曲线(荷载—位移)中,连接正负位移峰值点间直线斜率。

3.1.9
弹性储能 elastic strain energy
弹性材料在形变过程中由于弹性形变而储存的能量。

3.1.10
支座屈服力 bearing yield force
支座开始发生宏观塑性变形时所对应的力。

3.2 符号

下列符号适用于本文件。

A——外连接钢板短边长度,单位为毫米(mm);
A_e——支座有效承压面积,单位为平方毫米(mm²);
A_y——预埋钢板短边长度,单位为毫米(mm);
a——矩形支座短边长度,单位为毫米(mm);
a_e——矩形支座有效短边长度(加劲钢板短边长度),单位为毫米(mm);
B——外连接钢板长边长度,单位为毫米(mm);
B_y——预埋钢板长边长度,单位为毫米(mm);
b——矩形支座长边长度,单位为毫米(mm);
b_e——矩形支座有效长边长度(加劲钢板长边长度),单位为毫米(mm);
C_1——安全系数;
D——外连接钢板直径;单位为毫米(mm);
d——圆形支座直径,单位为毫米(mm);
d_e——圆形支座有效直径(加劲钢板直径),单位为毫米(mm);
E——支座竖向弹性模量,单位为兆帕(MPa);
E_b——橡胶弹性体体积模量(E_b = 2 000 MPa),单位为兆帕(MPa);
F_4——压应力为4 MPa支座竖向力(按支座有效面积计算),单位为千牛(kN);
F_{10}——压应力为10 MPa支座竖向力(按支座有效面积计算),单位为千牛(kN);

$F(u_{Bej})$——支座产生位移u_{Bej}时水平力,单位为千牛(kN);

G——橡胶剪切弹性模量,单位为兆帕(MPa);

H——支座外连接钢板组装后总高度,单位为毫米(mm);

h——支座高度,单位为毫米(mm);

h_{Bj}——施加11个周期水平反复荷载中第j个周期等效阻尼比;

h_{eq}——等效阻尼比;

h_{eq}'——试样实测等效阻尼比计算值;

K_{Bj}——施加11个周期水平反复荷载中第j个周期支座水平等效刚度,单位为千牛每毫米(kN/mm);

K_h——支座水平等效刚度,单位为千牛每毫米(kN/mm);

K_h'——水平等效刚度实测值,单位为千牛每毫米(kN/mm);

K_d——支座屈服后刚度,单位为千牛每毫米(kN/mm);

K_i——支座初始水平刚度,单位为千牛每毫米(kN/mm);

K_v——支座竖向刚度,单位为千牛每毫米(kN/mm);

K_v'——竖向刚度实测值,单位为千牛每毫米(kN/mm);

L——锚固长度,单位为毫米(mm);

l_a——预埋钢板和外连接钢板短边均布套筒螺栓间距,单位为毫米(mm);

l_b——预埋钢板和外连接钢板长边均布套筒螺栓间距,单位为毫米(mm);

n——内部橡胶层数;

n_1——外连接钢板每边上均布螺栓间距数;

Q_d——支座屈服力,单位为千牛(kN);

R_{ck}——支座反力,单位为千牛(kN);

S_1——第一形状系数;

S_2——第二形状系数;

T_e——支座橡胶层总厚度$T_e = n \times t_e$,单位为毫米(mm);

t——外连接钢板厚度,单位为毫米(mm);

t_e——支座(内部)单层橡胶厚度,单位为毫米(mm);

t_s——支座(内部)单层加劲钢板厚度,单位为毫米(mm);

t_y——预埋钢板厚度,单位为毫米(mm);

u_{Bej}——产生应变时的水平位移,单位为毫米(mm);

W_j——弹性储能,由试验确定;

ΔW_j——支座耗能,即滞回曲线所包围面积,由试验确定;

θ——支座转角,单位为弧度(rad);

δ_1——竖向压应力为10MPa支座竖向平均压缩变形,单位为毫米(mm);

δ_2——竖向压应力为4MPa支座竖向平均压缩变形,单位为毫米(mm);

σ_{max}——最大设计压应力,单位为兆帕(MPa)。

4 产品分类、结构、规格和型号

4.1 产品分类

支座按形状分为:

a) 矩形支座;
b) 圆形支座。

4.2 支座结构

4.2.1 支座由预埋钢板、外连接钢板、封板、加劲钢板、剪切键、橡胶、内六角螺钉、套筒螺栓等组成,支座结构示意见图1。

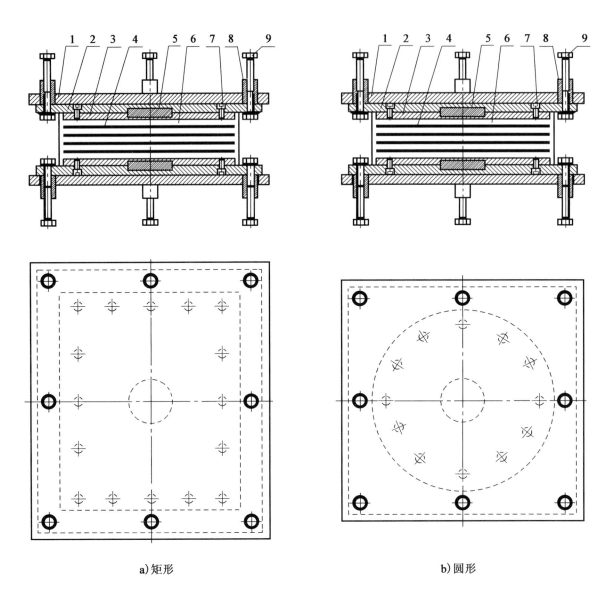

a) 矩形　　　　　　　　　　　　　　　　b) 圆形

说明：
1——预埋钢板；　　6——橡胶；
2——外连接钢板；　7——内六角螺钉；
3——封板；　　　　8——套筒；
4——加劲钢板；　　9——螺栓。
5——剪切键；

图1　超高阻尼隔震橡胶支座结构示意

4.2.2 支座单层橡胶厚度及钢板尺寸要求见表1。

4.2.3 支座稳定性应满足支座第二形状系数 S_2 大于4的要求。

表 1 单层橡胶厚度及钢板尺寸要求

支座长边长度 b 或直径 d（mm）	支座（内部）单层橡胶厚度 t_e（mm）	支座（内部）单层加劲钢板厚度 t_s（mm）
420	$8 \leqslant t_e \leqslant 14$	$\geqslant 3$
470	$9 \leqslant t_e \leqslant 16$	
520	$9 \leqslant t_e \leqslant 18$	
570	$10 \leqslant t_e \leqslant 20$	
620	$11 \leqslant t_e \leqslant 21$	
670	$12 \leqslant t_e \leqslant 23$	
720	$13 \leqslant t_e \leqslant 26$	
770	$13 \leqslant t_e \leqslant 26$	
820	$14 \leqslant t_e \leqslant 28$	
870	$15 \leqslant t_e \leqslant 30$	
920	$16 \leqslant t_e \leqslant 32$	
970	$17 \leqslant t_e \leqslant 34$	
1 020	$18 \leqslant t_e \leqslant 35$	$\geqslant 5$
1 070	$19 \leqslant t_e \leqslant 37$	
1 120	$20 \leqslant t_e \leqslant 39$	
1 170	$21 \leqslant t_e \leqslant 41$	
1 220	$22 \leqslant t_e \leqslant 43$	
1 270	$23 \leqslant t_e \leqslant 45$	
1 320	$24 \leqslant t_e \leqslant 46$	
1 370	$25 \leqslant t_e \leqslant 45$	
1 420	$25 \leqslant t_e \leqslant 48$	
1 470	$26 \leqslant t_e \leqslant 50$	
1 520	$28 \leqslant t_e \leqslant 53$	
1 570	$30 \leqslant t_e \leqslant 54$	$\geqslant 6$
1 620	$31 \leqslant t_e \leqslant 56$	

4.3 规格

4.3.1 支座规格系列参见附录 A。

4.3.2 剪切键、套筒及螺栓强度验算按 GB 20688.3 的要求进行。

4.4 支座型号

4.4.1 矩形支座

矩形支座型号表示方法如下：

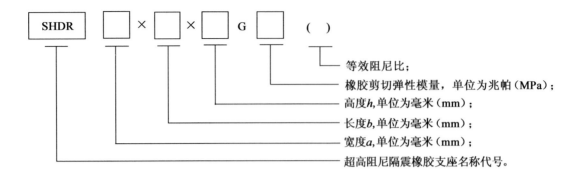

示例：

矩形超高阻尼隔震橡胶支座，长度420mm，宽度420mm，高度169mm，剪切弹性模量1.0MPa，等效阻尼比为20%，型号表示为SHDR420×420×169G1.0(20)。

4.4.2 圆形支座

圆形支座型号表示方法如下：

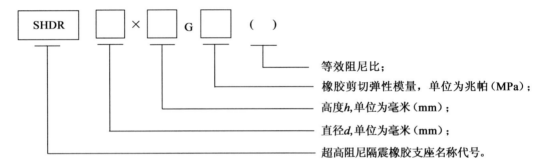

示例：

圆形超高阻尼隔震橡胶支座，直径420mm，高度169mm，剪切弹性模量0.8MPa，等效阻尼比为20%，型号表示为SHDR420×169G0.8(20)。

5 技术要求

5.1 外观和尺寸偏差

5.1.1 成品支座外观质量应符合表2的要求。

表2 成品支座外观质量要求

序号	项目	成品质量要求
1	气泡、杂质	不允许
2	凹凸不平缺陷	当支座平面面积小于0.15m²时，不多于两处；大于0.15m²时，不多于四处，且每处凹凸高度不超过0.5mm，面积不超过6mm²
3	侧面裂纹、加劲钢板外露	不允许
4	掉块、崩裂、机械损伤	不允许
5	钢板与橡胶黏结处开裂或剥离	不允许

5.1.2 成品支座尺寸允许偏差应符合表3的要求。

表3 成品支座尺寸允许偏差

项 目		范围（mm）	尺寸允许偏差
支座	宽度a、长度b、直径d	≤500	(0～+5)mm
		500＜(a、b、d)≤1 500	(0～+1)%
		＞1 500	(0～+15)mm
	高度h	≤160	±2.5%
		＞160	±4mm
	平面度	短边或直径长度的1/400	
组装产品	组装高度H	允许公差 ±(h×2%+2.5mm)，且≤6mm	

5.1.3 外连接钢板允许偏差：
a) 外连接钢板平面尺寸允许偏差应符合表4的要求；

表4 外连接钢板直径和边长允许偏差　　　　　　　单位为毫米

厚度t	(A、B或D)＜1 000	1 000≤(A、B或D)＜3 150	3 150≤(A、B或D)＜6 000
20≤t＜30	±2.0	±2.5	±3.0
30≤t＜50	±2.5	±3.0	±3.5
t≥50	±3.5	±4.0	±4.5

b) 外连接钢板厚度允许偏差应符合表5的要求；

表5 外连接钢板厚度允许偏差　　　　　　　单位为毫米

标称尺寸	(A、B或D)＜1 600	1 600≤(A、B或D)＜2 000
20≤t＜30	±0.70	±0.80
30≤t＜50	±0.80	±0.95
t≥50	±0.90	±1.10

c) 外连接钢板螺栓孔位置和封板螺纹孔允许偏差应符合表6的要求。

表6 螺栓孔位置的允许偏差　　　　　　　单位为毫米

标称尺寸	允许偏差
400＜(A、B或D)≤1 000	±0.8
1 000＜(A、B或D)≤2 000	±1.2
(A、B或D)＞2 000	±2.0

5.2 材料

5.2.1 橡胶

5.2.1.1 支座用超高阻尼橡胶,其物理性能应符合表7的要求。

5.2.1.2 同一支座(内部)单层橡胶厚度应一致。

5.2.1.3 支座橡胶保护层厚度不应小于10mm。

表7 超高阻尼橡胶材料物理性能要求

序号	项目		单位	要求
1	拉伸强度		MPa	≥8
2	扯断伸长率	$G=0.8$ MPa	%	≥650
		$G=1.0$ MPa		≥600
		$G=1.2$ MPa		
3	橡胶与钢板黏结剥离强度		kN/m	≥10
4	热空气老化试验 (70℃×70h)	25%伸长应力变化率	%	-10 ~ +100
		拉伸强度变化率	%	≥-30
5	恒定压缩永久变形(70℃×24h)		%	≤50
6	耐臭氧性能[臭氧浓度$50×10^{-8}$,20%伸长,(40℃±2℃)×96h]		—	无龟裂
7	低温脆性		℃	≤-45
注:硬度可作为质量控制指标之一,但不作为主要设计指标。				

5.2.2 钢板

5.2.2.1 加劲钢板和外连接钢板应采用符合GB/T 700中不低于Q235性能的钢板。

5.2.2.2 封板采用符合GB/T 700中不低于Q345B性能的钢板。

5.2.2.3 钢板化学成分、力学性能应符合GB/T 700及GB/T 1591的规定。

5.2.2.4 加劲钢板不应拼接且厚度应一致。

5.2.3 支座钢件及附件防腐

支座外露的螺栓、套筒、外连接钢板、预埋钢板防腐应符合JT/T 722的规定。

5.2.4 支座原材料进厂要求

进厂原材料应附有原材料进厂材质证明书,经检验全部项目合格后方可使用,不合格材料不允许用于生产。

5.3 力学性能

5.3.1 支座设计承载力、剪切位移等性能指标应符合表8的规定。

表8 支座性能要求

项目		单位	性能要求
竖向性能	竖向刚度	kN/mm	$K_v \pm K_v \times 50\%$
	压缩变形量	mm	设计荷载下,压缩变形量小于支座橡胶总厚度7%
水平性能（100% T_e 剪切应变时）	水平等效刚度	kN/mm	$K_h \pm K_h \times 20\%$
	等效阻尼比	—	$0.9 \times 20\% \leq$ 实测值 h_{eq}'
	最大水平位移	mm	最大水平剪切变形不小于300% T_e
最大设计压应力	$8 > S_1$	MPa	8
	$8 \leq S_1 < 12$		S_1
	$12 \leq S_1$		12
最小压应力		MPa	≥ 1.5
适用环境温度		℃	$-40 \sim 60$

注1：最大设计压应力——支座发生70% T_e 剪切应变后,其上下封板重叠面积所容许承受的压应力。
注2：$7 \leq S_1 \leq 13$。

5.3.2 支座性能除符合表8的要求外,支座水平等效刚度和等效阻尼比还应符合以下相关稳定性要求：

a) 压应力相关稳定性：支座在不同压应力下水平等效刚度和等效阻尼比的实测值变化率应在 ±30% 以内；
b) 温度相关稳定性：在 −25℃ ~ +40℃ 范围内,支座水平等效刚度和等效阻尼比实测值变化率应满足表9要求；

表9 温度相关稳定性变化率要求

项目	−25℃	−10℃	0℃	23℃	40℃
支座水平等刚度和等效阻尼比变化率	−20% ~ +45%	−20% ~ +35%	±20%	基准值	−30% ~ +10%

c) 频率相关稳定性：在不同频率（模拟地震波）下,支座水平等效刚度和等效阻尼比实测值变化率应在 ±30% 以内；
d) 水平疲劳相关稳定性：支座在承受恒定竖向荷载和水平反复循环荷载作用下,应具有良好的耐疲劳能力；每500次循环加载后实测的水平等效刚度和等效阻尼比变化率应在 ±20% 内；
e) 剪切性能相关稳定性：检测支座不同水平应变下支座水平力学性能的变化。支座175% T_e 剪应变与100% T_e 剪应变的水平性能相比,要求支座水平等效刚度变化率应在 ±35% 以内,等效阻尼比变化率应在 ±20% 以内。

5.3.3 成品支座竖向刚度及转角：
成品支座竖向刚度及转角计算参见附录B。

5.3.4 第一、第二形状系数：
矩形支座第一形状系数（S_1）按式（1）计算,第二形状系数（S_2）按式（2）计算：

$$S_1 = \frac{A_e}{2(a_e + b_e)t_e} \tag{1}$$

$$S_2 = \frac{a_e}{T_e} \tag{2}$$

圆形支座第一形状系数(S_1)按式(3)计算,第二形状系数(S_2)按式(4)计算:

$$S_1 = \frac{A_e}{\pi d_e \cdot t_e} \tag{3}$$

$$S_2 = \frac{d_e}{T_e} \tag{4}$$

矩形支座面积:

$$A_e = a_e \times b_e \tag{5}$$

圆形支座面积:

$$A_e = \frac{\pi d_e^2}{4} \tag{6}$$

6 试验方法

6.1 外观和外形尺寸

6.1.1 支座外观质量用目测方法逐件进行检查。

6.1.2 支座外形尺寸用钢直尺量测,厚度用游标卡尺或量规量测。量测具体要求如下:
  a) 对矩形支座,除在四边测量长短边尺寸外,还应测量平面与侧面对角线尺寸,厚度应在四边中点及对角线四角测量;
  b) 对圆形支座,其直径、厚度至少应测量4次,测点应垂直交叉;
  c) 外形尺寸和厚度取实测平均值。

6.2 材料

6.2.1 橡胶

6.2.1.1 拉伸强度、扯断伸长率测定按 HG/T 2198、GB/T 528 的规定进行。

6.2.1.2 橡胶与钢板黏结剥离强度测定按 GB/T 7760 的规定进行。

6.2.1.3 热空气老化试验方法按 GB/T 3512 的规定进行。

6.2.1.4 硬度试验按 GB/T 6031 的规定进行。

6.2.1.5 恒定压缩永久变形测定按 GB/T 7759 的规定进行(试样采用 a 型)。

6.2.1.6 耐臭氧老化试验按 GB/T 7762 的规定进行。

6.2.1.7 脆性温度试验按 GB/T 1682 的规定进行。

6.2.2 钢板

6.2.2.1 碳素结构钢检测按 GB/T 700 规定进行。

6.2.2.2 低合金高强度结构钢检测按 GB/T 1591 规定进行。

6.3 成品支座力学性能

6.3.1 试验条件

试验温度条件为 23℃ ± 3℃。

6.3.2 竖向性能

6.3.2.1 竖向刚度

在试验温度条件下，对试件循环加竖向荷载四次。加载方法：对试件施加竖向压应力到10MPa，持荷1min，然后卸至4MPa，持荷1min，测量第四次加载10MPa和卸至4MPa时试件的压缩量，按式(7)计算竖向刚度。

$$K'_v = (F_{10} - F_4)/(\delta_1 - \delta_2) \tag{7}$$

6.3.2.2 压缩变形量

在试验温度条件下，对试件循环加竖向荷载四次。加载方法：对试件施加竖向荷载至设计压应力，持荷1min，然后将压应力卸至0.5MPa，持荷1min，测量第四次加载至设计压应力和卸至0.5MPa时试件的压缩量。

6.3.3 水平性能

6.3.3.1 剪应变为±100% T_e 时水平等效刚度及等效阻尼比性能

在试验温度条件下，对试件施加竖向压应力8.0MPa，并在试验过程中保持恒定，然后以0.05Hz频率，在水平方向施加循环水平荷载11次，使支座产生±100% T_e 水平位移。

支座水平等效刚度按式(8)计算。

$$K'_h = \frac{1}{10}\sum_{j=2}^{11} K_{Bj} \tag{8}$$

$$K_{Bj} = (F(u_{Bej}) - F(-u_{Bej}))/(2u_{Bej}) \tag{9}$$

等效阻尼比按式(10)计算。

$$h'_{eq} = \frac{1}{10}\sum_{j=2}^{11} h_{Bj} \tag{10}$$

$$h_{Bj} = \Delta W_j/(2\pi W_j) \tag{11}$$

6.3.3.2 最大水平位移

在试验温度条件下，对试件施加竖向压应力8.0MPa，然后施加水平力，使支座水平剪切变形不小于300% T_e，支座外观应无异常。支座完成试验后不应在工程中使用。

6.4 力学相关稳定性能

6.4.1 压应力相关稳定性

在每种压应力测试前，试件应在23℃±3℃放置8h。

在23℃±3℃，以0.05Hz频率、±100% T_e 振幅的正弦波，分别为6.0MPa、8.0MPa、10.0MPa和12.0MPa压应力下对试件进行加载，每种压应力下分别进行11次循环加载，取第二次至第11次滞回曲线，按式(8)和式(10)计算水平等效刚度、等效阻尼比，取平均值。

6.4.2 温度相关稳定性

在每种温度试验前，试件应在23℃±3℃放置8h。

试验前，将试件存放在温度控制箱中24h后，在30min内转移至试验装置中并完成试验。首先对试件施加竖向压应力8.0MPa，并在试验过程中保持恒定，然后以0.05Hz频率、±100% T_e 振幅的正弦波，分别在-25℃、-10℃、0℃、23℃、40℃，对试件进行加载，各种温度条件下分别进行11次循环加载，取第二次至第 11 次滞回曲线,按式(8)和式(10)计算水平等效刚度、等效阻尼比,取其平均值。

6.4.3 频率相关稳定性

在各种频率测试前,试件应在 23℃±3℃ 放置 8h。

在 23℃±3℃,对试件施加竖向压应力 8.0MPa,并在试验过程中保持恒定,然后以 ±100% T_e 振幅的正弦波,分别以 0.001Hz、0.01Hz、0.05Hz、0.1Hz、0.5Hz、1Hz 的频率进行试验,各种频率分别进行 11 次循环加载,取第二次至第 11 次滞回曲线,按式(8)和式(10)计算水平等效刚度、等效阻尼比,取平均值。

6.4.4 水平疲劳相关稳定性

在 23℃±3℃,对试件施加竖向压应力 8.0MPa,并在试验过程中保持恒定,然后以 180s 周期、±70% T_e 振幅的正弦波,对试件进行 3 000 次循环施加水平荷载,在未进行水平疲劳试验前和每完成 500 次循环加载,按 6.3.3 对试件进行试验,检测试件水平等效刚度、等效阻尼比。在每次完成水平等效刚度、等效阻尼比检测试验后,试件应在 23℃±3℃ 放置 8h,再进行下一个 500 次的循环加载。

6.4.5 剪切性能相关稳定性

在 23℃±3℃,对试件施加竖向压应力 8.0MPa,并在试验过程中保持恒定,然后分别进行 50% T_e、100% T_e、175% T_e 水平剪切变形试验,各种水平剪切变形试验分别进行 11 次循环加载,取第二次至第 11 次的滞回曲线,按式(8)和式(10)的方法计算水平等效刚度、等效阻尼比,取平均值。

7 检验规则

7.1 检验分类

支座的检验分原材料检验、出厂检验和型式检验三类。

7.1.1 原材料检验

原材料检验为支座加工用原材料及外协、外购件的验收检验。

7.1.2 出厂检验

支座出厂时,出厂检验采用随机抽样检验方式进行,经检测部门检验确认合格后,方可出厂。出厂时应附有产品质量合格证明文件。

7.1.3 型式检验

7.1.3.1 有下列情况之一时,应进行型式检验:
a) 新产品投产时,应进行试制定型鉴定;
b) 正常生产后,当原材料、结构、工艺等有改变,对产品质量有影响时;
c) 正常生产时,每五年检验一次;
d) 产品停产一年以上,恢复生产时;
e) 国家质量监督机构提出型式检验要求时;
f) 因特殊需要而应进行型式检验时。

7.1.3.2 型式检验有效性的认可,大规格可以涵盖小规格。

7.2 检验项目

7.2.1 原材料检验

支座原材料检验按表10的要求进行。

表10 材 料 检 验

检 验 项 目	技术要求	试验方法	检 验 周 期
橡胶物理机械能性能	5.2.1	6.2.1	热空气老化试验每季度一次,脆性温度试验每半年进行一次,耐臭氧老化试验及恒定压缩永久变形每年进行一次外,其他性能每批进行检验
钢材机械性能	5.2.2	6.2.2	每批

7.2.2 支座型式检验及出厂检验

支座的型式检验和出厂检验项目见表11。

表11 支 座 检 验 项 目

性 能	试 验 项 目	技术要求	试验方法	出厂检验	型式检验	试 件
外观质量	外观及外形尺寸	5.1	6.1	+	+	支座本体
压缩性能	竖向刚度	5.3.1	6.3.2	+	+	支座本体
	压缩变形量	5.3.1	6.3.2	△	+	
水平剪切性能	水平等效刚度	5.3.1	6.3.3	+	+	支座短边(或直径)≤1 020mm,使用本体。支座短边(或直径)>1 020mm,使用本体或缩尺模型
	等效阻尼比	5.3.1	6.3.3	+	+	
极限剪切性能	最大水平位移	5.3.1	6.3.3	△	+	
力学相关稳定性能试验	压应力相关稳定性	5.3.2	6.4.1	-	+	使用本体或缩尺模型
	温度相关稳定性	5.3.2	6.4.2	-	+	
	频率相关稳定性	5.3.2	6.4.3	-	+	
	水平疲劳相关稳定性	5.3.2	6.4.4	-	+	
	剪切性能相关稳定性	5.3.2	6.4.5	-	+	
缩尺模型的尺寸要求按1:2进行缩尺,频率相关稳定性试验可采用支座短边(或直径)为350mm的缩尺模型,其他类型的试验缩尺模型支座短边(或直径)不应小于420mm。 注:+——检验;-——不检验;△——可选择检验。						

7.3 抽样

根据桥梁的重要性,支座抽样数量如下:

a) 对于一般桥梁,产品抽样数量应不低于总数的20%,且不少于一件;若有不合格试件,应按不合格数量双倍进行重新抽取,若仍有不合格试件,则应100%检测;

b) 对重要桥梁,产品抽样数量应不少于总数的50%;若有不合格试件,则应100%检测;

c) 对特别重要的桥梁,产品抽样数量应为总数的100%。

7.4 检验结果的判定

7.4.1 原材料检验应全部项目合格后方可使用,不合格材料不允许用于生产。

7.4.2 产品支座出厂检验时,采用随机抽样检验方式进行,抽样对象为经生产厂家质检部门经过生产检验验收合格的成品。若有一件抽样试样的一项性能不合格,则应按7.3要求进行抽样,对不合格项目进行复检,如复检结果仍有不合格,则判定该批产品为不合格,不合格产品不得出厂。

8 标志、包装、运输和储存

8.1 标志

生产厂商标应在模具内侧面刻出,以在每件支座上留有永久性标记。每件支座应有标签,其内容包括产品商标、生产厂家厂名、生产日期、规格尺寸和检验标志。

8.2 包装

支座应根据分类、规格分别包装。包装应牢固可靠,防止运输过程被损坏,包装外应注明生产厂家、产品名称、规格。

8.3 运输和储存

8.3.1 支座在运输中,应避免阳光直接暴晒、雨雪浸淋,并应保持清洁,不应与影响橡胶质量的物质相接触。

8.3.2 储存支座产品的库房应干燥通风,室温保持在 -15℃ ~ 35℃ 范围内,产品应堆放整齐,保持清洁,严禁与酸、碱、油类、有机溶剂等相接触,并距热源1m离地面0.1m以上。

附 录 A
（资料性附录）
超高阻尼隔震橡胶支座规格系列

A.1 矩形超高阻尼隔震橡胶支座

A.1.1 矩形超高阻尼隔震橡胶支座组装示意见图 A.1。

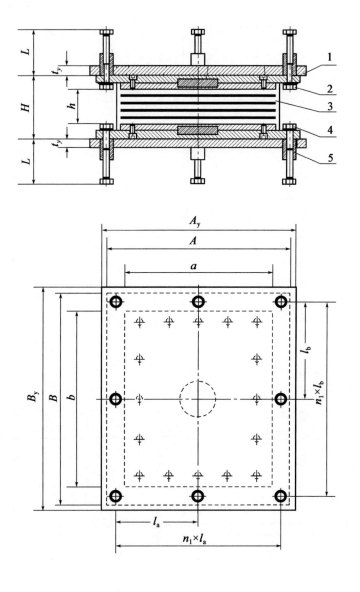

说明：
1——预埋钢板；
2——外连接钢板；
3——矩形超高阻尼隔震橡胶支座；
4——螺栓；
5——套筒。

图 A.1 矩形超高阻尼隔震橡胶支座组装示意

A.1.2 矩形超高阻尼隔震橡胶支座规格系列参数见表 A.1。

表A.1 矩形超高阻尼隔震橡胶支座规格系列参数

支座平面尺寸 $a \times b$ (mm)	承载力 (kN)	位移量 (mm)	支座高度 h (mm)	组装后高度 H (mm)	外连接钢板 (mm) A	B	预埋钢板 (mm) A_y	B_y	t_y	套筒螺栓间距 (mm) $n_1 \times l_a$	$n_1 \times l_b$	螺栓规格	锚固长度 L (mm)	剪切弹性模量 G (MPa)	支座屈服力 Q_d (kN)	初始水平刚度 K_i (kN/mm)	屈服后水平刚度 K_d (kN/mm)	水平等效刚度 K_h (kN/mm)	等效阻尼比 h_{eq} (%)
300×420	1 000	±25	87	127	380	500	480	600	10	1×330	1×450	M16	250	0.8	50	9.2	2.0	3.2	20
														1.0	56	12.2	2.2	3.6	
														1.2	72	14.9	2.7	4.5	
		±50	137	177										0.8	50	4.6	1.0	1.6	
														1.0	56	6.1	1.1	1.8	
														1.2	72	7.4	1.4	2.3	
350×350	1 000	±25	87	127	430	430	530	530	10	1×380	1×380	M16	250	0.8	49	9.0	2.0	3.1	
														1.0	54	11.8	2.1	3.5	
														1.2	70	14.5	2.6	4.4	
		±50	137	177										0.8	49	4.5	1.0	1.6	
														1.0	54	5.9	1.1	1.8	
														1.2	70	7.2	1.3	2.2	
350×520	1 500	±25	81	121	450	620	550	720	10	1×390	1×560	M20	250	0.8	74	14.9	3.3	5.2	
														1.0	82	19.6	3.6	5.8	
														1.2	105	24.0	4.4	7.3	
		±50	125	165										0.8	74	7.4	1.7	2.6	
														1.0	82	9.8	1.8	2.9	
														1.2	105	12.0	2.2	3.7	
420×420	1 500	±25	81	121	520	520	620	620	10	1×460	1×460	M20	250	0.8	72	14.4	3.2	5.0	
														1.0	79	19.0	3.5	5.6	

JT/T 928—2014

表 A.1（续）

支座平面尺寸 $a \times b$ (mm)	承载力 (kN)	位移量 (mm)	支座高度 h (mm)	组装后高度 H (mm)	外连接钢板 (mm)			预埋钢板 (mm)			套筒螺栓间距 (mm)		螺栓规格	锚固长度 L (mm)	剪切弹性模量 G (MPa)	支座屈服力 Q_d (kN)	初始水平刚度 K_i (kN/mm)	屈服后水平刚度 K_d (kN/mm)	水平等效刚度 K_h (kN/mm)	等效阻尼比 h_{eq} (%)
					A	B		A_y	B_y	t_y	$n_1 \times l_a$	$n_1 \times l_b$								
420×420	1 500	±25	81	121	520	520		620	620	10	1×460	1×460	M20	250	1.2	102	23.3	4.2	7.1	20
		±50	125	165											0.8	72	7.2	1.6	2.5	
															1.0	79	9.5	1.7	2.8	
															1.2	102	11.6	2.1	3.5	
		±75	169	209											0.8	72	4.8	1.1	1.7	
															1.0	79	6.3	1.2	1.9	
															1.2	102	7.8	1.4	2.4	
470×570	2 500	±25	79	119	590	690		690	790	10	1×520	1×620	M24	250	0.8	111	21.6	4.8	7.6	
															1.0	123	28.5	5.2	8.4	
															1.2	158	34.9	6.3	10.6	
		±50	121	161											0.8	111	10.8	2.4	3.8	
															1.0	123	14.2	2.6	4.2	
															1.2	158	17.5	3.2	5.3	
		±75	177	217											0.8	111	6.5	1.4	2.3	
															1.0	123	8.5	1.6	2.5	
															1.2	158	10.5	1.9	3.2	
520×520	2 500	±25	79	119	640	640		740	740	10	1×570	1×570	M24	250	0.8	112	21.8	4.9	7.6	
															1.0	124	28.8	5.2	8.5	
															1.2	160	35.3	6.4	10.7	
		±50	121	161											0.8	112	10.9	2.4	3.8	

159

表 A.1（续）

支座平面尺寸 $a \times b$ (mm)	承载力 (kN)	位移量 (mm)	支座高度 h (mm)	组装后高度 H (mm)	外连接钢板 (mm) A	外连接钢板 (mm) B	预埋钢板 (mm) A_y	预埋钢板 (mm) B_y	预埋钢板 (mm) t_y	套筒螺栓间距 (mm) $n_1 \times l_a$	套筒螺栓间距 (mm) $n_1 \times l_b$	螺栓规格	锚固长度 L (mm)	剪切弹性模量 G (MPa)	支座屈服力 Q_d (kN)	初始水平刚度 K_i (kN/mm)	屈服后水平刚度 K_d (kN/mm)	水平等效刚度 K_h (kN/mm)	等效阻尼比 h_{eq} (%)
520×520	2 500	±50	121	161	640	640	740	740	10	1×570	1×570	M24	250	1.0	124	14.4	2.6	4.3	20
														1.2	160	17.6	3.2	5.4	
		±75	177	217										0.8	112	6.6	1.5	2.3	
														1.0	124	8.6	1.6	2.6	
														1.2	160	10.6	1.9	3.2	
520×620	3 000	±50	127	167	670	770	770	870	10	1×580	1×680	M30	300	0.8	134	12.0	2.7	4.2	
														1.0	149	15.8	2.9	4.7	
														1.2	192	19.4	3.5	5.9	
		±75	172	212										0.8	134	8.0	1.8	2.8	
														1.0	149	10.5	1.9	3.1	
														1.2	192	12.9	2.4	3.9	
570×570	3 000	±50	127	167	720	720	820	820	10	1×630	1×630	M30	300	0.8	135	12.1	2.7	4.2	
														1.0	150	16.0	2.9	4.7	
														1.2	193	19.6	3.6	6.0	
		±75	172	212										0.8	135	8.1	1.8	2.8	
														1.0	150	10.6	1.9	3.2	
														1.2	193	13.0	2.4	4.0	
570×670	3 500	±50	143	193	720	820	820	920	10	1×630	1×730	M30	300	0.8	160	13.2	2.9	4.6	
														1.0	178	17.4	3.2	5.2	
														1.2	228	21.3	3.9	6.5	

JT/T 928—2014

表 A.1（续）

支座平面尺寸 $a \times b$ (mm)	承载力 (kN)	位移量 (mm)	支座高度 h (mm)	组装后高度 H (mm)	外连接钢板 (mm) A	外连接钢板 (mm) B	预埋钢板 (mm) A_y	预埋钢板 (mm) B_y	预埋钢板 (mm) t_y	套筒螺栓间距 (mm) $n_1 \times l_a$	套筒螺栓间距 (mm) $n_1 \times l_b$	螺栓规格	锚固长度 L (mm)	剪切弹性模量 G (MPa)	支座屈服力 Q_d (kN)	初始水平刚度 K_i (kN/mm)	屈服后水平刚度 K_d (kN/mm)	水平等效刚度 K_h (kN/mm)	等效阻尼比 h_{eq} (%)
570×670	3 500	±75	175	225	720	820	820	920	10	1×630	1×730	M30	300	0.8	160	9.9	2.2	3.5	20
														1.0	178	13.1	2.4	3.9	
														1.2	228	16.0	2.9	4.9	
		±50	143	193										0.8	161	13.3	3.0	4.6	
														1.0	179	17.5	3.2	5.2	
														1.2	230	21.5	3.9	6.5	
620×620	3 500	±75	175	225	770	770	870	870	10	1×680	1×680	M30	300	0.8	161	10.0	2.2	3.5	
														1.0	179	13.1	2.4	3.9	
														1.2	230	16.1	2.9	4.9	
		±100	223	273										0.8	161	7.3	1.6	2.5	
														1.0	179	9.6	1.7	2.8	
														1.2	230	11.7	2.1	3.6	
670×670	4 000	±50	149	199	820	820	920	920	15	1×730	1×730	M30	300	0.8	189	14.5	3.2	5.1	
														1.0	210	19.1	3.5	5.7	
														1.2	270	23.4	4.3	7.1	
		±75	183	233										0.8	189	10.9	2.4	3.8	
														1.0	210	14.3	2.6	4.2	
														1.2	270	17.6	3.2	5.3	
		±100	217	267										0.8	189	8.7	1.9	3.0	
														1.0	210	11.5	2.1	3.4	

表 A.1（续）

支座平面尺寸 $a \times b$ (mm)	承载力 (kN)	位移量 (mm)	支座高度 h (mm)	组装后高度 H (mm)	外连接钢板 (mm) A	外连接钢板 (mm) B	预埋钢板 (mm) A_y	预埋钢板 (mm) B_y	预埋钢板 (mm) t_y	套筒螺栓间距 (mm) $n_1 \times l_a$	套筒螺栓间距 (mm) $n_1 \times l_b$	螺栓规格	锚固长度 L (mm)	剪切弹性模量 G (MPa)	支座屈服力 Q_d (kN)	初始水平刚度 K_i (kN/mm)	屈服后水平刚度 K_d (kN/mm)	水平等效刚度 K_h (kN/mm)	等效阻尼比 h_{eq} (%)
670×670	4 000	±100	217	267	820	820	920	920	15	1×730	1×730	M30	300	1.2	270	14.0	2.6	4.3	20
		±50	137	187										0.8	219	18.8	4.2	6.6	
														1.0	243	24.8	4.5	7.4	
														1.2	313	30.4	5.5	9.3	
720×720	4 500	±75	173	223	900	900	1 000	1 000	15	1×790	1×790	M36	360	0.8	219	13.5	3.0	4.7	
														1.0	243	17.7	3.2	5.3	
														1.2	313	21.7	3.9	6.6	
		±100	227	277										0.8	219	9.4	2.1	3.3	
														1.0	243	12.4	2.3	3.7	
														1.2	313	15.2	2.8	4.6	
		±50	142	192										0.8	252	20.3	4.5	7.1	
														1.0	279	26.7	4.9	7.9	
														1.2	359	32.7	6.0	10.0	
770×770	5 500	±75	180	230	950	950	1 050	1 050	15	1×840	1×840	M36	360	0.8	252	14.5	3.2	5.1	
														1.0	279	19.1	3.5	5.7	
														1.2	359	23.4	4.3	7.1	
		±100	218	268										0.8	252	11.3	2.5	3.9	
														1.0	279	14.8	2.7	4.4	
														1.2	359	18.2	3.3	5.5	
		±125	256	306										0.8	252	9.2	2.0	3.2	

表 A.1（续）

支座平面尺寸 $a \times b$ (mm)	承载力 (kN)	位移量 (mm)	支座高度 h (mm)	组装后高度 H (mm)	外连接钢板 A (mm)	外连接钢板 B (mm)	预埋钢板 A_y (mm)	预埋钢板 B_y (mm)	预埋钢板 t_y (mm)	套筒螺栓间距 $n_1 \times l_a$ (mm)	套筒螺栓间距 $n_1 \times l_b$ (mm)	螺栓规格	锚固长度 L (mm)	剪切弹性模量 G (MPa)	支座屈服力 Q_d (kN)	初始水平刚度 K_i (kN/mm)	屈服后水平刚度 K_d (kN/mm)	水平等效刚度 K_h (kN/mm)	等效阻尼比 h_{eq} (%)
770×770	5 500	±125	256	306	950	950	1 050	1 050	15	1×840	1×840	M36	360	1.0	279	12.1	2.2	3.6	20
														1.2	359	14.9	2.7	4.5	20
820×820	6 500	±50	131	181	1 030	1 030	1 130	1 130	15	1×900	1×900	M42	420	0.8	286	25.6	5.7	9.0	20
														1.0	318	33.8	6.1	10.0	20
														1.2	409	41.4	7.5	12.6	20
		±75	173	223										0.8	286	17.1	3.8	6.0	20
														1.0	318	22.5	4.1	6.7	20
														1.2	409	27.6	5.0	8.4	20
		±100	215	265										0.8	286	12.8	2.8	4.5	20
														1.0	318	16.9	3.1	5.0	20
														1.2	409	20.7	3.8	6.3	20
		±125	257	307										0.8	286	10.2	2.3	3.6	20
														1.0	318	13.5	2.5	4.0	20
														1.2	409	16.6	3.0	5.0	20
870×870	7 000	±50	135	185	1 080	1 080	1 180	1 180	15	1×950	1×950	M42	420	0.8	323	27.4	6.1	9.6	20
														1.0	359	36.1	6.6	10.7	20
														1.2	461	44.3	8.0	13.5	20
		±75	179	229										0.8	323	18.3	4.1	6.4	20
														1.0	359	24.1	4.4	7.1	20
														1.2	461	29.5	5.4	9.0	20

表 A.1（续）

支座平面尺寸 $a \times b$ (mm)	承载力 (kN)	位移量 (mm)	支座高度 h (mm)	组装后高度 H (mm)	外连接钢板 (mm)		预埋钢板 (mm)			套筒螺栓间距 (mm)		螺栓规格	锚固长度 L (mm)	剪切弹性模量 G (MPa)	支座屈服力 Q_d (kN)	初始水平刚度 K_i (kN/mm)	屈服后水平刚度 K_d (kN/mm)	水平等效刚度 K_h (kN/mm)	等效阻尼比 h_{eq} (%)
					A	B	A_y	B_y	t_y	$n_1 \times l_a$	$n_1 \times l_b$								
870× 870	7 000	±100	223	273	1 080	1 080	1 180	1 180	15	1×950	1×950	M42	420	0.8	323	13.7	3.0	4.8	20
														1.0	359	18.0	3.3	5.4	
														1.2	461	22.1	4.0	6.7	
		±125	267	317										0.8	323	11.0	2.4	3.8	
														1.0	359	14.4	2.6	4.3	
														1.2	461	17.7	3.2	5.4	
	6 700	±150	289	339										0.8	323	10.0	2.2	3.5	
														1.0	359	13.1	2.4	3.9	
														1.2	461	16.1	2.9	4.9	
920× 920	8 000	±50	145	201	1 070	1 070	1 170	1 170	15	2×490	2×490	M30	300	0.8	363	29.2	6.5	10.2	
														1.0	402	38.4	7.0	11.4	
														1.2	517	47.1	8.6	14.4	
		±75	191	247										0.8	363	19.5	4.3	6.8	
														1.0	402	25.6	4.7	7.6	
														1.2	517	31.4	5.7	9.6	
		±100	214	270										0.8	363	16.7	3.7	5.8	
														1.0	402	22.0	4.0	6.5	
														1.2	517	26.9	4.9	8.2	
	7 500	±125	260	316										0.8	363	13.0	2.9	4.5	
														1.0	402	17.1	3.1	5.1	

JT/T 928—2014

表 A.1（续）

支座平面尺寸 $a \times b$ (mm)	承载力 (kN)	位移量 (mm)	支座高度 h (mm)	组装后高度 H (mm)	外连接钢板 (mm) A	外连接钢板 (mm) B	预埋钢板 (mm) A_y	预埋钢板 (mm) B_y	预埋钢板 (mm) t_y	套筒螺栓间距 (mm) $n_1 \times l_a$	套筒螺栓间距 (mm) $n_1 \times l_b$	螺栓规格	锚固长度 L (mm)	剪切弹性模量 G (MPa)	支座屈服力 Q_d (kN)	初始水平刚度 K_i (kN/mm)	屈服后水平刚度 K_d (kN/mm)	水平等效刚度 K_h (kN/mm)	等效阻尼比 h_{eq} (%)
920×920	7 500	±125	260	316	1 070	1 070	1 170	1 170	15	2×490	2×490	M30	300	1.2	517	20.9	3.8	6.4	20
		±150	306	362										0.8	363	10.6	2.4	3.7	
														1.0	402	14.0	2.5	4.1	
	9 000	±50	149	205										1.2	517	17.1	3.1	5.2	
														0.8	404	31.0	6.9	10.8	
														1.0	448	40.8	7.4	12.1	
														1.2	576	50.0	9.1	15.2	
		±75	173	229										0.8	404	24.8	5.5	8.7	
														1.0	448	32.6	5.9	9.7	
														1.2	576	40.0	7.3	12.2	
		±100	221	277	1 150	1 150	1 250	1 250	15	2×520	2×520	M36	360	0.8	404	17.7	3.9	6.2	
														1.0	448	23.3	4.2	6.9	
														1.2	576	28.6	5.2	8.7	
970×970	8 300	±125	269	325										0.8	404	13.8	3.1	4.8	
														1.0	448	18.1	3.3	5.4	
														1.2	576	22.2	4.0	6.8	
		±150	293	349										0.8	404	12.4	2.8	4.3	
														1.0	448	16.3	3.0	4.8	
														1.2	576	20.0	3.6	6.1	
		±175	341	397										0.8	404	10.3	2.3	3.6	

165

JT/T 928—2014

表 A.1（续）

支座平面尺寸 $a \times b$ (mm)	承载力 (kN)	位移量 (mm)	支座高度 h (mm)	组装后高度 H (mm)	外连接钢板 (mm) A	B	预埋钢板 (mm) A_y	B_y	t_y	套筒螺栓间距 (mm) $n_1 \times l_a$	$n_1 \times l_b$	螺栓规格	锚固长度 L (mm)	剪切弹性模量 G (MPa)	支座屈服力 Q_d (kN)	初始水平刚度 K_i (kN/mm)	屈服后水平刚度 K_d (kN/mm)	水平等效刚度 K_h (kN/mm)	等效阻尼比 h_{eq} (%)
970×970	8 300	±175	341	397	1 150	1 150	1 250	1 250	15	2×520	2×520	M36	360	1.0	448	13.6	2.5	4.0	20
1 020×1 020	10 000	±75	186	242										1.2	576	16.7	3.0	5.1	
		±100	240	296	1 200	1 200	1 300	1 300	20	2×545	2×545	M36	360	0.8	448	26.2	5.8	9.2	
														1.0	497	34.5	6.3	10.2	
														1.2	638	42.3	7.7	12.9	
		±125	267	323										0.8	448	18.7	4.2	6.5	
														1.0	497	24.7	4.5	7.3	
														1.2	638	30.2	5.5	9.2	
	9 000	±150	321	377										0.8	448	16.4	3.6	5.7	
														1.0	497	21.6	3.9	6.4	
														1.2	638	26.5	4.8	8.1	
1 070×1 070	11 000	±75	191	247	1 250	1 250	1 350	1 350	20	2×570	2×570	M36	360	0.8	448	13.1	2.9	4.6	
														1.0	497	17.3	3.1	5.1	
														1.2	638	21.2	3.8	6.4	
		±100	219	275										0.8	493	27.6	6.1	9.7	
														1.0	547	36.4	6.6	10.8	
														1.2	704	44.6	8.1	13.6	
														0.8	493	23.0	5.1	8.0	
														1.0	547	30.3	5.5	9.0	
														1.2	704	37.2	6.8	11.3	

166

JT/T 928—2014

表 A.1（续）

支座平面尺寸 $a \times b$ (mm)	承载力 (kN)	位移量 (mm)	支座高度 h (mm)	组装后高度 H (mm)	外连接钢板 (mm) A	外连接钢板 (mm) B	预埋钢板 (mm) A_y	预埋钢板 (mm) B_y	预埋钢板 (mm) t_y	套筒螺栓间距 (mm) $n_1 \times l_a$	套筒螺栓间距 (mm) $n_1 \times l_b$	螺栓规格	锚固长度 L (mm)	剪切弹性模量 G (MPa)	支座屈服力 Q_d (kN)	初始水平刚度 K_i (kN/mm)	屈服后水平刚度 K_d (kN/mm)	水平等效刚度 K_h (kN/mm)	等效阻尼比 h_{eq} (%)
1 070 × 1 070	10 000	±125	275	331	1 250	1 250	1 350	1 350	20	2×570	2×570	M36	360	0.8	493	17.3	3.8	6.0	20
														1.0	547	22.8	4.1	6.8	
														1.2	704	27.9	5.1	8.5	
		±150	303	359										0.8	493	15.4	3.4	5.4	
														1.0	547	20.2	3.7	6.0	
														1.2	704	24.8	4.5	7.5	
		±175	359	415										0.8	493	12.6	2.8	4.4	
														1.0	547	16.5	3.0	4.9	
														1.2	704	20.3	3.7	6.2	
1 120 × 1 120	12 500	±75	196	252	1 300	1 300	1 400	1 400	20	2×595	2×595	M36	360	0.8	542	29.1	6.5	10.2	
														1.0	601	38.3	7.0	11.4	
														1.2	773	46.9	8.5	14.3	
		±100	225	281										0.8	542	24.2	5.4	8.5	
														1.0	601	31.9	5.8	9.5	
														1.2	773	39.1	7.1	11.9	
	11 500	±125	283	339										0.8	542	18.2	4.0	6.3	
														1.0	601	23.9	4.4	7.1	
														1.2	773	29.3	5.3	8.9	
		±150	312	368										0.8	542	16.1	3.6	5.6	
														1.0	601	21.3	3.9	6.3	

表 A.1（续）

支座平面尺寸 $a \times b$ (mm)	承载力 (kN)	位移量 (mm)	支座高度 h (mm)	组装后高度 H (mm)	外连接钢板 (mm)		预埋钢板 (mm)			套筒螺栓间距 (mm)		螺栓规格	锚固长度 L (mm)	剪切弹性模量 G (MPa)	支座屈服力 Q_d (kN)	初始水平刚度 K_i (kN/mm)	屈服后水平刚度 K_d (kN/mm)	水平等效刚度 K_h (kN/mm)	等效阻尼比 h_{eq} (%)
					A	B	A_y	B_y	t_y	$n_1 \times l_a$	$n_1 \times l_b$								
1 120 × 1 120	11 500	±150	312	368	1 300	1 300	1 400	1 400	20	2×595	2×595	M36	360	1.2	773	26.1	4.7	7.9	20
		±175	370	426										0.8	542	13.2	2.9	4.6	
														1.0	601	17.4	3.2	5.2	
														1.2	773	21.3	3.9	6.5	
	13 500	±75	171	227										0.8	592	38.1	8.5	13.3	
														1.0	657	50.2	9.1	14.9	
														1.2	844	61.6	11.2	18.7	
		±100	231	287										0.8	592	25.4	5.6	8.9	
														1.0	657	33.5	6.1	9.9	
														1.2	844	41.0	7.5	12.5	
		±125	261	317										0.8	592	21.8	4.8	7.6	
														1.0	657	28.7	5.2	8.5	
														1.2	844	35.2	6.4	10.7	
1 170 × 1 170		±150	321	377	1 380	1 380	1 480	1 480	20	2×625	2×625	M42	420	0.8	592	16.9	3.8	5.9	
														1.0	657	22.3	4.1	6.6	
														1.2	844	27.4	5.0	8.3	
	12 500	±175	351	407										0.8	592	15.2	3.4	5.3	
														1.0	657	20.1	3.7	6.0	
														1.2	844	24.6	4.5	7.5	
		±200	381	437										0.8	592	13.9	3.1	4.8	

JT/T 928—2014

表 A.1（续）

支座平面尺寸 $a \times b$ (mm)	承载力 (kN)	位移量 (mm)	支座高度 h (mm)	组装后高度 H (mm)	外连接钢板 (mm) A	外连接钢板 (mm) B	预埋钢板 (mm) A_y	预埋钢板 (mm) B_y	预埋钢板 (mm) t_y	套筒螺栓间距 (mm) $n_1 \times l_a$	套筒螺栓间距 (mm) $n_1 \times l_b$	螺栓规格	锚固长度 L (mm)	剪切弹性模量 G (MPa)	支座屈服力 Q_d (kN)	初始水平刚度 K_i (kN/mm)	屈服后水平刚度 K_d (kN/mm)	水平等效刚度 K_h (kN/mm)	等效阻尼比 h_{eq} (%)
1 170 × 1 170	12 500	±200	381	437	1 380	1 380	1 480	1 480	20	2×625	2×625	M42	420	1.0	657	18.3	3.3	5.4	20
														1.2	844	22.4	4.1	6.8	
		±75	175	231										0.8	644	39.9	8.9	13.9	
														1.0	715	52.6	9.6	15.6	
														1.2	919	64.5	11.7	19.6	
		±100	237	293										0.8	644	26.6	5.9	9.3	
	14 500													1.0	715	35.1	6.4	10.4	
														1.2	919	43.0	7.8	13.1	
		±125	268	324										0.8	644	22.8	5.1	8.0	
														1.0	715	30.0	5.5	8.9	
														1.2	919	36.8	6.7	11.2	
1 220 × 1 220		±150	299	355	1 430	1 430	1 530	1 530	20	2×650	2×650	M42	420	0.8	644	20.0	4.4	7.0	
														1.0	715	26.3	4.8	7.8	
														1.2	919	32.2	5.9	9.8	
	13 500	±175	361	417										0.8	644	16.0	3.5	5.6	
														1.0	715	21.0	3.8	6.2	
														1.2	919	25.8	4.7	7.8	
		±200	392	448										0.8	644	14.5	3.2	5.1	
														1.0	715	19.1	3.5	5.7	
														1.2	919	23.4	4.3	7.1	

JT/T 928—2014

表 A.1（续）

支座平面尺寸 $a \times b$ (mm)	承载力 (kN)	位移量 (mm)	支座高度 h (mm)	组装后高度 H (mm)	外连接钢板 (mm) A	B	预埋钢板 (mm) A_y	B_y	t_y	套筒螺栓间距 (mm) $n_1 \times l_a$	$n_1 \times l_b$	螺栓规格	锚固长度 L (mm)	剪切弹性模量 G (MPa)	支座屈服力 Q_d (kN)	初始水平刚度 K_i (kN/mm)	屈服后水平刚度 K_d (kN/mm)	水平等效刚度 K_h (kN/mm)	等效阻尼比 h_{eq} (%)
1 270 × 1 270	15 500	±75	179	235	1 480	1 480	1 580	1 580	20	2 × 675	2 × 675	M42	420	0.8	699	41.7	9.3	14.6	20
														1.0	776	54.9	10.0	16.3	
														1.2	998	67.3	12.2	20.5	
		±100	243	299										0.8	699	27.8	6.2	9.7	
														1.0	776	36.6	6.7	10.9	
														1.2	998	44.9	8.2	13.7	
		±125	275	331										0.8	699	23.8	5.3	8.3	
														1.0	776	31.4	5.7	9.3	
														1.2	998	38.5	7.0	11.7	
	14 500	±150	307	363										0.8	699	20.8	4.6	7.3	
														1.0	776	27.5	5.0	8.1	
														1.2	998	33.7	6.1	10.3	
		±175	339	395										0.8	699	18.5	4.1	6.5	
														1.0	776	24.4	4.4	7.2	
														1.2	998	29.9	5.4	9.1	
		±200	403	459										0.8	699	15.2	3.4	5.3	
														1.0	776	20.0	3.6	5.9	
														1.2	998	24.5	4.5	7.5	
1 320 × 1 320	17 000	±100	240	320	1 560	1 560	1 660	1 660	25	2 × 710	2 × 710	M48	480	0.8	756	34.8	7.7	12.2	
														1.0	839	45.8	8.3	13.6	

表 A.1（续）

支座平面尺寸 $a \times b$ (mm)	承载力 (kN)	位移量 (mm)	支座高度 h (mm)	组装后高度 H (mm)	外连接钢板 (mm) A	B	预埋钢板 (mm) A_y	B_y	t_y	套筒螺栓间距 (mm) $n_1 \times l_a$	$n_1 \times l_b$	螺栓规格	锚固长度 L (mm)	剪切弹性模量 G (MPa)	支座屈服力 Q_d (kN)	初始水平刚度 K_i (kN/mm)	屈服后水平刚度 K_d (kN/mm)	水平等效刚度 K_h (kN/mm)	等效阻尼比 h_{eq} (%)
1 320 × 1 320	17 000	±100	240	320	1 560	1 560	1 660	1 660	25	2×710	2×710	M48	480	1.2	1 079	56.2	10.2	17.1	20
														0.8	756	29.0	6.4	10.1	
														1.0	839	38.2	6.9	11.3	
		±125	273	353										1.2	1 079	46.8	8.5	14.3	
														0.8	756	21.7	4.8	7.6	
														1.0	839	28.6	5.2	8.5	
		±150	339	419										1.2	1 079	35.1	6.4	10.7	
														0.8	756	19.3	4.3	6.8	
														1.0	839	25.5	4.6	7.6	
	16 000	±175	372	452										1.2	1 079	31.2	5.7	9.5	
														0.8	756	17.4	3.9	6.1	
														1.0	839	22.9	4.2	6.8	
		±200	405	485										1.2	1 079	28.1	5.1	8.6	
1 370 × 1 370	19 000	±100	245	325	1 610	1 610	1 710	1 710	25	2×735	2×735	M48	480	0.8	816	36.2	8.1	12.7	
														1.0	905	47.7	8.7	14.2	
														1.2	1 164	58.5	10.6	17.8	
		±125	279	359										0.8	816	30.2	6.7	10.6	
														1.0	905	39.8	7.2	11.8	
														1.2	1 164	48.8	8.9	14.8	
		±150	313	393										0.8	816	25.9	5.8	9.0	

表 A.1（续）

支座平面尺寸 $a \times b$ (mm)	承载力 (kN)	位移量 (mm)	支座高度 h (mm)	组装后高度 H (mm)	外连接钢板 (mm)		预埋钢板 (mm)			套筒螺栓间距 (mm)		螺栓规格	锚固长度 L (mm)	剪切弹性模量 G (MPa)	支座屈服力 Q_d (kN)	初始水平刚度 K_i (kN/mm)	屈服后水平刚度 K_d (kN/mm)	水平等效刚度 K_h (kN/mm)	等效阻尼比 h_{eq} (%)
					A	B	A_y	B_y	t_y	$n_1 \times l_a$	$n_1 \times l_b$								
1 370 × 1 370	19 000	±150	313	393	1 610	1 610	1 710	1 710	25	2×735	2×735	M48	480	1.0	905	34.1	6.2	10.1	20
														1.2	1 164	41.8	7.6	12.7	
														0.8	816	20.1	4.5	7.0	
		±175	381	461										1.0	905	26.5	4.8	7.9	
														1.2	1 164	32.5	5.9	9.9	
														0.8	816	18.1	4.0	6.3	
	17 000	±200	415	495										1.0	905	23.9	4.3	7.1	
														1.2	1 164	29.3	5.3	8.9	
1 420 × 1 420	20 000	±100	250	330	1 660	1 660	1 760	1 760	25	2×760	2×760	M48	480	0.8	877	37.7	8.4	13.2	
														1.0	973	49.6	9.0	14.7	
														1.2	1 251	60.8	11.1	18.5	
		±125	285	365										0.8	877	31.4	7.0	11.0	
														1.0	973	41.3	7.5	12.3	
														1.2	1 251	50.7	9.2	15.4	
		±150	320	400										0.8	877	26.9	6.0	9.4	
														1.0	973	35.4	6.4	10.5	
														1.2	1 251	43.4	7.9	13.2	
	19 000	±175	355	435										0.8	877	23.5	5.2	8.2	
														1.0	973	31.0	5.6	9.2	
														1.2	1 251	38.0	6.9	11.6	
		±200	425	505										0.8	877	18.8	4.2	6.6	

JT/T 928—2014

表 A.1（续）

支座平面尺寸 $a \times b$ (mm)	承载力 (kN)	位移量 (mm)	支座高度 h (mm)	组装后高度 H (mm)	外连接钢板 (mm) A	B	预埋钢板 (mm) A_y	B_y	t_y	套筒螺栓间距 (mm) $n_1 \times l_a$	$n_1 \times l_b$	螺栓规格	锚固长度 L (mm)	剪切弹性模量 G (MPa)	支座屈服力 Q_d (kN)	初始水平刚度 K_i (kN/mm)	屈服后水平刚度 K_d (kN/mm)	水平等效刚度 K_h (kN/mm)	等效阻尼比 h_{eq} (%)
1 420 × 1 420	19 000	±200	425	505	1 660	1 660	1 760	1 760	25	2×760	2×760	M48	480	1.0	973	24.8	4.5	7.4	20
														1.2	1 251	30.4	5.5	9.3	
		±100	255	335										0.8	941	39.1	8.7	13.7	
														1.0	1 044	51.5	9.4	15.3	
														1.2	1 342	63.1	11.5	19.2	
	21 000	±125	291	371										0.8	941	32.6	7.2	11.4	
														1.0	1 044	42.9	7.8	12.7	
														1.2	1 342	52.6	9.6	16.0	
1 470 × 1 470		±150	327	407	1 710	1 710	1 810	1 810	25	2×785	2×785	M48	480	0.8	941	27.9	6.2	9.8	
														1.0	1 044	36.8	6.7	10.9	
														1.2	1 342	45.1	8.2	13.7	
		±175	363	443										0.8	941	24.4	5.4	8.5	
														1.0	1 044	32.2	5.9	9.6	
														1.2	1 342	39.5	7.2	12.0	
	20 000	±200	399	479										0.8	941	21.7	4.8	7.6	
														1.0	1 044	28.6	5.2	8.5	
														1.2	1 342	35.1	6.4	10.7	

注1：位移量为环境温度等因素引起的平常时超高阻尼橡胶支座剪切变形允许值。
注2：水平等效刚度及等效阻尼比均为对应超高阻尼橡胶支座100%的剪应变情况下的数值。
注3：本标准中没有涵盖的支座规格需根据实际情况进行特殊设计。
注4：预埋钢板的套筒孔比套筒的外径需大4mm以上。
注5：预埋钢板可根据工程需要另行设计。

JT/T 928—2014

A.2 圆形超高阻尼隔震橡胶支座

A.2.1 圆形超高阻尼隔震橡胶支座组装示意见图 A.2。

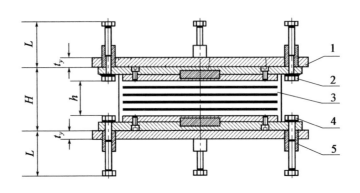

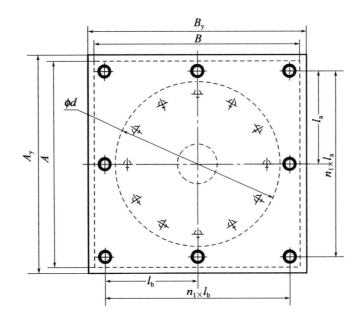

说明：
1——预埋钢板；
2——外连接钢板；
3——矩形超高阻尼隔震橡胶支座；
4——螺栓；
5——套筒。

图 A.2 圆形超高阻尼隔震橡胶支座组装示意

A.2.2 圆形超高阻尼隔震橡胶支座规格系列参数见表 A.2。

JT/T 928—2014

表 A.2 圆形超高阻尼隔震橡胶支座规格系列参数

支座平面尺寸 d (mm)	承载力 (kN)	位移量 (mm)	支座高度 h (mm)	组装后高度 H (mm)	外连接钢板 (mm)		预埋钢板 (mm)			套筒螺栓间距 (mm)		螺栓规格	锚固长度 L (mm)	剪切弹性模量 G (MPa)	支座屈服力 Q_d (kN)	初始水平刚度 K_i (kN/mm)	屈服后水平刚度 K_d (kN/mm)	水平等效刚度 K_h (kN/mm)	等效阻尼比 h_{eq} (%)
					A	B	A_y	B_y	t_y	$n_1 \times l_a$	$n_1 \times l_b$								
420	1 000	±25	85	125	560	560	660	660	10	1×490	1×490	M24	250	0.8	56	10.1	2.2	3.5	20
														1.0	62	13.2	2.4	3.9	
														1.2	80	16.2	3.0	4.9	
		±50	133	173										0.8	56	5.0	1.1	1.8	
														1.0	62	6.6	1.2	2.0	
														1.2	80	8.1	1.5	2.5	
		±75	169	209										0.8	56	3.7	0.8	1.3	
														1.0	62	4.8	0.9	1.4	
														1.2	80	5.9	1.1	1.8	
470	1 500	±25	89	129	650	650	750	750	10	1×560	1×560	M30	300	0.8	71	11.5	2.5	4.0	
														1.0	79	15.1	2.7	4.5	
														1.2	101	18.5	3.4	5.6	
		±50	128	168										0.8	71	6.5	1.5	2.3	
														1.0	79	8.6	1.6	2.6	
														1.2	101	10.6	1.9	3.2	
		±75	180	220										0.8	71	4.2	0.9	1.5	
														1.0	79	5.5	1.0	1.6	
														1.2	101	6.7	1.2	2.0	
520	2 000	±25	79	119	700	700	800	800	10	1×610	1×610	M30	300	0.8	88	17.1	3.8	6.0	
														1.0	97	22.6	4.1	6.7	

JT/T 928—2014

表 A.2（续）

支座平面尺寸 d (mm)	承载力 (kN)	位移量 (mm)	支座高度 h (mm)	组装后高度 H (mm)	外连接钢板 (mm) A	外连接钢板 (mm) B	预埋钢板 (mm) A_y	预埋钢板 (mm) B_y	预埋钢板 (mm) t_y	套筒螺栓间距 (mm) $n_1 \times l_a$	套筒螺栓间距 (mm) $n_1 \times l_b$	螺栓规格	锚固长度 L (mm)	剪切弹性模量 G (MPa)	支座屈服力 Q_d (kN)	初始水平刚度 K_i (kN/mm)	水平屈服后刚度 K_d (kN/mm)	水平等效刚度 K_h (kN/mm)	等效阻尼比 h_{eq} (%)
520	2 000	±25	79	119	700	700	800	800	10	1×610	1×610	M30	300	1.2	125	27.7	5.0	8.4	20
		±50	135	175										0.8	88	7.3	1.6	2.6	
														1.0	97	9.7	1.8	2.9	
		±75	177	217										1.2	125	11.9	2.2	3.6	
														0.8	88	5.1	1.1	1.8	
														1.0	97	6.8	1.2	2.0	
570	2 300	±25	98	154	790	790	890	890	10	1×680	1×680	M36	360	1.2	125	8.3	1.5	2.5	
		±50	143	199										0.8	106	19.0	4.2	6.6	
														1.0	118	25.0	4.6	7.4	
														1.2	152	30.7	5.6	9.3	
		±75	188	244										0.8	106	9.5	2.1	3.3	
														1.0	118	12.5	2.3	3.7	
														1.2	152	15.4	2.8	4.7	
620	2 700	±50	149	205	840	840	940	940	10	1×730	1×730	M36	360	0.8	106	6.3	1.4	2.2	
														1.0	118	8.3	1.5	2.5	
														1.2	152	10.2	1.9	3.1	
			181											0.8	126	10.4	2.3	3.6	
														1.0	140	13.8	2.5	4.1	
														1.2	180	16.9	3.1	5.1	
		±75		237										0.8	126	7.8	1.7	2.7	

JT/T 928—2014

表 A.2（续）

支座平面尺寸 d (mm)	承载力 (kN)	位移量 (mm)	支座高度 h (mm)	组装后高度 H (mm)	外连接钢板 (mm) A	外连接钢板 (mm) B	预埋钢板 (mm) A_y	预埋钢板 (mm) B_y	预埋钢板 (mm) t_y	套筒螺栓间距 (mm) $n_1 \times l_a$	套筒螺栓间距 (mm) $n_1 \times l_b$	螺栓规格	锚固长度 L (mm)	剪切弹性模量 G (MPa)	支座屈服力 Q_d (kN)	初始水平刚度 K_i (kN/mm)	屈服后水平刚度 K_d (kN/mm)	水平等效刚度 K_h (kN/mm)	等效阻尼比 h_{eq} (%)
620	2700	±75	181	237	840	840	940	940	10	1×730	1×730	M36	360	1.0	140	10.3	1.9	3.1	20
														1.2	180	12.6	2.3	3.9	
		±100	229	285										0.8	126	5.7	1.3	2.0	
														1.0	140	7.5	1.4	2.2	
														1.2	180	9.2	1.7	2.8	
670	3200	±50	142	198	920	920	1020	1020	15	1×795	1×795	M42	420	0.8	148	13.7	3.0	4.8	
														1.0	165	18.0	3.3	5.3	
														1.2	212	22.1	4.0	6.7	
		±75	196	252										0.8	148	8.5	1.9	3.0	
														1.0	165	11.2	2.0	3.3	
														1.2	212	13.8	2.5	4.2	
		±100	232	288										0.8	148	6.8	1.5	2.4	
														1.0	165	9.0	1.6	2.7	
														1.2	212	11.0	2.0	3.4	
720	3700	±50	147	203	970	970	1070	1070	15	1×845	1×845	M42	420	0.8	172	14.8	3.3	5.2	
														1.0	191	19.5	3.5	5.8	
														1.2	246	23.9	4.3	7.3	
		±75	185	241										0.8	172	10.6	2.3	3.7	
														1.0	191	13.9	2.5	4.1	
														1.2	246	17.1	3.1	5.2	

177

JT/T 928—2014

表 A.2（续）

支座平面尺寸 d (mm)	承载力 (kN)	位移量 (mm)	支座高度 h (mm)	组装后高度 H (mm)	外连接钢板 (mm) A	外连接钢板 (mm) B	预埋钢板 (mm) A_y	预埋钢板 (mm) B_y	预埋钢板 (mm) t_y	套筒螺栓间距 (mm) $n_1 \times l_a$	套筒螺栓间距 (mm) $n_1 \times l_b$	螺栓规格	锚固长度 L (mm)	剪切弹性模量 G (MPa)	支座屈服力 Q_d (kN)	初始水平刚度 K_i (kN/mm)	屈服后水平刚度 K_d (kN/mm)	水平等效刚度 K_h (kN/mm)	等效阻尼比 h_{eq} (%)
720	3 700	±100	242	298	970	970	1 070	1 070	15	1×845	1×845	M42	420	0.8	172	7.4	1.6	2.6	20
														1.0	191	9.7	1.8	2.9	
														1.2	246	11.9	2.2	3.6	
770	4 300	±50	152	208	990	990	1 090	1 090	15	2×440	2×440	M36	360	0.8	198	15.9	3.5	5.6	
														1.0	219	21.0	3.8	6.2	
														1.2	282	25.7	4.7	7.8	
		±75	192	248										0.8	198	11.4	2.5	4.0	
														1.0	219	15.0	2.7	4.4	
														1.2	282	18.4	3.3	5.6	
		±100	232	288										0.8	198	8.8	2.0	3.1	
														1.0	219	11.6	2.1	3.5	
														1.2	282	14.3	2.6	4.3	
		±125	272	328										0.8	198	7.2	1.6	2.5	
														1.0	219	9.5	1.7	2.8	
														1.2	282	11.7	2.1	3.6	
820	5 200	±50	139	195	1 070	1 070	1 170	1 170	15	2×475	2×475	M42	420	0.8	225	21.3	4.7	7.4	
														1.0	249	28.1	5.1	8.3	
														1.2	321	34.4	6.3	10.5	
		±75	183	239										0.8	225	14.2	3.2	5.0	
														1.0	249	18.7	3.4	5.5	

表 A.2（续）

支座平面尺寸 d (mm)	承载力 (kN)	位移量 (mm)	支座高度 h (mm)	组装后高度 H (mm)	外连接钢板 (mm) A	B	预埋钢板 (mm) A_y	B_y	t_y	套筒螺栓间距 (mm) $n_1 \times l_a$	$n_1 \times l_b$	螺栓规格	锚固长度 L (mm)	剪切弹性模量 G (MPa)	支座屈服力 Q_d (kN)	初始水平刚度 K_i (kN/mm)	屈服后水平刚度 K_d (kN/mm)	水平等效刚度 K_h (kN/mm)	等效阻尼比 h_{eq} (%)
820	5 200	±75	183	239	1 070	1 070	1 170	1 170	15	2×475	2×475	M42	420	1.2	321	22.9	4.2	7.0	20
	4 600	±100	227	283										0.8	225	10.6	2.4	3.7	
		±125	293	349										1.0	249	14.0	2.6	4.2	
870	5 800	±50	143	199	1 120	1 120	1 220	1 220	15	2×500	2×500	M42	420	1.2	321	17.2	3.1	5.2	
		±75	189	245										0.8	225	7.7	1.7	2.7	
		±100	235	291										1.0	249	10.2	1.9	3.0	
		±125	281	337										1.2	321	12.5	2.3	3.8	
	5 300													0.8	254	22.7	5.0	7.9	
														1.0	282	29.9	5.4	8.9	
														1.2	362	36.7	6.7	11.2	
														0.8	254	15.1	3.4	5.3	
														1.0	282	19.9	3.6	5.9	
														1.2	362	24.4	4.4	7.4	
														0.8	254	11.4	2.5	4.0	
														1.0	282	15.0	2.7	4.4	
														1.2	362	18.3	3.3	5.6	
														0.8	254	9.1	2.0	3.2	
														1.0	282	12.0	2.2	3.5	
														1.2	362	14.7	2.7	4.5	
920	6 600	±50	147	203	1 170	1 170	1 270	1 270	15	2×525	2×525	M42	420	0.8	285	24.1	5.4	8.4	

表 A.2（续）

支座平面尺寸 d (mm)	承载力 (kN)	位移量 (mm)	支座高度 h (mm)	组装后高度 H (mm)	外连接钢板 (mm) A	B	预埋钢板 (mm) A_y	B_y	t_y	套筒螺栓间距 (mm) $n_1 \times l_a$	$n_1 \times l_b$	螺栓规格	锚固长度 L (mm)	剪切弹性模量 G (MPa)	支座屈服力 Q_d (kN)	初始水平刚度 K_i (kN/mm)	屈服后水平刚度 K_d (kN/mm)	水平等效刚度 K_h (kN/mm)	等效阻尼比 h_{eq} (%)
920	6600	±50	147	203	1170	1170	1270	1270	15	2×525	2×525	M42	420	1.0	316	31.8	5.8	9.4	20
														1.2	406	38.9	7.1	11.9	
		±75	195	251										0.8	285	16.1	3.6	5.6	
														1.0	316	21.2	3.9	6.3	
														1.2	406	26.0	4.7	7.9	
		±100	243	299										0.8	285	12.1	2.7	4.2	
														1.0	316	15.9	2.9	4.7	
														1.2	406	19.5	3.5	5.9	
	6000	±125	291	347										0.8	285	9.6	2.1	3.4	
														1.0	316	12.7	2.3	3.8	
														1.2	406	15.6	2.8	4.7	
		±150	315	371										0.8	285	8.8	1.9	3.1	
														1.0	316	11.6	2.1	3.4	
														1.2	406	14.2	2.6	4.3	
970	7400	±50	151	207	1220	1220	1320	1320	15	2×550	2×550	M42	420	0.8	317	25.5	5.7	8.9	
														1.0	352	33.6	6.1	10.0	
														1.2	452	41.2	7.5	12.6	
		±75	201	257										0.8	317	17.0	3.8	5.9	
														1.0	352	22.4	4.1	6.7	
														1.2	452	27.5	5.0	8.4	

JT/T 928—2014

表A.2(续)

支座平面尺寸 d (mm)	承载力 (kN)	位移量 (mm)	支座高度 h (mm)	组装后高度 H (mm)	外连接钢板 (mm) A	外连接钢板 (mm) B	预埋钢板 (mm) A_y	预埋钢板 (mm) B_y	预埋钢板 (mm) t_y	套筒螺栓间距 (mm) $n_1 \times l_a$	套筒螺栓间距 (mm) $n_1 \times l_b$	螺栓规格	锚固长度 L (mm)	剪切弹性模量 G (MPa)	支座屈服力 Q_d (kN)	初始水平刚度 K_i (kN/mm)	屈服后水平刚度 K_d (kN/mm)	水平等效刚度 K_h (kN/mm)	等效阻尼比 h_{eq} (%)
970	6 900	±100	226	282	1 220	1 220	1 320	1 320	15	2×550	2×550	M42	420	0.8	317	14.6	3.2	5.1	20
														1.0	352	19.2	3.5	5.7	
														1.2	452	23.6	4.3	7.2	
		±125	276	332										0.8	317	11.3	2.5	4.0	
														1.0	352	14.9	2.7	4.4	
														1.2	452	18.3	3.3	5.6	
		±150	326	382										0.8	317	9.3	2.1	3.2	
														1.0	352	12.2	2.2	3.6	
														1.2	452	15.0	2.7	4.6	
1 020	8 200	±50	155	211	1 270	1 270	1 370	1 370	20	2×575	2×575	M42	420	0.8	351	26.9	6.0	9.4	
														1.0	390	35.5	6.5	10.5	
														1.2	501	43.5	7.9	13.2	
		±75	181	237										0.8	351	21.5	4.8	7.5	
														1.0	390	28.4	5.2	8.4	
														1.2	501	34.8	6.3	10.6	
	7 600	±100	233	289										0.8	351	15.4	3.4	5.4	
														1.0	390	20.3	3.7	6.0	
														1.2	501	24.9	4.5	7.6	
		±125	285	341										0.8	351	12.0	2.7	4.2	
														1.0	390	15.8	2.9	4.7	

表 A.2（续）

支座平面尺寸 d (mm)	承载力 (kN)	位移量 (mm)	支座高度 h (mm)	组装后高度 H (mm)	外连接钢板 A (mm)	外连接钢板 B (mm)	预埋钢板 A_y (mm)	预埋钢板 B_y (mm)	预埋钢板 t_y	套筒螺栓间距 $n_1 \times l_a$ (mm)	套筒螺栓间距 $n_1 \times l_b$ (mm)	螺栓规格	锚固长度 L (mm)	剪切弹性模量 G (MPa)	支座屈服力 Q_d (kN)	初始水平刚度 K_i (kN/mm)	屈服后水平刚度 K_d (kN/mm)	水平等效刚度 K_h (kN/mm)	等效阻尼比 h_{eq} (%)
1020	7600	±125	285	341	1270	1270	1370	1370	20	2×575	2×575	M42	420	1.2	501	19.3	3.5	5.9	20
1020	7600	±150	311	367	1270	1270	1370	1370	20	2×575	2×575	M42	420	0.8	351	10.8	2.4	3.8	20
1020	7600	±150	311	367	1270	1270	1370	1370	20	2×575	2×575	M42	420	1.0	390	14.2	2.6	4.2	20
1020	9000	±75	190	246	1270	1270	1370	1370	20	2×575	2×575	M42	420	1.2	501	17.4	3.2	5.3	20
1020	9000	±100	246	302	1270	1270	1370	1370	20	2×575	2×575	M42	420	0.8	387	22.7	5.0	7.9	20
1020	9000	±100	246	302	1270	1270	1370	1370	20	2×575	2×575	M42	420	1.0	430	29.9	5.4	8.9	20
1020	9000	±100	246	302	1270	1270	1370	1370	20	2×575	2×575	M42	420	1.2	553	36.6	6.7	11.2	20
1020	9000	±125	274	330	1270	1270	1370	1370	20	2×575	2×575	M42	420	0.8	387	16.2	3.6	5.7	20
1020	9000	±125	274	330	1270	1270	1370	1370	20	2×575	2×575	M42	420	1.0	430	21.3	3.9	6.3	20
1020	9000	±125	274	330	1270	1270	1370	1370	20	2×575	2×575	M42	420	1.2	553	26.2	4.8	8.0	20
1020	9000	±150	330	386	1270	1270	1370	1370	20	2×575	2×575	M42	420	0.8	387	14.2	3.1	5.0	20
1020	9000	±150	330	386	1270	1270	1370	1370	20	2×575	2×575	M42	420	1.0	430	18.7	3.4	5.5	20
1020	9000	±150	330	386	1270	1270	1370	1370	20	2×575	2×575	M42	420	1.2	553	22.9	4.2	7.0	20
1070	8400	±125	—	—	1320	1320	1420	1420	20	2×600	2×600	M42	420	0.8	387	11.3	2.5	4.0	20
1070	8400	±125	—	—	1320	1320	1420	1420	20	2×600	2×600	M42	420	1.0	430	14.9	2.7	4.4	20
1070	8400	±150	—	—	1320	1320	1420	1420	20	2×600	2×600	M42	420	1.2	553	18.3	3.3	5.6	20
1120	9800	±75	195	251	1410	1410	1510	1510	20	2×630	2×630	M48	480	0.8	425	23.8	5.3	8.3	20
1120	9800	±75	195	251	1410	1410	1510	1510	20	2×630	2×630	M48	480	1.0	472	31.4	5.7	9.3	20
1120	9800	±75	195	251	1410	1410	1510	1510	20	2×630	2×630	M48	480	1.2	606	38.4	7.0	11.7	20
1120	9800	±100	224	280	1410	1410	1510	1510	20	2×630	2×630	M48	480	0.8	425	19.8	4.4	6.9	20

JT/T 928—2014

表A.2（续）

支座平面尺寸 d (mm)	承载力 (kN)	位移量 (mm)	支座高度 h (mm)	组装后高度 H (mm)	外连接钢板 (mm) A	B	预埋钢板 (mm) A_y	B_y	t_y	套筒螺栓间距 (mm) $n_1 \times l_a$	$n_1 \times l_b$	螺栓规格	锚固长度 L (mm)	剪切弹性模量 G (MPa)	支座屈服力 Q_d (kN)	初始水平刚度 K_i (kN/mm)	水平屈服后刚度 K_d (kN/mm)	水平等效刚度 K_h (kN/mm)	等效阻尼比 h_{eq} (%)
1 120	9 800	±100	224	280	1 410	1 410	1 510	1 510	20	2×630	2×630	M48	480	1.0	472	26.1	4.8	7.8	20
														1.2	606	32.0	5.8	9.8	
	9 200	±125	282	338										0.8	425	14.9	3.3	5.2	
														1.0	472	19.6	3.6	5.8	
														1.2	606	24.0	4.4	7.3	
		±150	340	396										0.8	425	11.9	2.6	4.2	
														1.0	472	15.7	2.9	4.7	
														1.2	606	19.2	3.5	5.9	
1 170	11 000	±75	200	256	1 460	1 460	1 560	1 560	20	2×655	2×655	M48	480	0.8	465	24.9	5.5	8.7	
														1.0	516	32.9	6.0	9.7	
														1.2	663	40.3	7.3	12.3	
		±100	230	286										0.8	465	20.8	4.6	7.3	
														1.0	516	27.4	5.0	8.1	
														1.2	663	33.6	6.1	10.2	
		±125	290	346										0.8	465	15.6	3.5	5.4	
														1.0	516	20.5	3.7	6.1	
														1.2	663	25.2	4.6	7.7	
		±150	320	376										0.8	465	13.9	3.1	4.8	
														1.0	516	18.3	3.3	5.4	
														1.2	663	22.4	4.1	6.8	

JT/T 928—2014

表A.2（续）

支座平面尺寸 d (mm)	承载力 (kN)	位移量 (mm)	支座高度 h (mm)	组装后高度 H (mm)	外连接钢板 (mm) A	B	预埋钢板 (mm) A_y	B_y	t_y	套筒螺栓间距 (mm) $n_1 \times l_a$	$n_1 \times l_b$	螺栓规格	锚固长度 L (mm)	剪切弹性模量 G (MPa)	支座屈服力 Q_d (kN)	初始水平刚度 K_i (kN/mm)	屈服后水平刚度 K_d (kN/mm)	水平等效刚度 K_h (kN/mm)	等效阻尼比 h_{eq} (%)
1 170	11 000	±175	350	406	1 460	1 460	1 560	1 560	20	2×655	2×655	M48	480	0.8	465	12.5	2.8	4.4	20
		±75	178	234										1.0	516	16.4	3.0	4.9	
														1.2	663	20.1	3.7	6.1	
		±100	242	298										0.8	506	31.3	7.0	10.9	
														1.0	561	41.3	7.5	12.2	
														1.2	722	50.6	9.2	15.4	
1 220	12 000	±125	274	330	1 510	1 510	1 610	1 610	20	2×680	2×680	M48	480	0.8	506	20.9	4.6	7.3	
														1.0	561	27.5	5.0	8.2	
														1.2	722	33.7	6.1	10.3	
		±150	306	362										0.8	506	17.9	4.0	6.3	
														1.0	561	23.6	4.3	7.0	
														1.2	722	28.9	5.3	8.8	
		±175	370	426										0.8	506	15.7	3.5	5.5	
														1.0	561	20.6	3.8	6.1	
														1.2	722	25.3	4.6	7.7	
1 270	12 500	±75	182	238	1 610	1 610	1 710	1 710	20	2×720	2×720	M56	560	0.8	506	12.5	2.8	4.4	
														1.0	561	16.5	3.0	4.9	
														1.2	722	20.2	3.7	6.2	
														0.8	549	32.7	7.3	11.4	
														1.0	609	43.1	7.8	12.8	

JT/T 928—2014

表A.2（续）

支座平面尺寸 d (mm)	承载力 (kN)	位移量 (mm)	支座高度 h (mm)	组装后高度 H (mm)	外连接钢板 (mm) A	B	预埋钢板 (mm) A_y	B_y	t_y	套筒螺栓间距 (mm) $n_1 \times l_a$	$n_1 \times l_b$	螺栓规格	锚固长度 L (mm)	剪切弹性模量 G (MPa)	支座屈服力 Q_d (kN)	初始水平刚度 K_i (kN/mm)	屈服后水平刚度 K_d (kN/mm)	水平等效刚度 K_h (kN/mm)	等效阻尼比 h_{eq} (%)
1 270	12 500	±75	182	238	1610	1610	1710	1710	20	2×720	2×720	M56	560	1.2	783	52.9	9.6	16.1	20
		±100	242	298										0.8	549	22.7	5.0	7.9	
														1.0	609	29.9	5.4	8.9	
														1.2	783	36.6	6.7	11.1	
		±125	281	337										0.8	549	18.7	4.2	6.5	
														1.0	609	24.6	4.5	7.3	
														1.2	783	30.2	5.5	9.2	
		±150	314	370										0.8	549	16.4	3.6	5.7	
														1.0	609	21.6	3.9	6.4	
														1.2	783	26.4	4.8	8.0	
		±175	347	403										0.8	549	14.5	3.2	5.1	
														1.0	609	19.2	3.5	5.7	
														1.2	783	23.5	4.3	7.2	
	12 000	±200	413	469										0.8	549	11.9	2.6	4.2	
														1.0	609	15.7	2.9	4.7	
														1.2	783	19.2	3.5	5.9	
1 320	13 500	±75	206	276	1660	1660	1760	1760	25	2×745	2×745	M56	560	0.8	594	34.1	7.6	11.9	
														1.0	659	45.0	8.2	13.3	
														1.2	847	55.1	10.0	16.8	
		±100	242	312										0.8	594	27.3	6.1	9.5	

JT/T 928—2014

表 A.2（续）

支座平面尺寸 d (mm)	承载力 (kN)	位移量 (mm)	支座高度 h (mm)	组装后高度 H (mm)	外连接钢板 (mm) A	B	预埋钢板 (mm) A_y	B_y	t_y	套筒螺栓间距 (mm) $n_1 \times l_a$	$n_1 \times l_b$	螺栓规格	锚固长度 L (mm)	剪切弹性模量 G (MPa)	支座屈服力 Q_d (kN)	初始水平刚度 K_i (kN/mm)	屈服后水平刚度 K_d (kN/mm)	水平等效刚度 K_h (kN/mm)	等效阻尼比 h_{eq} (%)
1 320	13 500	±100	242	312	1 660	1 660	1 760	1 760	25	2×745	2×745	M56	560	1.0	659	36.0	6.5	10.7	20
														1.2	847	44.1	8.0	13.4	
	13 000	±125	314	384										0.8	594	19.5	4.3	6.8	
														1.0	659	25.7	4.7	7.6	
														1.2	847	31.5	5.7	9.6	
		±150	350	420										0.8	594	17.1	3.8	6.0	
														1.0	659	22.5	4.1	6.7	
														1.2	847	27.6	5.0	8.4	
		±175	386	456										0.8	594	15.2	3.4	5.3	
														1.0	659	20.0	3.6	5.9	
														1.2	847	24.5	4.5	7.5	
		±200	422	492										0.8	594	13.7	3.0	4.8	
														1.0	659	18.0	3.3	5.3	
														1.2	847	22.1	4.0	6.7	
1 370	14 500	±75	210	280	1 710	1 710	1 810	1 810	25	2×770	2×770	M56	560	0.8	640	35.5	7.9	12.4	20
														1.0	710	46.8	8.5	13.9	
														1.2	913	57.4	10.4	17.5	
		±100	247	317										0.8	640	28.4	6.3	9.9	
														1.0	710	37.5	6.8	11.1	
														1.2	913	45.9	8.4	14.0	

JT/T 928—2014

表 A.2（续）

支座平面尺寸 d (mm)	承载力 (kN)	位移量 (mm)	支座高度 h (mm)	组装后高度 H (mm)	外连接钢板 (mm) A	外连接钢板 (mm) B	预埋钢板 (mm) A_y	预埋钢板 (mm) B_y	预埋钢板 (mm) t_y	套筒螺栓间距 (mm) $n_1 \times l_a$	套筒螺栓间距 (mm) $n_1 \times l_b$	螺栓规格	锚固长度 L (mm)	剪切弹性模量 G (MPa)	支座屈服力 Q_d (kN)	初始水平刚度 K_i (kN/mm)	屈服后水平刚度 K_d (kN/mm)	水平等效刚度 K_h (kN/mm)	等效阻尼比 h_{eq} (%)
1 370	14 500	±125	284	354	1710	1710	1810	1810	25	2×770	2×770	M56	560	0.8	640	23.7	5.3	8.3	20
		±150	321	391										1.0	710	31.2	5.7	9.3	
														1.2	913	38.3	7.0	11.7	
	13 500	±175	395	465										0.8	640	20.3	4.5	7.1	
														1.0	710	26.8	4.9	7.9	
														1.2	913	32.8	6.0	10.0	
														0.8	640	15.8	3.5	5.5	
														1.0	710	20.8	3.8	6.2	
														1.2	913	25.5	4.6	7.8	
1 420	15 500	±75	214	284	1710	1710	1810	1810	25	4×391	4×391	M48	480	0.8	689	37.0	8.2	12.9	
		±100	252	322										1.0	764	48.7	8.9	14.4	
														1.2	982	59.7	10.9	18.2	
		±125	290	360										0.8	689	29.6	6.6	10.3	
														1.0	764	38.9	7.1	11.6	
														1.2	982	47.7	8.7	14.5	
		±150	328	398										0.8	689	24.6	5.5	8.6	
														1.0	764	32.5	5.9	9.6	
														1.2	982	39.8	7.2	12.1	
														0.8	689	21.1	4.7	7.4	
														1.0	764	27.8	5.1	8.3	

表 A.2（续）

支座平面尺寸 d (mm)	承载力 (kN)	位移量 (mm)	支座高度 h (mm)	组装后高度 H (mm)	外连接钢板 (mm)		预埋钢板 (mm)			套筒螺栓间距 (mm)		螺栓规格	锚固长度 L (mm)	剪切弹性模量 G (MPa)	支座屈服力 Q_d (kN)	初始水平刚度 K_i (kN/mm)	屈服后水平刚度 K_d (kN/mm)	水平等效刚度 K_h (kN/mm)	等效阻尼比 h_{eq} (%)
					A	B	A_y	B_y	t_y	$n_1 \times l_a$	$n_1 \times l_b$								
1 420	15 500	±150	328	398	1 710	1 710	1 810	1 810	25	4×391	4×391	M48	480	1.2	982	34.1	6.2	10.4	20
		±175	366	436										0.8	689	18.5	4.1	6.5	
														1.0	764	24.3	4.4	7.2	
														1.2	982	29.8	5.4	9.1	
	16 500	±75	222	292	1 810	1 810	1 910	1 910	25	4×410	4×410	M56	560	0.8	739	37.2	8.3	13.0	
														1.0	820	49.0	8.9	14.5	
														1.2	1 054	60.0	10.9	18.3	
		±100	262	332										0.8	739	29.7	6.6	10.4	
														1.0	820	39.2	7.1	11.6	
														1.2	1 054	48.0	8.7	14.6	
		±125	302	372										0.8	739	24.8	5.5	8.7	
														1.0	820	32.6	5.9	9.7	
														1.2	1 054	40.0	7.3	12.2	
		±150	342	412										0.8	739	21.2	4.7	7.4	
														1.0	820	28.0	5.1	8.3	
														1.2	1 054	34.3	6.2	10.4	
		±175	382	452										0.8	739	18.6	4.1	6.5	
														1.0	820	24.5	4.5	7.3	
														1.2	1 054	30.0	5.5	9.1	
1 470	16 000	±200	422	492										0.8	739	16.5	3.7	5.8	

188

表 A.2（续）

支座平面尺寸 d (mm)	承载力 (kN)	位移量 (mm)	支座高度 h (mm)	组装后高度 H (mm)	外连接钢板 (mm) A	外连接钢板 (mm) B	预埋钢板 (mm) A_y	预埋钢板 (mm) B_y	t_y	套筒螺栓间距 (mm) $n_1 \times l_a$	套筒螺栓间距 (mm) $n_1 \times l_b$	螺栓规格	锚固长度 L (mm)	剪切弹性模量 G (MPa)	支座屈服力 Q_d (kN)	初始水平刚度 K_i (kN/mm)	屈服后水平刚度 K_d (kN/mm)	水平等效刚度 K_h (kN/mm)	等效阻尼比 h_{eq} (%)
1 470	16 000	±200	422	492	1 810	1 810	1 910	1 910	25	4×410	4×410	M56	560	1.0	820	21.8	4.0	6.5	20
		±75	246	336										1.2	1054	26.7	4.9	8.1	
														0.8	790	38.6	8.6	13.5	
		±100	287	377										1.0	877	50.8	9.2	15.1	
														1.2	1128	62.3	11.3	19.0	
		±125	328	418										0.8	790	30.9	6.9	10.8	
														1.0	877	40.6	7.4	12.1	
														1.2	1128	49.8	9.1	15.2	
1 520	17 000	±125	328	418	1 860	1 860	1 960	1 960	25	4×422	4×422	M56	560	0.8	790	25.7	5.7	9.0	
														1.0	877	33.9	6.2	10.0	
														1.2	1128	41.5	7.6	12.6	
		±150	369	459										0.8	790	22.0	4.9	7.7	
														1.0	877	29.0	5.3	8.6	
														1.2	1128	35.6	6.5	10.8	
		±175	410	500										0.8	790	19.3	4.3	6.7	
														1.0	877	25.4	4.6	7.5	
														1.2	1128	31.1	5.7	9.5	
1 570	18 500	±75	208	298	1 910	1 910	2 010	2 010	25	4×435	4×435	M56	560	0.8	844	53.3	11.8	18.6	
														1.0	937	70.2	12.8	20.8	
														1.2	1204	86.1	15.6	26.2	

表A.2（续）

支座平面尺寸 d (mm)	承载力 (kN)	位移量 (mm)	支座高度 h (mm)	组装后高度 H (mm)	外连接钢板 (mm)		预埋钢板 (mm)			套筒螺栓间距 (mm)		螺栓规格	锚固长度 L (mm)	剪切弹性模量 G (MPa)	支座屈服力 Q_d (kN)	初始水平刚度 K_i (kN/mm)	屈服后水平刚度 K_d (kN/mm)	水平等效刚度 K_h (kN/mm)	等效阻尼比 h_{eq} (%)
					A	B	A_y	B_y	t_y	$n_1 \times l_a$	$n_1 \times l_b$								
1 570	18 500	±100	250	340	1 910	1 910	2 010	2 010	25	4×435	4×435	M56	560	0.8	844	40.0	8.9	14.0	20
														1.0	937	52.7	9.6	15.6	
														1.2	1 204	64.6	11.7	19.7	
		±125	292	382										0.8	844	32.0	7.1	11.2	
														1.0	937	42.1	7.7	12.5	
														1.2	1 204	51.6	9.4	15.7	
		±150	334	424										0.8	844	26.6	5.9	9.3	
														1.0	937	35.1	6.4	10.4	
														1.2	1 204	43.0	7.8	13.1	
		±175	376	466										0.8	844	22.8	5.1	8.0	
														1.0	937	30.1	5.5	8.9	
														1.2	1 204	36.9	6.7	11.2	
		±200	418	508										0.8	844	20.0	4.4	7.0	
														1.0	937	26.3	4.8	7.8	
														1.2	1 204	32.3	5.9	9.8	
1 620	20 000	±75	211	301	1 960	1 960	2 060	2 060	25	4×447	4×447	M56	560	0.8	899	55.2	12.3	19.3	
														1.0	998	72.7	13.2	21.6	
														1.2	1 283	89.1	16.2	27.1	
		±100	254	344										0.8	899	41.4	9.2	14.5	
														1.0	998	54.5	9.9	16.2	

JT/T 928—2014

表A.2（续）

支座平面尺寸 d (mm)	承载力 (kN)	位移量 (mm)	支座高度 h (mm)	组装后高度 H (mm)	外连接钢板 (mm)			预埋钢板 (mm)			套筒螺栓间距 (mm)		螺栓规格	锚固长度 L (mm)	剪切弹性模量 G (MPa)	支座屈服力 Q_d (kN)	初始水平刚度 K_i (kN/mm)	屈服后水平刚度 K_d (kN/mm)	水平等效刚度 K_h (kN/mm)	等效阻尼比 h_{eq} (%)
					A	B		A_y	B_y	t_y	$n_1 \times l_a$	$n_1 \times l_b$								
1 620	20 000	±100	254	344	1 960	1 960		2 060	2 060	25	4×447	4×447	M56	560	1.2	1 283	66.8	12.1	20.3	20
															0.8	899	33.1	7.4	11.6	
		±125	297	387											1.0	998	43.6	7.9	12.9	
															1.2	1 283	53.5	9.7	16.3	
		±150	340	430											0.8	899	27.6	6.1	9.6	
															1.0	998	36.3	6.6	10.8	
															1.2	1 283	44.5	8.1	13.6	
		±175	383	473											0.8	899	23.6	5.3	8.3	
															1.0	998	31.1	5.7	9.2	
															1.2	1 283	38.2	6.9	11.6	
		±200	426	516											0.8	899	20.7	4.6	7.2	
															1.0	998	27.3	5.0	8.1	
															1.2	1 283	33.4	6.1	10.2	

注1：位移量为环境温度等因素引起的平常时超高阻尼橡胶支座剪切变形允许值。
注2：水平等效刚度及等效阻尼比均为对应超高阻尼橡胶支座100%的剪应变情况下的数值。
注3：本标准中没有涵盖的支座规格需根据实际情况进行特殊设计。
注4：预埋钢板的套筒孔应比套筒的外径需大4mm以上。
注5：预埋钢板可根据工程需要另行设计。

附 录 B
（资料性附录）
竖向刚度及转角计算

B.1 竖向刚度计算

成品支座竖向刚度按式（B.1）计算：

$$K_v = \frac{EA_e}{T_e} \tag{B.1}$$

式中：

a) $G = 0.8$ MPa，E 按式（B.2）计算：

$$E = -0.5472S_1^4 + 14.14S_1^3 - 113.2S_1^2 + 334S_1 \tag{B.2}$$

b) $G = 1.0$ MPa，E 按式（B.3）计算：

$$E = 0.437S_1^4 - 14.012S_1^3 + 148.88S_1^2 - 453.48S_1 \tag{B.3}$$

c) $G = 1.2$ MPa，E 按式（B.4）计算：

$$E = -0.671S_1^4 + 16.858S_1^3 - 132.47S_1^2 + 411.47S_1 \tag{B.4}$$

B.2 转角计算

成品支座的转角按式（B.5）计算：

$$\theta = 2\left(\frac{R_{ck}T_e}{A_e E} + \frac{R_{ck}T_e}{A_e E_b}\right) / (a_e C_1) \tag{B.5}$$

式中：C_1 取 1.5。

ICS 93.040
P 28
备案号:

中华人民共和国交通运输行业标准

JT/T 736—2015
代替 JT/T 736—2009

混凝土工程用透水模板布

Controlled permeability formwork liner for concrete construction

2015-04-24 发布　　　　　　　　　　　　　　　　2015-07-31 实施

中华人民共和国交通运输部 发布

JT/T 736—2015

目　次

前言 …………………………………………………………………………………………………… 196
1 范围 ………………………………………………………………………………………………… 197
2 规范性引用文件 …………………………………………………………………………………… 197
3 术语和定义 ………………………………………………………………………………………… 197
4 结构及产品型号 …………………………………………………………………………………… 198
5 技术要求 …………………………………………………………………………………………… 199
6 试验方法 …………………………………………………………………………………………… 201
7 检验规则 …………………………………………………………………………………………… 201
8 标志、包装、运输和储存 …………………………………………………………………………… 203
附录 A（规范性附录）　透水模板布吸水率试验方法 …………………………………………… 204
附录 B（规范性附录）　透水模板布等效孔径试验方法 ………………………………………… 205

前　言

本标准按照 GB/T 1.1—2009 给出的规则起草。

本标准代替 JT/T 736—2009《混凝土工程用透水模板布》。与 JT/T 736—2009 相比，主要变化如下：

——修改了透水模板布的定义（见3.1），增加了胀破强力、刺破强力、梯形撕破强力的术语和定义（见3.3、3.4和3.5）；

——增加了产品结构的内容（见4.1）；

——增加了透水模板布材料的要求，明确材料为聚丙烯纤维，删除了聚乙烯PE、聚酯PET和聚酰胺PA等透水模板布材料（见5.1和2009年版的第4章）；

——修改了厚度压缩比取值范围（见5.3.3）；

——增加了吸水率、透气性指标偏差率、拉伸强力、胀破强力、刺破强力、最大负荷下伸长率和抗氧化性能的要求（见5.3.5、5.3.7.2、5.3.9、5.3.10、5.3.11、5.3.13和5.3.15）；

——删除了排水能力和保水能力要求（见2009年版的5.1.2、附录A和附录B）；

——增加并修改了透水模板布性能的试验项目及试验方法（见6.2）；

——增加了模板布吸水率的试验方法（见附录A）；

——增加了透水模板布等效孔径试验方法（见附录B）。

本标准由中国公路学会桥梁和结构工程分会提出并归口。

本标准起草单位：杭州银博交通工程材料有限公司、河海大学、山东高速公路集团有限公司、杭州市萧山区交通规划设计研究院、杭州市城市基础设施开发总公司、浙江省交通工程建设集团有限公司、北京新桥技术发展有限公司、浙江省交通规划设计研究院、天津市水利科学研究院、浙江大学、中交第三公路工程局有限公司、中交第二航务工程局有限公司、浙江泛华工程监理有限公司、中国铁道科学研究院、浙江省龙泉市公路局。

本标准主要起草人：田正宏、王燕飞、顾冲时 郑绍军、郭保林、楼添良、武良金、徐洪泉、罗海亮、刘兆磊、孔唐、曾怀武、李燕、边策、王晓栋、张振、赖俊英、梁小光、周明生、朱长华、李化建、陈焕星。

本标准所代替标准的历次版本发布情况为：JT/T 736—2009。

JT/T 736—2015

混凝土工程用透水模板布

1 范围

本标准规定了混凝土工程用透水模板布产品型号、技术要求、试验方法、检验规则、标志、包装、运输和储存等。

本标准适用于交通基础设施建设中浇筑混凝土用模板内衬处置时所采用的透水模板布,其他混凝土结构工程施工用透水模板布可参照使用。

2 规范性引用文件

下列文件对于本文件的应用是必不可少的。凡是注日期的引用文件,仅注日期的版本适用于本文件。凡是不注日期的引用文件,其最新版本(包括所有的修改单)适用于本文件。

GB/T 5453	纺织品 织物透气性的测定
GB/T 7742.1	织物胀破强力和胀破扩张度的测定
GB/T 13760	土工合成材料取样和试样准备
GB/T 13761.1	土工合成材料 规定压力下厚度的测定
GB/T 13762	土工合成材料 土工布及土工布有关产品单位面积质量的测定方法
GB/T 13763	土工合成材料 梯形法撕破强力的测定
GB/T 15788	土工布及其有关产品 宽条拉伸试验
GB/T 15789	土工布及其有关产品 无负荷时垂直渗透特性的测定
GB/T 16422.1	塑料实验室光源暴露试验方法
GB/T 17631	土工布及其有关产品抗氧化性能的试验
GB/T 17632	土工布及其有关产品 抗酸、碱液性能的试验方法
GB/T 23318	纺织品 刺破强力的测定
FZ/T 52003	丙纶短纤维
JTG E50	公路工程土工合成材料试验规程

3 术语和定义

下列术语和定义适用于本文件。

3.1
透水模板布 controlled permeability formwork liner (CPFL)

由聚丙烯纤维加工制成,贴敷于模板内侧,用于排出混凝土拌和物表层多余水分和空气、截留拌和物表层颗粒、提高成型混凝土表观质量的一种纤维集合体,又称渗透可控混凝土模板衬垫。

3.2
名义单位面积质量(面密度)偏差 tolerance of nominal unit area mass

单位面积实际质量(实际面密度)与设计质量(设计面密度)的差值占单位面积设计质量(设计面密度)的百分数,即

$$\eta = \frac{E_1 - E_2}{E_2} \times 100\% \tag{1}$$

式中:η——名义单位面积质量(面密度)偏差;
　　E_1——每平方米实际克重(实际面密度)(g/m^2);
　　E_2——每平方米设计质量(设计面密度)(g/m^2)。

3.3
胀破强力　bursting strength

织物在垂直织物平面的负荷作用下鼓起、扩张进而破裂的临界破坏荷载,单位为牛(N)。

3.4
刺破强力　puncturing strength

顶杆顶压试样直至破裂的过程中所测得的最大力,单位为牛(N)。

3.5
梯形撕破强力　trapezoidal tearing strength

撕破夹持器内的梯形试样所需最大力,单位为牛(N)。

4　结构及产品型号

4.1　结构

透水模板布通过无纺针刺模压成型,一般由过滤层(光面)和透水层(毛面)复合而成。透水模板布结构示意见图1。

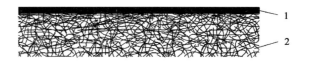

说明:
1——过滤层(接触混凝土侧);
2——透水层(敷贴模板侧)。

图1　透水模板布结构示意图

4.2　产品型号

产品型号表示方法见图2。

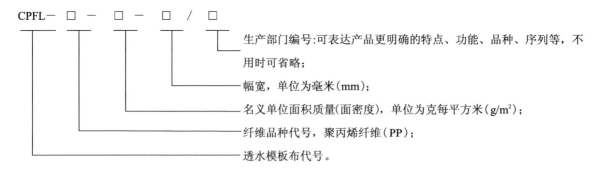

图2　透水模板布产品型号表示方法

示例:

聚丙烯纤维透水模板布,名义单位面积质量(面密度)280g/m²,幅宽1 600mm,其型号表示为:CPFL－PP－280－1 600。

5 技术要求

5.1 材料

透水模板布采用聚丙烯纤维(丙纶短纤维)原料,应符合 FZ/T 52003 的规定。主要指标选择应符合表1要求。

表1 纤维主要指标要求

纤维长度(mm)	纤度(dtex)	密度(g/cm³)	熔点(℃)
51±2	2.0~3.0	0.91±0.01	>165

5.2 外观质量

5.2.1 透水模板布表面应洁净、平整、无污染。

5.2.2 外观疵点分为轻微缺陷和严重缺陷,外观质量要求见表2。

表2 透水模板布外观质量要求   单位为毫米

序号	疵点名称	轻微缺陷	严重缺陷	说明
1	永久性折痕	长度≤100	长度>100	
2	边不良	≤300,每50计一处	>300,每50计一处	边不良大于10起算
3	污染	≤10	>10	以疵点最大长度计

5.2.3 成卷包装的透水模板布不应有严重缺陷,轻微缺陷每100m² 不应超过10个。

5.3 性能要求

5.3.1 单位面积质量(面密度)

透水模板布试样在常压下,实际单位面积质量(实际面密度)(E_1)应满足 $280g/m^2 \leq E_1 \leq 380g/m^2$。每种型号名义单位面积质量(面密度)偏差应小于10%。

5.3.2 厚度

透水模板布试样在2kPa压应力作用下,平均厚度大于1.0mm,厚度允许偏差小于±15%。

5.3.3 厚度压缩比

透水模板布试样分别在2kPa和200kPa压应力作用下,厚度压缩比为30%~50%。

5.3.4 幅宽偏差

透水模板布试样整幅样品经调湿除去张力后,幅宽允许偏差宜小于±1.0%。

5.3.5 吸水率

透水模板布试样在常压下,20℃±2℃的水中浸泡12h后,质量增加百分率应大于90%。

5.3.6 等效孔径 O_{50}

透水模板布试样等效孔径 O_{50} 应小于40μm。

5.3.7 透气性

5.3.7.1 透气性指标

透水模板布试样在两侧压应力差127Pa情况下,透气量 I 应满足 1.0×10^{-2} m/s $\leqslant I \leqslant 2.0 \times 10^{-2}$ m/s。

5.3.7.2 透气性指标偏差率

透水模板布试样边缘试样(距样品幅宽边缘不大于20cm)与中间试样(样品幅宽中心)透气性指标偏差率 ΔI 应小于15%,按式(2)计算。

$$\Delta I = \frac{|I_2 - I_1|}{I_2} \times 100\% \tag{2}$$

式中:ΔI——透气性指标偏差率(%);

I_1——按GB/T 5453规定测试的边缘试样透气量,单位为立方米每平方米秒[m³/(m²·s)];

I_2——按GB/T 5453规定测试的中间试样透气量,单位为立方米每平方米秒[m³/(m²·s)]。

5.3.8 垂直渗透系数

透水模板布试样在水温20℃±2℃条件下,垂直渗透系数 K 应满足 1.0×10^{-4} cm/s $\leqslant K \leqslant 1.0 \times 10^{-3}$ cm/s。

5.3.9 拉伸强力

透水模板布试样在100mm/min拉伸速率作用下,完全断裂时纵向、横向拉伸强力应大于500N。

5.3.10 胀破强力

透水模板布试样在100mL/min的液压加载速率下,胀破强力应大于1 300N。

5.3.11 刺破强力

透水模板布试样置于内径44.5mm环形夹具上,直径8mm平头顶杆在100mm/min加载速率下刺破试样最大强力应大于300N。

5.3.12 梯形撕破强力

透水模板布试样在拉伸速率100mm/min条件下完全被撕破断开时,纵向梯形撕破强力应大于300N,横向梯形撕破强力应大于250N。

5.3.13 最大负荷下伸长率

透水模板布试样在拉伸试验中最大负荷下所显示的纵向、横向伸长率应小于115%。

5.3.14 抗紫外线性能

透水模板布试样暴露于紫外线辐射下96h后,试样横向拉伸强力应大于450N,纵向拉伸强力应大于475N。

5.3.15 抗氧化性能

透水模板布试样置于设定温度110℃烘箱中96h后,试样横向拉伸断裂强力应大于350N,纵向拉伸断裂强力应大于400N。

5.3.16 抗碱性能

透水模板布试样在60℃饱和氢氧化钠(NaOH)溶液中浸渍3d后,纵横向拉伸强力应大于500N。

6 试验方法

6.1 外观质量

目测检验,一般检验透水模板布产品过滤层。

6.2 透水模板布性能

透水模板布性能试验方法按表3要求进行。

表3 透水模板布性能试验方法

序列	项目	试验方法	说明
1	名义单位面积质量(面密度)	GB/T 13762	
2	厚度	GB/T 13761.1	受压2kPa
3	厚度压缩比	GB/T 13761.1	受压200kPa厚度/受压2kPa的厚度之比
4	幅宽	GB/T 13760	
5	吸水率	附录A	
6	等效孔径 O_{50}	附录B	低压吸力 $0kPa \leq p \leq 10kPa$ 高压吸力 $10kPa < p \leq 90kPa$
7	透气性	GB/T 5453	
8	透气性指标偏差率	GB/T 5453	边缘试样取样不得大于边缘距离20cm
9	垂直渗透系数	GB/T 15789	
10	拉伸强力	GB/T 15788	
11	胀破强力	GB/T 7742.1	试样直径30.5mm
12	刺破强力	GB/T 23318	
13	梯形撕破强力	GB/T 13763	
14	最大负荷下伸长率	GB/T 15788	
15	抗紫外线性能	GB/T 16422.1	96h
16	抗氧化性能	GB/T 17631	96h
17	抗碱性能	GB/T 17632	饱和NaOH溶液

7 检验规则

7.1 检验分类

7.1.1 透水模板布检验分型式检验和出厂检验。

7.1.2 型式检验通常在以下情形时进行:
  a) 新产品鉴定前;

b) 产品的原料、结构、生产工艺等有重大改变时；
c) 正常生产每两年进行一次；
d) 产品停产后再次恢复生产时；
e) 出厂检验结果与前一次型式检验有较大差异时；
f) 出现重大质量事故时；
g) 产品交付验收、质量仲裁、国家对产品监督抽查时；
h) 其他必要情况。

7.1.3 每批产品出厂前应进行出厂检验,检验合格后方能出厂。

7.2 检验项目

透水模板布检验项目见表4。

表4 透水模板布检验项目

序列	检验项目	技术要求	试验方法	型式检验	出厂检验
1	外观质量	5.2	6.1	+	+
2	名义单位面积质量(面密度)偏差	5.3.1	表3	+	+
3	厚度	5.3.2	表3	+	+
4	厚度压缩比	5.3.3	表3	+	+
5	幅宽	5.3.4	表3	+	+
6	吸水率	5.3.5	表3	+	+
7	等效孔径 O_{50}	5.3.6	表3	+	—
8	透气性	5.3.7.1	表3	+	+
9	透气性指标偏差率	5.3.7.2	表3	+	+
10	垂直渗透系数	5.3.8	表3	+	—
11	拉伸强力	5.3.9	表3	+	+
12	胀破强力	5.3.10	表3	+	—
13	刺破强力	5.3.11	表3	+	—
14	梯形撕破强力	5.3.12	表3	+	+
15	最大负荷下伸长率	5.3.13	表3	+	+
16	抗紫外线性能	5.3.14	表3	+	—
17	抗氧化性能	5.3.15	表3	+	—
18	抗碱性能	5.3.16	表3	+	—

注:"+"——检验项目;"—"——不检项目。

7.3 组批及抽样

7.3.1 组批

以相同品种、相同工艺、同一班次生产的相同规格产品每100卷为一批；批量较小时可累计10卷为一批,但一周产量不满100卷时,则应以一周内产量为一批；交付验收产品应以相同品种、相同规格、相同工艺的一个交货批划分检验批。

7.3.2 抽样

以批为单位,每批产品随机抽取 2%～3%,但不少于两卷,采样及试验准备按 JTG E50 的规定进行。

7.4 判定规则

7.4.1 每项检验结果以所抽样的平均结果表示。

7.4.2 型式检验符合 5.2 和 5.3 的全部要求,则判定合格;否则为不合格。

7.4.3 出厂检验 5.2 不合格时,允许在同批中抽取 5%～10% 但不少于 10 卷进行复检。复检后,不合格率在 10% 以内,为全批合格;不合格率超过 10% 时,该批为不合格。

7.4.4 出厂检验 5.3 有 3 项不合格时,允许复检。允许在同批中抽取 1%～2% 且不应少于三卷对不合格项进行复检。以全部抽取样品的检验结果平均值作为复验结果;复检合格为该批合格,否则为该批不合格。

8 标志、包装、运输和储存

8.1 标志

8.1.1 每卷产品应有产品标牌,内容包括产品名称、规格、长度、生产厂名、生产日期、检验责任章等。

8.1.2 每个包装单元明显位置应有标志或挂标志牌,注明商标、产品名称、代号、长度、执行标准号、生产厂名、生产日期、毛重、净重等。

8.2 包装

8.2.1 透水模板布按定长成卷包装。

8.2.2 现场产品拼接率应控制在 15% 以内,拼接产品每卷总长度应为定尺长加 1m 以上,每 100m 长度允许拼接两段。

8.2.3 长度小于 30m 的小段产品可单独成包,按零头处理。

8.2.4 产品包装应保证不散落、不破损、不沾污。

8.3 运输与储存

8.3.1 产品在运输、储存中不应污染、雨淋、破损,不应长期曝晒,不应直立放置。

8.3.2 产品应置于干燥庇荫处,周围不应有酸、碱等腐蚀性介质,注意防潮、防火。

8.4 使用说明

产品随同供应单元,应附带提供使用说明书一份。

附 录 A
（规范性附录）
透水模板布吸水率试验方法

A.1 仪器设备及材料

A.1.1 天平：量程大于500g，感量0.01g。

A.1.2 钢尺：刻度至毫米，精度0.5mm。

A.2 试样制备

A.2.1 取样：按 GB/T 13760 规定进行取样。

A.2.2 试样尺寸和数量：裁取边长100cm正方形试样10块，裁剪和测量精度为1mm。

A.2.3 试验要求：试样应清洁，表面无污物，无可见损坏或折痕。

A.2.4 环境要求：常压，温度20℃±2℃，相对湿度60%±10%。

A.3 试验步骤

A.3.1 用天平称取试样干质量 m_d。

A.3.2 将试样浸入20℃±2℃清水中完全浸泡12h后取出，两端固定垂直悬挂至试样在1min内不再连续滴水为止。

A.3.3 用天平测量透水模板布湿质量 m_w。

A.4 结果计算

A.4.1 吸水率 r 按式（A.1）计算。

$$r = \frac{m_w - m_d}{m_d} \times 100 \qquad (A.1)$$

式中：r——吸水率（%），计算结果精确至0.01。

A.4.2 计算10块试样吸水率的平均值 $\bar{r}$。

A.4.3 试验最终结果以平均值 $\bar{r}$ 为准。

A.5 试验报告

试验报告应包括以下内容：
a) 试样名称、规格；
b) 试验结果；
c) 试验环境条件；
d) 试验日期；
e) 试验中规定应注明的情况；
f) 任何偏离规定程序的详细说明。

附 录 B
（规范性附录）
透水模板布等效孔径试验方法

B.1 仪器设备及材料

B.1.1 天平

量程不大于 50g，感量 0.001g。

B.1.2 吸力平板仪

吸力平板仪如图 B.1 所示，石英砂低压吸力 $0\text{kPa} \leq p \leq 10\text{kPa}$，高岭土高压吸力 $10\text{kPa} \leq p \leq 90\text{kPa}$。

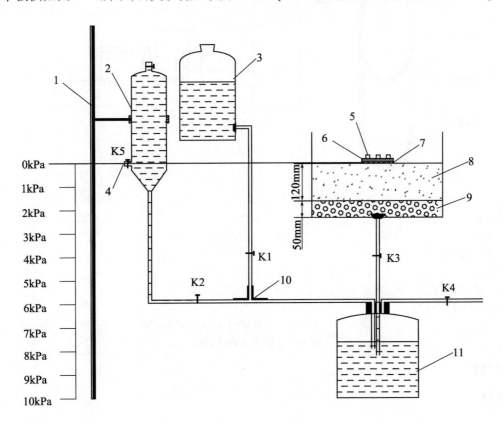

说明：
- 1——水位（压力）刻度管；
- 2——水位瓶；
- 3——供水瓶；
- 4——排水口；
- 5——砝码；
- 6——透水石；
- 7——透水模板布试样；
- 8——石英砂（$d = 100\mu\text{m}$）吸力平板；
- 9——粗砂（$d = 1.5\text{mm}$）；
- 10——三通管；
- 11——集水瓶。

a) 石英砂低压吸力平板仪（$0\text{kPa} \leq p \leq 10\text{kPa}$）

图 B.1 吸力平板仪

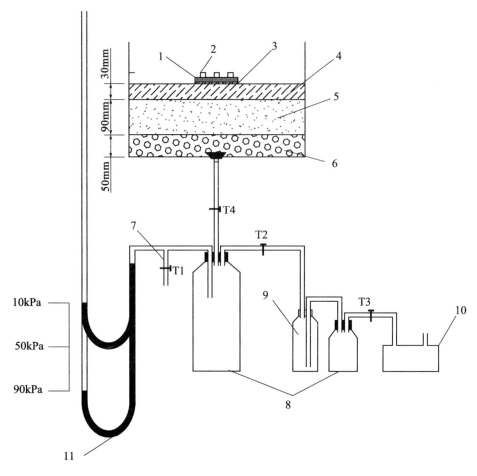

说明:
1——透水石;
2——砝码;
3——透水模板布试样;
4——高岭土($d=2.5\mu m \sim 3.5\mu m$)吸力平板;
5——石英砂($d=100\mu m$)吸力平板;
6——粗砂($d=1.5mm$);
7——调压阀;
8——缓冲瓶;
9——洗气瓶(H_2SO_4);
10——真空泵;
11——水银压力计。

b)高岭土高压吸力平板仪($10kPa < p \leq 90kPa$)

图 B.1 吸力平板仪(续)

B.2 试样制备

B.2.1 取样

按 GB/T 13760 规定取样。

B.2.2 试样尺寸和数量

裁取直径100mm圆形试样5块,裁剪和测量精度1mm,对距试样边缘9mm环宽部分用胶水密封,压平干燥。

B.2.3 试验要求

试样应清洁,表面无污物,无可见损坏或折痕。

B.2.4 环境要求

常压,温度20℃±2℃,相对湿度60%±10%。

B.3 试验步骤

B.3.1 用天平称取并记录试样干质量后,将其浸泡水中饱和12h,用镊子镊取试样边缘取出,平置于100目干燥金属网格筛上,1min内不再连续滴水时,称取试样饱和质量。

B.3.2 将试样缓慢置于石英砂低压吸力平板仪中,试样透水层紧贴于吸力平板仪的石英砂面,见图B.1a);为确保完全紧密接触吸力平板面,试样上置同样尺寸大小的透水石(10mm 厚度)及堆放砝码;将水位瓶移至某个吸力等级,关闭 K1、K4 阀门。打开 K2、K3 阀门,当水位瓶出水口不再出水,并转而缓慢进气时取出试样称重,称重后放入水中再次饱和12h;用石英砂吸力平板仪测量的吸力 p 等级依次为 0kPa、0.05kPa、0.2kPa、0.5kPa、1.0 kPa、2.5kPa、5.0kPa、10.0kPa。

B.3.3 石英砂低压吸力平板仪中完成10.0kPa测试后,将试样饱和后置入高岭土高压吸力平板仪,见图B.1b);开动真空泵,打开 T2、T3、T4,使压力计指示到达相应吸力等级,关闭 T2,12h 后取出试样称重;用高岭土高压吸力平板仪测量的吸力 p 等级依次为 20.0kPa、40.0kPa、60.0kPa、80.0kPa。

B.3.4 为保证测试精度,每一吸力等级的试样测试前,均须进行12h的饱和处理,获取各吸力级差下的平衡后质量差。

B.4 结果计算

B.4.1 透水模板布等效孔径采用式(B.1)计算。

$$d = \frac{0.42}{10p'} \tag{B.1}$$

式中:d——等效孔径,单位为毫米(mm);
p'——吸力平板仪下施加的 p 吸力等级所对应的水柱高,单位为毫米(mm)。

B.4.2 小于某一孔径孔隙含量的百分比按式(B.2)计算(精确至小数点后第1位)。

$$\varepsilon_i = \left(1 - \frac{m - m_i}{m - m_d}\right) \times 100 \tag{B.2}$$

式中:ε_i——小于某一孔径孔隙含量的百分比,单位为百分数(%);
m——饱和透水模板布试样质量,单位为克(g);
m_i——试样在每级吸力作用下达到平衡后质量,单位为克(g);
m_d——试样干质量,单位为克(g)。

B.4.3 以孔径为横坐标,小于某孔径孔隙含量百分比为纵坐标,绘制等效孔径分布曲线,见图B.2。

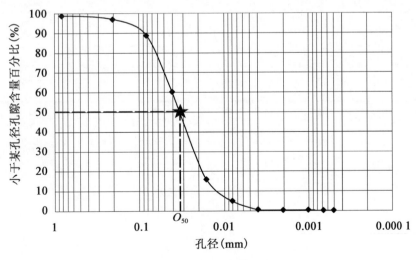

图B.2 透水模板布等效孔径分布曲线

B.4.4 曲线上纵坐标50%所对应的横坐标值,即为O_{50}。

B.5 试验报告

试验报告应包括以下内容:
a) 试样名称、规格;
b) 试验环境条件;
c) 试验日期;
d) 试验中规定应注明的情况;
e) 试验结果(孔径分布曲线、等效孔径);
f) 任何偏离规定程序的详细说明。

ICS 93.040
P 28
备案号：

中华人民共和国交通运输行业标准

JT/T 1037—2016

公路桥梁结构安全监测系统技术规程

Technical specification for structural safety monitoring
systems of highway bridges

2016-02-02 发布

2016-04-10 实施

中华人民共和国交通运输部　发 布

JT/T 1037—2016

目 次

前言 ··· 213
1 范围 ·· 215
2 规范性引用文件 ··· 215
3 术语和定义 ··· 215
4 总体设计 ··· 216
　4.1 一般规定 ·· 216
　4.2 系统架构 ·· 217
　4.3 传感器模块 ·· 217
　4.4 数据采集与传输模块 ·· 218
　4.5 数据处理与管理模块 ·· 218
　4.6 数据分析与安全预警及评估模块 ··· 218
　4.7 系统集成及用户界面交互 ··· 218
5 监测内容与测点选择 ··· 219
　5.1 一般规定 ·· 219
　5.2 监测内容 ·· 219
　5.3 测点选择 ·· 221
6 传感器 ··· 223
　6.1 一般规定 ·· 223
　6.2 荷载与环境监测传感器 ··· 223
　6.3 结构整体响应监测传感器 ··· 224
　6.4 结构局部响应监测传感器 ··· 224
7 数据采集、传输、处理与管理 ·· 225
　7.1 一般规定 ·· 225
　7.2 数据采集 ·· 226
　7.3 数据传输 ·· 227
　7.4 数据处理 ·· 228
　7.5 数据管理 ·· 228
8 数据分析与安全预警及评估 ·· 228
　8.1 一般规定 ·· 228

8.2 数据分析 ………………………………………………………………………………… 229
8.3 安全预警 ………………………………………………………………………………… 230
8.4 安全一级评估 …………………………………………………………………………… 230
8.5 安全二级评估 …………………………………………………………………………… 232
8.6 专项评估 ………………………………………………………………………………… 234
9 系统集成及用户界面交互 …………………………………………………………………… 235
   9.1 一般规定 ………………………………………………………………………………… 235
   9.2 系统集成 ………………………………………………………………………………… 235
   9.3 用户界面交互 …………………………………………………………………………… 236

前 言

本标准按照GB/T 1.1—2009给出的规则起草。

本标准由全国交通工程设施(公路)标准化技术委员会(SAC/TC 223)提出并归口。

本标准主要起草单位:中交公路规划设计院有限公司、哈尔滨工业大学。

本标准参加起草单位:大连理工大学、中交公路长大桥建设国家工程研究中心有限公司、同济大学、香港理工大学、南京重大路桥建设指挥部、宁波市杭州湾大桥发展有限公司、港珠澳大桥管理局、舟山市大桥建设管理局。

本标准主要起草人:欧进萍、张喜刚、李惠、李娜、冯良平、崔冰、宋晖、刘志强、郭安薪、周文松、张东昱、鲍跃全、李顺龙、叶志龙、刘芳亮、梁柱、徐幼麟、孙利民、孙小飞、张晓斌、胡斌、张福俭、毛幸全、马骎、殷鹏雷、冷俊、徐牲、谢浩、郭健、王金权、刘谨、张建、武焕陵、丁鸿志、张胜利、喻言、周智。

JT/T 1037—2016

公路桥梁结构安全监测系统技术规程

1 范围

本标准规定了公路桥梁结构安全监测系统的总体设计、监测内容与测点选择、传感器模块、数据采集与传输模块、数据处理与管理模块、数据分析与安全预警及评估模块、系统集成与用户界面交互的技术要求。

本标准适用于桥梁主跨跨径不小于150m梁桥、200m拱桥、300m斜拉桥、500m悬索桥等结构复杂和重要桥梁的结构安全监测系统,其他桥梁结构安全监测系统亦可参照使用。

2 规范性引用文件

下列文件对于本文件的应用是必不可少的。凡是注日期的引用文件,仅注日期的版本适用于本文件。凡是不注日期的引用文件,其最新版本(包括所有的修改单)适用于本文件。

GB/T 18233　信息技术　用户建筑群的通用布缆
GB/T 21296　动态公路车辆自动衡器
GB 50139　内河通航标准
GB/T 50283　公路工程结构可靠度设计统一标准
JTG H11　公路桥涵养护规范
JTG/T H21　公路桥梁技术状况评定标准
BS EN 50173　信息技术　通用布线系统(Information technology-Generic cabling systems)
EIA/TIA—568　商用建筑电信电缆敷设标准(Commercial building telecommunications cabling standard)

3 术语和定义

下列术语和定义适用于本文件。

3.1
结构安全监测系统　structural safety monitoring system

由安装在桥梁上的传感器以及数据采集与传输、数据处理与管理等软硬件构成,对桥梁的荷载与环境作用以及桥梁结构性能参数进行测量、收集、处理、分析,并对桥梁结构正常使用水平与安全状态进行评估和预警的系统。

3.2
环境参数　environmental parameter

桥梁所在区域的自然环境参数,包括风、温度、湿度、降雨等。

3.3
结构整体响应　structural global response

在荷载作用下桥梁结构整体的振动、位移、变形和转角等。

3.4
结构局部响应　structural local response

在荷载作用下桥梁构件局部的应变、裂缝、腐蚀、拉索索力、支座反力、基础冲刷等。

3.5
模态参数 modal parameter
结构的固有动力特性,包括结构固有频率、阻尼比和模态振型。按照模态参数是实数还是复数,分为实模态和复模态。

3.6
模态参数识别 modal parameter identification
对监测的桥梁结构响应及外部激励数据,采用模态识别方法获得结构模态参数。

3.7
安全评估 safety evaluation
通过监测数据分析桥梁结构当前的工作状态,并与相应的临界状态进行比较分析,评价其安全等级。

3.8
安全一级评估 safety evaluation:level 1
将各类传感器监测数据特征值与预先设计计算分析确定的容许值进行对比,分析结构安全的方法。

3.9
安全二级评估 safety evaluation:level 2
利用修正的结构有限元模型、监测荷载和设计荷载进行结构重分析和极限承载力分析,评估桥梁结构安全状态和安全储备的方法。

3.10
专项检查 special inspection
使用专业技术手段为实现特定目的而开展的桥梁检查活动。

3.11
专项评估 special evaluation
桥梁遭受洪水、流冰、漂流物和船舶车辆的撞击、滑坡、泥石流、地震、风灾、海啸、火灾、化学剂腐蚀和特殊车辆过桥等突发事件后,确定桥梁结构整体或局部构件安全状态的评估方法。

3.12
预警值 alarming value
对桥梁运营环境、结构构件可能出现的不同程度异常或危险,所设定的各监测点设备的监测参数警戒值。

3.13
预警 early-warning
安全监测系统在监测数据特征值超过预警值时,发出异常情况警告的行为。

4 总体设计

4.1 一般规定

4.1.1 系统应进行专项设计,应与桥梁主体结构设计同步进行;系统构建宜与桥梁施工同步进行。
4.1.2 系统宜兼顾施工监控和成桥荷载试验的功能要求,宜与桥梁巡检和养护管理相结合。
4.1.3 系统硬件和软件应技术先进、稳定可靠、操作方便、经济实用、便于维护更换及扩展升级。
4.1.4 监测内容及测点选择应根据桥梁的复杂性、重要性、外部环境与荷载作用、结构力学特性设计确定。
4.1.5 监测内容、测点选择、设备选型、数据采集与传输、数据处理与管理及软件开发应满足数据分析、安全预警、安全一级评估、安全二级评估及专项评估的要求。

4.1.6 系统设计应基于桥梁主体结构设计方案进行,应包括下列主要内容:
   a) 桥梁主体结构计算分析与结构危险性分析;
   b) 系统功能要求与总体方案设计;
   c) 系统各模块的工作流程、功能设计、详细设计及集成方案;
   d) 监测内容和测点选择、监测方法、设备选型与安装方案;
   e) 系统数据采集、传输、处理与管理方案;
   f) 系统供电、通信、防雷、防护方案;
   g) 系统及其附属设施的预埋件和预留孔洞方案;
   h) 系统安全预警和评估方案;
   i) 系统与主体结构工程、监控中心的房建工程、供配电工程、通信工程等的界面划分;
   j) 根据系统的正常使用维护需求,提出对桥梁检修通道的设计要求。

4.1.7 系统在桥梁现场的供配电、通信需求应由系统设计单位提出,由桥梁机电工程设计单位统一设计预留,工作界面划分应设在系统数据采集机柜内;系统在监控中心的需求应由系统设计单位提出,由监控中心的房建工程设计单位统一设计预留。

4.1.8 系统实施不应影响桥梁结构承载能力,不应对桥梁结构防腐等防护工程造成损坏。

4.1.9 预埋在结构内部的埋入式监测设备的使用寿命应不低于20年;附着安装在结构上的非埋入式监测设备的使用寿命应不低于5年;在正常维护和可更换条件下,系统应与桥梁结构同寿命,监测设备的维护与更换应保证数据的一致性和连续性。

4.1.10 桥梁结构安全监测系统设计与构建,除应符合本标准要求外,还应符合国家现行相关标准和规范的有关规定。

4.2 系统架构

4.2.1 系统应包括传感器模块、数据采集与传输模块、数据处理与管理模块、数据分析与安全预警及评估模块,并通过系统集成技术将各模块集成为统一协调的整体。

4.2.2 传感器模块由荷载与环境监测、结构整体响应监测和结构局部响应监测传感器构成,应实现桥梁环境参数、车辆荷载参数及视频信息、结构响应的测量。

4.2.3 数据采集与传输模块由数据采集设备、数据传输设备与缆线、数据采集与传输软件构成,应实现传感器数据同步采集与传输,保证数据质量、不失真。

4.2.4 数据处理与管理模块由数据预处理、中心数据库、数据查询与管理软硬件构成,应实现桥梁监(检)测数据的处理、查询、存储与管理等功能。

4.2.5 数据分析与安全预警及评估模块应实现数据实时在线显示、数据分析、安全预警及评估等功能。

4.3 传感器模块

4.3.1 传感器模块设计应包括监测内容和测点选择的设计以及传感器选型。

4.3.2 监测内容应包括荷载与环境监测、结构整体响应监测与结构局部响应监测:
   a) 荷载与环境监测内容包括车辆荷载、风、地震、温度、湿度、降雨量和船舶撞击力等;
   b) 结构整体响应监测内容包括结构振动、变形、位移、转角等;
   c) 结构局部响应监测包括构件局部应变、索力、钢构件疲劳、支座反力、裂缝、腐蚀、基础冲刷深度等。

4.3.3 测点选择应满足数据分析与安全预警及评估要求,应采用结构计算分析、结构危险性分析和易损性分析方法确定监测的关键构件和部位。

4.3.4 传感器模块设计应考虑防雷、防静电、防尘、防水等防护措施。

4.4 数据采集与传输模块

4.4.1 数据采集与传输模块设计应包括与传感器接口的匹配性设计、信号调理与数据采集方案、数据传输方案与路由设计、软件功能设计与集成方案。

4.4.2 根据监测数据特点和数据分析要求,采用相应的数据采集方案,应保证信号信噪比高、不失真,动态信号还应满足采样定理。

4.4.3 信号调理与数据采集设备应基于接口匹配性、环境适应性、稳定性、耐久性等要求进行选型。

4.4.4 数据采集与传输设备应选用兼容性、耐久性和环境适应性好的产品,并应易于维护、便于更换,且采取防水、防尘、防雷、防损坏等防护措施。

4.4.5 数据采集站(机柜)布置方案应考虑传感器布置、信号传输距离、易于维护等要求,宜与通信、监控等机电工程资源共享。

4.4.6 数据采集和传输软件应自动采集与传输数据,并可进行人工干预采集与采集参数调整。

4.4.7 数据传输路由与综合布线应基于桥梁现场情况、传感器与数据采集站布置方案及信号传输距离进行设计,宜利用机电工程已有桥架和预留孔洞走线,并远离强电等噪声源。

4.5 数据处理与管理模块

4.5.1 数据处理与管理模块设计应包括架构设计、功能设计、性能设计、安全设计,软件开发应考虑先进性、实用性、安全性、稳定性、容错性、可操作性和可扩展性。

4.5.2 数据处理与管理模块应包括下列主要功能:
  a) 数据预处理、数据存储、自动生成报告报表;
  b) 操作系统中心数据库,进行数据查询和管理;
  c) 备份数据、自动导入和导出数据及手工导入和导出数据;
  d) 统一的数据标准格式和接口;
  e) 数据安全性,可采取设定不同用户级别权限和密码,以及网络防护等技术措施。

4.5.3 数据处理与管理模块应根据不同数据类型设计数据库以及数据维护和备份机制。

4.6 数据分析与安全预警及评估模块

4.6.1 数据分析与安全预警及评估模块应包括数据分析、安全预警、安全一级评估、安全二级评估和专项评估。

4.6.2 数据分析应对荷载与环境数据、结构整体响应数据和结构局部响应数据进行全面统计分析和特殊分析,为安全预警、安全一级评估、安全二级评估和专项评估提供基础数据。

4.6.3 安全预警应根据监测数据流和数据分析结果进行实时预警。

4.6.4 安全一级评估应对监测数据统计特征值与规范设计值进行比对并分析,形成安全一级评估结果。

4.6.5 安全二级评估利用修正结构有限元模型、监测荷载、规范设计荷载进行结构重分析和极限承载能力分析,评估桥梁结构安全储备和安全状态等级,形成安全二级评估结果。

4.6.6 桥梁遭受洪水、流冰、漂流物和船舶车辆的撞击、滑坡、泥石流、地震、风灾、海啸、火灾、化学剂腐蚀和特殊车辆过桥等突发事件后,应采用专业分析方法进行专项评估,形成专项评估结果。

4.6.7 安全评估应选用可靠的评估方法,兼顾结构安全评估技术发展预留升级接口。

4.7 系统集成及用户界面交互

4.7.1 系统集成应包括硬件集成、软件集成和工具平台集成。

4.7.2 系统集成应通过工具平台实现硬件和软件最优配置,形成完整集成方案,使系统整体性能

4.7.3 系统集成应进行硬件、软件、网络等接口设计,使各模块协调统一工作,形成桥梁安全监测一体化协作平台。

4.7.4 用户界面交互应清晰、友好地显示监测数据、数据采集与传输工作状态、数据处理与分析结果、安全预警信息及评估结果。

4.7.5 系统投入运行前,应基于桥梁结构特性对输入和输出的监测数据进行逻辑性、相关性和匹配性检验。

5 监测内容与测点选择

5.1 一般规定

5.1.1 监测内容应根据运营环境、结构特点、结构危险性分析、结构设计和监测功能确定。

5.1.2 测点选择应满足安全预警和评估要求,遵循"代表性、实用性、经济性、少而精"的选择原则。

5.1.3 监测内容和测点选择符合下列规定:
a) 荷载与环境监测内容和测点选择应根据荷载与环境作用特点确定;
b) 结构整体响应监测内容和测点选择应根据结构振动和变形特点、模态参数识别及安全评估要求确定;
c) 结构局部响应监测内容和测点选择应根据结构计算分析和易损性分析结果确定。

5.2 监测内容

5.2.1 荷载与环境监测内容选择符合下列规定:
a) 应对桥梁车辆荷载进行监测,包括断面交通流、车型、车轴重、轴数、车辆总重、车速等;
b) 应对桥梁结构温度场和湿度进行监测;
c) 应对大跨径斜拉桥和悬索桥等风敏感结构的风参数进行监测,其他桥梁可根据抗风设计和安全评估要求进行选择;
d) 应对特大型桥梁桥址区域地震动进行监测,宜对抗震设防等级较高区域的其他桥梁地震动进行监测,非抗震设防区域宜根据抗震设计和安全评估要求进行选择;
e) 按 GB 50139 规定,航道等级为Ⅰ级～Ⅴ级的桥梁宜进行船舶撞击监测,非通航孔桥宜在船舶撞击风险区进行船舶撞击监测;
f) 宜对斜拉桥进行降雨量监测。

5.2.2 结构整体响应监测内容包括结构振动、位移、变形和转角,各种桥型均应进行振动与变形监测,位移和转角可根据结构受力特点选择确定。

5.2.3 结构局部响应监测内容选择符合下列规定:
a) 应对关键构件应变进行监测;
b) 应对缆索(主缆、吊索和系杆)力进行监测;
c) 宜对边界约束体系中关键支座的支座反力进行监测;
d) 应对钢箱梁正交异性钢桥面板、吊索、斜拉索以及其他存在疲劳效应的钢构件进行疲劳监测;
e) 宜依据大跨径混凝土桥梁结构受力特点、易损性和结构设计要求进行裂缝监测;
f) 宜对水文和地质条件复杂、冲刷严重的桥梁进行流速和冲刷深度监测;
g) 宜对位于海洋环境、盐碱地区域和石油化工等侵蚀性工业环境的桥梁进行腐蚀监测。

5.2.4 根据桥型和受力特点按表1选择相应监测内容,除表1所列桥型之外的复杂和重要桥梁也可参照表1。

表1 监测内容

类别		主要参数	桥型选择			
			梁桥	拱桥	斜拉桥	悬索桥
荷载与环境	车辆荷载	断面交通流、车型、车轴重、轴数、车辆总重、车速	●	●	●	●
		空间分布	○	○	○	○
	船舶撞击	桥墩加速度	○	○	○	○
	风速、风向	桥面	○	○	●	●
		拱顶	-	○	-	-
		塔顶	-	-	●	●
	风压	梁表面风压	-	-	○	○
	地震	桥岸地表场地加速度	○	○	○	○
		承台顶或桥墩底部加速度	○	○	○	○
	温度	箱梁内外环境温度	●	●	●	●
		混凝土温度	●	○	●	○
		钢结构温度	○	○	●	●
		主拱温度	-	●	-	-
		主缆温度	-	-	-	●
		锚室内温度	-	-	-	●
		鞍罩内温度	-	-	-	●
		桥面铺装层温度	○	○	○	○
	湿度	箱梁内湿度	●	●	●	●
		环境湿度	●	●	●	●
		索塔锚固区湿度	-	-	●	-
		主缆内湿度	-	-	-	●
		锚室内湿度	-	-	-	●
		鞍罩内湿度	-	-	-	●
	雨量	降雨量	-	-	○	-
结构整体响应	振动	主梁竖向振动加速度	●	●	●	●
		主梁横向振动加速度	●	●	●	●
		主梁纵向振动加速度	○	○	○	○
		桥墩顶部纵向和横向振动加速度	○	-	-	-
		拱顶三向振动加速度	-	●	-	-
		塔顶水平双向振动加速度	-	-	●	●
		吊杆(索)振动加速度	-	●	-	●
		斜拉索振动加速度(面内、面外)	-	-	●	-

表1(续)

类别		主要参数	桥型选择			
			梁桥	拱桥	斜拉桥	悬索桥
结构整体响应	变形	主梁挠度	●	●	●	●
		主梁横向变形	○	○	●	●
		墩顶偏位	○	-	-	-
		拱顶偏位	-	●	-	-
		拱脚偏位	-	○	-	-
		塔顶偏位	-	-	●	●
		主缆偏位	-	-	-	●
	位移	支座位移	○	○	○	○
		梁端纵向位移	○	○	○	○
		锚碇位移	-	-	-	●
	转角	塔顶截面倾角	-	-	○	○
结构局部响应	应变	主梁关键截面应变	●	●	●	●
		体内、体外预应力	○	-	-	-
		主拱关键截面应变	-	●	-	-
	裂缝	混凝土结构	○	○	○	○
	基础冲刷	流速、基础冲刷深度	○	○	○	○
	腐蚀	混凝土侵蚀深度	○	○	○	○
		钢结构、拉索、主缆及锚具腐蚀	○	○	○	○
	索力	吊杆(索)	-	●	-	●
		系杆	-	●	-	-
		斜拉索	-	-	●	-
		拉索断丝	○	○	○	○
	支座反力	支座反力	○	○	○	○
	疲劳	斜拉索	-	-	●	-
		主梁	-	-	●	●
		吊索	-	●	-	-
		伸缩缝	○	○	●	●

注:"●"为必选监测项,"○"为宜选监测项,"-"为不包含项。

5.3 测点选择

5.3.1 荷载与环境监测

5.3.1.1 车辆荷载监测宜采用不停车称重方法,称重测点宜选择在路基或有稳定支撑的混凝土结构铺装层内,应覆盖所有行车道。

5.3.1.2 船舶撞击荷载监测宜采用监测结构振动的方法,测点宜选择在易遭受船舶撞击的桥墩处。

5.3.1.3 风荷载监测应测量风速和风向,测点宜选择在桥面两侧、塔顶、拱顶,其安装位置应尽量能够监测自由场风速和风向。跨度小于800m斜拉桥和跨度小于1500m悬索桥宜在主梁跨中上下游两侧各布设一个测点;跨度大于或等于800m斜拉桥和跨度大于或等于1500m悬索桥,宜结合风场空间相关性适当增加测点数量。

5.3.1.4 对风敏感的特大跨桥梁,宜根据钢箱梁绕流场特性进行钢箱梁表面风压监测,测点应沿钢箱梁截面周向和纵向布置。

5.3.1.5 对地震动监测宜测量地表振动,测点选择符合下列规定:
a) 长度小于800m的桥梁,宜布设一个测点;长度不小于800m的桥梁,考虑地震地面运动非一致性,宜增设一个测点;
b) 桥岸地表区域可将测点布设于护岸、锚碇锚室内、近桥址监控中心等自由场地上,水体区域可布置于人可到达的索塔和桥墩底部或承台顶部,并易于保护和维护。

5.3.1.6 温度监测测点选择符合下列规定:
a) 根据截面温度梯度及结构整体升降温和空间分布特点,可通过有限元模拟或参考相关桥梁设计规范确定测点位置;
b) 宜在主梁跨中、索塔、拱圈、主缆等关键截面布设测点;
c) 测点布置宜与应变监测的温度补偿测点统一设计、数据共享。

5.3.1.7 湿度监测测点选择符合下列规定:
a) 单体桥梁湿度测点不宜少于两个,宜布设于桥梁结构内外湿度变化较大和对湿度敏感的桥梁结构内部或外部;
b) 大型桥梁关键钢结构应布设湿度测点,宜布设在桥面上、钢结构箱梁内、斜拉桥的斜拉索锚固区、悬索桥的锚室内和主缆内以及鞍罩内。

5.3.1.8 降雨量监测测点宜布设在桥梁开阔部位,且不宜布设在振动较大部位。

5.3.2 结构整体响应监测

5.3.2.1 结构整体振动监测测点选择:
a) 测点选择应根据桥梁结构动力计算结果、振型特点以及所需监测振型阶数综合确定;传感器宜布设在结构主要振型振幅最大或较大部位,并避开节点位置;
b) 宜采用以识别振型为目标的测点最优选择方法;
c) 宜采用以结构损伤识别与模型修正为目标的测点最优选择方法。

5.3.2.2 结构整体变形和位移监测测点选择应根据最不利荷载组合作用下主梁、索塔、主缆、主拱等关键构件的挠度、位移和倾角包络线选择变形、位移和倾角最大或较大的位置。

5.3.3 结构局部响应监测

5.3.3.1 应变监测测点选择:
a) 宜根据结构计算分析选择受力较大或影响结构整体安全的关键构件、截面和部位;
b) 宜根据结构易损性分析选择最易破坏或局部破坏易导致结构倒塌的关键构件、截面和部位;
c) 受力复杂的构件、截面和部位,宜布设三向应变测点。

5.3.3.2 索力监测宜根据拉索主要参数选择有代表性、索力较大、拉索应力变化较大的拉索进行监测。宜采用振动频率法、磁通量测试法、锚垫板承压力测试法及其他不影响结构安全的监测方法。

5.3.3.3 支座反力监测宜采用测力支座;宜选择可能出现横向失稳等倾覆性破坏的独柱桥梁、弯桥、基础易发生沉降、采用压重设计等桥梁的关键支座。

5.3.3.4 疲劳监测宜采用监测动应变方法,根据结构局部计算分析结果,选择钢箱梁正交异性钢桥面板U肋、横隔板过焊缝等易产生疲劳效应的部位。
5.3.3.5 腐蚀监测宜选择代表性桥墩的水位变动区、浪溅区的关键截面。
5.3.3.6 基础冲刷监测宜根据桥梁基础局部冲刷专题研究成果以及水文勘测资料综合选择冲刷监测区域,应选择冲刷最大区域以及桩基薄弱区域。

6 传感器

6.1 一般规定

6.1.1 传感器选型应满足量程、测量精度、分辨率、灵敏度、动态频响特性、长期稳定性、耐久性、环境适应性和经济性等要求。
6.1.2 传感器选型宜便于系统集成。
6.1.3 传感器安装前应进行必要的标定、校准或自校。

6.2 荷载与环境监测传感器

6.2.1 车辆荷载监测宜选用动态称重系统,并满足下列要求:
a) 动态称重传感器技术参数和安装要求应符合 GB/T 21296 的规定;
b) 动态称重系统传感器布设尺寸应考虑车道宽度,量程应根据桥梁车辆限载重以及预估车辆荷载重综合确定,单轴监测量程不宜小于限载车辆轴重的200%;
c) 应具备数据自动采集功能,现场数据存储能力不宜少于14d。

6.2.2 风速和风向监测宜选用三向超声风速仪或机械式风速仪,并满足下列要求:
a) 处于台风区域的桥梁宜选择三向超声风速仪,测试参数应包括脉动风速、平均风速、风向和风攻角等;
b) 风速仪量程不应小于其安装高度的设计风速;
c) 当同时采用多个风速仪时,可采用三向超声风速仪和机械式风速仪联合使用方案,但主梁两侧应采用相同类型风速仪;
d) 风速仪宜安装在专用支架上,支架应具有足够刚度和强度,与桥体连接牢固,并满足抗风设计要求;支架伸出主体结构(主梁、索塔、拱顶等)边缘不宜少于5m。某些情况下,风速仪也可根据监测要求安装在桥梁沿线设施构件上,但应尽可能避免主体结构紊流对风速仪测试数据的影响。

6.2.3 风压监测可选择陶瓷型或扩散硅型微压差传感器;自由场处风压监测宜选择皮托管,皮托管应安装在不受干扰的自由风场处,且在不同方位角不应少于一个(每个位置的角度间隔宜为30°)。风压传感器满足下列要求:
a) 量程不宜小于 $-1\,000\text{Pa} \sim +1\,000\text{Pa}$;
b) 测量精度不宜大于0.2%FS;应能在雷雨环境下正常工作;
c) 传感器沿主梁截面周向和纵桥向布置,可安装于梁体外表面,应使气嘴与桥面平行,风向正对皮托管测压孔;皮托管安装应有固定支架,防止皮托管振动。

6.2.4 桥址处地震监测可选用强震动记录仪或三向加速度传感器,传感器应符合地震动监测相关标准的要求。
6.2.5 船舶撞击监测可与地震监测统一设计、数据共享。
6.2.6 温度监测宜选用温度传感器,并满足下列要求:
a) 温度传感器选型应考虑量程、精度、分辨率和耐久性,技术参数满足下列要求:
1) 监测大气环境温度的传感器,量程宜超出年极值最高温度 +20℃ 和年极值最低温度 -20℃;

2) 监测结构表面温度的传感器,量程宜超出年极值最高温度 +50℃和年极值最低温度 -20℃;
3) 大气环境温度传感器精度不宜低于±0.5℃,分辨率不宜低于0.1℃;
4) 结构表面和内部温度传感器精度不宜低于±0.2℃,分辨率不宜低于0.1℃。

b) 温度传感器可选用热电偶、热电阻和光纤光栅温度传感器等,应根据监测构件和部位具体情况和要求综合选定。

6.2.7 湿度监测宜选用湿度传感器,并满足下列要求:
a) 湿度传感器选型应考虑量程、精度、工作温度范围、稳定性、适应性和耐久性等。量程宜选为 0~100%RH,精度不宜低于3%RH;
b) 湿度传感器可选用氯化锂湿度计、电阻电容湿度计和电解湿度计等,应根据监测构件和部位具体情况和要求综合选定。

6.2.8 降雨量监测宜选用雨量计,并满足下列要求:
a) 雨量计应依据桥址处气候和气象条件选择设备类型、量程和精度等;
b) 雨量计可选用电容雨量计、红外散射式雨量计、单翻斗雨量计,应根据监测要求、匹配性和耐久性综合选定。

6.3 结构整体响应监测传感器

6.3.1 结构整体振动监测宜选用加速度传感器,并满足下列要求:
a) 应根据桥梁结构动力计算分析结果、环境适应性和耐久性等进行传感器选型;
b) 基频较低的大跨径桥梁,宜选用低频性能优良的力平衡式或电容式加速度传感器,量程不宜小于 $-2g \sim +2g$,横向灵敏度宜小于1%,频响范围 $0 \sim 100Hz$;
c) 自振频率较高的桥梁或斜拉索、吊索、系杆等构件,可选用电容式加速度传感器和压电式加速度传感器,量程不宜小于 $-20g \sim +20g$,横向灵敏度宜小于5%,压电式加速度传感器频响范围 $0.1Hz \sim 1\ 000Hz$;
d) 可根据桥梁结构主要参与振动的振型,选择三向、双向和单向加速度传感器。

6.3.2 位移和变形监测传感器满足下列要求:
a) 应根据被测桥梁结构、构件和附属设施的特点和监测要求,选用位移计、液压连通管系统、全球导航卫星定位系统和倾角传感器进行结构和构件局部或整体绝对或相对位移监测;
b) 悬索桥、跨度大于600m的斜拉桥主梁挠度和横向偏位、索塔偏位、主缆偏位应采用全球导航卫星系统(GPS系统、北斗系统等)进行监测。基准站应选址在地基稳定、上方天空开阔、远离电磁干扰、易受保护及维修的区域;监测站应安装在被测结构或构件顶部,上方无遮挡,并远离电磁干扰。全球卫星定位系统的监测数据应可转换到大桥独立坐标系下(施工坐标系);
c) 梁桥、拱桥和跨度小于或等于600m的斜拉桥主梁挠度监测应选用基于连通管原理的监测仪器。宜将安装、调试后监测仪器的初始值作为测量基准值,监测数据应进行温度修正。

6.4 结构局部响应监测传感器

6.4.1 应变传感器满足下列要求:
a) 应变传感器选型应考虑传感器标距、精度、量程、环境适应性、耐久性和长期稳定性;
b) 静应变传感器量程宜不小于预测最大值的1.5倍~3倍,动应变传感器量程宜不小于预测最大值的2倍;
c) 疲劳测点应根据结构计算分析和结构易损性分析结果布设在易于或已出现疲劳破坏初期征兆的部位,应选用三向应变传感器;
d) 应变监测应进行温度补偿;

e) 应变传感器可选用电阻应变传感器、振弦式应变传感器和光纤光栅应变传感器等,可根据监测要求和被测结构或构件应力场及其动态特性综合确定。

6.4.2 索力监测可根据监测要求和被测拉索的特点选用加速度传感器(频率法)、压力传感器、磁通量传感器和光纤光栅应变传感器等,监测精度宜不低于1%。

6.4.3 拉索断丝监测传感器满足下列要求:
  a) 拉索断丝监测可选用声发射传感器,裸露于空气中的钢索结构可选用谐振频率较高的声发射传感器,埋设于混凝土内的预应力钢索宜选用谐振频率稍低的声发射传感器;
  b) 声发射传感器的谐振频率量程宜在100kHz~400kHz范围内,灵敏度不宜小于60dB[相对于1V/(m/s)],在监测带宽和使用温度范围内灵敏度变化不应大于3dB;
  c) 声发射传感器宜安装在主缆索股、斜拉索、吊杆、系杆的锚固端,与被测结构之间保持电绝缘,并屏蔽无线电波或电磁噪声干扰。安装前应对被测索构件进行衰减特性测量,以确定监测所需传感器数量;
  d) 损伤源定位宜先进行断铅试验,确保每个传感器接收断铅信号幅值相差不超过3dB。

6.4.4 支座反力监测传感器满足下列要求:
  a) 支座反力监测宜选用测力支座,满足支座安装要求;
  b) 测力支座安装后不应改变桥面高程,不应改变桥梁结构与支座接触方式和接触面积;
  c) 测力支座应具备可更换性。

6.4.5 腐蚀监测传感器可选用沿混凝土保护层深度安装的多电极传感器,监测混凝土保护层腐蚀侵蚀深度,判断钢筋腐蚀状态。

6.4.6 基础冲刷传感器满足下列要求:
  a) 应根据桥址处水流速度、含沙量等水文参数以及设计允许冲刷深度综合选定监测设备类型,可选用声呐传感器;
  b) 声呐传感器探头类型和数量应根据被测墩身基础类型、尺寸和水流特点确定;
  c) 可根据桥梁冲刷专题研究报告的桥墩(台)冲刷试验结果确定声呐探头位置。圆形桥墩宜布设在桥墩上下游和两侧;圆端形桥墩宜布设在桥墩上游、下游以及在桥墩侧面最大冲刷位置,冲刷较严重情况宜在周边侧面同断面布设;
  d) 声呐传感器应通过试验确定声呐探头的指向角度,控制探头与桥墩的合理距离;
  e) 应根据监测区域水流速度、压力等水文特点,进行声呐传感器预埋安装件专项设计,预埋安装件应与桥墩(台)结构长期牢固连接。声呐探头宜选用非永久方法固定,安装连接材料应防水、防锈、耐老化。

7 数据采集、传输、处理与管理

7.1 一般规定

7.1.1 数据采集与传输应确保获得高精度、高品质、不失真数据,包括数据采集与传输的软硬件设计与开发,以及数据采集制度的确定:
  a) 数据采集与传输的软硬件研发与选型应满足传感器监测要求;
  b) 数据采集制度应包括数据采集方式、触发阈值和采样频率的确定。

7.1.2 数据处理应能纠正或剔除异常数据,提高数据质量。

7.1.3 数据管理应具有标准化读写接口,应考虑数据的结构化、安全性、共享性以及使用友好性和便捷性。

7.2 数据采集

7.2.1 数据采集方式应根据桥梁的空间尺寸、测点数量和布置以及传感器类型等进行设计,满足下列要求:

a) 测点相距较远且较分散,宜选用分布式数据采集方式;
b) 测点相距较近且分布较集中,宜选用集中式数据采集方式或分布式与集中式相结合的数据采集方式。

7.2.2 数据采集设备根据传感器输出信号类型、匹配性、兼容性、精度和分辨率等要求进行选型,并满足下列要求:

a) 电荷信号应选用电荷放大器进行信号调理和采集;
b) 数字信号可选用基于 RS485、CAN、Modbus TCP 或 UDP 等的分布式数据采集设备,并确定传输距离、传输带宽和速率;
c) 模拟信号宜选用 4mA~20mA 和 -5V~5V 等标准工业信号,可选用基于 PCI、PXI 等技术的集中式数据采集设备,并确定输入范围、分辨率、精度、传输带宽和速率;也可选用在传感器端进行模数转换,按 7.2.2b) 规定确定技术参数;
d) 数据采集模数转换分辨率应满足传感器分辨率和监测要求,不宜低于 16 位;
e) 光信号数据采集应采用专用的光纤解调设备,应根据波长范围、采样通道与采样频率进行选型;
f) 电阻应变传感器应选用惠斯登电桥调理放大信号;
g) 电信号应进行光电隔离,以增强抗干扰能力;
h) 静态模拟信号可选用多路模拟开关和采样保持器进行多路信号依次采集;
i) 动态信号应选用抗混滤波器进行滤波和降噪。

7.2.3 数据采集方案应根据监测变量类型、监测要求以及系统数据采集、传输、处理和管理能力确定,并符合下列规定:

a) 车辆荷载、温度、湿度、降雨量等荷载与环境监测变量,静态位移、拉索索力、支座反力、腐蚀、基础冲刷等结构整体与局部响应监测变量,宜定时采样,采样频率符合 7.2.4 的规定;
b) 船舶撞击、风速风向、风压、地震等荷载与环境监测变量,加速度和动态位移、应变等结构整体与局部响应监测变量,宜采用触发采样,触发阈值应根据桥梁结构计算分析和现场测试结果确定;
c) 根据桥梁荷载与环境、结构响应特点和监测要求,用户可自行设定混合采样,混合采样为定时采样和触发采样相结合方式,监测变量没有超过阈值时采用定时采样,超过阈值采用触发采样模式;
d) 车辆荷载数据采集应具备在桥梁现场自动采集记录、存储功能,应与高清摄像机配套安装,同步采集;
e) 桥梁通车初期 3 年内或桥梁安全一级评估结果发现结构关键构件异常时宜采用连续采样。

7.2.4 采样频率根据监测要求和功能要求设定,不宜低于下列规定,动态信号应满足采样定理:

a) 荷载与环境监测:
  1) 车辆荷载:触发采集;
  2) 船舶撞击桥墩加速度:50Hz;
  3) 风速和风向:超声风速仪 10Hz,机械式风速仪 1Hz;
  4) 风压:20Hz;
  5) 地震:50Hz;
  6) 温度:1/600Hz;

7) 湿度:1/600Hz;
8) 降雨量:1/60Hz。
b) 结构整体与局部响应监测：
1) 振动加速度:50Hz;
2) 动位移:20Hz;
3) 静位移:1Hz;
4) 动应变:10Hz;
5) 静应变:1/600Hz;
6) 索力:压力式传感器1Hz,频率法加速度传感器50Hz,磁通量索力传感器1/600 Hz;
7) 拉索断丝:1MHz;
8) 支座反力:1Hz;
9) 腐蚀:1/3 600Hz;
10) 声呐传感器测量基础冲刷:1MHz。

7.2.5 不同监测数据的数据采集时间同步精度应符合下列规定：
a) 相同类型监测变量的数据采集时间同步误差宜小于0.1ms;
b) 不同类型监测变量的数据采集时间同步误差宜小于1ms。

7.2.6 数据采集宜考虑自校准功能，无自校准功能时应根据监测要求定期检测。

7.2.7 数据采集应采用抗干扰措施，包括串模干扰抑制、共模干扰抑制以及接地技术和屏蔽技术，提高信噪比。

7.2.8 数据采集站布置应根据监测要求和信号传输距离要求确定，不应影响数据质量；数据采集站之间应考虑数据采集时间同步性要求，同步精度应符合7.2.5的规定。

7.2.9 数据采集软件开发符合下列规定：
a) 应实现数据实时采集、自动存储、缓存管理、即时反馈和自动传输等功能；
b) 应与数据库系统和数据分析软件稳定、可靠地通信，可本地或远程调整设备配置，可通过标签数据库或本地配置文件进行信息读取；
c) 应对传感器输出信号、数据采集和传输设备的运行状态信号进行实时采集,对系统运行状态进行监控，异常时可及时报警；
d) 应接受并处理数据采集参数的调整指令，并记录和备份处理过程。

7.3 数据传输

7.3.1 数据传输应确保系统各模块之间无缝连接，以成为一个有机协调的整体；应确保监测数据和指令在各模块之间高效可靠的传输。

7.3.2 有线数据传输方式选用符合下列规定：
a) 当传输距离相对较短且无强电磁干扰时，可采用模拟信号进行传输；
b) 当传输距离较远或有较强电磁干扰时，宜采用RS-485、工业以太网等数字信号或光纤传输技术进行传输。

7.3.3 无线传输方式选用电磁波传输技术，信号发射装置和接收装置应远离强电磁干扰源。

7.3.4 桥梁现场与监控管理中心之间的远距离数据传输宜采用光纤传输技术、无线传输技术及两者相结合的方式。

7.3.5 数据传输软件开发符合下列规定：
a) 应考虑数据传输的一致性、完整性、可靠性和安全性，应满足系统开放性和可扩展性要求；
b) 应实现对数据进行压缩包处理和解包复原功能，宜以包为单位进行传输；
c) 宜基于TCP/IP协议进行数据交换和传输，应符合IEEE 802.3的规定。

7.4 数据处理

7.4.1 数据处理应实现数据预处理和数据后处理功能,数据预处理宜采用数字滤波、去噪、截取和异常点处理等,数据后处理方式宜根据数据分析要求确定。

7.4.2 平稳信号频谱分析宜采用离散傅立叶变换,非平稳信号宜采用时频域分析方法。

7.4.3 频谱分析宜选择合适窗函数进行信号截断,以减少对谱分析精度的影响。

7.4.4 时域变换宜利用自相关函数检验数据的相关性和混于随机噪声中的周期信号,宜利用互相关函数确定信号源位置,并检验受通道噪声干扰的周期信号。

7.4.5 数据处理软件开发应实现数据备份、清除和故障恢复等功能。故障恢复功能宜兼具手工操作控制功能,其他功能应自动调用。

7.5 数据管理

7.5.1 数据管理应实现快速显示、高效存储、生成报告和数据归档等功能。

7.5.2 原始监测数据应定期存储、备份存档,后处理数据宜保持不少于3个月在线存储;经统计分析的数据应专项存储,每季度或每年数据分析后宜存储某一段或某几段典型数据。

7.5.3 数据管理软件应对监测数据或图像在指定时间段进行回放。

7.5.4 数据报告报表应提供月报、季报、年报和特殊事件后的专项报告等,报告报表应导出办公系统易于调用的通用文档格式。

7.5.5 数据库应模块化架构,可对桥梁结构信息、监测系统信息和监测数据进行分层、分类存储和管理,宜包括桥梁结构信息子数据库、监测系统信息子数据库、结构有限元模型子数据库、实时数据子数据库、统计分析数据子数据库、结构安全评估子数据库、施工监控子数据库和荷载试验子数据库等。

7.5.6 桥梁结构信息子数据库应对桥梁设计、竣工图纸以及科研专题研究资料进行存储和管理,数据库的表格宜按照桥梁设计、竣工图纸目录及科研报告等分类。

7.5.7 监测系统信息子数据库应存储和管理传感器、数据采集和传输设备、数据处理和管理设备及软件等信息,包括设备安装位置、技术参数、品牌和规格等。

7.5.8 结构有限元模型子数据库应存储和管理桥梁结构各阶段有限元模型。有限元模型宜采用通用有限元分析软件创建,宜用标准文件格式进行保存。

7.5.9 实时数据子数据库应存储和管理监测系统监测的所有变量的时程数据。

7.5.10 统计分析数据子数据库应存储和管理数理统计以及各种数据分析方法得到的分析结果。

7.5.11 结构安全评估子数据库应存储和管理预警值、安全评估方法和结果以及预警历史记录等,且宜与桥梁巡检以及桥梁养护管理系统无缝衔接、数据共享。

7.5.12 施工监控子数据库应存储和管理桥梁施工过程和历次养护维修施工控制过程的施工监控信息和各阶段施工监控报告。

7.5.13 荷载试验子数据库应存储和管理历次荷载试验信息,包括静、动力加载工况和荷载试验报告以及荷载试验过程中监测系统所采集的荷载和环境以及结构响应数据与分析结果。

7.5.14 数据存储和管理可在本地计算机上进行,宜采用云存储和云管理技术。

8 数据分析与安全预警及评估

8.1 一般规定

8.1.1 数据分析应符合8.2的规定,并形成数据分析报告,每年不应少于一次。数据分析结果可用于安全预警、安全一级评估、安全二级评估和专项评估。

8.1.2 在线实时预警应实现自动化,按8.3的规定设定预警值。

8.1.3 安全一级评估应符合8.4的规定,定期形成安全一级评估报告,每年不应少于一次;当监测数据、数据分析结果发生红色预警,应进行安全一级评估。

8.1.4 安全一级评估结果满足8.4.6的规定时,应进行专项检查。

8.1.5 当满足下列条件之一时,应在数据分析、安全一级评估和专项检查的基础上,按8.5的规定进行安全二级评估,形成安全二级评估报告:
a) 安全一级评估或专项评估结果出现结构响应特征值变量异常;
b) 桥梁服役中后期,每年不宜少于一次安全二级评估。

8.1.6 当桥梁遭受洪水、流冰、漂流物和船舶车辆的撞击、滑坡、泥石流、地震、风灾、海啸、火灾、化学剂腐蚀和特殊车辆过桥等突发事件后应进行数据分析,并按8.6的规定进行专项评估,形成专项评估报告。

8.1.7 在桥梁安全状态评估时,当本标准、JTG/T H21和JTG H11的评定结果产生差异时,应采用三者中最不利的安全评定结果。

8.2 数据分析

8.2.1 数据分析包括统计分析和特殊分析,统计分析包括最大值、最小值、平均值、均方根值、累计值等统计值;特殊分析包括荷载谱分析、风参数分析、模态分析、疲劳分析等。采样频率大于1Hz的数据应以10min、日、月、年为统计间隔获得其统计值。温湿度、静应变、静位移等监测变量,应给出以日、月、年为统计间隔的统计值。

8.2.2 荷载与环境监测数据分析符合下列规定:
a) 应分析过桥车流量、车型、轴重、总重、速度及超载车比例等车辆荷载参数,提取出车辆荷载日、月、年最大值及其统计分布;宜将车辆荷载统计和模型转化为疲劳荷载谱,也可将车辆荷载重量、数量和相应时间直接作为车辆疲劳荷载;
b) 分析风参数,宜包括风速、风向、风攻角、脉动风速谱、湍流强度、阵风系数及各等级风速疲劳谱等;
c) 分析地震数据,宜包括加速度峰值、速度峰值、持续时间、频谱和反应谱等;
d) 分析温度数据,应包括最高温度、最低温度和构件断面最大温度梯度等;
e) 分析湿度数据,应包括构件内/外湿度最大值、平均值和超限持续时间等;
f) 分析雨量数据,宜包括每小时最大降雨量、累计降雨量等。

8.2.3 结构整体响应监测数据分析符合下列规定:
a) 结构整体响应监测数据包括变形、位移、加速度等;
b) 分析结构变形包括平均值和绝对最大值,宜进行挠度与温度、车辆荷载相关性分析,横向位移和挠度与风荷载相关性分析;
c) 分析梁端位移与支座位移,包括绝对最大值和累计位移,宜进行梁端位移、支座位移与温度和车辆荷载相关性分析;
d) 宜分析锚碇位移的最大值和累计值等;
e) 分析加速度,包括绝对最大值和最大均方根值,宜进行结构振动与风速风向及车辆荷载的相关性分析;
f) 分析模态参数宜包括结构频率、振型和阻尼比,模态分析符合下列规定:
   1) 模态分析所用加速度样本时长不宜小于10min;
   2) 宜采用频域分解法(FDD)、环境激励(NExT)和特征系统实现方法(ERA)、随机子空间(SSI)方法进行模态分析,也可采用其他方法识别模态参数;
   3) 采用环境激励(NExT)和特征值实现方法(ERA)、随机子空间(SSI)方法识别的模态参数,应根据识别的阻尼比或者有限元计算分析的振型剔除"虚假"模态;

4) 模态分析应考虑温度对自振频率的影响、风速对阻尼比的影响、振动幅值对自振频率和阻尼比的影响,振型可不考虑上述因素的影响。

8.2.4 结构局部响应监测数据分析符合下列规定:
a) 结构局部响应监测数据包括应变、裂缝、冲刷、腐蚀、索力、支座反力等;
b) 应变花等三向应变应转化为主应力方向应变后再按 8.2.4c)的规定进行分析;
c) 应变时程数据分析,包括平均值、最大值、最小值、应力幅最大值等;钢箱梁等钢结构宜根据雨流计数法和 Miner 线性损伤理论计算疲劳损伤指数;
d) 索力时程数据分析,包括平均值、最大值、最小值等;应对监测索力与成桥索力、设计容许索力、破断索力进行对比分析;宜根据索的应力幅值计算疲劳损伤指数;
e) 支座反力时程数据分析,包括平均值、最大值和最小值、最大变化量等;
f) 应对冲刷深度最大值及其变化规律进行分析,并宜预测其发展趋势;
g) 应对腐蚀深度最大值以及腐蚀进程进行分析;
h) 应对裂缝长度、宽度、深度的最大值进行数据分析。

8.2.5 桥梁因遭受洪水、流冰、漂流物和船舶车辆的撞击、滑坡、泥石流、地震、风灾、海啸、火灾、化学剂腐蚀和特殊车辆过桥等突发事件后进行专项评估时,应对事件发生前后数据进行对比分析。

8.2.6 数据分析报告应包括桥梁及安全监测系统的基本信息、分析项目、分析方法和分析结果等。

8.3 安全预警

8.3.1 安全预警应设黄色和红色两级。
a) 黄色预警:提醒桥梁管养单位应对环境、荷载、结构整体或局部响应加强关注,并进行跟踪观察;
b) 红色预警:警示桥梁管养单位应对环境、荷载与结构响应连续密切关注,查明报警原因,采取适当检查、应急管理措施以确保桥梁结构安全运营,并应及时进行结构安全评估。

8.3.2 实时预警的各类监测变量预警值设定宜符合下列规定:
a) 当车辆总重或轴重大于1.5倍设计车辆荷载时,进行黄色预警;大于2.0倍设计车辆荷载时,进行红色预警;
b) 当最大平均风速大于0.8倍设计风速时,进行黄色预警;大于设计风速时,进行红色预警;
c) 当最高温度、最低温度、最大温差和最大温度梯度大于设计值时,进行黄色预警;
d) 当水平地震动加速度峰值大于设计 E1 地震作用加速度峰值时,进行黄色预警;大于设计 E2 地震作用加速度峰值时,进行红色预警;
e) 当索结构应力大于0.95倍设计值时,进行黄色预警;大于设计值或一个月内发现10次以上黄色预警时,进行红色预警;
f) 当位移或变形大于0.8倍设计值时,进行黄色预警;大于设计值或一个月内发现10次以上黄色预警时,进行红色预警;
g) 当桥墩冲刷深度大于0.7倍设计冲刷深度时,进行黄色预警;大于设计冲刷深度时,进行红色预警;
h) 当监测点处钢筋发生腐蚀时,进行红色预警。

8.3.3 安全预警内容应包括:预警级别、报警传感器编号和位置、报警监测值和预警值。

8.4 安全一级评估

8.4.1 根据数据分析结果定期开展桥梁结构局部或整体安全一级评估。
8.4.2 利用应变对关键构件进行安全一级评估符合下列规定:
a) 根据应变计算应力时应考虑温度对应变的影响,对钢筋混凝土桥梁还应考虑收缩、徐变对应

变的影响;

b) 当应力未超过设计值时,监测点处构件应力状态正常;当应力超过设计值时,监测点处构件应力状态异常。

8.4.3 利用应变传感器进行钢结构疲劳安全一级评估符合下列规定:
a) 对只承受压力的构件不宜进行疲劳状态评估;
b) 宜采用容许应力法或疲劳损伤指数法进行监测点处构件疲劳状态评估;
c) 采用容许应力法进行疲劳状态评估时,当应力最大值小于规范规定的构件疲劳容许应力时,监测点处构件疲劳状态正常;否则,监测点处构件疲劳状态异常,宜按 d)的规定进行桥梁疲劳状态评估;
d) 应力时程宜采用雨流法和 Miner 准则计算监测点处构件疲劳累计损伤指数 D,采用表2的规定进行疲劳状态评估。

表2 疲劳状态分级

D 值	构件测点状态	D 值	构件测点状态
0~0.05	完好状态	0.45~0.80	严重损伤状态
0.05~0.20	较好状态	>0.80	危险状态
0.20~0.45	中等损伤状态		
注:表中给出的疲劳状态分级未考虑腐蚀对疲劳寿命的影响,当发生腐蚀时应考虑腐蚀对钢构件疲劳寿命的不利影响。			

8.4.4 缆索承重桥梁结构安全一级评估符合下列规定:
a) 当拉索、吊索、吊杆、系杆应力小于设计值时,可判定索体结构处于正常状态;否则,判定索体结构状态异常;
b) 当拉索、吊索、吊杆、系杆应力大于规范容许疲劳应力时,可判定索体结构疲劳状态异常,应按 8.4.3 的规定进行疲劳状态评估。

8.4.5 利用运营荷载结构校验系数进行安全一级评估符合下列规定:
a) 应在自然流车辆荷载作用下,获取位移影响线最不利位置加载时刻结构响应值与该时刻车辆荷载作用下结构响应计算值的比值;
b) 在特定时刻桥上有重车通行,单辆车总重不宜低于30t;
c) 运营荷载结构校验系数小于1时,判定结构处于正常状态;否则,判定结构状态异常。

8.4.6 针对未监测构件,宜按照下列规定利用桥梁整体内力状态进行安全一级评估:
a) 应基于桥梁构件实际物理特性参数、几何特性参数以及结构边界条件建立有限元模型;
b) 利用监测的环境、车辆荷载及结构响应,计算结构整体内力和线形,与设计值进行对比;
c) 结构整体内力和线形满足桥梁设计规范要求,判定结构处于正常状态;否则,判定结构状态异常。

8.4.7 利用结构动力特性进行安全一级评估符合下列规定:
a) 应基于监测的加速度,采用模态分析获取结构动力特性;
b) 获取的结构动力特性宜与设计值进行对比;
c) 监测获取的桥梁结构自振频率与设计理论计算频率的比值大于或等于1,判定结构处于正常状态;否则,判定结构状态异常。

8.4.8 安全一级评估有下列情况,应进行专项检查:

a) 结构局部响应异常;
b) 钢结构内相对湿度大于60%的累计天数大于365d;
c) 构件监测点处钢筋发生腐蚀,判定监测点处腐蚀状态异常;
d) 桥墩冲刷深度大于70%设计冲刷深度,判定桥墩冲刷状态异常;
e) 关键构件拉、压应力大于设计值,判定监测点处构件应力状态异常;
f) 关键构件疲劳状态超过中等损伤,判定监测点处构件疲劳状态异常;
g) 拉索、吊索、吊杆和系杆应力大于或等于设计值,判定索体结构状态异常。

8.4.9 安全一级评估中有下列情况,应进行安全二级评估:

a) 结构整体响应异常:
　　1) 变形大于或等于设计值;
　　2) 顺桥向梁端位移达到伸缩缝设计值的80%或者梁端位移最大值达到设计值;
　　3) 锚碇、基础出现严重沉降或位移,达到或超出设计值;
　　4) 结构频率明显降低。
b) 结构局部响应异常,专项检查发现桥梁损伤;
c) 车辆荷载水平超过设计值;
d) 最高温度、最低温度、最大温差和最大温度梯度超过设计值;
e) 运营荷载结构校验系数大于1。

8.4.10 安全一级评估报告应包括桥梁及安全监测系统基本信息、评估项目、一级评估判定状态异常的界限值、评估结果以及报告异常状态的监测仪器编号、位置、数量和建议等。

8.5 安全二级评估

8.5.1 安全二级评估应基于数据分析、安全一级评估和专项检查结果进行结构损伤识别与模型修正,然后基于修正有限元模型进行结构重分析和极限承载力分析,再按8.5.6的规定确定结构安全状态等级。

8.5.2 桥梁结构构件或局部损伤分析和单元模型修正符合下列规定:

a) 对发现异常状态的构件进行损伤分析,根据损伤分析结果修正相应构件或单元弹性刚度矩阵;
b) 按8.5.4的规定进行极限承载力分析和安全评估时,应修正构件或单元弹塑性恢复力模型;
c) 当桥梁结构构件或局部损伤还直接降低材料强度或构件承载力时,应修正材料容许应力或构件允许承载力。

8.5.3 基于结构动力响应的损伤识别和模型修正符合下列规定:

a) 可根据模态参数进行损伤识别,也可采用其他可靠的损伤识别方法;
b) 损伤识别宜融合构件或局部损伤分析、多种识别方法和专项检查的结果、多传感器信息以及对比分析结构整体响应和监测点处构件或部位的损伤状态进行综合判断;
c) 模型修正宜采用有限元模型,也可采用其他等效模型进行参数修正;
d) 可根据桥梁构件的监测数据、安全一级评估和专项检查结果,以及按8.5.2、8.5.3a)和b)规定得到的损伤分析或识别结果,直接修正相应结构构件有限元模型;
e) 根据模态参数进行模型修正,宜采用有限元模型与实测自振频率之差的平方和、有限元模型振型与实测振型的模态置信因子(MAC)值,或者两者的组合值来确定模型修正的优化目标函数,也可采用其他与结构自振频率和振型相关的结构振动参数作为模型修正的目标函数。振型的MAC值计算方法如下:

$$MAC_n(\phi_{ur},\phi_{pr}) = \frac{(\phi_{ur}^T\phi_{pr})^2}{(\phi_{ur}^T\phi_{ur})(\phi_{pr}^T\phi_{pr})} \qquad (r = 1,2,\cdots,n)$$

式中：r——模态阶数；
ϕ_{ur}——成桥试验测试的桥梁初始状态的第 r 阶模态；
ϕ_{pr}——当前识别的桥梁第 r 阶模态；
n——可测量的模态总数；
T——向量转置。

f) 可采用桥梁挠度、变形或者主梁应变作为模型修正的优化目标函数；

g) 在模型修正优化求解前，宜对所采用的模型进行参数灵敏度分析，选取对目标函数敏感的结构参数作为修正参数，宜根据参数物理意义设置参数变化范围。

8.5.4 桥梁结构重分析及安全二级评估符合下列规定：

a) 应采用按 8.5.2 和 8.5.3 规定修正的有限元模型；

b) 宜采用按 8.2.2 规定的荷载和环境数据分析结果，与规范设计荷载比较，选取较大值作为结构重分析的输入荷载，未监测荷载选用规范设计值；荷载工况宜按照规范设计要求选择最不利荷载组合；

c) 宜按 8.5.4b) 规定的最不利荷载组合作用于按 8.5.4a) 规定的修正有限元模型，计算桥梁结构荷载效应，与结构设计荷载效应对比，统计不满足设计指标的构件或部位的数量；

d) 结构重分析的评估分级标准符合 8.5.6 的规定。

8.5.5 桥梁结构极限承载力分析及安全评估符合下列规定：

a) 应采用按 8.5.2 和 8.5.3 规定修正的有限元模型，宜按照荷载试验的荷载工况对修正有限元模型进行加载，并以 10% 的增量逐步提高车辆荷载水平，全过程分析桥梁结构破坏极限承载能力，以结构关键构件出现破坏时极限车辆荷载与荷载试验车辆荷载的比值作为结构车辆荷载的整体安全储备；

b) 斜拉桥、悬索桥和吊杆拱桥还应基于修正的有限元模型按照规范的设计风速进行加载，并以 10% 的增量逐步提高风荷载水平，全过程分析桥梁结构抖振破坏极限承载能力，以结构关键构件出现破坏极限风速与设计风速比值作为结构抗风整体安全储备；

c) 结构极限承载能力分析评估分级标准符合 8.5.6 的规定。

8.5.6 桥梁结构状态评定宜符合表 3 规定，评定结果宜进行专家评审论证。

表 3 桥梁结构安全状态等级划分与评定依据

分类	总体评定	评定依据
1 类	完好状态	结构车辆荷载和抗风的整体安全储备大于 2；在设计荷载和监测荷载作用下，所有构件的内力、变形均小于规范的设计允许值，不影响结构安全、行车舒适性和耐久性
2 类	较好状态	结构车辆荷载和抗风的整体安全储备介于 1.6~2.0；在设计荷载和监测荷载作用下，关键构件良好，部分次要构件（10% 以内）的内力、变形大于规范设计允许值的 5%，但不影响结构安全、行车舒适性和耐久性
3 类	中等损伤状态	结构主要频率降低；结构车辆荷载和抗风的整体安全储备介于 1.4~1.6；在设计荷载和监测荷载作用下，部分关键构件（5% 以内）内力大于规范设计允许值的 5%，较多次要构件（10%~20%）内力大于规范设计值的 10%，影响结构的行车舒适性和耐久性，但不影响结构的安全

表3(续)

分类	总体评定	评 定 依 据
4类	严重损伤状态	结构主要频率明显降低;结构车辆荷载和抗风的整体安全储备介于1.2~1.4;在设计荷载和监测荷载作用下,部分关键构件(10%以内)内力大于规范设计允许值的10%或关键构件疲劳累计损伤指数0.45~0.80,承载能力下降10%以内,影响结构安全性
5类	危险状态	结构主要频率大幅降低或者振型MAC值显著减小;结构车辆荷载或抗风的整体安全储备小于1.2;在设计荷载或监测荷载作用下,关键构件内力大于规范设计允许值的10%,损伤发展扩大,或者关键构件疲劳累计损伤指数大于0.8,出现重大破坏,影响结构的稳定和安全
注:识别的频率、振型和成桥后监测系统首次采集数据得到的相应频率、振型进行比较。		

8.5.7 安全二级评估报告应包括桥梁及安全监测系统的基本信息、评估项目、评估方法、评估结果和建议等。

8.6 专项评估

8.6.1 当桥梁遭遇洪水时和洪水后,按下列规定进行专项评估:
  a) 分析洪水期间桥墩冲刷深度变化量及变化速率,当桥梁冲刷深度达到0.7倍设计值且变化速率较快时,建议及时采取桥梁封闭或限行措施,并进行专项检查;
  b) 应按8.2.3和8.2.4的规定分析在洪水期间桥梁结构整体和局部响应,并按8.4的规定进行安全一级评估;
  c) 当满足8.4.9规定时,应进行安全二级评估,宜按8.5.6和8.5.7的规定对桥梁结构状态进行评定。

8.6.2 当桥梁遭受漂流物或船舶撞击后,按下列规定进行专项评估:
  a) 分析靠近漂流物或船舶处桥墩底部、主梁、桥塔顶部船舶撞击后20s内的加速度响应绝对最大值、均方根值和频谱及加速度响应衰减规律;
  b) 分析漂流物或船舶撞击后20s内结构变形和位移等整体响应监测数据的绝对最大值、均方根值和频谱,分析支座反力、支座位移、应变和索力等结构局部响应监测数据的绝对最大值和均方根值,宜按8.4的规定进行安全一级评估;
  c) 按8.2.3f)的规定,选择漂流物或船舶撞击前后加速度监测数据进行模态分析,当模态参数发生明显变化时,宜按8.5.6的规定对桥梁结构状态进行评定;
  d) 当满足8.4.9规定时,应进行二级安全评估;漂流物或船舶撞击后应按8.5.2的规定修正桥梁有限元模型;按8.5.4和8.5.5的规定,利用修正桥梁有限元模型进行桥梁结构受力重分析和极限承载能力分析;宜按8.5.6和8.5.7的规定对桥梁结构状态进行评定,并进行专项检查。

8.6.3 当平均风速大于设计风速时,应按下列规定进行专项评估:
  a) 以10min为时间间隔,计算统计平均风速、风向、风攻角、湍流强度和脉动风速谱等风参数及其随时间的变化趋势;
  b) 以10min为时间间隔,计算分析在强风作用下桥梁主梁加速度幅值和均方根值:
    1) 当实测平均风速处于主梁涡振锁定区,且主梁振动加速度均方根值超过行车舒适度限值时,可判定桥梁发生涡激振动,应按8.5的规定进行安全二级评估;
    2) 当实测平均风速大于桥梁颤振临界风速,且桥梁主梁振动幅值随时间不断增大时,可判定桥梁发生颤振,应按8.5的规定进行安全二级评估;
  c) 以10min为时间间隔,计算分析在强风作用下桥梁主梁水平变形、塔顶偏位、索力等的最大值、

最小值和变化幅值及其随时间的变化趋势,并按8.4的规定进行安全一级评估;

d) 按8.2.3f)的规定,选择强风作用前后桥梁加速度的监测数据,以10min为时间间隔,计算桥梁的模态参数及其变化规律,分析桥梁模态参数与风参数之间的相关性;当桥梁模态参数在强风作用前后发生明显变化时,应对桥梁进行专项检查,确定桥梁模态参数变化原因,宜按8.5.6和8.5.7的规定对桥梁结构状态进行评估;

e) 计算桥梁主梁位移和加速度、索力和关键构件应变等数据与风参数(包括平均风速、风向、风攻角、湍流强度等)之间的相关性,分析风荷载作用下桥梁结构响应随风参数的变化规律。

8.6.4 当地震动水平加速度峰值大于设计E1地震作用加速度峰值时,按下列规定进行专项评估:

a) 地震动数据分析按8.2.2c)的规定进行,宜采用不同位置的三向地震动加速度数据分析地震动的行波效应特征;

b) 宜分析地震过程中桥梁加速度、变形、位移等整体响应数据的绝对最大值、均方根值和频谱,宜分析支座反力、支座位移、应变和索力等结构局部响应数据的绝对最大值和均方根值,并按8.4的规定进行安全一级评估;

c) 按8.2.3f)的规定,选择地震作用前后监测的加速度数据,分析桥梁结构模态参数,当模态参数发生明显变化时,宜按8.5.6和8.5.7的规定对桥梁结构状态进行评定;

d) 应将实测的地震动加速度时程输入修正有限元模型(跨径或总长大于500m的桥梁宜考虑地震动行波效应)进行结构动力分析,宜按8.5.6和8.5.7的规定对桥梁结构状态进行评定。

8.6.5 应根据流冰、车辆撞击、滑坡、泥石流、海啸、火灾、化学剂腐蚀和特殊车辆过桥等突发事件的具体情况分专业分项目进行专项评估。

8.6.6 专项评估桥梁异常应进行突发事件后桥梁专项检查。

8.6.7 专项评估报告应包括突发事件发生概况、桥梁和安全监测系统基本信息、评估项目、评估方法、评估结果和建议等内容。

9 系统集成及用户界面交互

9.1 一般规定

9.1.1 系统集成应根据监测系统整体要求,确保各个子系统和模块的兼容性、数据传输可靠性、系统整体稳定性、环境适应性、可扩展性与技术先进性。

9.1.2 系统集成应基于统一软件工具平台开发,硬件集成应考虑匹配性,并兼顾系统定期扩容的便捷性。

9.1.3 系统集成应采用网络技术,宜考虑有线网络和无线网络相结合,根据监测要求设计网络拓扑结构,宜采用TCP/IP参考模型。

9.1.4 用户界面交互应包括桥梁基本信息、系统信息、监测数据、数据采集和传输、数据处理和管理、安全预警及评估等静态和动态信息,用户界面应开放兼容、美观友好、操作便利。

9.2 系统集成

9.2.1 系统集成应采用模块化、单元化、标准化设计,确保软硬件模块无缝连接。

9.2.2 系统集成应考虑网络通信、环境适应性、防雷的要求,并考虑数据采集接口、通信接口和规约、供电接口等兼容性和匹配性,考虑以最优分配和可靠度最大为约束条件的可靠性和稳定性。

9.2.3 系统防雷应在桥梁整体防雷工程下进行,考虑强电防雷、弱电防雷和接地。

9.2.4 网络通信设备选型应考虑网络带宽和吞吐率、品牌和性价比、可扩展性、可靠性和稳定性等。

9.2.5 网络服务器可采用X86构架服务器,宜采用工作组服务器或部门级服务器。

9.2.6 综合布线应符合EIA/TIA-568和BS EN 50173的要求。

9.3 用户界面交互

9.3.1 用户界面交互软件模块宜根据监测要求综合考虑选择 Client/Server 模式、主机/终端模式以及 Browser/Server 模式。

9.3.2 用户界面交互软件模块应与各数据库无缝衔接,保证数据交换高效。

9.3.3 监测数据和实时预警信息应实时在线显示,并可将预警信息传送给桥梁管养指定机构。

9.3.4 传感器、数据采集和传输、数据处理和管理的设备信息应实时在线显示,并可对各模块功能参数进行在线设置和修改。

9.3.5 用户界面交互应设计有进入数据分析模块的通道,并有链接、存储、调用或显示各类评估结果、报告的接口。

9.3.6 用户界面交互考虑应采用加密、分级授权等网络安全措施,可通过互联网远程安全登录、查阅系统监测数据、报告。

ICS 93.040
P 28
备案号：

中华人民共和国交通运输行业标准

JT/T 1038—2016

斜拉索外置式黏滞阻尼器

External viscous fluid damper for stay cables

2016-02-02 发布　　　　　　　　　　　2016-04-10 实施

中华人民共和国交通运输部 发 布

JT/T 1038—2016

目　次

前言 ………………………………………………………………………………………………… 240
1　范围 …………………………………………………………………………………………… 241
2　规范性引用文件 ……………………………………………………………………………… 241
3　术语、定义和符号 …………………………………………………………………………… 241
4　分类、结构形式、规格和型号 ……………………………………………………………… 243
5　技术要求 ……………………………………………………………………………………… 245
6　试验方法 ……………………………………………………………………………………… 247
7　检验规则 ……………………………………………………………………………………… 248
8　标志、包装、运输和储存 …………………………………………………………………… 250
附录 A（规范性附录）　设计阻尼力试验 …………………………………………………… 251
附录 B（规范性附录）　耗能率试验 ………………………………………………………… 253
附录 C（规范性附录）　疲劳性能试验 ……………………………………………………… 254

前言

本标准按照 GB/T 1.1—2009 给出的规则起草。

本标准由全国交通工程设施(公路)标准化技术委员会(SAC/TC 223)提出并归口。

本标准起草单位:无锡市弘谷振控技术有限公司、重庆万桥交通科技发展有限公司、浙江大学、广东省公路勘察规划设计院股份有限公司、东南大学、南京长江第二大桥有限责任公司、中交第二公路工程局有限公司、中交第三公路工程局有限公司。

本标准主要起草人:顾黎娜、王鲁钧、李闯、段元锋、赵轶才、梁立农、陈炜锋、伍波、徐赵东、俞健、陈辉、薛涛、周仙通、周是今、杨永斌、蒋钢、胡翔、梁小光。

JT/T 1038—2016

斜拉索外置式黏滞阻尼器

1 范围

本标准规定了斜拉索外置式黏滞阻尼器的分类、结构形式、规格和型号、技术要求、试验方法、检验规则,以及标志、包装、运输和储存。

本标准适用于斜拉桥用斜拉索外置式黏滞阻尼器。其他工程结构拉索、吊索或吊杆用外置式黏滞阻尼器可参照使用。

2 规范性引用文件

下列文件对于本文件的应用是必不可少的。凡是注日期的引用文件,仅注日期的版本适用于本文件。凡是不注日期的引用文件,其最新版本(包括所有的修改单)适用于本文件。

GB/T 131　　产品几何技术规范(GPS)　技术产品文件中表面结构的表示法
GB/T 191　　包装储运图示标志
GB/T 197　　普通螺纹　公差
GB/T 228.1　金属材料　拉伸试验　第1部分:室温试验方法
GB/T 699　　优质碳素结构钢
GB/T 700　　碳素结构钢
GB/T 1184　形状和位置公差　未注公差值
GB/T 1220　不锈钢棒
GB/T 1591　低合金高强度结构钢
GB/T 1800.1　产品几何规范(GPS)　极限与配合　第1部分:公差、偏差和配合的基础
GB/T 1804　一般公差　未注公差的线性和角度尺寸的公差
GB/T 3077　合金结构钢
GB/T 4162　锻轧钢棒超声检测方法
GB/T 5777　无缝钢管超声波探伤检验方法
GB/T 7314　金属材料　室温压缩试验方法
GB/T 9163　关节轴承　向心关节轴承
GB/T 11379　金属覆盖层　工程用铬电镀层
GB/T 12332　金属覆盖层　工程用镍电镀层
GB 50205　钢结构工程施工质量验收规范
HG/T 2366　二甲基硅油
JT/T 722　公路桥梁钢结构防腐涂装技术条件

3 术语、定义和符号

3.1 术语和定义

下列术语和定义适用于本文件。

3.1.1
黏滞阻尼器 viscous fluid damper(VFD)
以黏滞材料为阻尼介质的被动速度相关型阻尼器,用于吸收、耗散外部输入能量。

3.1.2
斜拉索外置式黏滞阻尼器 external viscous fluid damper for stay cables
以黏滞阻尼器为耗能元件,通过连接钢构件将振动力从斜拉索传递到桥面,能抑制斜拉索面内面外振动的装置,主要用于斜拉索抗风雨振、参数共振、涡激振等机械振动。

3.1.3
初始长度 initial length
黏滞阻尼器活塞位于缸体内居中位置时,两端销轴孔的中心距。

3.1.4
设计行程 design stroke
黏滞阻尼器处于初始长度时,容许产生的最大伸长或缩短量。

3.1.5
设计阻尼力 design damping force
黏滞阻尼器在正常工作状态下产生的最大输出力。

3.1.6
目标振幅 target amplitude
斜拉索外置式黏滞阻尼器完成现场装配后,斜拉索容许产生的最大振幅。

3.1.7
对数衰减率 the decay rate of logarithmic
在自由振动衰减曲线中,任意两个相邻振幅之比的自然对数。

3.1.8
设计工作频率 design working frequency
黏滞阻尼器在正常工作状态下每秒钟可往复运动的次数。

3.1.9
最大工作行程 maximum working stroke
外置式黏滞阻尼器装配完成后,斜拉索振幅达到目标振幅最大值时,黏滞阻尼器行程的最大值。

3.2 符号

下列符号适用于本文件。
F——设计阻尼力,单位为千牛(kN);
f——加载频率,单位为赫兹(Hz);
L——斜拉索两锚固端锚垫板之间的距离,单位为米(m);
l——初始长度,单位为毫米(mm);
t——加载时间,单位为秒(s);
u——输入位移,单位为毫米(mm);
u_0——位移幅值,单位为毫米(mm);
X_c——斜拉索梁端锚固端锚垫板沿索长至斜拉索外置式黏滞阻尼器索箍间的距离,单位为米(m)。

4 分类、结构形式、规格和型号

4.1 分类

斜拉索外置式黏滞阻尼器(以下简称外置式黏滞阻尼器)按支撑架结构形式分为:
a) A型:支撑架垂直于桥面;
b) B型:支撑架垂直于拉索。

4.2 结构形式

4.2.1 外置式黏滞阻尼器主要由黏滞阻尼器和连接钢构件等组成。其中连接钢构件包括:索箍、水平杆、支撑架、斜撑管、销轴和连接螺栓等。外置式黏滞阻尼器结构示意见图1。

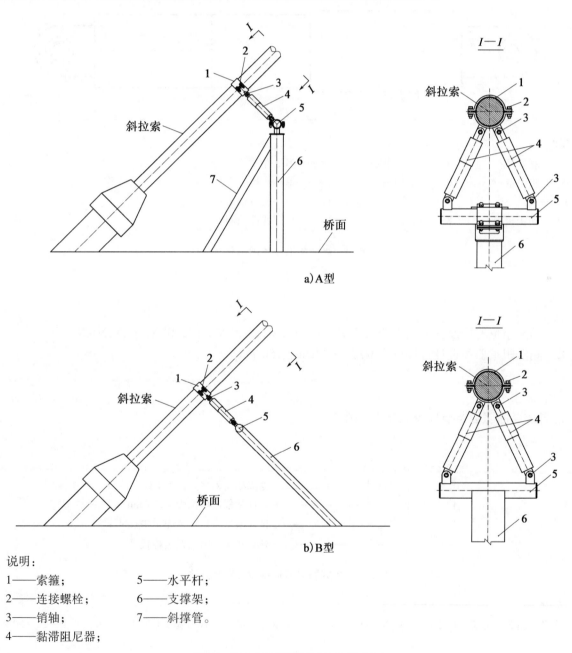

说明:
1——索箍;   5——水平杆;
2——连接螺栓;   6——支撑架;
3——销轴;   7——斜撑管。
4——黏滞阻尼器;

图1 外置式黏滞阻尼器结构示意图

4.2.2 黏滞阻尼器由缸体、活塞、活塞杆、阻尼介质、密封部件及连接件等组成。黏滞阻尼器结构示意见图2。

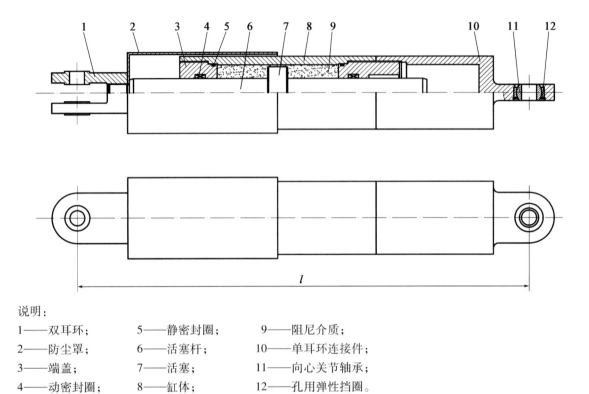

说明：
- 1——双耳环；
- 2——防尘罩；
- 3——端盖；
- 4——动密封圈；
- 5——静密封圈；
- 6——活塞杆；
- 7——活塞；
- 8——缸体；
- 9——阻尼介质；
- 10——单耳环连接件；
- 11——向心关节轴承；
- 12——孔用弹性挡圈。

图2 黏滞阻尼器结构示意图

4.3 规格

4.3.1 黏滞阻尼器按设计阻尼力分为7级：1kN，1.5kN，2.5kN，5kN，10kN，20kN，30kN。

4.3.2 黏滞阻尼器按设计行程分为两级：±30mm，±50mm。

4.4 型号

外置式黏滞阻尼器型号表示方法见图3。

图3 外置式黏滞阻尼器型号表示方法

示例：
外置式黏滞阻尼器设计阻尼力20kN，设计行程±50mm，支撑架结构形式B型，其型号表示为：EVFD—20×50×B。

5 技术要求

5.1 适用环境和使用期限

5.1.1 适用环境

温度 -35℃~80℃,相对湿度 0~100%。

5.1.2 使用期限

在正常使用和维护情况下,一般为 20 年。

5.2 外观及尺寸

5.2.1 外观

5.2.1.1 黏滞阻尼器
黏滞阻尼器表面应光洁,无毛刺,无机械损伤,无泄漏现象。

5.2.1.2 连接钢构件
外置式黏滞阻尼器连接钢构件应无锈蚀、毛刺、裂痕等缺陷,外表防腐涂层均匀,无漏涂、挂流等缺陷。

5.2.2 尺寸

5.2.2.1 黏滞阻尼器初始长度允许误差应在 $-2\%l \sim 2\%l$ 的范围内。
5.2.2.2 连接钢构件的尺寸公差不应低于 GB/T 1804 中 c 级的规定。
5.2.2.3 外置式黏滞阻尼器索箍装配位置 X_c 与 L 之比宜大于 0.023。

5.3 材料

5.3.1 钢材

5.3.1.1 黏滞阻尼器金属部件材料要求如下:
  a) 缸体、活塞和端盖采用不低于 45 号的优质碳素结构钢,应符合 GB/T 699 的规定,或采用合金结构钢,应符合 GB/T 3077 的规定;
  b) 活塞杆采用不低于 40Cr 的合金结构钢,应符合 GB/T 3077 的规定,或采用不低于 14Cr17Ni2 的不锈钢,应符合 GB/T 1220 的规定;
  c) 耳环和连接件采用不低于 20 号的优质碳素结构钢,应符合 GB/T 699 的规定,或采用不低于 Q235 的碳素结构钢,应符合 GB/T 700 的规定;
  d) 向心关节轴承应采用不低于 06Cr19Ni10 的不锈钢自润滑向心关节轴承,应符合 GB/T 1220 的规定;
  e) 孔用弹性挡圈应采用不低于 06Cr19Ni10 的不锈钢,应符合 GB/T 1220 的规定。

5.3.1.2 连接钢构件材料要求如下:
  a) 销轴采用不低于 20Cr13 的不锈钢,应符合 GB/T 1220 的规定;
  b) 索箍、水平杆、斜撑管和支撑架等钢构件,一般地区采用不低于 Q235 的碳素结构钢,应符合 GB/T 700 的规定;严寒地区采用不低于 Q345B 的低合金高强度结构钢,应符合 GB/T 1591 的规定。

5.3.2 阻尼介质

阻尼介质宜选用二甲基硅油,性能应符合 HG/T 2366 中"一等品"的规定。

5.4 力学性能

5.4.1 黏滞阻尼器

黏滞阻尼器力学性能应符合表1的要求。

表1 黏滞阻尼器力学性能要求

项 目	性 能 要 求
设计行程	实测值不应小于设计值
密封性能	黏滞阻尼器不应有泄漏
设计阻尼力	实测值偏差应在 $-15\%F \sim 15\%F$ 范围内
耗能率	黏滞阻尼器的耗能率应达到90%以上
疲劳性能	最大阻尼力变化率不应超过 ±15%,黏滞阻尼器在试验后无裂痕并具有稳定的阻尼特性及耐久性,密封系统不泄漏

5.4.2 斜拉索

5.4.2.1 桥梁装配外置式黏滞阻尼器后,斜拉索的目标振幅宜符合表2的要求。

表2 斜拉索目标振幅

斜拉索分类	中短索($L<250m$)	中长索($250m \leq L \leq 450m$)	超长索($L>450m$)
目标振幅	$L/1\,000$	$L/1\,400$	$L/1\,800$

5.4.2.2 桥梁装配外置式黏滞阻尼器后,斜拉索振动模态的对数衰减率宜大于3%。

5.5 工艺性能

5.5.1 黏滞阻尼器的机加工

5.5.1.1 缸体内表面和活塞杆表面尺寸公差不应低于 GB/T 1800.1 中 IT8 级的规定;未注尺寸公差不应低于 GB/T 1804 中 c 级的规定。

5.5.1.2 缸体内表面和活塞杆表面圆柱度不应低于 GB/T 1184 中 6 级的规定;其他未注形位公差不应低于 GB/T 1184 中 L 级的规定。

5.5.1.3 传递荷载的螺纹副,螺纹精度不应低于 GB/T 197 中 7H/6g 级的规定。

5.5.1.4 向心关节轴承外形尺寸及公差应符合 GB/T 9163 的规定。

5.5.1.5 黏滞阻尼器的活塞杆、缸体、活塞、端盖的配合面和摩擦面不应有凹坑、划痕等缺陷。缸体内表面粗糙度不应低于 GB/T 131 中 $Ra0.8$ 的规定;活塞杆表面粗糙度不应低于 GB/T 131 中 $Ra0.4$ 的规定。

5.5.1.6 黏滞阻尼器的活塞杆表面镀硬铬、镀镍或铬镍共镀,基底材料为合金钢时,镀层总厚度不应低于 $50\mu m$;基底材料为不锈钢时,镀层总厚度不宜低于 $40\mu m$。硬铬层的技术要求应符合 GB/T 11379 的规定,镍层的技术要求应符合 GB/T 12332 的规定。

5.5.2 黏滞阻尼器的装配

5.5.2.1 外购部件应有生产厂家提供的合格证明方可进行装配。
5.5.2.2 黏滞阻尼器各待装配金属部件均应洁净,无铁屑、毛刺、油污等杂物。
5.5.2.3 装配过程中应防止密封件损坏,密封件无划痕、碰伤及挤压变形等现象。
5.5.2.4 黏滞阻尼器缸体内应填充满阻尼介质。缸体密封后不应解封,若有特殊情况,应由生产厂家进行解封、重新填充和密封的操作。
5.5.2.5 装配完成后,向心关节轴承在任何方向上的转角不应小于3°。

5.5.3 外置式黏滞阻尼器的装配

外置式黏滞阻尼器宜采用现场装配,工艺性能要求如下:
a) 外置式黏滞阻尼器应对称于斜拉索投影面;其黏滞阻尼器的两对销轴孔间距应相同;黏滞阻尼器连接耳环应无卡阻现象;
b) 外置式黏滞阻尼器应与桥面可靠连接,其中焊缝应符合GB 50205中"三级焊缝"的规定。

5.5.4 防腐

外置式黏滞阻尼器成品所有外露表面均应进行防腐涂装,涂层配套体系和现场涂层质量应符合JT/T 722的相关规定。

6 试验方法

6.1 适用环境

采用温度计和湿度计进行测量。

6.2 外观及尺寸

外观及尺寸采用普通量具测量与目测结合进行综合评定。

6.3 材料

6.3.1 钢材

钢材性能试验方法应符合GB/T 228.1和GB/T 7314的规定;锻轧钢棒超声波检验方法应符合GB/T 4162的规定;无缝钢管超声波探伤检验方法应符合GB/T 5777的规定。

6.3.2 阻尼介质

6.3.2.1 取约50mL二甲基硅油倒入清洁、干燥、无色透明的100mL烧杯中,置于室内自然光下进行观察。
6.3.2.2 二甲基硅油的各项理化性能技术指标测定按HG/T 2366的规定进行。

6.4 力学性能

6.4.1 黏滞阻尼器

黏滞阻尼器的力学性能试验方法见表3。

表3 力学性能试验方法

项 目	试 验 方 法
设计行程	采用静力加载试验,即控制试验机的加载系统使黏滞阻尼器匀速缓慢运动,记录其运动的最大行程值
密封性能	采用拉压装置以60mm/s的最大速度、±10mm的位移幅值来回拉压10次
设计阻尼力	设计阻尼力试验见附录A
耗能率	耗能率试验见附录B
疲劳性能	疲劳性能试验见附录C

6.4.2 斜拉索

6.4.2.1 斜拉索目标振幅采用目测法进行检验。

6.4.2.2 外置式黏滞阻尼器装配完成后,应对斜拉索进行人工激励使斜拉索产生振动,同时测量斜拉索的自由衰减振动信号,通过对信号的处理,分析计算出其目标振动模态的对数衰减率。

6.5 工艺性能

6.5.1 黏滞阻尼器的机加工

6.5.1.1 尺寸公差用直尺、游标卡尺、角度尺等常规量具测量,形位公差用专用仪器和设备检测。

6.5.1.2 用螺纹量规、千分尺、万能工具显微镜等规定量具对螺纹精度进行检测。

6.5.1.3 用粗糙度检测仪器对金属部件粗糙度进行检测。

6.5.1.4 用金属镀层测厚仪对活塞杆镀层厚度进行检测。

6.5.2 黏滞阻尼器的装配

6.5.2.1 待装配金属部件、密封件表面质量采用目测法。

6.5.2.2 用角度尺对向心关节轴承的转角进行检测。

6.5.3 外置式黏滞阻尼器装配

6.5.3.1 外置式黏滞阻尼器的对称性、黏滞阻尼器长度和黏滞阻尼器连接耳环可动性的检验采用量具测量与目测进行综合评定。

6.5.3.2 外置式黏滞阻尼器的支撑架、斜撑管与桥面的连接采用焊角量规、钢尺等量具测量与目测结合进行综合评定。

6.5.4 防腐

外置式黏滞阻尼器防腐涂装检测方法按JT/T 722的规定进行。

7 检验规则

7.1 检验分类

检验分为原材料检验、型式检验和出厂检验。

7.1.1 原材料检验

原材料检验为部件加工用原材料及外协、外购件进厂时进行的验收检验。检验项目见表4。

表4 原材料检验

序号	检验项目	技术要求	试验方法	检验频次
1	钢材	5.3.1	6.3.1	每批1次
2	阻尼介质	5.3.2	6.3.2	每批1次

7.1.2 型式检验

有下列情况之一时,黏滞阻尼器应进行型式检验:
a) 新产品的试制定型鉴定;
b) 当原料、结构、工艺等有改变,对产品质量影响较大时;
c) 正常生产时,每5年检验1次;
d) 停产1年以上恢复生产时;
e) 国家质量监督机构提出型式检验要求时;
f) 因特殊需要要求进行型式检验时。

7.1.3 出厂检验

外置式黏滞阻尼器应经制造厂家质检部门检验合格并附合格证明书方准出厂。

7.2 检验项目

型式检验、出厂检验项目和频次见表5。

表5 型式检验和出厂检验项目和频次

序号	检验项目		技术要求	试验方法	型式检验	出厂检验	检验频次	
							型式检验	出厂检验
1	外观及尺寸		5.2	6.2	+	+	不少于2个	100%
2	黏滞阻尼器	设计行程	5.4.1	6.4.1	+	+		100%
3		密封性能	5.4.1	6.4.1	+	+		100%
4		设计阻尼力	5.4.1	6.4.1	+	—		/
5		耗能率	5.4.1	6.4.1	+	—		/
6		疲劳性能	5.4.1	6.4.1	+	—		/
7	外置式黏滞阻尼器[a]	斜拉索目标振幅	5.4.2.1	6.4.2.1	—	+	/	25%
8		斜拉索对数衰减率	5.4.2.2	6.4.2.2	—	+	/	25%
9		对称性和黏滞阻尼器长度	5.5.3a)	6.5.3.1	—	+	/	25%
10		连接可靠性	5.5.3b)	6.5.3.2	—	+	/	100%
11		防腐	5.5.4	6.5.4	—	+	/	20%
注:"+"表示要进行该项检验,"—"表示不进行该项检验,"/"表示无此项规定。								
[a] 出厂检验为现场装配后进行。								

7.3 判定规则

7.3.1 原材料检验

检验结果不符合本标准要求的原材料及外协、外购件不应使用。

7.3.2 型式检验

应全部符合本标准要求,否则为不合格。

7.3.3 出厂检验

出厂检验的判定规则如下:
a) 表5序号1、2、3的检验项目中有一项不符合标准要求,则该件产品应判为不合格产品,不应出厂;
b) 表5序号7、8的检验项目中有一项不符合标准要求,应对该不符合要求斜拉索的外置式黏滞阻尼器进行调整,然后再进行检验,如检验合格则判定该批产品合格。如仍不符合要求,则应对所有的斜拉索进行检验,通过整修直至所有项目全部合格;
c) 表5序号9~11的检验项目全部合格,则该批产品为合格,当检验项目中有不合格项,则应对不合格的外置式黏滞阻尼器进行整修,直至检验合格。

8 标志、包装、运输和储存

8.1 标志

8.1.1 在外置式黏滞阻尼器明显部位应有清晰永久的标志并包含以下内容:
a) 产品名称、型号;
b) 基本参数;
c) 商标;
d) 出厂编号;
e) 出厂日期;
f) 制造厂名;
g) 执行标准号。

8.1.2 包装箱外部明显位置上应有有关字样和标志,有关标志的图式符号应符合 GB/T 191 的规定。

8.2 包装

8.2.1 黏滞阻尼器、索箍、水平杆等宜采用箱式包装,支撑架和斜撑管宜采用捆扎包装,或按用户要求包装;包装应可靠、安全且便于运输和搬运。

8.2.2 包装发货的每箱产品中应具备下列文件:
a) 产品使用说明书;
b) 产品合格证;
c) 装箱单。

8.3 运输

运输过程中应注意防雨、防潮和防晒,严禁与有腐蚀性的化学品混运接触,并不得磕碰、超高码放。

8.4 储存

产品应储存在干燥、通风、无腐蚀性气体,并远离热源的场所。

附 录 A
（规范性附录）
设计阻尼力试验

A.1 试样

黏滞阻尼器设计阻尼力试验采用本体进行。

A.2 试验方法

试验按下列步骤进行：
a) 设计阻尼力试验应在(23 ± 5)℃环境温度下进行；
b) 黏滞阻尼器试验设备及连接方式见图 A.1，根据试验设备选择连接方式，但需与实际工况相吻合并避免对测试精度造成不利影响；

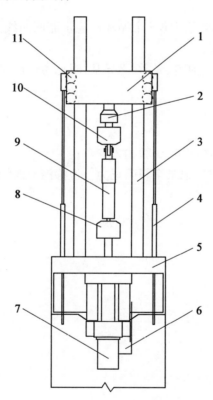

说明：
1——横梁；
2——载荷传感器；
3——立柱；
4——横梁驱动器；
5——主机工作台；
6——位移传感器；
7——加载驱动器；
8——下夹头；
9——试样；
10——上夹头；
11——锁紧油缸。

图 A.1 试验设备及连接方式示意

c) 对试样加载，进行 10 次完整位移循环运动；
d) 采用正弦波加载，见图 A.2，加载位移 u 按式（A.1）计算；

$$u = u_0 \sin(2\pi f t) \tag{A.1}$$

e) 加载频率 f 为设计工作频率，加载幅值 u_0 不小于最大工作行程。

251

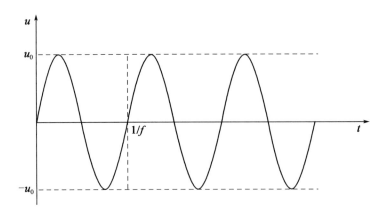

图 A.2 正弦波波形

A.3 试验过程与数据

试验过程与数据应满足下列要求：
a) 阻尼力实测值选取最大速度时第 5 个循环后稳定滞回曲线上最大力值，拉伸和压缩两个方向分别取值，均应满足要求；
b) 阻尼力—位移滞回曲线应饱满、光滑，无异常；阻尼力—位移滞回曲线应全程连续记录。

A.4 试验报告

试验报告应包括以下内容：
a) 环境温度、试验设备、试样规格、试验输入参数；
b) 描述试验过程及试验结果，记录全程阻尼力—位移滞回曲线以及试验过程中的异常情况。

附 录 B
（规范性附录）
耗能率试验

B.1 试样

黏滞阻尼器耗能率试验采用本体进行。

B.2 试验方法

试验按下列步骤进行：
a) 耗能率试验应在(23 ± 5)℃的环境温度下进行；
b) 试验设备对试样加载见图 A.1，进行 10 次完整位移循环运动；
c) 采用正弦波加载见图 A.2，加载位移 u 按式（A.1）计算；
d) 加载频率 f 为设计工作频率，加载幅值 u_0 不小于最大工作行程。

B.3 试验过程与数据

试验过程与数据应满足下列要求：
a) 阻尼力—位移滞回曲线应饱满、光滑、无异常，记录全程阻尼力—位移滞回曲线；
b) 选取最大速度时第 5 个循环后稳定的阻尼力—位移滞回曲线，通过计算滞回曲线所包络面积与所对应最大矩形面积的比值，得出耗能率值；
c) 试验结束后试样无泄漏、部件损坏现象。

B.4 试验报告

试验报告应包括下列内容：
a) 环境温度、试验设备、试样规格、试验输入参数；
b) 描述试验过程及试验结果，记录全程阻尼力—位移滞回曲线以及试验过程中的异常情况。

附 录 C
（规范性附录）
疲劳性能试验

C.1 试样

黏滞阻尼器疲劳性能试验采用本体进行。

C.2 试验方法

试验按下列步骤进行：
a) 采用正弦波加载，见图 A.2，加载位移 u 按式（A.1）计算；
b) 加载频率 f 不小于1Hz，加载幅值 u_0 为 ±5mm；
c) 试验设备对试样加载见图 A.1，进行 200 000 次完整位移循环运动；
d) 对试样温度进行监测，超出 5.1.1 的温度范围时应暂停试验。

C.3 试验过程与数据

试验过程与数据应满足下列要求：
a) 试验过程中黏滞阻尼器应运行平稳，无卡滞；
b) 记录阻尼力—位移滞回曲线，数量不少于 500 个，应包括第 10 000 次循环和第 190 000 次循环；
c) 计算第 10 000 次循环和第 190 000 次循环最大阻尼力的变化率；
d) 试验结束后试样无泄漏、部件损坏现象。

C.4 试验报告

试验报告应包括下列内容：
a) 环境温度、试验设备、试样规格、试验输入参数；
b) 描述试验过程及试验结果，记录阻尼力—位移滞回曲线以及试验过程中的异常情况。

ICS 93.040
P 28
备案号：

中华人民共和国交通运输行业标准

JT/T 1039—2016

公路桥梁聚氨酯填充式伸缩装置

Polyurethane plug expansion and contraction installation
for highway bridges

2016-02-02 发布　　　　　　　　　　　　　　　　2016-04-10 实施

中华人民共和国交通运输部　　发 布

JT/T 1039—2016

目　次

前言 ……………………………………………………………………………………………………… 258

引言 ……………………………………………………………………………………………………… 259

1 范围 …………………………………………………………………………………………………… 261

2 规范性引用文件 ……………………………………………………………………………………… 261

3 术语和定义 …………………………………………………………………………………………… 262

4 结构形式、型号及规格 ……………………………………………………………………………… 262

5 技术要求 ……………………………………………………………………………………………… 264

6 试验方法 ……………………………………………………………………………………………… 266

7 检验规则 ……………………………………………………………………………………………… 268

8 标志、包装、运输和储存 …………………………………………………………………………… 270

附录 A（规范性附录）　整体性能试验方法 ………………………………………………………… 271

附录 B（规范性附录）　聚氨酯填充式伸缩装置安装要点 ………………………………………… 273

前 言

本标准按照 GB/T 1.1—2009 给出的规则起草。

本标准由全国交通工程设施(公路)标准化技术委员会(SAC/TC 223)提出并归口。

本标准起草单位:成都市新筑路桥机械股份有限公司、上海城市建设设计研究总院、四川省交通运输厅公路规划勘察设计研究院。

本标准主要起草人:黄菲、张松、熊劲松、焦洪林、游珏涛、周良、闫兴非、李雪峰、江大兴。

引 言

本标准的发布机构提请注意,声明符合本文件时,可能涉及4.1中有关结构形式的相关专利的使用。

本标准的发布机构对于该专利的真实性、有效性和范围无任何立场。

专利持有人已向本标准的发布机构保证,他愿意同任何申请人在合理且无歧视的条款和条件下,就专利授权许可进行谈判。该专利持有人的声明已在本标准的发布机构备案。相关信息可通过以下联系方式获得:

专利持有人:成都市新筑路桥机械股份有限公司

地址:四川省成都市新津县兴园3路99号

邮编:611430

请注意除上述专利外,本标准的某些内容仍可能涉及专利。本标准的发布机构不承担识别这些专利的责任。

公路桥梁聚氨酯填充式伸缩装置

1 范围

本标准规定了公路桥梁聚氨酯填充式伸缩装置的产品型号及结构形式、技术要求、试验方法、检验规则,以及标志、包装、运输和储存。

本标准适用于伸缩量为 0～100mm 的公路桥梁聚氨酯填充式伸缩装置,其他结构工程可参照使用。

2 规范性引用文件

下列文件对于本文件的应用是必不可少的。凡是注日期的引用文件,仅注日期的版本适用于本文件。凡是不注日期的引用文件,其最新版本(包括所有的修改单)适用于本文件。

GB/T 528	硫化橡胶或热塑性橡胶拉伸应力应变性能的测定
GB/T 529	硫化橡胶或热塑性橡胶撕裂强度的测定(裤形、直角形和新月形试样)
GB/T 606	化学试剂 水分测定通用方法 卡尔·费休法
GB/T 700	碳素结构钢
GB/T 1682	硫化橡胶低温脆性的测定 单试样法
GB/T 3077	合金结构钢
GB/T 4472	化工产品密度、相对密度的测定
GB/T 6031	硫化橡胶或热塑性橡胶硬度的测定(10～100IRHD)
GB/T 6283	化工产品中水分含量的测定 卡尔·费休法(通用方法)
GB/T 7760	硫化橡胶或热塑性橡胶与硬质板材粘合强度的测定卡尔·费休法(通用方法)90°剥离法
GB/T 12008.4	塑料 聚醚多元醇 第4部分:钠和钾的测定方法
GB/T 12008.6	塑料 聚醚多元醇 第6部分:不饱和度的测定
GB/T 12008.7	塑料 聚醚多元醇 第7部分:黏度的测定
GB/T 12009.3	塑料 多亚甲基多苯基异氰酸酯 第3部分:黏度测定方法
GB/T 12009.4	多亚甲基多苯基异氰酸酯中异氰酸根含量测定方法
GB/T 13477.3	建筑密封材料试验方法 第3部分:使用标准器具测定密封材料挤出性的方法
GB/T 13477.8	建筑密封材料试验方法 第8部分:拉伸粘结性的测定
GB/T 13912	金属覆盖层 钢铁制件热浸锌镀锌层技术要求及试验方法
GB/T 16777	建筑防水涂料试验方法
GB/T 18244	建筑防水材料老化试验方法
GB/T 18684	锌铬涂层 技术条件
GB/T 19250	聚氨酯防水涂料
HG/T 2409	聚氨酯预聚体中异氰酸酯基含量的测定
HG/T 3711	硫化剂 MOCA
JT/T 327	公路桥梁伸缩装置
JTG F80/1	公路工程质量检验评定标准 第一册 土建工程

3 术语和定义

JT/T 327中所确定的以及下列术语和定义适用于本文件。

3.1

聚氨酯填充式伸缩装置 polyurethane plug expansion and contraction installation

由聚氨酯弹性材料和钢构件组成的填充式伸缩装置。

3.2

聚氨酯伸缩体 polyurethane expansion and contraction body

聚氨酯填充式伸缩装置中能承担拉伸、压缩等变形的聚氨酯弹性材料部分。

3.3

竖向变形 vertical deformation

聚氨酯填充式伸缩装置被拉伸或压缩时,在垂直于行车面方向上发生的变形。

3.4

稳定元件 stabilizing component

为保证聚氨酯填充式伸缩装置不产生过大竖向变形而设置的部件。

4 结构形式、型号及规格

4.1 结构形式

聚氨酯填充式伸缩装置(以下简称伸缩装置)由聚氨酯伸缩体、稳定元件、折弯钢板、锚固螺栓、垫块、盖板等组成,当伸缩量不大于40mm时不设置稳定元件。伸缩装置结构示意见图1,稳定元件结构示意见图2。

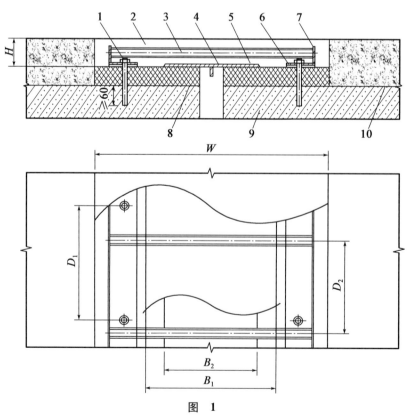

图 1

说明:
1——锚固螺栓;　　　　5——隔离膜;　　　　　9——梁体;　　　　　　D_1——锚固螺栓间距;
2——聚氨酯伸缩体;　　6——垫板;　　　　　　10——路面(桥面)铺装;　D_2——稳定元件间距;
3——稳定元件;　　　　7——折弯钢板;　　　　B_1——不黏结宽度;　　H——聚氨酯伸缩体厚度;
4——盖板;　　　　　　8——混凝土找平层;　　B_2——盖板宽度;　　　W——聚氨酯伸缩体宽度。

图 1　伸缩装置结构示意图

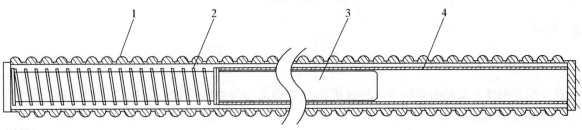

说明:
1——密封隔离层;　　3——轴;
2——螺旋弹簧;　　　4——套筒。

图 2　稳定元件结构示意图

4.2　型号

伸缩装置型号表示方法如下:

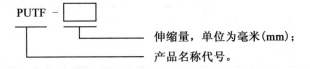

示例:
伸缩量为60mm的聚氨酯填充式桥梁伸缩装置,其型号表示为PUTF-60。

4.3　规格

伸缩装置规格见表1。

表 1　伸缩装置规格　　　　　　　　　　　单位为毫米

型 号	伸缩量	伸缩体 厚度(H)	伸缩体 宽度(W)	不黏结宽度 (B_1)	盖板宽度 (B_2)	锚固螺栓间距 (D_1)	稳定元件间距 (D_2)
PUTF-10	10	35	250	60	60	250	—
PUTF-20	20	40	300	90	80	250	—
PUTF-30	30	50	350	140	120	250	—
PUTF-40	40	60	400	170	130	250	—
PUTF-50	50	60	450	200	140	250	200
PUTF-60	60	60	500	250	160	250	200
PUTF-70	70	60	550	300	180	250	200
PUTF-80	80	60	650	400	200	250	200
PUTF-90	90	60	750	500	220	250	200
PUTF-100	100	60	850	600	250	250	200

5 技术要求

5.1 外观

伸缩装置表面应平整、无明显的孔隙,边缘线条平滑、整齐,颜色应均匀、美观,符合 JTG F80-1 的规定。

5.2 材料

5.2.1 聚氨酯伸缩体原材料

聚氨酯伸缩体主要是由聚醚多元醇和扩链剂等助剂与异氰酸酯按一定配合比经加成反应聚合而成,主要原材料性能应符合表2的要求。

表2 聚氨酯伸缩体主要原材料性能

种 类	检 验 项 目	单 位	技 术 指 标
聚醚多元醇	水分含量	%	≤0.05
	钾钠离子含量	mol/kg	≤3
	不饱和度	mol/kg	≤0.05
扩链剂	纯度	%	≥99
异氰酸酯	纯度	%	≥99

5.2.2 聚氨酯伸缩体浇注料

聚氨酯伸缩体原材料经合成后以 A、B 两种组分液态浇注料的形式进行分装后出厂,现场安装时将两种组分按一定配比进行充分混合后再进行浇注,A、B 组分性能应符合表3的要求。

表3 聚氨酯伸缩体浇注料 A、B 组分性能

组 分	检 验 项 目	单 位	技 术 指 标
A	黏度(25℃)	mPa·s	≤5 000
	密度(25℃)	g/cm³	1.5 ± 0.3
	含水率	%	≤0.05
B	黏度(25℃)	mPa·s	≤900
	密度(25℃)	g/cm³	1.2 ± 0.3
	NCO 含量	%	≤10.0 ± 2

5.2.3 聚氨酯伸缩体

聚氨酯伸缩体浇注料 A、B 两种组分在按比例均匀混合后发生聚合反应,逐渐由液态固化为固态的

聚氨酯伸缩体,聚氨酯伸缩体的物理力学性能应符合表4的要求。

表4 聚氨酯伸缩体物理力学性能

序号	项 目		单 位	要 求
1	固体含量		%	≥99.5
2	硬度		IRHD	65±5
3	定伸弹性模量		MPa	≤2.5
4	拉伸强度		MPa	≥10
5	扯断伸长率		%	≥650
6	撕裂强度		N/mm	≥15
7	低温脆性		℃	≤-50
8	与表面经防锈处理钢板的黏结剥离强度	-40℃±2℃	N/mm	≥8
		23℃±2℃		
		60℃±2℃		
9	与混凝土的黏结拉伸强度	-40℃±2℃	MPa	≥1.5
		23℃±2℃		
		60℃±2℃		
10	流平性		—	光滑平整
11	适用期		h	≥0.5
12	表干时间		h	≤2
13	实干时间		h	≤12
14	人工气候老化	外观	—	无裂纹
		硬度	IRHD	±5
		拉伸强度	%	±20%
		扯断伸长率	%	±20%

5.2.4 钢材

5.2.4.1 折弯钢板、盖板材质不应低于Q235B,其性能应符合GB/T 700的规定。

5.2.4.2 稳定元件中轴和套筒材质不应低于Q235B,其性能应符合GB/T 700的规定。

5.2.4.3 锚固螺栓采用合金结构钢,其性能应符合GB/T 3077的规定。

5.3 加工工艺

5.3.1 盖板、折弯钢板、锚固螺栓

5.3.1.1 盖板、折弯钢板外观应光洁、平整、无锈蚀,表面不应有深度大于0.3mm的凹坑、麻点、裂纹、结疤、毛刺和机械损伤。

5.3.1.2 盖板、折弯钢板厚度不应小于8mm,尺寸偏差应符合表5的要求。

表 5 尺寸偏差要求

单位为毫米

类　　别	长度偏差	宽度偏差	厚度偏差	开孔中距偏差
折弯钢板	±1	±1	±0.5	±0.3
盖　板	±1	±1	±0.5	—

5.3.1.3 盖板加工完成后应按 GB/T 13912 的规定进行表面金属涂装，涂层厚度不应小于 80μm。

5.3.1.4 折弯钢板加工完成后应按 GB/T 18684 的规定进行表面金属涂装。

5.3.1.5 锚固螺栓直径不应小于 12mm。

5.3.2 稳定元件

5.3.2.1 稳定元件轴直径不应小于 10mm，套筒壁厚不应小于 2mm。

5.3.2.2 稳定元件轴向压缩后应能自如回弹到自由状态，自由状态下的长度应大于两侧折弯钢板之间的最大设计距离，达到最大压缩量时的长度应小于两侧折弯钢板之间的最小设计距离。

5.3.2.3 稳定元件密封隔离层应具有良好的柔性，能够适应稳定元件的伸缩运动，在聚氨酯伸缩体浇注料固化前不发生破损，并且在与轴和套筒端部的连接位置应密封良好，确保聚氨酯伸缩体浇注料无法渗入。

5.4 整体性能

伸缩装置整体性能要求见表6。

表 6 伸缩装置整体性能要求

序号	项　　目	要　　求
1	拉伸和压缩时最大竖向变形	≤6mm
2	拉伸/压缩性能	聚氨酯伸缩体黏结无破坏
3	疲劳性能	聚氨酯伸缩体黏结无破坏
4	防水性能	注满水24h无渗漏

6 试验方法

6.1 外观

外观质量采用目测法，观察伸缩装置的表面情况。

6.2 材料

6.2.1 聚氨酯伸缩体原材料

6.2.1.1 多元醇水分含量按 GB/T 6283 规定的试验方法进行。

6.2.1.2 多元醇钾钠离子含量按 GB/T 12008.4 规定的试验方法进行。

6.2.1.3 多元醇不饱和度按 GB/T 12008.6 规定的试验方法进行。

6.2.1.4 扩链剂纯度按 HG/T 3711 规定的试验方法进行。

6.2.1.5 异氰酸酯纯度按 GB/T 12009.4 规定的试验方法进行。

6.2.2 聚氨酯伸缩体浇注料

6.2.2.1 A组分黏度按 GB/T 12008.7 规定的试验方法进行。

6.2.2.2 A组分密度按 GB/T 4472 规定的试验方法进行。

6.2.2.3 A组分含水率按 GB/T 606 规定的试验方法试验进行。

6.2.2.4 B组分黏度按 GB/T 12009.3 规定的试验方法进行。

6.2.2.5 B组分密度按 GB/T 4472 规定的试验方法进行。

6.2.2.6 B组分 NCO 含量按 HG/T 2409 规定的试验方法进行。

6.2.3 聚氨酯伸缩体

6.2.3.1 使用与产品相同的原料和配方制作试样进行聚氨酯伸缩体物理机械性能试验。

6.2.3.2 标准试验条件为:温度(23 ± 2)℃,相对湿度(60 ± 15)%。

6.2.3.3 固体含量应按 GB/T 19250 规定的试验方法进行。

6.2.3.4 硬度应按 GB/T 6031 规定的试验方法 N 进行。

6.2.3.5 定伸弹性模量以伸长率为100%时的强度表示,按 GB/T 528 规定的试验方法进行,使用1型哑铃状试样。

6.2.3.6 拉伸强度和扯断伸长率应按 GB/T 528 规定的试验方法进行,使用1型哑铃状试样。

6.2.3.7 撕裂强度应按 GB/T 529 规定的试验方法 A 进行,使用裤形试样。

6.2.3.8 低温脆性应按 GB/T 1682 规定的试验方法进行。

6.2.3.9 与表面经防锈处理钢板的黏结剥离强度应按 GB/T 7760 规定的试验方法进行,−40℃和60℃下的测试应在配备了温度箱的拉伸试验机中进行,试样测试前应在测试环境温度放置24h以上。

6.2.3.10 与混凝土拉伸黏结强度应按 GB/T 13477.8 规定的试验方法,使用水泥砂浆板,并按 A 法处理试件进行试验,−40℃和60℃下的测试应在配备了温度箱的拉伸试验机中进行,试样测试前应在测试环境温度放置24h以上。

6.2.3.11 流平性采用目测法,观察试样流动时的表面情况。

6.2.3.12 适用期应按 GB/T 13477.3 中 A 法规定的试验方法进行。

6.2.3.13 表干时间应按 GB/T 16777 规定的试验方法进行。

6.2.3.14 实干时间应按 GB/T 16777 规定的试验方法进行。

6.2.3.15 人工气候老化应将试样放入符合 GB/T 18244 规定的氙弧灯老化试验箱中,试验累计辐照能量为1 500MJ/m^2(约720h)后取出,擦干,在标准试验条件下放置4h。外观使用目测法观察试样表面情况;硬度按6.2.3.4规定的试验要求进行;拉伸强度和扯断伸长率按6.2.3.6规定的试验要求进行。

6.3 加工工艺

6.3.1 盖板、折弯钢板

6.3.1.1 采用目测法观察盖板、折弯钢板的外观情况。

6.3.1.2 使用钢尺、卡尺测量盖板、折弯钢板的厚度和尺寸偏差。

6.3.1.3 盖板金属涂装质量应按 GB/T 13912 规定的方法进行。

6.3.1.4 折弯钢板金属涂装质量应按 GB/T 18684 规定的方法进行。

6.3.2 稳定元件

使用卡尺测量轴的直径和套筒的壁厚,使用钢尺测量稳定元件长度,采用目测法观察稳定元件的伸缩和密封性能。

6.4 整体性能

伸缩装置的整体性能试验应按附录A的要求进行。

7 检验规则

7.1 检验分类

7.1.1 进厂原材料检验

伸缩装置加工用原材料进厂时,应进行验收检验。

7.1.2 型式检验

有下列情况之一时,应进行型式检验:
a) 新产品或老产品转厂生产的试制定型鉴定;
b) 正常生产后,配方、工艺、材料有改变,影响产品性能时;
c) 产品停产1年以上,恢复生产时;
d) 正常生产连续3年或单一品种累计质量超过1 000t时;
e) 重要桥梁工程或用量较大的桥梁工程用户提出要求时;
f) 国家质量监督机构要求或颁发产品生产许可证时。

7.1.3 出厂检验

伸缩装置每批产品交货前应进行检验。出厂检验应由工厂质检部门进行,确认合格后方可出厂。出厂时应附有产品质量合格证明文件和整体性能检验报告,并附有安装使用注意事项及说明书。

7.2 检验项目

进厂原材料检验、型式检验和出厂检验项目及频次按表7的要求进行。

表7 进厂原材料检验、出厂检验和型式检验项目及频次

检验项目		技术要求	试验方法	进厂检验	型式检验	出厂检验	检验频次
聚醚多元醇	水分含量	5.2.1	6.2.1.1	+	—	—	每批原料随机测3组
	钠离子含量		6.2.1.2	+	—	—	
	不饱和度		6.2.1.3	+	—	—	
扩链剂	纯度		6.2.1.4	+	—	—	
异氰酸酯	纯度		6.2.1.5	+	—	—	
聚氨酯伸缩体浇注料A组分	黏度	5.2.2	6.2.2.1	—	+	+	每批
	密度		6.2.2.2	—	+	+	
	含水率		6.2.2.3	—	+	+	
聚氨酯伸缩体浇注料B组分	黏度		6.2.2.4	—	+	+	
	密度		6.2.2.5	—	+	+	
	NCO含量		6.2.2.6	—	+	+	

表7(续)

检验项目		技术要求	试验方法	进厂检验	型式检验	出厂检验	检验频次
聚氨酯伸缩体试样	外观	5.1	6.1	—	+	+	每道
	固体含量	5.2.3	6.2.3.3	—	+	+	每批测3组
	硬度		6.2.3.4	—	+	+	
	定伸弹性模量		6.2.3.5	—	+	+	
	拉伸强度		6.2.3.6	—	+	+	
	扯断伸长率		6.2.3.6	—	+	+	
	撕裂强度		6.2.3.7	—	+	+	
	低温脆性		6.2.3.8	—	+	+	
	与表面经防锈处理钢板的黏结剥离强度		6.2.3.9	—	+	—	
	与混凝土的黏结拉伸强度		6.2.3.10	—	+	—	
	流平性		6.2.3.11	—	+	+	
	适用期		6.2.3.12	—	+	+	
	表干时间		6.2.3.13	—	+	+	
	实干时间		6.2.3.14	—	+	+	
	人工气候老化		6.2.3.15	—	+	—	
加工工艺	盖板、折弯钢板	5.3.1	6.3.1	—	+	+	每批随机测3件
	稳定元件	5.3.2	6.3.2	—	+	+	每件
整体性能	拉伸和压缩时的最大竖向变形	5.4	6.4	—	+	—	每批1件
	极限拉伸性能			—	+	—	
	疲劳性能			—	+	—	
	防水性能			—	+	—	
注:"+"为检验项目;"—"为非检验项目。							

7.3 判定规则

7.3.1 进厂原材料检验应全部项目合格后方可使用,不合格材料不应用于生产。

7.3.2 型式检验时,符合表6的全部要求为合格。若检验项目有一项不合格,则应重新制作试样,对不合格项目进行复检,若仍不合格,则判定为不合格。

7.3.3 出厂检验时,若有一项指标不合格,则应从该批产品中再随机抽取双倍数目的试样,对不合格项目进行复检,若仍不合格则判定该批产品不合格。

8 标志、包装、运输和储存

8.1 标志

伸缩装置应埋设永久性标志牌,其内容包括商标、生产厂名、产品名称、规格型号、批号、生产日期。

8.2 包装

8.2.1 伸缩装置中钢部件应根据分类、规格及货运质量规定成套捆扎包装,包装应平整、牢固可靠,如有特殊要求,可由厂方与用户协商确定。

8.2.2 聚氨酯伸缩体浇注料应按不同组分分开灌装在铁桶中,灌装后密封,每个桶身应注明其内灌装的是何种组分。

8.2.3 产品出厂时制造商应向用户提供产品合格证及产品技术文件,内容包括:
  a) 规格、体积、质量、出厂日期;
  b) 安装说明(参见附录B)。

8.2.4 技术文件应用塑料薄膜装袋封口附在产品包装中。

8.3 运输和储存

8.3.1 产品在运输中,应避免阳光直接曝晒、雨淋、雪浸,并应保持清洁,防止剧烈振动和磕碰变形,禁止与腐蚀性物质相接触,注意防火、防潮。

8.3.2 伸缩装置用材料应存放整齐、保持清洁,保持库房干燥通风,严禁与酸、碱、油类、有机溶剂等相接触,不应露天堆放,应距离热源20m以上。

附 录 A
（规范性附录）
整体性能试验方法

A.1 试样

A.1.1 整体性能试验所使用的试样，应包含金属结构件、混凝土基础及聚氨酯伸缩体；试样按产品设计位移量的结构及尺寸制作（见表1），试样长度不宜小于300mm（见图 A.1），需要设置稳定元件时，稳定元件个数不得少于两个。

A.1.2 试样聚氨酯伸缩体在浇注完成后，自表干时算起，需在23℃±5℃下放置5d以上，再进行试验。

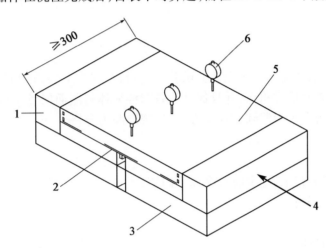

说明：
1——固定端；　　　4——作动器加载；
2——金属结构件；　5——聚氨酯伸缩体；
3——混凝土基础；　6——百分表。

图 A.1 整体性能试验示意图

A.2 试验仪器

A.2.1 试验机应具备以下功能：微机控制，能够自动、平稳连续加载、卸载，无冲击和颤动现象，可自动采集数据、储存，并能绘制和打印应力—应变曲线。

A.2.2 测量聚氨酯伸缩体竖向变形量的百分表量程不应小于10mm，分度值为0.01mm。

A.3 试验方法

A.3.1 试验准备

将试样一端固定，另一端作为活动端与试验机作动器相连接，并注意对活动端采取竖向限位措施，防止由于聚氨酯伸缩体受压时竖向失稳引起活动端翘起；连接时注意保证作动器轴心线对准伸缩体轴心线；连接完后在聚氨酯伸缩体表面沿中间线均匀布置3只百分表（见图 A.1）。

A.3.2 拉伸试验

以0.05mm/s的加载速度对试样施加拉伸载荷，达到最大设计拉伸位移量时，保持载荷300s，读取百分表数据，然后匀速卸载至0位移，再以相同的方法重新加载两次，采集数据并绘制应力—应变曲线、计算百分表读数平均值。试验完成后观察伸缩体以及各黏结界面的情况。

A.3.3 压缩试验

以0.05mm/s的加载速度对试样施加压缩载荷,达到最大设计压缩位移量时,保持载荷300s,读取百分表数据,然后匀速卸载至0位移,再以相同的方法重新加载两次,采集数据并绘制应力—应变曲线、计算百分表读数平均值。试验完成后观察伸缩体以及各黏结界面的情况。

A.3.4 疲劳试验

疲劳试验分为低周疲劳试验和高周疲劳试验,低周疲劳试验按设计最大拉伸、压缩位移量,进行10次拉伸—压缩循环加载,加载速度0.05mm/s;高周疲劳测试按设计最大拉伸、压缩位移量的30%进行5000次拉伸—压缩循环加载,加载速度为0.5mm/s。试验完后观察聚氨酯伸缩体及各黏结界面是否完好。

A.3.5 防水性能试验

伸缩装置节段试样防水性能试验应在疲劳试验后进行,在试样上表面四周放置挡水条并封堵后向围成区域内注水,使试样表面形成积水,并且保证聚氨酯伸缩体与路面层黏结位置上方的水深在50mm以上,保持24h后观察是否有水渗漏到试样下方,未出现渗漏为合格。

A.4 试验记录

试验结束后应保留试验记录,至少应包含以下内容:
a) 产品名称、规格型号;
b) 制造商、委托人;
c) 送样日期、试验日期;
d) 试验条件;
e) 试样的情况描述:聚氨酯伸缩体的尺寸(长、宽、高);
f) 试样的设计位移量(总位移、拉伸位移、压缩位移);
g) 试样拉伸、压缩试验的应力—应变曲线;
h) 试样拉伸、压缩试验中各百分表的竖向变形读数及平均值;
i) 极限拉伸、疲劳及防水试验后聚氨酯伸缩体及黏结面的状态描述;
j) 试验照片或视频。

附 录 B
（规范性附录）
聚氨酯填充式伸缩装置安装要点

B.1 安装准备

B.1.1 安装应在伸缩体浇注料制备好后5个月内进行，伸缩体浇注料存放超过5个月则应重新制备，包装已经开启的浇注料，存放超过1个月则不宜使用。

B.1.2 安装前应按设计图提供的尺寸，核对梁、板端部及桥台处安装伸缩装置的预留槽的尺寸。在无特殊要求时，预留槽尺寸应符合表1的要求；同时应检查核对梁、板与桥台间的间隙与设计值是否一致，若不符合设计要求，应首先处理，满足设计要求后方可安装伸缩装置。

B.1.3 伸缩装置安装时环境温度不宜超出5℃~30℃，湿度不宜超过90%，预留槽界面水分含量不宜超过20%。

B.2 安装步骤

B.2.1 伸缩装置安装前，应充分清洁预留槽，必要时采取高压空气吹扫、喷砂、冲洗、烘干等方法进行处理，用泡沫填塞缝口，并按安装说明在规定位置埋设锚固螺栓。

B.2.2 聚氨酯伸缩体浇注前，先固定折弯钢板，铺设盖板，在预留槽两侧立面、折弯钢板等部位涂刷底涂，对非黏结区使用薄膜作隔离处理；还应在桥面沿预留槽边贴胶带，并在聚氨酯伸缩体失去流动性后撕去，保证伸缩装置边缘整齐、美观。

B.2.3 浇注聚氨酯伸缩体时，先浇入一定量，抹平覆盖住一段盖板，然后在此段按设计位置布置稳定元件，稳定原件安装好的部分可进一步浇注至与桥面齐平；如不能一次连续浇注完一整条伸缩装置，则需要在本次浇注的末端设置挡块，挡块表面处理为凹凸不平的形状，以保证前后两次浇注的端部界面的黏结可靠。

B.2.4 在聚氨酯伸缩体浇注后2h以内不应开放交通。

B.3 注意事项

B.3.1 所有通过伸缩装置区域的管线应设置在其上方，不应浇入伸缩体内。

B.3.2 伸缩装置安装过程中，在操作底涂、聚氨酯伸缩体浇注料时，应戴手套。

B.3.3 安装产生的废物，尤其是盛放过聚氨酯伸缩体材料、底涂的容器应统一回收处理，严禁随意丢弃。

ICS 93.040
R 28
备案号

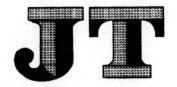

中华人民共和国交通运输行业标准

JT/T 1061—2016

桥墩附着式柔性防车撞装置

Attached flexible anti-car-collision devices for bridge piers

2016-04-08 发布　　　　　　　　　　　　　　2016-07-01 实施

中华人民共和国交通运输部 发 布

目　次

前言	278
引言	279
1　范围	281
2　规范性引用文件	281
3　术语和定义、符号	281
4　分类、型号及结构形式	282
5　技术要求	285
6　试验方法	288
7　检验规则	289
8　标志、包装、运输和储存	290
附录A（规范性附录）　防车撞装置整体性能试验	291
附录B（规范性附录）　消能元件力学性能试验	293
附录C（规范性附录）　橡胶缓冲垫力学性能试验	295

前言

本标准按照GB/T 1.1—2009给出的规则起草。

本标准由全国交通工程设施(公路)标准化技术委员会(SAC/TC 223)提出并归口。

本标准主要起草单位:中交第一公路勘察设计研究院有限公司。

本标准参加起草单位:西安中交土木科技有限公司、温州市交通工程质量监督局、中交第二航务工程局有限公司、中交路桥建设有限公司、衡水宝力工程橡胶有限公司、柳州东方工程橡胶制品有限公司、衡水市橡胶总厂有限公司。

本标准主要起草人:彭泽友、潘长平、陶春胜、曾亿忠、谢马贤、高山、侯旭、王建强、赵彦龙、赵振宇、杨安、秦伟、张阳光、资道铭、张永红、杨祥磊、苏凡、梁凯。

引 言

桥墩附着式柔性防车撞装置具有结构合理、性能可靠、功能显著、安装方便、维养成本低、经济耐久等特点,且能够适应不同的设防要求,有着良好的推广应用前景。为进一步规范桥墩附着式柔性防车撞装置的技术质量要求,促进产品标准化、系列化和产业化,特制定本标准。

本文件的发布机构提请注意,声明符合本文件时,可能涉及"4.3 桥墩附着式柔性防车撞装置结构形式"相关专利的使用。

本文件的发布机构对于专利的真实性、有效性和范围无任何立场。

该专利持有人已向本文件的发布机构保证,他愿意同任何申请人在合理且无歧视的条款和条件下,就专利授权许可进行谈判。该专利持有人的声明已在本文件的发布机构备案。相关信息可以通过以下联系方式获得:

专利持有人姓名:中交第一公路勘察设计研究院有限公司

地址:陕西省西安市高新区科技二路63号

邮编:710075

请注意:除上述专利外,本文件的某些内容仍可能涉及专利。本文件的发布机构不承担识别这些专利的责任。

JT/T 1061—2016

桥墩附着式柔性防车撞装置

1 范围

本标准规定了桥墩附着式柔性防车撞装置的产品分类、型号、结构、技术要求、试验方法、检验规则、标志、包装、运输和储存。

本标准适用于可能受车辆撞击荷载的桥墩安全防护装置。

2 规范性引用文件

下列文件对于本文件的应用是必不可少的。凡是注日期的引用文件,仅注日期的版本适用于本文件。凡是不注日期的引用文件,其最新版本(包括所有的修改单)适用于本文件。

GB/T 228.1 金属材料 拉伸试验 第1部分:室温试验方法
GB/T 528 硫化橡胶或热塑橡胶 拉伸应力应变性能的测定
GB/T 700 碳素结构钢
GB/T 1184 形状和位置公差 未注公差值
GB/T 1591 低合金高强度结构钢
GB/T 1800.1 产品几何技术规范(GPS) 极限与配合 第1部分:公差、偏差和配合的基础
GB/T 1804 一般公差 未注公差的线性和角度尺寸的公差
GB/T 2423.1 电工电子产品环境试验 第2部分:试验方法 试验A:低温
GB/T 2423.2 电工电子产品环境试验 第2部分:试验方法 试验B:高温
GB/T 2423.17 电工电子产品环境试验 第2部分:试验方法 试验Ka:盐雾
GB/T 3077 合金结构钢
GB/T 3098.1 紧固件机械性能 螺栓、螺钉和螺柱
GB/T 3098.2 紧固件机械性能 螺母 粗牙螺纹
GB/T 4171 耐候结构钢
GB 5768.3 道路交通标志和标线 第3部分:道路交通标线
GB/T 7759.1 硫化橡胶或热塑性橡胶 压缩永久变形的测定 第1部分:在常温及高温条件下
GB/T 7760 硫化橡胶或热塑性橡胶与硬质板材粘合强度的测定 90°剥离法
GB/T 18833 道路交通反光膜
GB 50661 钢结构焊接规范
JB/T 5943 工程机械 焊接件通用技术条件
JB/T 5945 工程机械 装配通用技术条件
JB/T 8928 钢铁制件机械镀锌
JT/T 722 公路桥梁钢结构防腐涂装技术条件

3 术语和定义、符号

3.1 术语和定义

下列术语和定义适用于本文件。

3.1.1
桥墩附着式柔性防车撞装置 attached flexible anti-car-collision device for bridge pier

安装于桥墩上,起警示、阻隔车辆碰撞桥墩,并在碰撞时缓冲耗能、降低碰撞力作用的设施。

3.1.2
消能元件 energy dissipation component

具有延长碰撞时间、耗散碰撞能量和降低碰撞力作用的构件。

3.1.3
橡胶缓冲垫 rubber crash cushion

由橡胶和加劲钢板硫化而成的具有降低碰撞力作用的构件。

3.1.4
裸墩碰撞力 impact force without protection

车辆与无防护桥墩之间的碰撞力。

3.1.5
设防碰撞力 impact force with protection

车辆碰撞桥墩时,经桥墩附着式柔性防车撞装置消能后作用在桥墩上的碰撞力。

3.1.6
碰撞力峰值削减系数 peak impact force reduction coefficient

裸墩碰撞力峰值和设防碰撞力峰值的差值与裸墩碰撞力峰值的比值。

3.2 符号

下列符号适用于本文件。

a_e——截面为圆端形的防车撞装置外轮廓长度,单位为毫米(mm);
a_r——截面为矩形的防车撞装置外轮廓长度,单位为毫米(mm);
b_e——截面为圆端形的防车撞装置外轮廓宽度,单位为毫米(mm);
b_r——截面为矩形的防车撞装置外轮廓宽度,单位为毫米(mm);
d_c——截面为圆形的防车撞装置外轮廓直径,单位为毫米(mm);
E——抗压弹性模量,单位为兆帕(MPa);
F——承载力,单位为千牛(kN);
F_o——裸墩碰撞力峰值,单位为千牛(kN);
F_w——设防碰撞力峰值,单位为千牛(kN);
h——防车撞装置高度,单位为毫米(mm);
K——等效刚度,单位为千牛每毫米(kN/mm);
S——位移,单位为毫米(mm);
T_r——缓冲垫橡胶层总厚度,单位为毫米(mm);
Y——压缩变形量,单位为毫米(mm);
γ——碰撞力峰值削减系数;
σ——抗压强度,单位为兆帕(MPa)。

4 分类、型号及结构形式

4.1 分类

4.1.1 桥墩附着式柔性防车撞装置(以下简称"防车撞装置")按设计防护能量分为:

a) Ⅰ型——设计防护能量为210kJ；
b) Ⅱ型——设计防护能量为370kJ；
c) Ⅲ型——设计防护能量为580kJ。

4.1.2 防车撞装置按截面形状分为：
a) C型——截面为圆形；
b) R型——截面为矩形；
c) E型——截面为圆端形。

4.1.3 防车撞装置按适用温度范围分为：
a) 常温型——适用温度范围：-25℃～+60℃，代号为C；
b) 耐寒型——适用温度范围：-40℃～+60℃，代号为F。

4.2 型号

防车撞装置型号表示方法见图1。

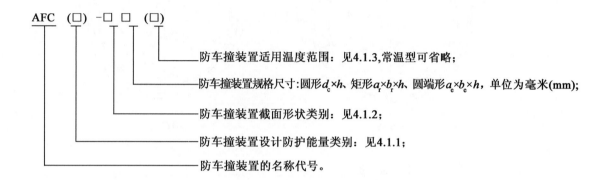

图1 防车撞装置型号表示方法

示例1：

设计防护能量为210kJ，截面为圆形，外轮廓直径为1 300mm，高度为1 200mm的常温型防车撞装置，其型号表示为AFC(Ⅰ)-C1300×1200(C)，可简化为AFC(Ⅰ)-C1300×1200。

示例2：

设计防护能量为370kJ，截面为矩形，外轮廓长度为1 000mm，外轮廓宽度为800mm，高度为1 200mm的耐寒型防车撞装置，其型号表示为AFC(Ⅱ)-R1000×800×1200(F)。

示例3：

设计防护能量为580kJ，截面为圆端形，外轮廓长度为2 000mm，外轮廓宽度为1 000mm，高度为1 200mm的耐寒型防车撞装置，其型号表示为AFC(Ⅲ)-E2000×1000×1200(F)。

4.3 结构形式

防车撞装置由消能元件、橡胶缓冲垫、连接螺栓、水平加劲肋、紧固块、紧固螺钉、防护安全壳及防尘盖板等组成，防车撞装置结构示意见图2，消能元件结构连接示意见图3。

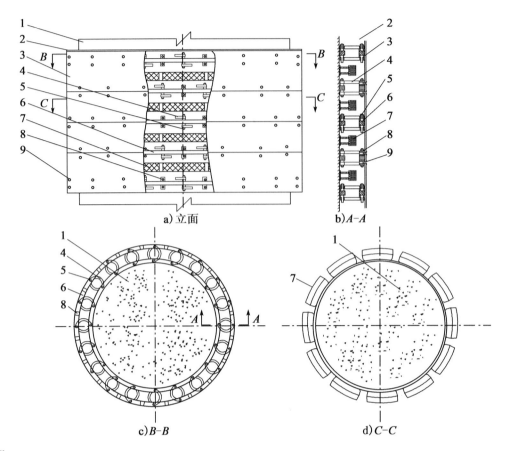

说明：
1——桥墩；
2——防尘盖板；
3——防护安全壳；
4——消能元件；
5——连接螺栓；
6——水平加劲肋；
7——橡胶缓冲垫；
8——紧固块；
9——紧固螺钉。

图 2 防车撞装置结构示意

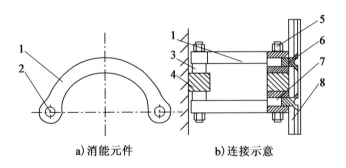

说明：
1——消能元件；
2——连接螺栓孔；
3——连接螺栓；
4——水平加劲肋；
5——螺母；
6——紧固螺钉；
7——紧固块；
8——防护安全壳。

图 3 消能元件结构连接示意

5 技术要求

5.1 外观

外观应符合表1的要求。

表1 防车撞装置外观要求

序号	项 目	要 求
1	防护安全壳表面平整度	光滑平整,明显凸凹不应多于3处,且每处凸凹<2mm,面积<100mm^2
2	橡胶表面气泡、杂质	不允许
3	防车撞装置各处表面裂纹	不允许
4	橡胶缓冲垫加劲钢板外露	不允许
5	划痕、机械损伤、掉块、崩裂	不允许
6	钢板与橡胶黏结处开裂或剥离	不允许
7	反光膜开裂、边缘翘曲、破损	不允许

5.2 外形尺寸

防车撞装置尺寸允许偏差应符合表2的要求。

表2 防车撞装置尺寸允许偏差

尺寸(长度、宽度、高度、直径)范围	允许偏差
<500mm	±2.5mm
500mm~1 500mm	±0.5%
>1 500mm	±7.5mm

5.3 材料

5.3.1 一般要求

原材料及外协部件除有供应商质保单外,生产单位应提供复检报告。

5.3.2 钢材

5.3.2.1 水平加劲肋、防护安全壳、紧固块等结构用钢材应采用不低于Q345B性能的低合金高强度结构钢,严寒地区采用不低于Q345D性能的低合金高强度结构钢,性能应符合GB/T 1591的规定。

5.3.2.2 消能元件用钢材的主要化学成分应符合GB/T 700、GB/T 1591、GB/T 4171的规定,物理机械性能应符合表3的要求。

表3 消能元件材料物理机械性能

物理机械性能	单 位	技术指标
屈服强度	MPa	200~400
抗拉强度	MPa	≥1.5倍屈服强度
伸长率	%	≥17
冲击吸收功(纵向,-25℃/-40℃)	J	≥27

5.3.2.3 橡胶缓冲垫中钢板应采用碳素结构钢,性能应符合 GB/T 700 的规定。

5.3.2.4 螺栓、紧固螺钉应采用碳素结构钢或合金结构钢,应符合 GB/T 700、GB/T 3077 的规定,性能不应低于 GB/T 3098.1 中 8.8 级的规定。

5.3.2.5 螺母应采用碳素结构钢或合金结构钢,应符合 GB/T 700、GB/T 3077 的规定,性能不应低于 GB/T 3098.2 中 8 级的规定。

5.3.2.6 连接螺栓应采用合金结构钢,材料性能不应低于 40Cr,化学成分和力学性能应符合 GB/T 3077 的规定。

5.3.3 橡胶

橡胶材料宜采用天然橡胶或其他合成橡胶,其物理机械性能应符合表4的要求。

表4 橡胶材料物理机械性能

性 能		要 求	试 验 方 法
拉伸性能	拉伸强度(MPa)	≥10	GB/T 528
	扯断伸长率(%)	≥300	
恒定压缩永久变形(70℃×24h)(%)		≤60	GB/T 7759.1
橡胶与钢板黏结剥离强度(N/mm)		≥10	GB/T 7760

5.3.4 反光膜

防护安全壳表面应贴有反光膜,反光膜设置应符合 GB 5768.3 的规定。反光膜的逆反射系数不应低于三级反光膜的要求,其他性能应符合 GB/T 18833 的规定。

5.4 力学性能

5.4.1 装置整体性能

碰撞力峰值削减系数 γ 按以下公式计算,其实测计算值不应小于产品设计值。

$$\gamma = \frac{F_o - F_w}{F_o} \tag{1}$$

5.4.2 消能元件

消能元件力学性能应符合表5的要求。

表5 消能元件力学性能要求

项 目	性能指标
承载力	实测值偏差应在产品设计值的±15%以内
最大位移	实测值不应小于产品设计值
等效刚度	实测值偏差应在产品设计值的±15%以内

5.4.3 橡胶缓冲垫

橡胶缓冲垫力学性能应符合表6的要求。

表6 橡胶缓冲垫力学性能要求

项 目	性 能 指 标
抗压强度	实测值偏差应在产品设计值的±15%以内
抗压弹性模量	实测值偏差应在产品设计值的±30%以内
压缩变形量	实测值偏差应在产品设计值的±15%以内

5.5 工艺性能

5.5.1 零件加工尺寸偏差

5.5.1.1 零件尺寸公差及配合公差应符合设计要求，未注尺寸公差应符合GB/T 1804中c级的规定，未注形状和位置公差应符合GB/T 1184中L级的规定。

5.5.1.2 连接螺栓与水平加劲肋连接，连接螺栓加工尺寸偏差应符合设计要求，连接螺栓与相连部件的配合公差应符合GB/T 1800.1中H11/c11的规定。

5.5.2 焊接

5.5.2.1 焊接表面应打磨光滑，连接螺栓、紧固块焊接后应保证与水平加劲肋表面垂直，垂直度偏差不应大于1°。

5.5.2.2 焊接时不应有未焊透、裂纹、夹渣、气孔等缺陷，焊缝应打磨平整，焊接质量及技术要求应符合GB 50661中一级的规定。

5.5.3 装配

5.5.3.1 防护安全壳通过紧固螺钉与焊接在水平加劲肋上的紧固块连接。

5.5.3.2 进行装配的零件，由检验部门检验合格后方可进行装配。

5.5.3.3 零件在装配前应进行表面清理，不应有毛刺、飞边、氧化皮和锈蚀等。

5.5.3.4 装配过程中零件不允许磕碰、划伤和锈蚀，螺纹不得损坏。

5.5.3.5 装配应牢固可靠，其他未规定的装配要求应符合JB/T 5945的规定。

5.6 环境适应性

5.6.1 高温

在+60℃高温试验后，不应有明显变色、不可恢复性变形、开裂及表面贴膜剥裂等现象。

5.6.2 低温

在-25℃或-40℃低温试验后，不应有明显变色、不可恢复性变形、开裂及表面贴膜剥裂等现象。

5.6.3 防腐

5.6.3.1 防车撞装置外露钢部件应进行表面防腐蚀处理，其性能要求应符合JT/T 722的规定。

5.6.3.2 螺栓、螺母及紧固螺钉宜采用镀锌处理，其性能要求应符合JB/T 8928的规定。

5.6.3.3 在正常使用盐雾环境下,防车撞装置表面不应有变色、损伤或被侵蚀的痕迹。反光膜不应出现边缘剥离的现象。

6 试验方法

6.1 外观

防车撞装置外观检查,使用量具及目测的方法按表1的要求进行。

6.2 外形尺寸

防车撞装置外形尺寸按表2的要求用钢直尺或卷尺量测。

6.3 材料

6.3.1 金属

金属材料性能试验应按GB/T 228.1的规定进行。

6.3.2 橡胶

橡胶材料性能试验应按表4的要求进行。

6.3.3 反光膜

反光膜材料性能测试应按GB/T 18833的规定进行。

6.4 力学性能

6.4.1 装置整体性能

防车撞装置整体力学性能试验应按附录A的要求进行。

6.4.2 消能元件性能

消能元件力学性能试验应按附录B的要求进行。

6.4.3 橡胶缓冲垫性能

橡胶缓冲垫力学性能试验应按附录C的要求进行。

6.5 工艺性能

6.5.1 零件加工尺寸偏差

零件加工尺寸偏差检查应使用游标卡尺或千分尺量测。

6.5.2 焊接

焊接性能试验应按JB/T 5943的规定进行。

6.5.3 装配

防车撞装置装配验收采用目测的方法进行。

6.6 环境适应性

6.6.1 高温

高温试验应按 GB/T 2423.2 的规定进行。

6.6.2 低温

低温试验应按 GB/T 2423.1 的规定进行。

6.6.3 防腐

盐雾腐蚀试验应按 GB/T 2423.17 的规定进行。

7 检验规则

7.1 检验分类

7.1.1 型式检验

有下列情况之一时,应进行型式检验:
a) 新产品或老产品转厂生产的试制定型检验;
b) 正式生产后,如结构、材料工艺有重大改变,影响产品性能时;
c) 正常生产时,定期每两年进行一次检验;
d) 产品停产一年后,恢复生产时;
e) 出厂检验结果与上次型式检验有较大差异时;
f) 国家质量监督机构或用户提出进行型式检验要求时。

7.1.2 出厂检验

产品应经检验合格后,附合格证书,方可出厂。

7.2 检验项目

型式检验和出厂检验项目应符合表7的要求。

表7 型式检验和出厂检验项目

检验项目	技术要求	试验方法	型式检验	出厂检验
外观	5.1	6.1	+	+
外形尺寸	5.2	6.2	+	+
零件加工尺寸偏差	5.5.1	6.5.1	+	+
焊接	5.5.2	6.5.2	+	+
装配	5.5.3	6.5.3	+	+
消能元件	5.4.2	6.4.2	+	+
橡胶缓冲垫	5.4.3	6.4.3	+	-
高温	5.6.1	6.6.1	+	-
低温	5.6.2	6.6.2	+	-

表7（续）

检验项目	技术要求	试验方法	型式检验	出厂检验
防腐	5.6.3	6.6.3	+	-
装置整体	5.4.1	6.4.1	+	-

注："+"表示进行该项目检验，"-"表示不进行该项目检验。

7.3 抽样方法

每件产品都应进行外观、外形尺寸、零件加工尺寸偏差、装配及焊接检验，其他检验项目抽样应符合以下要求：

a) 防车撞装置成品抽样数量不应少于产品总数的1%，且不少于1件；
b) 从任意一批消能元件中随机抽取8件；
c) 从任意一批橡胶缓冲垫中随机抽取3件；
d) 可根据用户需求确定产品的抽样数量，但不应低于上述规定的最少抽样比例。

7.4 判定规定

7.4.1 型式检验

型式检验项目全部合格，则该批产品为合格。当检验项目中有不合格项，应取两倍试样对不合格项进行复检，复检后仍有不合格项，则该批产品为不合格。

7.4.2 出厂检验

出厂检验中若有一项不合格，则应从该批产品中随机再取两倍试样对不合格项进行复检，复检后仍有不合格项，则判定该批产品不合格。

8 标志、包装、运输和储存

8.1 标志

防车撞装置应有标志牌，其内容包括防护能量等级、装置外形尺寸、生产日期、出厂编号和生产厂家名称等信息。产品包装外应注明产品名称、规格、质量、生产日期等信息。

8.2 包装

8.2.1 防车撞装置水平加劲肋、安全防护壳等部件分别捆扎包装，零件装箱，包装应牢固可靠。
8.2.2 包装内应附有产品合格证、质量检验单。

8.3 运输和储存

8.3.1 产品运输时应固定牢靠，防止装置受损。
8.3.2 产品应按如下要求进行运输和储存：
   a) 避免阳光直接照晒及雨雪浸淋，并保持清洁；
   b) 距热源2m以外；
   c) 不应与酸、碱、油类、有机溶剂等影响装置质量的物质接触；
   d) 不应随意拆卸。

附 录 A
（规范性附录）
防车撞装置整体性能试验

A.1 试样

试验用防车撞装置结构尺寸、材料型号和性能指标等应符合设计要求，试验用车辆选用相应设防等级代表车型，防车撞装置整体性能试验示意见图 A.1。

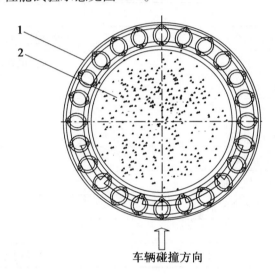

说明：
1——防车撞装置试样；
2——刚性结构物。

图 A.1 防车撞装置整体性能试验示意

A.2 试验条件

A.2.1 试验场地应宽阔平坦，试验前应清除路上尘土、碎片、积水、冰雪等，试验场地长度不小于 30m。

A.2.2 沿碰撞点前后一定范围内的路面上，应设有可供图像数据采集的基准线和基准点。

A.2.3 试验场所应提供不少于 3 台高速摄像机以记录整个碰撞过程。在碰撞区域两侧、碰撞区域上方各摆放 1 台高速摄像机及若干普通摄像机。

A.2.4 试验车辆在防车撞装置前方 10m 的范围内应处于完全自由运行状态，车辆加速过程最大加速度不大于 $0.3g$，在碰撞过程中，试验车辆转向系统应处于自由状态，制动系统不应起作用。

A.2.5 试验碰撞条件容许偏差应符合：试验用车辆质量允许偏差 5%；碰撞速度允许偏差 5%；碰撞角度允许偏差 ±1.5°。

A.3 试验方法

A.3.1 试验前记录试验车辆的几何尺寸、重心位置、总质量、整备质量和配载情况等技术参数。

A.3.2 将防车撞装置固定在刚性结构物上。

A.3.3 试验车辆重心处安装加速度传感器，在试样关键部位安装位移传感器和力传感器等电子设备以记录碰撞关键数据，并按表 A.1 填写试验数据。

表 A.1 试 验 记 录 表

车辆	车辆名称		车辆长度(mm)	
	车辆整备质量(kg)		车辆宽度(mm)	
	车辆总质量(kg)		质心高度(mm)	
	牵引方式			
装置	几何尺寸(mm)			
	离地高度(mm)			
	固定情况描述			
检测项目	设定碰撞速度(km/h)		实测碰撞速度(km/h)	
	设定碰撞角度(°)		实测碰撞角度(°)	
	裸墩碰撞力(kN)			
	设防碰撞力(kN)			
	碰撞力峰值消减系数			
	碰撞后车辆状况描述			
	碰撞后车辆运行轨迹描述			
	碰撞后防车撞装置状况描述			
综合评价				
主检		试验日期		试验地点	

A.3.4 碰撞试验采用正面碰撞,车辆中心线与防车撞装置中心线对齐。

A.3.5 试验车辆可采用电动牵引、落锤牵引或坡道加速等方法加速。

A.3.6 对防车撞装置试样的破坏情况进行判定,试样破坏类型分为碰撞过程中刚性固定结构发生损坏、装置整体发生脱落、传感器发生松动。

A.4 试验报告

试验报告应包括以下内容：

a) 试验用车辆及防车撞装置试验前各项性能数据；
b) 试验记录表；
c) 整个试验过程的监控录像资料(包括试验前期准备、试验全程)；
d) 高速摄像机记录的全部影像信息和照片等描述碰撞过程的文件。

附 录 B
（规范性附录）
消能元件力学性能试验

B.1 试样

试验用消能元件尺寸应符合设计要求,其材质应符合本标准的要求,每组试样成对组装,试样数量为4组。

B.2 试验条件

进行消能元件力学性能试验时应注意以下事项：
a) 试验设备加载能力不应小于80kN,行程应大于80mm,并能连续记录载荷—位移曲线；
b) 试验室标准温度23℃±3℃,试验前将试样直接放置在标准温度下,停放24h。

B.3 试验方法

消能元件力学性能试验应按以下方法进行：
a) 在每组消能元件中轴线位置外拱和内拱沿厚度方向各布置一个应变片；
b) 采用1.2倍设计位移加载,平均速度2mm/s；
c) 加载方式分别采用轴向拉伸和压缩各两组,加载方向沿销孔圆心连线方向施加位移,见图B.1；
d) 测得的承载力和位移值记入表B.1,并按以下公式计算等效刚度：

$$K = \frac{F}{S} \qquad (B.1)$$

e) 试验中,随时观察试样受力状态及变化情况,并绘制载荷—位移曲线；
f) 对消能元件试样的破坏情况进行判定,试样破坏类型为断裂。

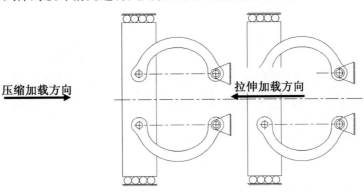

图 B.1 轴向加载方式示意

表 B.1 试 验 记 录 表

项 目	单位	设计值		实测值		最大误差(%)		平均值误差(%)	
		压缩	拉伸	压缩	拉伸	压缩	拉伸	压缩	拉伸
承载力 F	kN								

表 B.1(续)

项 目	单位	设计值		实测值		最大误差(%)		平均值误差(%)	
		压缩	拉伸	压缩	拉伸	压缩	拉伸	压缩	拉伸
位移 S	mm								
等效刚度 K	kN/mm								

B.4 试验报告

试验报告应包含以下内容：

a) 试验概况，包括试验设备、试验荷载、试验温度、加载速度等；
b) 试验记录表；
c) 荷载—位移曲线及原始数据文件；
d) 描述试验过程概况，重点记录试验过程中出现的异常现象；
e) 试验后试样损伤状态分析；
f) 试验结论；
g) 试验现场照片。

附 录 C
（规范性附录）
橡胶缓冲垫力学性能试验

C.1 试样

橡胶缓冲垫试验试样尺寸应采用实样，受试验条件限制时，可选用缩尺试样代替实样，试验试样数量为3组。

C.2 试验条件

常温试验温度23℃±3℃，试验前将试样直接放置在标准温度下停放24h，试验场所不应有腐蚀性气体及影响检测的振动源。

C.3 试验方法

橡胶缓冲垫力学性能试验应按下列步骤进行：
a) 将试样置于试验机的承载板上，对准中心位置，见图 C.1。加载前先给试样一个较小的初始压力，核对承载板四角对称安置的4个位移传感器，确认无误后，开始加载；
b) 以0.1MPa/s的速率连续加载直至试样破坏，测得的抗压强度和压缩变形量记入表 C.1，并按以下公式计算抗压弹性模量：

$$E = \frac{\sigma \times T_r}{Y} \tag{C.1}$$

c) 试验中，随时观察试样受力状态及变化情况，并绘制应力—应变曲线；
d) 对试样的破坏部位进行判定，试样破坏类型分为加劲钢板断裂、脱胶、橡胶撕裂、钢板拉断、橡胶外凸、有响声。

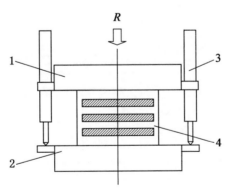

说明：
1——上承载板；　3——位移传感器；
2——下承载板；　4——橡胶缓冲垫试样。

图 C.1 压缩试验装置

表 C.1 试 验 记 录 表

项 目	单 位	设 计 值	实 测 值	最大误差(%)	平均值误差(%)
抗压强度 σ	MPa				
抗压弹性模量 E	MPa				
压缩变形量 Y	mm				

C.4 试验报告

试验报告应包含以下内容：
a) 试验概况,包括试验设备、试验荷载、试验温度、加载速度等；
b) 试验记录表；
c) 应力—应变曲线及原始数据文件；
d) 描述试验过程概况,重点记录试验过程中出现的异常现象；
e) 试验后试样损伤状态分析；
f) 试验结论；
g) 试验现场照片。

ICS 93.040
R 28
备案号

中华人民共和国交通运输行业标准

JT/T 1062—2016

桥梁减隔震装置通用技术条件

General technical requirements of seismic isolation devices for bridges

2016-04-08 发布　　　　　　　　　　　　　　　　2016-07-01 实施

中华人民共和国交通运输部 发布

JT/T 1062—2016

目 次

前言 ··· 300
1 范围 ··· 301
2 规范性引用文件 ··· 301
3 术语和定义 ·· 302
4 分类 ··· 303
5 基本要求 ··· 304
6 技术要求 ··· 304
7 试验方法 ··· 309
附录 A(规范性附录) 减隔震装置基本力学模型 ·· 313

前言

本标准按照 GB/T 1.1—2009 给出的规则起草。

本标准由全国交通工程设施(公路)标准化技术委员会(SAC/TC 223)提出并归口。

本标准主要起草单位:中交第一公路勘察设计研究院有限公司。

本标准参加起草单位:西安中交土木科技有限公司、福建省漳州市交通发展集团有限公司、广州大学工程抗震研究中心、衡水宝力工程橡胶有限公司、柳州东方工程橡胶制品有限公司、株洲时代新材料科技股份有限公司、衡水市橡胶总厂有限公司、衡水中铁建工程橡胶有限责任公司。

本标准主要起草人:潘长平、汤少青、彭泽友、高山、王永祥、刘乐、温留汉·黑沙、邹正其、李文华、钟明、秦伟、李靖、叶明坤、刘军、张永红、王红续、孙红兰、史春娟。

JT/T 1062—2016

桥梁减隔震装置通用技术条件

1 范围

本标准规定了桥梁减隔震装置的分类、基本要求、技术要求及试验方法。
本标准适用于桥梁减隔震装置。

2 规范性引用文件

下列文件对于本文件的应用是必不可少的。凡是注日期的引用文件,仅注日期的版本适用于本文件。凡是不注日期的引用文件,其最新版本(包括所有的修改单)适用于本文件。

GB/T 228.1	金属材料 拉伸试验 第1部分:室温试验方法
GB/T 469	铅锭
GB/T 528	硫化橡胶或热塑性橡胶 拉伸应力应变性能的测定
GB/T 699	优质碳素结构钢
GB/T 700	碳素结构钢
GB/T 1184	形状和位置公差 未注公差值
GB/T 1220	不锈钢棒
GB/T 1591	低合金高强度结构钢
GB/T 1804	一般公差 未注公差的线性和角度尺寸的公差
GB/T 3077	合金结构钢
GB/T 3280	不锈钢冷轧钢板和钢带
GB/T 3512	硫化橡胶或热塑性橡胶 热空气加速老化和耐热试验
GB/T 4162	锻轧钢棒超声检测方法
GB/T 4171	耐候结构钢
GB/T 5777	无缝钢管超声波探伤检验方法
GB/T 7233.1	铸钢件 超声检测 第1部分:一般用途铸钢件
GB/T 7314	金属材料 室温压缩试验方法
GB/T 7760	硫化橡胶或热塑性橡胶与硬质板材粘合强度的测定 90°剥离法
GB/T 8162	结构用无缝钢管
GB/T 11211	硫化橡胶或热塑性橡胶 与金属粘合强度的测定 二板法
GB/T 11352	一般工程用铸造碳钢件
GB/T 11379	金属覆盖层 工程用铬电镀层
GB/T 12332	金属覆盖层 工程用镍电镀层
GB/T 14976	流体输送用不锈钢无缝钢管
GB/T 20688.1	橡胶支座 第1部分:隔震橡胶支座试验方法
GB 50661	钢结构焊接规范
JB/T 5945	工程机械 装配通用技术条件
JB/T 6402	大型低合金钢铸件
JT/T 722	公路桥梁钢结构防腐涂装技术条件
JT/T 901	桥梁支座用高分子材料滑板

HG/T 2366　　　二甲基硅油
HG/T 2502　　　5201 硅脂

3 术语和定义

下列术语和定义适用于本文件。

3.1
桥梁减隔震装置 seismic isolation device for bridge

通过延长桥梁结构特征周期和(或)增大结构阻尼来降低结构地震响应的装置,简称减隔震装置。

3.2
隔震装置 isolator

通过延长桥梁结构特征周期来降低地震响应,实现隔离地震的装置。

3.3
减震装置 seismic device

通过增大桥梁结构阻尼来减小地震响应,实现耗散地震能量的装置。

3.4
刚性连接装置 rigid connection device

连接两个结构元件,限制一个或两个方向水平位移的连接装置,包括永久连接装置、熔断保护装置和速度锁定装置。

3.5
永久连接装置 permanent connection device

提供一个或两个水平方向约束,适应转动和竖向位移的装置。

3.6
熔断保护装置 fuse restraint device

低于预定阈值时阻止连接部件之间的相对运动,超过预定阈值时结构发生破断允许其相对运动的装置。

3.7
速度锁定装置 lock-up device

实现输出力由所施加速度决定的装置,在低速变位作用下产生较小输出力,在高速变位作用下产生较大输出力。

3.8
位移相关型装置 displacement dependent device

装置性能主要取决于位移的非线性装置。

3.9
速度相关型装置 velocity dependent device

装置性能主要取决于速度和(或)行程的装置,包括流体黏滞阻尼器和黏弹性阻尼器。

3.10
流体黏滞阻尼器 fluid viscous damper

利用黏性流体通过孔和(或)阀门系统产生输出力,且输出力仅取决于速度的装置。

3.11
黏弹性阻尼器 visco-elastic damper

由黏弹性材料和约束层组成的速度相关型阻尼器,输出力取决于速度和行程的装置。

4 分类

4.1 减隔震装置按工作原理和功能进行分类,见表1。

表1 减隔震装置分类

装置类型			结构示意		装置名称(示例)
			平面	正视	
				X方向 / Y方向	
刚性连接装置	永久连接装置	固定			限位支座和防落梁装置
		单向滑动			
	熔断保护装置				保险销和剪刀卡榫
	速度锁定装置				—
隔震装置	橡胶隔震装置	叠层橡胶支座	—		天然橡胶支座、高阻尼隔震橡胶支座和铅芯隔震橡胶支座
	滑块隔震装置	曲面滑块隔震装置			摩擦摆式减隔震支座和双曲面减隔震支座
		平面滑块隔震装置			
减震装置	位移相关型装置	金属阻尼器			弹塑性钢阻尼器(E型、C型、非线性型)、软钢阻尼器等
		摩擦阻尼器			—
	速度相关型装置	流体黏滞阻尼器			—
		黏弹性阻尼器	—		—

4.2 组合装置由刚性连接装置、隔震装置和减震装置等组合而成。

4.3 桥梁减隔震装置按布置方式分为整体型减隔震装置和分离型减隔震装置,其中刚性连接装置、隔震装置和减震装置为整体型减隔震装置,组合装置为分离型减隔震装置。

5 基本要求

5.1 功能要求

采用减隔震装置进行减隔震设计时,减隔震装置基本力学模型参见附录A,各类装置可单独或组合使用,但应将桥梁上所有减隔震装置作为整体减隔震系统进行综合考虑,桥梁结构设置的减隔震系统应满足以下3项功能:
a) 适应桥梁正常使用功能需求;
b) 具有隔震或减震性能;
c) 具有变位控制或复位功能。

5.2 使用要求

5.2.1 可靠性

应对减隔震装置及元件设置不同的安全系数来增强结构可靠性。

5.2.2 适用性

减隔震装置在正常使用状态下不应产生故障和限制桥梁的使用。

5.2.3 耐久性

减隔震装置在使用寿命期内应满足预定功能要求。

5.2.4 可修可换性

减隔震装置在使用寿命期间应便于日常检测、养护及更换。

6 技术要求

6.1 刚性连接装置

6.1.1 外观

外观应符合下列要求:
a) 产品表面平整洁净,无机械损伤,无渗漏,无毛刺、飞边和锈蚀等;
b) 焊缝应均匀,不应有气孔、夹渣等缺陷;
c) 涂装表面应光滑,不应有脱落、流痕、褶皱等现象;
d) 产品铭牌标记清晰。

6.1.2 材料

6.1.2.1 滑板

滑板应符合 JT/T 901 的规定。

6.1.2.2 钢材

6.1.2.2.1 刚性连接装置用铸钢件、低合金钢铸件、优质碳素结构钢、碳素结构钢、合金结构钢、低合金高强度结构钢和耐候结构钢性能应符合 GB/T 11352、JB/T 6402、GB/T 699、GB/T 700、GB/T 3077、GB/T 1591 和 GB/T 4171 的规定。

6.1.2.2.2 刚性连接装置宜采用 GB/T 1591 中 Q345B(严寒地区采用 Q345D)热轧钢板或锻件;若采

用铸钢件,宜采用 GB/T 11352 中 ZG270~500(严寒地区采用 JB/T 6402 中 ZG20Mn)。处于高湿度、高盐度等严重腐蚀环境时,宜采用 GB/T 4171 中 Q355NH 热轧钢板或锻件;若采用铸钢件,宜采用 JB/T 6402 中 ZG20MnMo。

6.1.2.2.3 刚性连接装置用不锈钢板采用 06Cr17Ni12Mo2、06Cr19Ni13Mo3,处于高湿度、高盐度等严重腐蚀环境时采用 022Cr17Ni12Mo2 或 022Cr19Ni13Mo3,其化学成分及力学性能应符合 GB/T 3280 的规定。不锈钢板的表面加工应符合 GB/T 3280 中 8# 的规定。

6.1.2.2.4 刚性连接装置用不锈钢棒应符合 GB/T 1220 的规定,无缝钢管应符合 GB/T 8162 的规定,不锈钢管应符合 GB/T 14976 的规定。

6.1.2.3 黏性流体

黏性流体应采用黏温系数低、闪点高、不易燃烧和挥发、无毒、抗老化性能强的材料。黏性流体材料宜采用二甲基硅油,其性能应符合 HG/T 2366 中一等品的规定。

6.1.2.4 硅脂

刚性连接装置用润滑剂宜采用 5201-2 硅脂,其性能应符合 HG/T 2502 中一等品的规定。

6.1.3 力学性能

6.1.3.1 永久连接装置的水平承载力实测值不应小于产品设计值。

6.1.3.2 熔断保护装置的剪断力实测值偏差应在产品设计值的 ±15% 以内。

6.1.3.3 速度锁定装置力学性能应符合表 2 的要求。

表 2 速度锁定装置力学性能要求

项 目	性 能 要 求
极限过载力	实测值不应小于产品设计值;极限过载力不应小于锁定力的 1.5 倍(如装置增设过载保护系统,则应与过载保护系统触发力相一致)
锁定力	实测值不应小于产品设计值
正常输出力	实测值不应大于产品设计值
正常位移	实测值不应小于产品设计值
锁定速度	实测值偏差应在产品设计值的 ±15% 以内
锁定位移	实测值不应大于产品设计值

6.1.4 工艺性能

6.1.4.1 机加工件

刚性连接装置机加工尺寸及公差配合应符合设计要求,未注线性尺寸和角度尺寸公差应符合 GB/T 1804 中 c 级的规定,未注形状和位置公差应符合 GB/T 1184 中 L 级的规定。

6.1.4.2 焊接件

焊接件应符合 GB 50661 的规定。

6.1.4.3 铸钢件

铸钢件应逐个进行超声波检测,其探测方法和质量评级方法应符合 GB/T 7233.1 的规定,铸钢件质量要求不应低于 2 级,表面不应有裂纹及蜂窝状孔洞。

6.1.4.4 表面处理

6.1.4.4.1 刚性连接装置受力较大(如承压与摩擦)部件表面处理宜采用包覆不锈钢板,并应确保球面轮廓度公差,包裹后的不锈钢板表面不应有褶皱,且应与基底钢板密贴。

6.1.4.4.2 刚性连接装置非受力或受力较小部件表面处理宜采用镀硬铬、镀镍或镍铬共镀,镀层厚度不应小于70μm,且镀铬层和镀镍层应符合 GB/T 11379 和 GB/T 12332 的规定。基底和镀层后的零件表面应无孔隙、收缩裂纹和疤痕等缺陷,表面粗糙度应符合设计要求。

6.1.4.4.3 刚性连接装置钢部件外露表面应进行防腐涂装处理,涂装要求及涂层质量应符合 JT/T 722 的规定。

6.1.4.5 装配

所有待装配零件符合设计要求后方可装配。装配应牢固可靠,未注装配要求应符合 JB/T 5945 的规定。

6.2 隔震装置

6.2.1 外观

外观应符合下列要求:
a) 产品表面无机械损伤,无锈蚀;
b) 橡胶表面应光滑平整,无缺陷,钢板与橡胶黏结牢固可靠;
c) 涂装表面应光滑,不应有脱落、流痕、褶皱等现象;
d) 产品铭牌标记清晰。

6.2.2 材料

6.2.2.1 滑板

滑板应符合 JT/T 901 的规定。

6.2.2.2 橡胶

橡胶宜采用天然橡胶或其他合成橡胶,不应使用再生胶或粉碎的硫化橡胶。橡胶材料物理性能应符合表3的规定。

表3 橡胶材料常规物理机械性能要求

项 目		指 标
拉伸强度(MPa)		≥10
扯断伸长率(%)		≥400
压缩永久变形(70℃×24h)(%)		≤60
橡胶与金属黏结强度(N/mm)		≥10
热空气老化性能(70℃×168h)	拉伸强度变化率(%)	±15
	扯断伸长变化率(%)	±40
臭氧老化性能[a](50×10^{-8},20%伸长,40℃×96h)		无龟裂
[a] 所示性能仅针对保护层橡胶测试项目。		

6.2.2.3 钢材

钢材性能应符合6.1.2.2的要求。铅芯应采用纯度不低于99.99%的高纯度铅锭,铅的化学成分应符合 GB/T 469 的规定。

6.2.2.4 硅脂

硅脂性能应符合6.1.2.4的要求。

6.2.2.5 黏结剂

黏结剂应不可溶并具有热固性,其质量应稳定,橡胶与金属黏结强度应符合表3的要求。

6.2.3 力学性能

6.2.3.1 橡胶隔震装置在未发生剪切变形时设计压应力不应大于12MPa。

6.2.3.2 橡胶隔震装置力学性能应符合表4的要求。

表4 橡胶隔震装置力学性能要求

项 目	性 能 要 求
竖向承载力	实测值不应小于产品设计值
竖向刚度	实测值偏差应在产品设计值的±30%以内
最大剪应变	实测值不应小于产品设计值;最大剪应变不应小于300%
水平等效刚度	实测值偏差应在产品设计值的±15%以内
等效阻尼比	实测值偏差应在产品设计值的±15%以内
滞回曲线	实测滞回曲线应光滑,无异常
注:天然橡胶支座可无等效阻尼比和滞回曲线两项性能要求。	

6.2.3.3 滑块隔震装置力学性能应满足表5的要求。

表5 滑块隔震装置力学性能要求

项 目	性 能 指 标
竖向承载力	实测值不应小于产品设计值
水平承载力	实测值不应小于产品设计值
最大位移	实测值不应小于产品设计值
残余位移	实测值偏差应在产品设计值的±20%以内
屈服后水平刚度	实测值偏差应在产品设计值的±15%以内
等效阻尼比	实测值偏差应在产品设计值的±15%以内
滞回曲线	实测滞回曲线应光滑,无异常
注:平面滑块隔震装置可无残余位移和屈服后水平刚度两项性能要求。	

6.2.4 工艺性能

6.2.4.1 橡胶硫化不应缺胶,硫化时应确定合适的硫化温度、时间、压力及排气次数。

6.2.4.2 隔震装置机加工、焊接、铸造、表面处理及装配工艺性能应符合6.1.4的要求。

6.3 减震装置

6.3.1 外观

外观应符合6.1.1的要求。

6.3.2 材料

6.3.2.1 橡胶

橡胶类黏弹性材料指标应符合表6的要求。

表6 橡胶类黏弹性材料指标

项 目		指 标
拉伸强度(MPa)		≥15
扯断伸长率(%)		≥380
扯断永久变形(%)		≤22
热空气老化(70℃×72h)	拉伸强度变化率(%)	±20
	扯断伸长变化率(%)	±20
0℃~40℃工作频率材料损耗因子		≥0.5
钢板与橡胶材料之间的黏合强度(MPa)		≥4.3

6.3.2.2 钢材
钢材性能应符合6.1.2.2的要求。

6.3.2.3 黏性流体
黏性流体材料应符合6.1.2.3的要求。

6.3.2.4 黏结剂
黏结剂应符合6.2.2.5的要求。

6.3.3 力学性能

6.3.3.1 金属阻尼器力学性能应符合表7的要求。

表7 金属阻尼器力学性能要求

项 目	性 能 要 求
承载力	实测值偏差应在产品设计值的±15%以内
最大位移	实测值偏差应在产品设计值的±15%以内
等效刚度	实测值偏差应在产品设计值的±15%以内
等效阻尼比	实测值偏差应在产品设计值的±15%以内
滞回曲线	实测滞回曲线应光滑,无异常

6.3.3.2 摩擦阻尼器力学性能应符合表8的要求。

表8 摩擦阻尼器力学性能要求

项 目	性 能 要 求
摩擦力	实测值偏差应在产品设计值的±15%以内
最大位移	实测值不应小于产品设计值
滞回曲线	实测滞回曲线应光滑,无异常

6.3.3.3 流体黏滞阻尼器力学性能应符合表9的要求。

表9 流体黏滞阻尼器力学性能要求

项 目	性 能 要 求
最大位移	实测值不应小于产品设计值
最大阻尼力	实测值偏差应在产品设计值的±15%以内
阻尼系数	实测值偏差应在产品设计值的±15%以内
阻尼指数	实测值偏差应在产品设计值的±15%以内
滞回曲线	实测滞回曲线应光滑,无异常

6.3.3.4 黏弹性阻尼器力学性能应符合表10的要求。

表10 黏弹性阻尼器力学性能要求

项 目	性 能 要 求
最大剪应变	实测值不应小于产品设计值
最大阻尼力	实测值偏差应在产品设计值的±15%以内
等效刚度	实测值偏差应在产品设计值的±15%以内
等效阻尼比	实测值偏差应在产品设计值的±15%以内
滞回曲线	实测滞回曲线应光滑,无异常

6.3.4 工艺性能

减震装置机加工、焊接、铸造、表面处理及装配工艺性能应符合6.1.4的要求。

7 试验方法

7.1 一般要求

7.1.1 减隔震装置性能试验应根据装置设计性能进行测试,试验方法应能合理模拟装置实际工作状态。

7.1.2 试件数量不应少于两个。

7.1.3 试件通常应使用足尺样本,当现有试验装备无法满足足尺样本试验所要求的能力时,可采用缩小比例的试件。

7.2 刚性连接装置

7.2.1 外观

刚性连接装置外观采用目测及手感评定。

7.2.2 材料

7.2.2.1 滑板材料性能试验按JT/T 901的规定进行。

7.2.2.2 钢材性能试验方法如下:
a) 钢件性能试验按GB/T 699、GB/T 700、GB/T 3077和GB/T 1591和GB/T 4171的规定进行;
b) 铸钢件性能试验按GB/T 11352、JB/T 6402的规定进行;

c) 不锈钢棒试验按 GB/T 1220 的规定进行；
d) 不锈钢板性能试验按 GB/T 3280 的规定进行；
e) 锻轧钢棒超声波检验方法应符合 GB/T 4162 的规定；
f) 无缝钢管超声波探伤检验方法应符合 GB/T 5777 的规定。

7.2.2.3 黏性流体材料的黏度、黏温系数、闪点、抗老化性能应出具质量检验报告。黏性流体材料用二甲基硅油外观采用目测法检验，各项技术性能指标测定应按 HG/T 2366 的规定进行。

7.2.2.4 硅脂润滑剂 5201-2 的物理性能试验按 HG/T 2502 的规定进行。

7.2.3 力学性能

7.2.3.1 永久连接装置水平承载力的试验采用静力加载方式，分预加载和正式加载两个步骤，正式加载应采用分级加载的方法，按不小于 1.2 倍设计水平承载力加载，加载次数不应少于 3 次。试验时，应记录水平变形值，并绘制荷载—水平变形曲线。试验过程中，永久连接装置不应发生屈服和破坏。

7.2.3.2 熔断保护装置剪断力试验采用静力加载方式，连续加载直到部件剪断为止，记录部件剪断时最大荷载。

7.2.3.3 速度锁定装置基本力学性能试验按表 11 的要求进行。

表 11 速度锁定装置基本力学性能试验

试 验 项 目	试 验 方 法
正常输出力、正常位移	采用正弦激励法，以恒定试验设计速度和设定条件（频率、振幅等）按位移控制方式加载，记录装置输出力； 试验加载周期不应少于 3 次； 试验过程中，装置不应发生锁死、屈服和破坏
锁定力、锁定位移、锁定速度	在设定速度（大于锁定速度）条件下使装置拉压双向达到额定最大锁定力，记录装置位移； 试验过程中，装置不应出现破坏或液体泄漏
极限过载力	采用随时间变化的力加载，在规定时间内加载至极限过载力，并持荷一段时间（不应少于30s）； 试验过程中，装置不应发生液体泄漏和破坏。如有过载保护系统，确认过载保护系统触发

7.3 隔震装置

7.3.1 外观

隔震装置外观采用目测及手感评定。

7.3.2 材料

7.3.2.1 钢件、铸钢件、不锈钢板、滑板材料及硅脂性能试验按 7.2.2 的要求进行。
7.3.2.2 橡胶材料性能试验按 GB/T 20688.1 的规定进行。
7.3.2.3 黏结剂黏合性能试验应按 GB/T 7760 的规定进行。
7.3.2.4 铅试验方法应按 GB/T 469 的规定进行。

7.3.3 力学性能

7.3.3.1 橡胶隔震装置基本力学性能试验按表 12 的要求进行。

表 12 橡胶隔震装置基本力学性能试验

试验项目	试验方法
竖向压缩刚度 压缩变形	采用静力加载,按逐级递增顺序施加竖向压力,记录竖向压力与竖向压缩变形值。加载次数不应小于3次; 测定最大竖向压缩变形值时应使竖向力加载到最大,并保持一段时间(不应少于120s)
水平剪切性能(水平等效刚度、等效阻尼比、滞回曲线)极限剪切性能	试验应同时进行竖向和水平加载。竖向加载恒定压应力保持不变;水平采用正弦激励法,以设定条件(频率、振幅等)按位移控制方式加载,记录节点相应力和位移值,绘制力—位移滞回曲线。试验加载循环次数不应小于3次; 极限剪切试验时应使水平加载位移达到设计的最大位移,并保持一段时间(不应少于120s)
注:试验过程中,装置不应发生损坏。	

7.3.3.2 滑块隔震装置基本力学性能试验按表13的要求进行。

表 13 滑块隔震装置基本力学性能试验

项 目	试 验 方 法
竖向承载力	采用静力加载,分预加载和正式加载两个步骤,正式加载应采用分级加载的方法,记录变形值,绘制荷载—变形曲线。加载次数不应小于3次。每级荷载应稳压一段时间(不应少于120s)
水平承载力	试验应同时进行竖向和水平加载。竖向加载恒定压应力,保持不变;水平加载分预加载和正式加载两个步骤,正式加载应采用分级加载的方法,记录变形值,绘制荷载—变形曲线。加载次数不应小于3次。每级荷载应稳压一段时间(不应少于120s)
水平滞回性能(最大位移、屈服后水平刚度、等效阻尼比、滞回曲线)	试验应同时进行竖向和水平加载。竖向加载恒定压应力,保持不变;水平采用正弦激励法,以设定条件(频率、振幅等)按位移控制方式加载,记录节点相应力和位移值,绘制力—位移滞回曲线。试验加载循环次数不应小于3次
复位性能	试验应同时进行竖向和水平加载。竖向加载恒定压应力,保持不变;水平采用位移控制方式加载至设计位移后解除水平约束,使装置在竖向荷载下自由运动,记录装置停止时的残余位移。试验过程连续进行不少于3次
注:试验过程中装置不应发生屈服和损坏。	

7.4 减震装置

7.4.1 外观

减震装置外观采用目测及手感评定。

7.4.2 材料

7.4.2.1 橡胶类黏弹性材料拉伸强度、扯断伸长率和扯断永久变形应按 GB/T 528 的规定进行,热空气老化应按 GB/T 3512 的规定进行;钢板与橡胶材料之间的黏合强度试验应按 GB/T 11211 的规定进行。

7.4.2.2 橡胶类黏弹性材料的材料损耗因子应用动态黏弹性自动测量仪检测,测量温度范围 0℃~40℃,测量频率阻尼器的工作频率,升温速度 2℃/min。

7.4.2.3 钢件性能试验按 7.2.2 要求的试验方法进行,钢材力学性能试验应按 GB/T 228.1 和 GB/T 7314 的规定进行。

7.4.2.4 黏性流体材料试验应按7.2.2.3的要求进行。

7.4.2.5 黏结剂黏合性能试验应按GB/T 7760的规定进行。

7.4.3 力学性能

7.4.3.1 金属阻尼器基本力学性能试验采用位移控制方式加载,采用位移控制方式加载,荷载按正弦波循环加载,按以下步骤进行:标准位移—荷载试验时,按渐增位移(在设计位移内)加载,每次循环加载5次以上;超载位移—荷载试验时,按不小于1.2倍设计位移循环加载不少于1次。试验时,应记录荷载—位移曲线。力学性能应通过滞回曲线的试验结果确定,试验过程中,金属阻尼器装置不应发生屈服和破坏。

7.4.3.2 摩擦阻尼器基本力学性能试验采用动力荷载试验,在设计位移下进行循环激振试验。试验时,应记录荷载—位移曲线。力学性能应通过滞回曲线的试验结果确定,试验过程中,摩擦阻尼器装置不应发生屈服和破坏。

7.4.3.3 流体黏滞阻尼器基本力学性能试验按表14的要求进行。

表14 流体黏滞阻尼器基本力学性能试验

试验项目	试验方法
最大位移	采用静力或动力加载试验,控制试验机的加载系统使阻尼器匀速缓慢运动,记录其伸缩运动的最大位移值
最大阻尼力	采用正弦激励法,以设定条件(频率、振幅等)按位移控制方式加载,激振3个循环以上并测定阻尼力
本构试验(阻尼系数、阻尼指数、滞回曲线)	采用正弦激励法,以设定条件(频率、振幅等)按位移控制方式,按渐增分级位移循环加载(不应少于3级,且包含最大设计位移),每次均绘制阻尼力—位移滞回曲线,且每次加载次数不应小于5次,采用第3个循环所对应的阻尼系数、阻尼指数作为实测值
注:试验过程中,装置不应发生损坏和液体渗漏。	

7.4.3.4 黏弹性阻尼器基本力学性能试验采用正弦激励法,以设定条件(频率、振幅等)按位移控制方式加载,绘制阻尼力—位移滞回曲线;加载循环次数不应少于5次。最大剪应变试验时应使水平加载位移达到最大位移,并保持一段时间(不应少于120s)。力学性能应通过滞回曲线的试验结果确定,试验过程中,黏弹性阻尼器装置不应发生屈服和破坏。

附录 A
（规范性附录）
减隔震装置基本力学模型

A.1 符号

下列符号适用于本文件。

- S——位移，单位为毫米(mm)；
- S_y——屈服位移，单位为毫米(mm)；
- S_{max}——最大位移，单位为毫米(mm)；
- K_h——水平等效刚度，单位为千牛每毫米(kN/mm)；
- K_1——初始水平刚度，单位为千牛每毫米(kN/mm)；
- K_2——屈服后水平刚度，单位为千牛每毫米(kN/mm)；
- P——荷载，单位为千牛(kN)；
- P_y——屈服力(或起滑摩擦力)，单位为千牛(kN)；
- P_{max}——最大荷载，单位为千牛(kN)；
- Q_d——零位移时剪力，单位为千牛(kN)。

A.2 基本力学模型

装置基本力学模型可简化为弹性模型、理想熔断模型、双线性模型、理想弹塑性模型及椭圆形模型，见图 A.1。

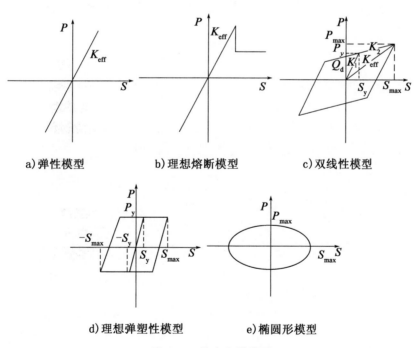

a) 弹性模型　　　b) 理想熔断模型　　　c) 双线性模型

d) 理想弹塑性模型　　　e) 椭圆形模型

图 A.1　基本力学模型

A.3 刚性连接装置力学模型

A.3.1　永久连接装置在约束方向采用弹性模型模拟，见图 A.1a)。

A.3.2 熔断保护装置的力学模型采用理想熔断模型模拟,见图 A.1b)。

A.3.3 速度锁定装置的力学模型采用相应的连接方式模拟。

A.4 隔震装置力学模型

A.4.1 隔震装置中有阻尼叠层橡胶支座、曲面滑块隔震装置的力学模型采用双线性模型模拟,见图 A.1c)。

A.4.2 隔震装置中无阻尼叠层橡胶支座的力学模型采用弹性模型模拟,见图 A.1a)。

A.4.3 隔震装置中平面滑块隔震装置力学模型采用理想弹塑性模型模拟,见图 A.1d)。

A.5 减震装置力学模型

A.5.1 金属阻尼器力学模型采用双线性模型模拟,见图 A.1c)。

A.5.2 摩擦阻尼器力学模型采用理想弹塑性模型模拟,见图 A.1d)。

A.5.3 黏滞阻尼器力学模型采用椭圆形模型模拟,见图 A.1e)。

ICS 93.040
P 28
备案号：

中华人民共和国交通运输行业标准

JT/T 1063—2016

桥梁用填充型环氧涂层钢绞线拉索

Filled epoxy-coated strand cable for bridge

2016-04-08 发布　　　　　　　　　　　　　　　　2016-07-01 实施

中华人民共和国交通运输部　发 布

JT/T 1063—2016

目　次

前言 ·· 318
1 范围 ·· 319
2 规范性引用文件 ·· 319
3 术语和定义、符号 ·· 320
4 分类、结构、规格和型号 ·· 321
5 技术要求 ·· 328
6 试验方法 ·· 331
7 检验规则 ·· 333
8 标志、包装、运输和储存 ··· 334
附录 A（资料性附录） 拉索主要技术参数 ·· 336
附录 B（资料性附录） 拉索索体断面排布 ·· 340
附录 C（规范性附录） 常规拉索疲劳试验方法 ·· 341
附录 D（规范性附录） 索鞍支撑拉索疲劳试验方法 ·· 343
附录 E（规范性附录） 锚具组件密封性能试验方法 ·· 345

JT/T 1063—2016

前 言

本标准按照GB/T 1.1—2009给出的规则起草。

本标准由全国交通工程设施(公路)标准化技术委员会(SAC/TC 223)提出并归口。

本标准起草单位:江苏法尔胜泓昇集团有限公司、中铁大桥勘测设计院集团有限公司、林同棪国际工程咨询(中国)有限公司、四川西南交大土木工程设计有限公司、江阴法尔胜住电新材料有限公司。

本标准主要起草人:高宗余、费汉兵、刘安双、金平、谢尚英、徐伟、赵军、单继安、朱维军、王志刚、杨晓海、姜平、袁丹、朱峰、许奇峰、王钢、游小祥。

JT/T 1063—2016

桥梁用填充型环氧涂层钢绞线拉索

1 范围

本标准规定了桥梁用填充型环氧涂层钢绞线拉索的分类、结构、规格和型号、技术要求、试验方法、检验规则、标志、包装、运输和储存。

本标准适用于公路及城市道路斜拉桥的拉索,其他工程结构的拉索亦可参照使用。

2 规范性引用文件

下列文件对于本文件的应用是必不可少的。凡是注日期的引用文件,仅注日期的版本适用于本文件。凡是不注日期的引用文件,其最新版本(包括所有的修改单)适用于本文件。

GB/T 197	普通螺纹　公差
GB/T 228.1	金属材料　拉伸试验　第1部分:室温试验方法
GB/T 230.1	金属材料　洛氏硬度试验　第1部分:试验方法(A、B、C、D、E、F、G、H、K、N、T标尺)
GB/T 231.1	金属材料　布氏硬度试验　第1部分:试验方法
GB/T 264	石油产品　酸值测定法
GB/T 265	石油产品运动粘度测定法和动力粘度计算法
GB/T 269	润滑脂和石油脂锥入度测定法
GB/T 512	润滑脂水分测定法
GB/T 528	硫化橡胶或热塑性橡胶　拉伸应力应变性能的测定
GB/T 699	优质碳素结构钢
GB/T 700	碳素结构钢
GB/T 1804	一般公差　未注公差的线性和角度尺寸的公差
GB/T 2361	防锈油脂湿热试验法
GB/T 3077	合金结构钢
GB/T 3512	硫化橡胶或热塑性橡胶　热空气加速老化和耐热试验
GB/T 4162	锻轧钢棒超声检测方法
GB/T 4929	润滑脂滴点测定法
GB/T 4985	石油蜡针入度测定法
GB/T 5224	预应力混凝土用钢绞线
GB/T 5796.1	梯形螺纹　第1部分:牙型
GB/T 5796.2	梯形螺纹　第2部分:直径与螺距系列
GB/T 5796.3	梯形螺纹　第3部分:基本尺寸
GB/T 5796.4	梯形螺纹　第4部分:公差
GB/T 6031	硫化橡胶或热塑性橡胶硬度的测定(10~100IRHD)
GB/T 6402	钢锻件超声检测方法
GB/T 7325	润滑脂和润滑油蒸发损失测定法

GB/T 8026		石油蜡和石油脂滴熔点测定法
GB/T 8162		结构用无缝钢管
GB/T 13663		给水用聚乙烯(PE)管材
GB/T 22315		金属材料 弹性模量和泊松比试验方法
CJ/T 297		桥梁缆索用高密度聚乙烯护套料
JB/T 3999		钢件的渗碳与碳氮共渗淬火回火
JB/T 4730.4		承压设备无损检测 第4部分:磁粉检测
JB/T 5000.8		重型机械通用技术条件 第8部分:锻件
JB/T 5000.13		重型机械通用技术条件 第13部分:包装
JB/T 5936		工程机械 机械加工件通用技术条件
JB/T 5944		工程机械 热处理件通用技术条件
JG/T 430		无粘结预应力筋用防腐润滑脂
JGJ/T 70		建筑砂浆基本性能试验方法
JT/T 329		公路桥梁预应力钢绞线用锚具、夹具和连接器
JT/T 737		填充型环氧涂层钢绞线
NB/SH/T 0324		润滑脂分油的测定 锥网法
NB/SH/T 0331		润滑脂腐蚀试验法
SH/T 0081		防锈油脂盐雾试验法
SH/T 0325		润滑脂氧化安定性测定法
SH 0164		石油产品包装、储存及交货验收规则

3 术语和定义、符号

3.1 术语和定义

下列术语和定义适用于本文件。

3.1.1

填充型环氧涂层钢绞线拉索 filled epoxy-coated strand cable

由若干根直径相同、平行排列的填充型环氧涂层钢绞线逐根穿过索套管集束,两端通过锚具固定于桥梁结构,承受结构静动荷载的受拉构件,以下简称拉索。

3.1.2

锚具组件 anchorage

安装于拉索两端,用以保持拉索的拉力并将其传递到桥梁结构的装置。

3.1.3

索鞍 saddle

位于索塔内,用以支撑索体、允许索体在索塔内弯曲转向,将索体产生的竖向力传递给索塔的装置。

3.1.4

索套管 stay pipe

包裹在钢绞线拉索外,保护钢绞线抵抗机械冲击和腐蚀的高密度聚乙烯(HDPE)管或金属管。

3.1.5

索导管 guide pipe

位于桥面或桥塔上的预设管道,便于拉索的安装与更换。

3.1.6

拉索附属件 accessories of stay cable

对拉索安装、防护起辅助作用的构件,包括保护罩、索箍、防水罩、索套管伸缩补偿装置等。

3.1.7

锚固段 anchorage zone

与锚具连接,将索力传递给桥梁结构的拉索部分。

3.1.8

过渡段 transition zone

导管入口到锚固段之间的拉索部分。

3.1.9

自由段 free length

除锚固段、过渡段及索鞍段(如有)之外的拉索部分。

3.1.10

内置式减振器 damping device

安装于拉索过渡段内,控制和减缓拉索振动的装置,一般由定位、调节部件和橡胶减振块组成。

3.1.11

防腐材料 anti-corrosion material

填充于锚具组件内,对锚具内部和拉索两端外露部分钢绞线进行防护的材料。

3.2 符号

下列符号适用于本文件。

A_{pk}——单根填充型环氧涂层钢绞线的公称截面积,单位为平方毫米(mm^2);

E——填充型环氧涂层钢绞线的弹性模量,单位为兆帕(MPa);

F_{min}——钢绞线—锚具组件疲劳试验下限荷载,单位为千牛(kN);

f_{pm}——试验用填充型环氧涂层钢绞线(截面以A_{pk}计)实测极限抗拉强度平均值(不少于3根试件),单位为兆帕(MPa);

f_{ptk}——填充型环氧涂层钢绞线抗拉强度标准值,单位为兆帕(MPa);

R_{min}——索鞍最小弯曲半径,单位为毫米(mm);

SDR——HDPE索套管外径与壁厚比值;

$\Delta\sigma_P$——疲劳试验应力幅,单位为兆帕(MPa)。

4 分类、结构、规格和型号

4.1 分类

4.1.1 拉索按使用情况分为:
   a) 常规拉索,代号为 XL;
   b) 索鞍支撑拉索,代号为 AXL。

4.1.2 拉索锚具组件按调节方式分为:
   a) 可调锚具:
      1) 有支撑筒可调锚具,代号为 YM;
      2) 无支撑筒可调锚具,代号为 WM;
   b) 固定锚具,代号为 GM。

4.1.3 拉索索鞍按结构组成分为:
   a) 整束内外套管式索鞍,代号为 ZSA;
   b) 分线导管式索鞍:

1) 密集组合分线式索鞍,代号为FMA;
2) 箱型分线式索鞍,代号为FXA。

4.2 结构

4.2.1 常规拉索

4.2.1.1 常规拉索由锚固段、过渡段和自由段组成,见图1。

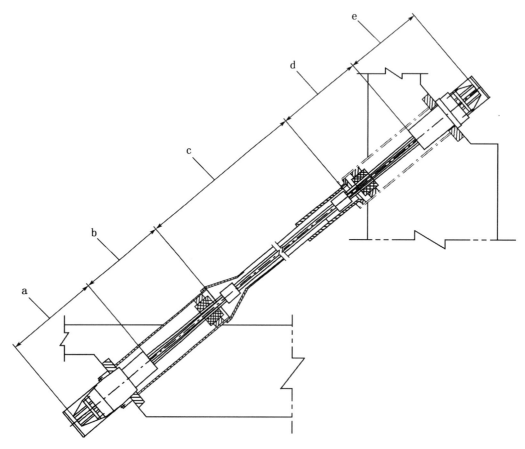

说明:
a——梁端锚固段;　　d——塔端过渡段;
b——梁端过渡段;　　e——塔端锚固段。
c——自由段;

图1 常规拉索结构示意图

4.2.1.2 锚固段

按拉索调索方式,常规拉索锚固段可采用可调锚具或固定锚具。
a) 可调锚具,适用于需在主梁或索塔处进行整束调索的场合:
1) 有支撑筒可调锚具(YM),其结构由锚具保护罩、防松装置、夹片、锚板、支撑筒、调节螺母、密封装置及防腐材料等组成,见图2;
2) 无支撑筒可调锚具(WM),其结构由锚具保护罩、防松装置、夹片、锚板、调节螺母、密封装置及防腐材料等组成,见图3;
b) 固定锚具(GM),适用于主梁或索塔处无需整束调索的场合,其结构由锚具保护罩、防松装置、夹片、锚板、密封筒、密封装置、防腐材料等组成,见图4。

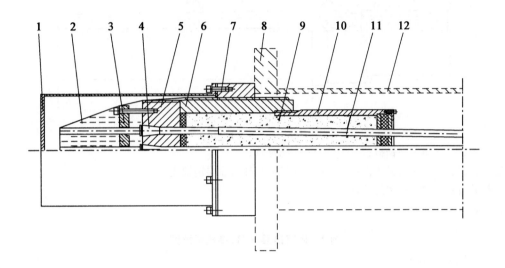

说明：
1——保护罩；　　　5——锚板；　　　　9——密封装置；
2——防腐材料；　　6——支撑筒；　　　10——防腐材料；
3——防松装置；　　7——调节螺母；　　11——填充型环氧涂层钢绞线；
4——夹片；　　　　8——锚垫板；　　　12——索导管。

图2　有支撑筒可调锚具(YM)结构示意图

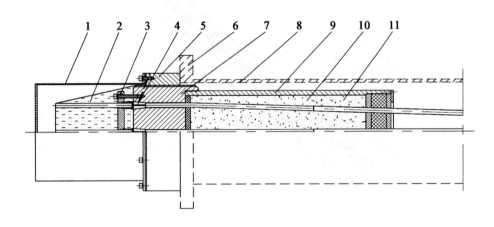

说明：
1——保护罩；　　　5——调节螺母；　　9——密封装置；
2——防腐材料；　　6——锚垫板；　　　10——防腐材料；
3——防松装置；　　7——锚板；　　　　11——填充型环氧涂层钢绞线。
4——夹片；　　　　8——索导管；

图3　无支撑筒可调锚具(WM)结构示意图

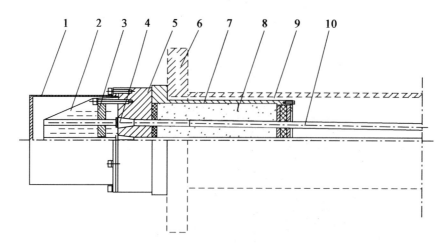

说明：
- 1——保护罩；
- 2——防腐材料；
- 3——防松装置；
- 4——夹片；
- 5——锚板；
- 6——锚垫板；
- 7——密封装置；
- 8——防腐材料；
- 9——索导管；
- 10——填充型环氧涂层钢绞线。

图 4 固定锚具（GM）结构示意图

4.2.1.3 过渡段和自由段

过渡段和自由段，其结构由填充型环氧涂层钢绞线、内置式减振器、索套管和附件（索箍、防水罩和索套管伸缩补偿装置）等组成，见图5。

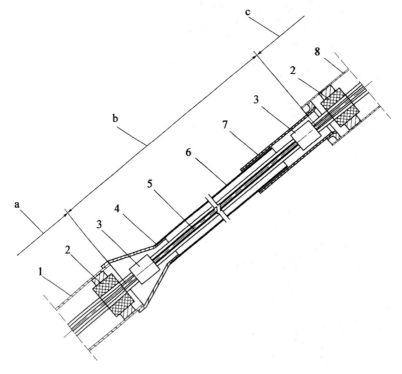

说明：
- a——梁端过渡段；
- b——自由段；
- c——塔端过渡段；
- 1——梁端索导管；
- 2——内置式减振器；
- 3——索箍；
- 4——防水罩；
- 5——填充型环氧涂层钢绞线；
- 6——索套管；
- 7——索套管伸缩补偿装置；
- 8——塔端索导管。

图 5 拉索过渡段和自由段结构示意图

4.2.2 索鞍支撑拉索

4.2.2.1 索鞍支撑拉索,其结构由锚固段、过渡段、自由段及索鞍段组成,见图6。

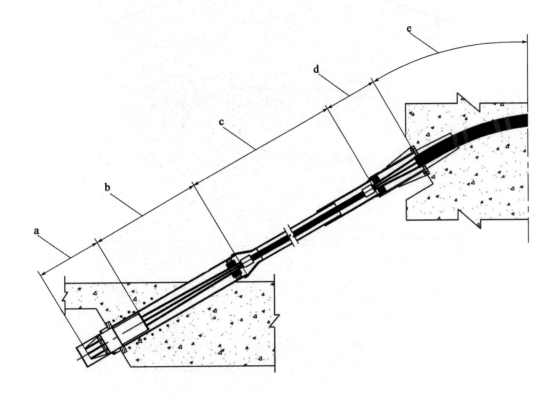

说明:
a——梁端锚固段; d——塔端过渡段;
b——梁端过渡段; e——1/2 索鞍段。
c——自由段;

图6 索鞍支撑拉索结构示意图

4.2.2.2 锚固段
锚固段采用无支撑筒可调锚具(WM),其结构见4.2.1.2。

4.2.2.3 过渡段和自由段
过渡段和自由段结构见4.2.1.3。

4.2.2.4 索鞍段
索鞍结构有两种形式,即:整束内外套管式索鞍[见图7a)]和分线导管式索鞍,其中分线导管式索鞍又分为密集组合分线式索鞍[见图7b)]和箱型分线式索鞍[见图7c)]。

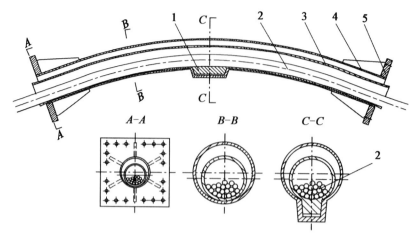

a) 整束内外套管式索鞍结构示意图

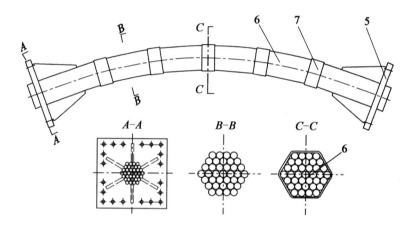

b) 密集组合分线式索鞍结构示意图

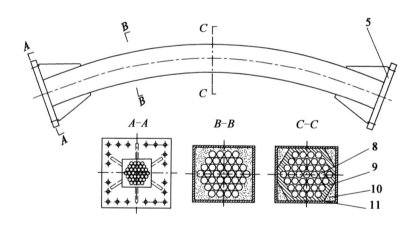

c) 箱型分线式索鞍结构示意图

说明：
1——剪力键；
2——钢绞线；
3——内套管；
4——外套管；
5——锚垫板；
6——钢分线管；
7——钢箍；
8——分线管；
9——分线板；
10——填充料；
11——钢箱。

图7 索鞍结构示意图

4.3 规格

4.3.1 拉索主要技术参数参见附录A。

4.3.2 拉索索体截面排布参见附录B。

4.4 型号

4.4.1 拉索型号

拉索型号表示方法见图8。

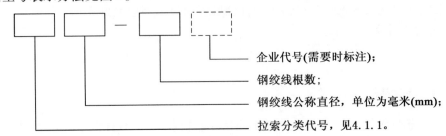

企业代号(需要时标注);
钢绞线根数;
钢绞线公称直径,单位为毫米(mm);
拉索分类代号,见4.1.1。

示例1:由55根φ15.20mm填充型环氧涂层钢绞线组成的常规拉索,标为:XL15.2-55。

示例2:由31根φ15.70mm填充型环氧涂层钢绞线组成的索鞍支撑拉索,标记为:AXL15.7-31。

图8 拉索型号表示方法

4.4.2 拉索锚具组件型号

拉索锚具组件型号表示方法见图9。

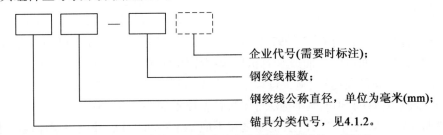

企业代号(需要时标注);
钢绞线根数;
钢绞线公称直径,单位为毫米(mm);
锚具分类代号,见4.1.2。

示例1:锚固55根φ15.20mm填充型环氧涂层钢绞线的有支撑筒可调锚具,标记为:YM15.2-55。

示例2:锚固31根φ15.70mm填充型环氧涂层钢绞线的固定锚具,标记为:GM15.7-31。

图9 拉索锚具组件型号表示方法

4.4.3 拉索索鞍型号

拉索索鞍型号表示方法见图10。

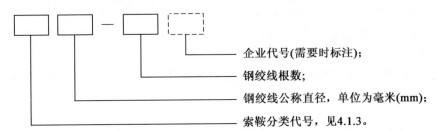

企业代号(需要时标注);
钢绞线根数;
钢绞线公称直径,单位为毫米(mm);
索鞍分类代号,见4.1.3。

示例1:支撑55根φ15.20mm填充型环氧涂层钢绞线的整束内外套管式索鞍,标记为:ZSA15.2-55。

示例2:支撑31根φ15.70mm填充型环氧涂层钢绞线的密集组合分线式索鞍,标记为:FMA15.7-31。

图10 索鞍型号表示方法

5 技术要求

5.1 外观和尺寸

5.1.1 填充型环氧涂层钢绞线表面应光滑，无破损、裂纹和机械损伤。

5.1.2 填充型环氧涂层钢绞线 PE 护层应光滑无裂缝、无气孔、无明显皱褶和机械损伤。

5.1.3 HDPE 索套管外观应光洁无破损，厚度均匀，外表面不应有深于 1mm 的划痕。

5.1.4 索鞍外露表面涂层应完好无损，标识应清晰醒目。

5.1.5 锚具组件、索箍、防水罩、内置式减振器等构件金属表面镀覆层应完好无损。

5.1.6 产品尺寸应符合设计文件要求。

5.2 材料

5.2.1 填充型环氧涂层钢绞线

5.2.1.1 用于制作填充型环氧涂层钢绞线的光面钢绞线，抗拉强度不宜低于 1 860MPa，并应符合 GB/T 5224 的规定。

5.2.1.2 填充型环氧涂层钢绞线的环氧涂层厚度应符合 JT/T 737 的规定，并应符合以下要求：
a) 应无任何形式的接头；
b) 出厂前应无孔洞、空隙、裂纹、针孔和其他目视可见的缺陷。

5.2.1.3 填充型环氧涂层钢绞线与硬质构件直接接触时，宜在其表面包覆 PE 护层，PE 护层材料应符合 CJ/T 297 的规定，且厚度不应小于 0.5mm。

5.2.2 HDPE 索套管

5.2.2.1 HDPE 索套管材料应符合 CJ/T 297 的规定，可制成单层或双层，外层可制成不同颜色。

5.2.2.2 HDPE 索套管外表面可为光面或具有抗风雨振作用的双螺旋线或其他形式。

5.2.2.3 HDPE 索套管应满足在运输、施工过程中外力作用下，不出现开裂、破损及明显的变形：
a) HDPE 圆管式索套管的 SDR 值不应大于 32，且壁厚不应小于 5mm；
b) HDPE 哈弗式索套管的外层与内层壁厚之和不应小于 6mm，且内外层单层厚度不小于 3mm。

5.2.2.4 HDPE 索套管通过焊接或管套连接方式接长，连接处的强度不应低于整根索套管的屈服强度。

5.2.3 锚具组件

5.2.3.1 锚具组件中夹片、锚板、支撑筒和调节螺母等主要受力构件应采用合金结构钢，并应符合 GB/T 3077 的规定。锚板、支撑筒和调节螺母等零件毛坯宜为锻件，并应符合 JB/T 5000.8 的规定。夹片、锚板、支撑筒和调节螺母的硬度应符合产品设计文件或 JT/T 329 的规定。

5.2.3.2 锚具防松装置、密封装置等其他构件，应采用不低于 Q235 要求的碳素结构钢，并应符合 GB/T 699 或 GB/T 700 的规定。

5.2.3.3 锚具保护罩采用不低于 Q235 要求的碳素结构钢，应符合 GB/T 699 或 GB/T 700 的规定。

5.2.4 索鞍

5.2.4.1 整束内外套管式索鞍内外管采用不低于 Q235 要求的无缝钢管，应符合 GB/T 8162 的规定。

5.2.4.2 密集组合分线式索鞍钢分线管采用不低于 Q235 要求的无缝钢管，应符合 GB/T 8162 的规定。

5.2.4.3 箱型分线式索鞍的分线管采用 PE 管或无缝钢管,应符合 GB/T 13663 或 GB/T 8162 的规定;箱体采用不低于 Q235 要求的碳素结构钢,应符合 GB/T 699 或 GB/T 700 的规定。填充料宜采用抗压强度不低于 50MPa 的水泥砂浆或环氧砂浆。

5.2.4.4 索鞍最小弯曲半径 R_{min} 应符合以下要求:
a) 整束内外套管式索鞍:$R_{min} \geq 30D$(D 为索套管直径);
b) 分线导管式索鞍:$R_{min} \geq 400d$(d 为钢绞线中单根钢丝直径)。

5.2.5 内置式减振器

5.2.5.1 定位、调节部件等采用不低于 Q235 要求的碳素结构钢,应符合 GB/T 699 或 GB/T 700 的规定。

5.2.5.2 橡胶减振块宜采用丁基橡胶,其性能应符合表 1 中的指标要求。

表 1 减振橡胶块丁基橡胶性能指标

项　　目		性能指标	试 验 方 法
硬度(IRHD)		55 ± 5	GB/T 6031
拉伸强度(MPa)		≥8	GB/T 528
扯断伸长率(%)		≥450	GB/T 528
阻尼比		>0.2	单向压缩法
热空气老化试验 (试验条件 70℃ ×96h)	拉伸强度变化率(%)	<25	GB/T 3512
	扯断伸长率变化率(%)	<25	

5.2.6 拉索附属件

5.2.6.1 索箍、防水罩采用不低于 Q235 要求的碳素结构钢,应符合 GB/T 699 或 GB/T 700 的规定。

5.2.6.2 索套管伸缩补偿装置可采用不低于 Q235 要求的无缝钢管或 HDPE 管,应符合 GB/T 8162 或 CJ/T 297 的规定。

5.2.7 防腐材料

5.2.7.1 防腐材料可采用环氧砂浆、防腐油脂或防腐蜡油。

5.2.7.2 环氧砂浆抗压强度不应低于 50MPa。

5.2.7.3 防腐油脂技术性能应符合表 2 的要求。

表 2 防腐油脂性能指标

项　　目	性能指标	试 验 方 法
工作锥入度(1/10mm)	220 ~ 320	GB/T 269
滴点(℃)	≥160	GB/T 4929
水分(%)	≤0.1	GB/T 512
钢网分油量(100℃,50h)(%)	≤4.0	NB/SH/T 0324
腐蚀试验(45 号钢片,100℃,24h)	合格	NB/SH/T 0331
蒸发量(99℃,22h)(质量分数)(%)	≤2.0	GB/T 7325
低温性能(-40℃,30min)	合格	JG/T 430—2014 附录 A

表2（续）

项　　目		性　能　指　标	试　验　方　法
湿热试验（45号钢片,30d）（级）		≤B	GB/T 2361
盐雾试验（45号钢片,30d）（级）		≤B	SH/T 0081
氧化安定性（99℃,100h,75.8×10⁴Pa）	氧化后压力降（Pa）	≤7×10⁴	SH/T 0325
	氧化后酸值（mg KOH/g）	≤1.0	GB/T 264

5.2.7.4 防腐蜡油技术性能应符合表3的要求。

表3 防腐蜡油性能指标

项　　目	性　能　指　标	试　验　方　法
滴点（℃）	≥77	GB/T 8026
运动黏度（100℃）（mm²/s）	>20	GB/T 265
石蜡针入度（25℃,1/10mm）	110～170	GB/T 4985
钢网分油量（40℃,7d）（%）	≤0.5	NB/SH/T 0324
腐蚀试验（45号钢片,100℃,24h）	合格	NB/SH/T 0331
盐雾试验（45号钢片,30d）（级）	≤B	SH/T 0081
氧化安定性（99℃,100h）（MPa）	≤0.03	SH/T 0325

5.3 力学性能

5.3.1 基本性能要求

5.3.1.1 填充型环氧涂层钢绞线力学性能除应符合JT/T 737的规定外，还应符合以下要求：
 a) 最小极限抗拉强度不应低于相应钢绞线的抗拉强度标准值f_{ptk}；
 b) 弹性模量：$E=(1.95\pm0.1)\times10^5$MPa；
 c) 偏斜拉伸性能：偏斜拉伸系数不大于20%；
 d) 疲劳性能应满足上限应力$0.45f_{ptk}$、应力幅300MPa，循环次数200万次的疲劳试验，不出现断丝，并在疲劳试验后对钢绞线作静强度拉伸试验，最小张拉应力不应低于$92\%f_{pm}$或$95\%f_{ptk}$（取两者中的较大值）的要求。

5.3.1.2 拉索锚具组件静载锚固性能应符合JT/T 329的规定。

5.3.1.3 夹片锚固性能应符合JT/T 329的规定，并在使用应力低至钢绞线抗拉强度标准值（f_{ptk}）的5%时，不出现滑丝。

5.3.1.4 拉索过渡段内，钢绞线从锚固区到索箍处的偏转角度不大于25mrad(≈1.4°)。

5.3.2 疲劳性能

5.3.2.1 常规拉索疲劳性能按附录C试验后，应符合以下要求：
 a) 疲劳试验中，单根钢丝的断丝数不应超过下述数量：
  1) 拉索钢丝总根数少于100根时，断丝不超过两根；
  2) 拉索钢丝总根数达到或超过100根时，断丝率不超过实际根数的2%（带小数时四舍五入）。
 b) 疲劳试验时，钢绞线环氧涂层不应损伤，锚具或锚具构件不应受损破坏。

c) 疲劳试验后，试件最小张拉应力不应低于92%f_{pm}或95%f_{ptk}（取两者中的较大值）。锚具或锚具构件不应受损，但夹片出现裂纹除外。

5.3.2.2 索鞍支撑拉索疲劳性能按附录D试验后，应符合5.3.2.1a)~5.3.2.1c)的要求。

5.4 工艺性能

5.4.1 机械加工

5.4.1.1 零件机加工应符合JB/T 5936的规定。零件毛坯锻造应符合JB/T 5000.8的规定。

5.4.1.2 锚具梯形螺纹应符合GB/T 5796.1~GB/T 5796.4的规定，螺纹副未注精度等级不应低于GB/T 197中7H/8g的规定。

5.4.1.3 同一规格锚具的同类部件应具有互换性。

5.4.1.4 未注公差尺寸的公差等级，不应低于GB/T 1804中m级的规定。

5.4.2 热处理及探伤

5.4.2.1 夹片应进行热处理，表面硬度不小于57HRC（或79.5HRA）。夹片热处理后，应无氧化脱碳现象，同批次夹片硬度差不大于5HRC，同件夹片硬度差不大于3HRC。其他要求应符合JB/T 5944和JB/T 3999的规定。

5.4.2.2 锚板、支撑筒和调节螺母宜经调制处理或锥孔强化处理。若采用调质处理，则表面硬度不小于225HB（或20HRC），其他要求应符合JB/T 5994的规定。

5.4.2.3 锚板、螺母、支撑筒等主要受力件的半成品在热处理前，应进行超声波探伤，探伤方法及评定标准应符合GB/T 4162中B级或GB/T 6402中直探头4级的规定。成品表面应进行磁粉探伤，探伤方法及评定标准应符合JB/T 4730.4中Ⅱ级的规定。

5.5 防腐要求

5.5.1 拉索防腐体系应采用单根钢绞线独立防腐方式，索体防腐层数应为两层或两层以上。

5.5.2 锚固段有防水排水构造，锚固段及索鞍内钢绞线的防腐要求不应低于拉索自由段。

5.5.3 索鞍裸露表面宜采用油漆涂装防护，涂膜厚度不应小于40μm。

5.5.4 锚具组件裸露表面应进行镀锌或喷锌处理，锌层厚度不应小于20μm。对在施工结束后才能进行防腐的部位，应先进行临时防护。

5.5.5 锚具组件应具有良好的防护密封性能，保证锚具内部钢绞线不受外部有害物质的侵入。在承受3m高的水压下，通过目测，锚具组件内部应无渗水现象。

5.5.6 拉索梁端防水罩的设置，应能保证外部水不进入拉索内部；塔端索套管伸缩补偿装置应保证其与索套管有足够的搭接长度，在索套管热胀冷缩的过程中不会脱离。

5.5.7 拉索安装张拉结束后，锚具内应灌注防腐材料对内部钢绞线进行防腐，拉索端部裸露钢绞线应做防腐处理，并安装保护罩防护。

6 试验方法

6.1 外观

填充型环氧涂层钢绞线、锚具、索套管、内置式减振器、索鞍及附件的外观用目测检查。

6.2 材料

6.2.1 填充型环氧涂层钢绞线的试验方法按表4的要求进行。

表4 填充型环氧涂层钢绞线试验方法

序号	项目	试验方法	序号	项目	试验方法
1	直径	GB/T 5224	8	应力上限为 $0.45f_{ptk}$，应力幅300MPa的疲劳试验	GB/T 5224
2	横截面积	GB/T 5224	9	疲劳试验后的应力试验	GB/T 5224
3	抗拉强度	GB/T 5224	10	偏斜拉伸系数	GB/T 5224
4	整根钢绞线最大力	GB/T 228.1	11	涂层厚度	JT/T 737
5	最大力总伸长率	GB/T 228.1	12	涂层连续性	JT/T 737
6	弹性模量	GB/T 22315	13	涂层附着力	JT/T 737
7	$0.7f_{pm}$下1 000h应力松弛率	GB/T 5224	14	环氧涂层材料性能	JT/T 737

6.2.2 填充型环氧涂层钢绞线的PE护层材料和HDPE索套管材料的试验方法按CJ/T 297的规定进行，尺寸用钢卷尺和游标卡尺测量。

6.2.3 锚具组件金属部件的力学性能、化学成分、探伤和表面硬度试验方法按表5的要求进行。外形尺寸用游标卡尺测量，螺纹用螺纹规检查。

表5 锚具组件金属部件试验方法

序号	项目	试验方法
1	力学性能	GB/T 699、GB/T 700、GB/T 3077
2	化学成分	GB/T 699、GB/T 700、GB/T 3077
3	超声波检测	GB/T 4162
4	磁粉检测	JB/T 4730.4
5	表面硬度	GB/T 230.1、GB/T 231.1

6.2.4 索鞍和附属件的化学成分按GB/T 699、GB/T 700和GB/T 8162的规定进行，外形尺寸用钢卷尺或游标卡尺测量。

6.2.5 内置式减振器的橡胶减振块试验方法按表1的要求进行。

6.2.6 环氧砂浆抗压强度的试验方法按JGJ/T 70的规定进行。

6.2.7 防腐油脂和防腐蜡油的试验方法按表2和表3的要求进行。

6.3 力学性能

6.3.1 填充型环氧涂层钢绞线的力学性能试验按GB/T 5224和JT/T 737的规定进行。

6.3.2 锚具组件静载锚固性能试验按JT/T 329的规定进行。

6.3.3 常规拉索疲劳性能试验按附录C的要求进行。

6.3.4 索鞍支撑拉索疲劳性能试验按附录D的要求进行。

6.4 防腐要求

6.4.1 索鞍表面油漆层和锚具表面镀锌层厚度用涂层测厚仪测量。

6.4.2 锚具组件密封性能试验按附录E的要求进行。

7 检验规则

7.1 检验分类

7.1.1 拉索检验分为型式检验和出厂检验。

7.1.2 型式检验为对产品全面性能控制的检验。有下列情况之一时,应进行型式检验:
a) 新产品定型或产品转产鉴定时;
b) 正式生产后,当结构、材料、工艺等有改变,影响产品性能时;
c) 产品停产两年后,重新恢复生产时;
d) 出厂检验结果与上次型式检验有较大差异时;
e) 需方提出要求,经供需双方协议一致时;
f) 国家或省级质量监督机构提出型式检验要求时。

7.1.3 出厂检验为生产单位在每批产品出厂前进行的厂内产品质量控制性检验。

7.2 检验项目

拉索型式检验和出厂检验项目和取样数量应符合表6的要求。试验用样本应在同一批次产品中随机抽取。

表6 拉索型式检验和出厂检验项目

检验项目		技术要求	试验方法	型式检验	出厂检验	取样数量
填充型环氧涂层钢绞线	外观	5.1.1	6.1	+	+	10%
	材料	5.2.1.1	6.2.1	+	+	逐盘卷
	力学性能	5.3.1.1	6.2.1	+	+	每100t 3根
	疲劳性能	5.3.2.1	6.2.1	+	−	每100t 1根
	防腐性能	5.2.1.2	6.2.1	+	−	每100t 1根
填充型环氧涂层钢绞线PE护层	外观	5.1.2	6.1	+	+	10%
	厚度	5.2.1.3	6.2.2	+	+	逐盘卷
	材料性能	5.2.1.3	6.2.2	+	−	每100t 3根
锚具组件	外观	5.1.5	6.1	+	+	10%
	硬度	5.4.2.1 5.4.2.2	6.2.3	+	+	100%
	外形尺寸	5.1.6	6.2.3	+	+	10%
	超声波探伤	5.4.2.3	6.2.3	+	+	100%
	磁粉探伤	5.4.2.3	6.2.3	+	+	100%
	螺纹	5.4.1.2	6.2.3	+	+	100%
	静载锚固性能	5.3.1.2 5.3.1.3	6.3.2	+	+	1个组件
	疲劳性能	5.3.2.1	6.3.3	+	−	1个组件
	密封性能	5.5.5	6.4.2	+	−	1个组件

表6(续)

检验项目		技术要求	试验方法	型式检验	出厂检验	取样数量
HDPE索套管	外观	5.1.3	6.1	+	+	10%
	尺寸	5.2.2.3	6.2.2	+	+	100%
	材料性能	5.2.2.1	6.2.2	+	-	按CJ/T 297的取样规定
索鞍	外观	5.1.4	6.1	+	+	10%
	尺寸	5.1.6 5.2.4.4	6.2.4	+	+	100%
	疲劳性能	5.3.2.2	6.3.4	+	-	1个组件
橡胶减振块	外观	5.2.5.2	6.2.5	+	+	10%
	材料性能	5.2.5.2	6.2.5	+	-	每批3件
环氧砂浆	抗压强度	5.2.7.2	6.2.6	+	-	每批1组
防腐油脂或防腐蜡油	材料性能	5.2.7.3 5.2.7.4	6.2.7	+	-	按JG/T 430的取样规定

注1:"+"为检验,"-"为不检验。
注2:1个锚具组件包括可调锚具和固定锚具各一套。
注3:防腐油脂和防腐蜡油的性能检验时间较长,可由原材料供应商提供有效的试验报告。

7.3 判定规则

7.3.1 型式检验项目均应符合第5章要求。

7.3.2 当出厂检验项目均符合第5章要求时,该批产品为合格品;当检验结果有不合格项目时,对不合格项目重新加倍取样进行复检,若复检结果仍不合格,则该批产品判定为不合格。

8 标志、包装、运输和储存

8.1 标志

8.1.1 拉索产品应在显著位置标明产品型号、规格和批号。

8.1.2 每件索鞍上应具有拉索索号、索鞍编号、安装方位等与索鞍定位安装有关的显著标志。

8.2 包装

8.2.1 锚具

锚具出厂时应成箱包装,并符合JB/T 5000.13的规定。包装箱内应附有产品合格证、装箱单。产品合格证内容包括:规格型号、名称、出厂日期、质量合格签章、厂名、厂址。

8.2.2 填充型环氧涂层钢绞线

钢绞线应盘卷包装,盘径不应小于1 100mm。每盘钢绞线应捆扎结实,捆扎不得少于6道。每包装单位中必须有合格证。

8.2.3 索套管

单根索套管用塑料薄膜缠绕保护,批量索套管用编织袋包装、非金属绳捆扎牢固,或用木架固定两头捆扎。

8.2.4 索鞍

索鞍应采用合适的包装方式,防止装卸和运输过程中碰伤。

8.2.5 附件

索箍、防水罩、内置式减振器等附件应成箱包装,并符合JB/T 5000.13的规定。

8.2.6 防腐材料

防腐材料的包装应按SH 0164的规定执行。

8.3 运输和储存

8.3.1 在运输和装卸过程中,应小心操作,防止碰伤,不得受到划伤、抛甩、剧烈撞击及油污和化学品等污染。

8.3.2 产品宜储存在库房中,露天储存时应加遮盖,避免锈蚀、沾污、遭受机械损伤和散失。

8.3.3 索套管应储存在远离热源、温度不超过40℃,无油污和化学品污染的地方,堆放场地应平整,水平整齐堆放,堆放高度不超过2m。

8.3.4 防腐材料应储存在库房中,并远离火源、热源,温度不超过40℃。

附 录 A
（资料性附录）
拉索主要技术参数

A.1 拉索主要技术参数见表A.1。

表 A.1 拉索主要技术参数

拉索规格	钢绞线束公称截面积（mm²）	钢绞线束单位质量（kg/m）	索套管外径（mm）	公称破断索力（$f_{ptk}=1860$MPa）（kN）	最大设计索力（$f_{ptk}=1860$MPa）（kN）	
					常规拉索	索鞍支撑拉索
15.2-12	1 680	13.212	125	3 125	1 406	1 875
15.7-12	1 800	14.136	125	3 348	1 507	2 009
15.2-19	2 660	20.919	145	4 948	2 226	2 969
15.7-19	2 850	22.382	145	5 301	2 385	3 181
15.2-22	3 080	24.222	160	5 729	2 578	3 437
15.7-22	3 300	25.916	160	6 138	2 762	3 683
15.2-27	3 780	29.727	160	7 031	3 164	4 218
15.7-27	4 050	31.806	160	7 533	3 390	4 520
15.2-31	4 340	34.131	180	8 072	3 633	4 843
15.7-31	4 650	36.518	180	8 649	3 892	5 189
15.2-34	4 760	37.434	180	8 854	3 984	5 312
15.7-34	5 100	40.052	180	9 486	4 269	5 692
15.2-37	5 180	40.737	180	9 635	4 336	5 781
15.7-37	5 550	43.586	180	10 323	4 645	6 194
15.2-43	6 020	47.343	200	11 197	5 039	6 718
15.7-43	6 450	50.654	200	11 997	5 399	7 198
15.2-55	7 700	60.555	200	14 322	6 445	8 593
15.7-55	8 250	64.79	200	15 345	6 905	9 207
15.2-61	8 540	67.161	235	15 884	7 148	9 531
15.7-61	9 150	71.858	235	17 019	7 659	10 211
15.2-73	10 220	80.373	260	19 009	8 554	11 406
15.7-73	10 950	85.994	260	20 367	9 165	12 220
15.2-85	11 900	93.585	260	22 134	9 960	13 280
15.7-85	12 750	100.13	260	23 715	10 672	14 229
15.2-91	12 740	100.191	280	23 696	10 663	14 218
15.7-91	13 650	107.198	280	25 389	11 425	15 233
15.2-109	15 260	120.009	315	28 384	12 773	17 030
15.7-109	16 350	128.402	315	30 411	13 685	18 247
15.2-127	17 780	139.827	330	33 071	14 882	19 842
15.7-127	19 050	149.606	330	35 433	15 945	21 260

A.2 有支撑筒可调锚具(YM)的结构见图 A.1,主要技术参数见表 A.2。

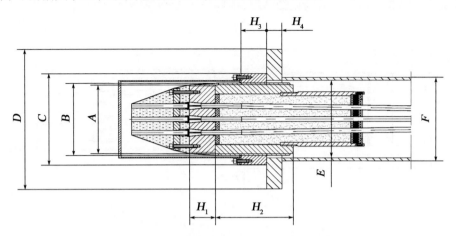

图 A.1 有支撑筒可调锚具(YM)结构示意图

表 A.2 有支撑筒可调锚具(YM)主要技术参数   单位为毫米

锚具组件规格型号	锚板		支撑筒		调节螺母		锚垫板参考尺寸			索导管参考尺寸 F
	外径 A	厚度 H_1	外径 B	长度 H_2	外径 C	厚度 H_3	长(宽) D	厚度 H_4	开孔直径 E	
YM 15.2-12	195	85	205	200	265	80	350	40	215	$\phi 245 \times 10$
YM 15.2-19	230	95	245	225	300	100	400	50	253	$\phi 273 \times 10$
YM 15.2-22	240	100	255	240	320	100	430	50	265	$\phi 299 \times 10$
YM 15.2-27	270	100	285	260	350	110	450	50	295	$\phi 325 \times 10$
YM 15.2-31	275	115	290	260	360	120	480	60	300	$\phi 325 \times 10$
YM 15.2-34	295	125	310	280	380	120	500	60	320	$\phi 351 \times 10$
YM 15.2-37	295	130	310	280	380	130	550	70	320	$\phi 351 \times 10$
YM 15.2-43	315	135	330	310	400	130	550	70	340	$\phi 377 \times 10$
YM 15.2-55	345	140	360	340	440	140	600	80	370	$\phi 402 \times 10$
YM 15.2-61	365	145	380	370	465	150	620	80	390	$\phi 426 \times 12$
YM 15.2-73	390	155	410	390	500	160	680	90	420	$\phi 450 \times 12$
YM 15.2-85	420	170	440	440	535	180	730	100	450	$\phi 480 \times 12$
YM 15.2-91	440	170	460	460	560	190	760	100	470	$\phi 500 \times 12$
YM 15.2-109	470	180	490	530	600	200	800	110	500	$\phi 530 \times 15$
YM 15.2-127	515	180	540	550	650	220	900	120	550	$\phi 610 \times 15$

注1:本表锚具尺寸同时适用于 $\phi 15.70$ mm 钢绞线拉索。
注2:当拉索规格与本表不相同时,锚具应选择邻近较大规格,如 15.2-25 的拉索应选配 15.2-27 拉索锚具。

A.3 无支撑筒可调锚具(WM)的结构见图A.2,主要技术参数见表A.3。

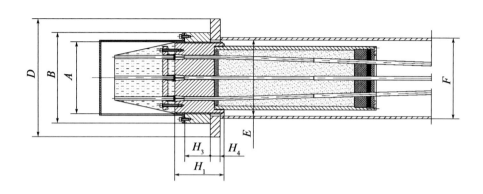

图A.2 无支撑筒可调锚具(WM)结构示意图

表A.3 无支撑筒可调锚具(WM)主要技术参数　　　　　　　　　单位为毫米

锚具组件规格型号	锚板		调节螺母		锚垫板参考尺寸			索导管参考尺寸 F
	外径 A	厚度 H_1	外径 B	厚度 H_3	长(宽) D	厚度 H_4	开孔直径 E	
WM 15.2-12	195	110	255	75	340	40	203	φ219×8
WM 15.2-19	220	125	290	90	350	45	230	φ245×8
WM 15.2-22	245	130	315	95	390	45	255	φ273×8
WM 15.2-27	270	145	345	110	420	45	280	φ299×10
WM 15.2-31	270	145	345	110	450	50	280	φ299×10
WM 15.2-34	295	150	370	110	490	60	305	φ325×10
WM 15.2-37	295	150	370	110	490	60	305	φ325×10
WM 15.2-43	320	165	400	130	530	70	330	φ351×10
WM 15.2-55	340	170	430	130	580	70	350	φ377×10
WM 15.2-61	370	190	460	155	610	80	380	φ402×10
WM 15.2-73	390	190	490	155	660	90	400	φ426×10
WM 15.2-85	415	215	520	180	700	90	425	φ450×12
WM 15.2-91	440	220	550	180	730	100	450	φ480×12
WM 15.2-109	465	240	580	200	760	110	475	φ500×12
WM 15.2-127	510	260	630	220	830	120	520	φ560×12

注1:本表锚具尺寸同时适用于φ15.70mm钢绞线拉索。
注2:当拉索规格与本表不相同时,锚具应选择邻近较大规格,如15.2-25拉索应选配15.2-27拉索锚具。

A.4 固定锚具(GM)的结构见图A.3,主要技术参数见表A.4。

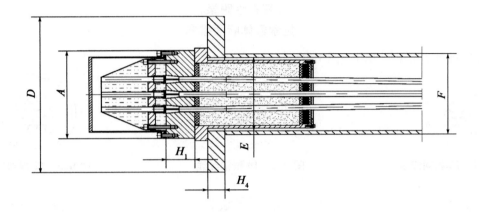

图A.3 固定锚具(GM)结构示意图

表A.4 固定锚具(GM)主要技术参数   单位为毫米

锚具组件规格型号	锚板		锚垫板参考尺寸			索导管参考尺寸 F
	外径 A	厚度 H_1	长(宽) D	厚度 H_4	开孔直径 E	
GM 15.2-12	205	100	320	50	175	φ194×8
GM 15.2-19	240	110	360	60	202	φ219×8
GM 15.2-22	260	110	400	60	225	φ245×8
GM 15.2-27	280	120	400	70	250	φ273×8
GM 15.2-31	285	120	430	75	250	φ273×8
GM 15.2-34	310	130	450	75	275	φ299×8
GM 15.2-37	315	140	500	80	275	φ299×10
GM 15.2-43	345	150	520	90	305	φ325×10
GM 15.2-55	360	150	560	90	305	φ325×10
GM 15.2-61	385	150	580	100	330	φ351×10
GM 15.2-73	415	165	650	110	356	φ377×10
GM 15.2-85	435	175	700	110	375	φ402×10
GM 15.2-91	465	180	750	120	405	φ426×10
GM 15.2-109	485	185	800	130	415	φ450×12
GM 15.2-127	535	190	850	140	456	φ480×12

注1:本表锚具尺寸同时适用于φ15.70mm钢绞线拉索。
注2:当拉索规格与本表不相同时,锚具应选择邻近较大规格,如15.2-25拉索应选配15.2-27拉索锚具。

附 录 B
（资料性附录）
拉索索体断面排布

拉索索体断面排布见图 B.1～图 B.15。

图 B.1　12 根钢绞线

图 B.2　19 根钢绞线

图 B.3　22 根钢绞线

图 B.4　27 根钢绞线

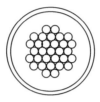
图 B.5　31 根钢绞线

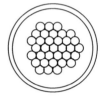
图 B.6　34 根钢绞线

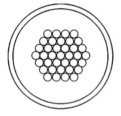
图 B.7　37 根钢绞线

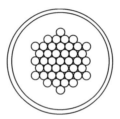
图 B.8　43 根钢绞线

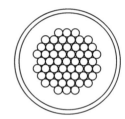
图 B.9　55 根钢绞线

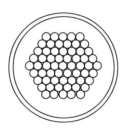
图 B.10　61 根钢绞线

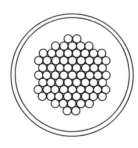
图 B.11　73 根钢绞线

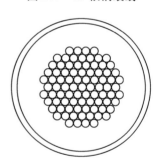
图 B.12　85 根钢绞线

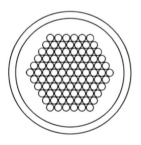
图 B.13　91 根钢绞线

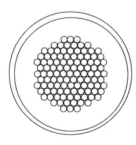
图 B.14　109 根钢绞线

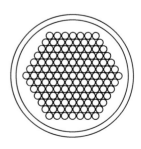
图 B.15　127 根钢绞线

附 录 C
（规范性附录）
常规拉索疲劳试验方法

C.1 试件

C.1.1 试件构造应与实际拉索相同,应包括锚固段、约束器或定位器,以及至少0.5m长的自由段,约束圈或定位器应能纵向自由移动。

C.1.2 试件规格选择实际采用的拉索中有代表性的规格,试验用填充型环氧涂层钢绞线应符合5.2.1和5.3.1.1的规定。

C.1.3 试件长度应与相应的试验设备相匹配,但不应小于3.5m。

C.1.4 如拉索体系采用不同强度级别的钢绞线,至少应做一个最高强度等级的大规格的拉索试验。

C.2 试验设备

试验设备采用疲劳试验机。

C.3 试验环境

试验应在常温下进行。

C.4 试验步骤

试验步骤如下:

a) 按图C.1,将试件安装在疲劳试验机上,并在拉索两侧锚具下放置一块 $\alpha=10\text{mrad}$ 的斜垫板,使拉索侧面呈S形,锚固段试件的实际中心线与理论中心线形成10mrad（≈0.6°）的夹角。然后将钢绞线逐根预紧并锚固;

b) 以约100MPa/min的速度对试件纵向加载至试验应力上限 $45\%f_{ptk}$,在调节应力幅度达到200MPa后,开始循环疲劳试验,试验频率不超过8Hz;

c) 疲劳试验后,用同一试件进行静载试验。逐步缓慢增加应力,直至超过拉索所能承受的最大抗拉强度。

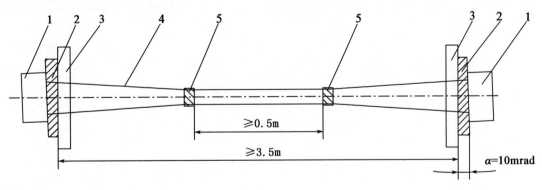

说明:
1——锚具;
2——斜垫板;
3——试验机垫板;
4——钢绞线;
5——约束圈。

图 C.1 常规拉索组件疲劳试验试件安装示意图

C.5 测量、观察和记录

试验时应进行下列各项测量和观察,并记录结果:
a) 试验装置和步骤的描述;
b) 检查各构件尺寸、硬度等的合格性,对单根钢绞线进行至少 5 次极限试验;
c) 整个试验过程中的实际试验参数(包括次数、应力幅、荷载等)的完整记录;
d) 钢绞线、夹片在锚固段产生的相对位移;
e) 疲劳试验过程中,检测各构件的破坏程度;
f) 静载试验中不间断记录延伸率的变化;
g) 静载试验中测量出的最大张力和在最大张力下试件在两垫板间的总伸长率;
h) 静载试验完成后,将试件拆除,并仔细检查各构件,记录试验中受损的钢绞线、各零部件以及它们的位置;
i) 检验单位应向受检单位提交完整的检验报告,其中包括破坏部位及形式的图像记录,并有准确的文字评述。

附 录 D
（规范性附录）
索鞍支撑拉索疲劳试验方法

D.1 试件

D.1.1 试件应包括锚固段、索鞍以及锚固段和索鞍入口之间至少2m的自由段。

D.1.2 试验拉索与水平面呈约30°的夹角，试验锚具轴线与自由段束体间应有10mrad（≈0.6°）的偏转角。

D.1.3 试件规格应选择小型至中型的为代表，也可以根据设备能力来进行选择。试验用填充型环氧涂层钢绞线应符合5.2.1和5.3.1.1的要求。

D.1.4 试件的长度应与相应的试验设备相匹配。

D.1.5 如拉索体系采用不同强度级别的钢绞线，至少应做一个最高强度等级的大规格的拉索试验。

D.2 试验设备

D.2.1 疲劳试验用脉冲千斤顶的持续脉冲加载频率不宜超过8Hz。

D.2.2 试验装置可采用图D.1所示的试验架。在满足试件要求的前提下，试验装置的具体构造可根据试验室条件做适当调整。

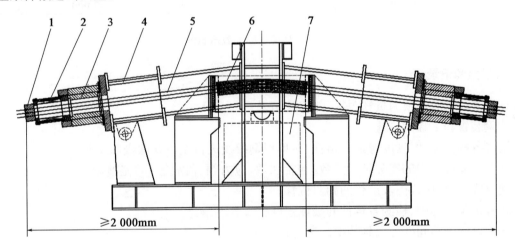

说明：
1——锚板；
2——传感器；
3——轴向加载千斤顶；
4——试验架；
5——钢束；
6——转向装置；
7——竖向脉冲千斤顶。

图 D.1 索鞍支撑拉索疲劳试验用典型试验装置示意图

D.3 试验环境

试验应在常温下进行。

D.4 试验步骤

试验步骤如下：

a) 将索鞍安装在试验架上,并将钢绞线穿过索鞍、轴向加载千斤顶和传感器,保证自由段与索鞍及锚固段相切,两侧锚固;

b) 各种测量仪表在加载前安装调试正确。各根钢绞线的初应力调试均匀,初应力可取钢绞线抗拉强度标准值 f_{ptk} 的5%～10%;

c) 利用轴向加载千斤顶,将钢绞线束对称等速加载至其抗拉强度标准值 f_{ptk} 的55%,加载速度宜为100MPa/min左右;然后将载荷降至下限值 F_{min};

d) 向脉冲千斤顶加载,使钢绞线束加载至其抗拉强度标准值 f_{ptk} 的55%,测量并记录千斤顶位置;

e) 利用竖向脉冲千斤顶,以应力上限为 $0.55f_{ptk}$,应力幅 $\Delta\sigma_p$ 为140MPa,对索鞍进行脉冲循环加载(见图D.2),循环次数不小于200万次;

f) 疲劳试验后,用同一试件进行静载试验。缓慢对称地增加应力荷载,直至超过拉索所能承受的最大抗拉强度。

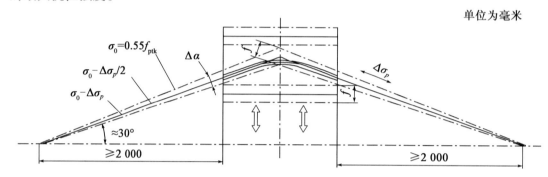

图 D.2 疲劳试验加载示意图

D.5 测量、观察和记录

试验时应进行下列各项测量和观察,并记录结果:

a) 试验装置和步骤的描述;

b) 检查各构件尺寸、硬度等的合格性,对单根钢绞线进行至少5次极限试验;

c) 整个试验过程中的实际试验参数(包括次数、应力幅、荷载等)的完整记录;

d) 钢绞线、夹片在锚固段产生的相对位移;

e) 疲劳试验过程中,检测各构件的破坏程度;

f) 静载试验中不间断记录延伸率的变化;

g) 静载试验中测量出的最大张力,和在最大张力下试件在两垫板间的总伸长率;

h) 静载试验完成后,将试件拆除,并仔细检查各构件,记录试验中受损的钢绞线、各零部件以及它们的位置;

i) 检验单位应向受检单位提交完整的检验报告,其中包括破坏部位及形式的图像记录,并有准确的文字评述。

附录 E
（规范性附录）
锚具组件密封性能试验方法

E.1 试件

E.1.1 试件构造应与实际拉索相同，包括锚固段、至少 3m 长的自由段、密封装置，若有约束装置，也应全部装上，见图 E.1。试件规格应采用不少于 27 根钢绞线的拉索。

E.1.2 试验用填充型环氧涂层钢绞线应符合 5.2.1 和 5.3.1.1 的要求。

E.1.3 锚固段内应注入与实际拉索内相同的填充料，并安装保护罩。

E.2 试验装置

试验装置布置见图 E.1。

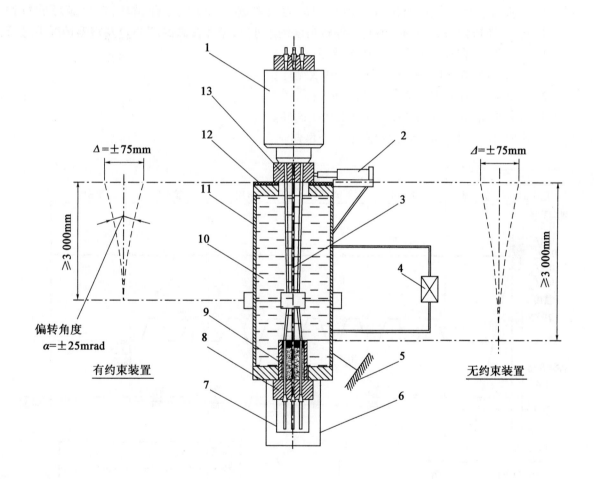

说明：
1——轴向加载千斤顶；
2——横向位移千斤顶；
3——钢绞线束；
4——加热器；
5——支撑架；
6——外保护罩；
7——内保护罩；
8——固定端锚具；
9——密封装置；
10——染色水；
11——钢箱；
12——滑板；
13——张拉端锚具。

图 E.1 锚具组件密封性试验装置示意图

E.3 试验步骤

试验步骤如下：

a) 按图 E.1 所示，将试件安装在试验装置上；
b) 试件安装完毕后，在室温条件下对钢绞线束轴向加载至其抗拉强度标准值 f_{ptk} 的 30%；
c) 在试验装置的钢箱内注入染色水，染色水高度位于锚具密封装置以上至少 3m；
d) 采用轴向加载千斤顶，对钢绞线束进行 $0.2f_{ptk} \sim 0.5f_{ptk}$ 应力范围内的 10 次循环加载，最后降至 $0.3f_{ptk}$，见图 E.2；
e) 第 1 周：使水温保持在室温状态下一个星期；
f) 在随后的 4 周内，水温以每 3.5d 一个循环周期在 50℃ 的范围内变化（每周 2 个循环）：
 1) 水温约 0.5d 升高一次温度；
 2) 在 1d 内水温保持在 70℃ ±5℃；
 3) 水温在 0.5d 内降温回落；
 4) 在 1d 内水温保持在 20℃ ±5℃。
g) 同时使用偏转千斤顶对试件以约 0.1Hz 的频率进行 250 次弯曲循环，每次循环的行程为 150mm（即振幅为 ±75mm，引起的偏转角约 1.4°），循环在高温（70℃）及室温情况下进行：
 1) 第 2 周：在室温下进行 250 次循环；
 2) 第 3 周：在 70℃ ±5℃ 下进行 250 次循环；
 3) 第 4 周：在室温下进行 250 次循环；
 4) 第 5 周：在 70℃ ±5℃ 下进行 250 次循环。
h) 第 6 周：使水温保持在室温状态下一个星期。

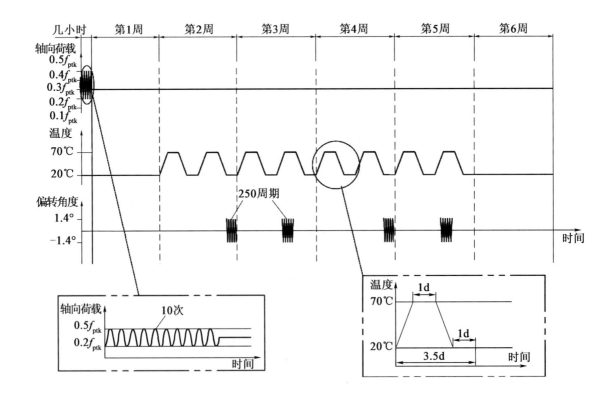

图 E.2 锚具组件密封性试验步骤示意图

E.4 测量、观察和记录

试验时应进行下列各项测量和观察,并记录结果:
a) 检查试验用组件(锚具、钢绞线束及所有密封措施)的情况;
b) 试验装置及试验步骤的描述;
c) 试验过程中的加载载荷、温度和锚具位移循环等完整的试验周期;
d) 试验后拆开各组件,检查锚具内的潮湿和染色水渗透情况;
e) 检验单位应向受检单位提交完整的检验报告,包括图像记录,并有准确的文字评述。

ICS 93.040
P 28
备案号：

中华人民共和国交通运输行业标准

JT/T 1064—2016

桥梁阻尼减振多向变位梳齿板伸缩装置

Damping multi-directional displacement comb telescopic device for bridges

2016-04-08 发布　　　　　　　　　　　　　　　　　　2016-07-01 实施

中华人民共和国交通运输部　发布

JT/T 1064—2016

目　次

前言	352
引言	353
1　范围	355
2　规范性引用文件	355
3　术语和定义、符号	356
4　分类、结构、规格及型号	357
5　技术要求	360
6　试验方法	363
7　检验规则	365
8　标志、包装、运输和储存	366
附录 A（资料性附录）　伸缩装置其他适用桥型	367
附录 B（规范性附录）　伸缩装置拉伸压缩试验方法	369
附录 C（规范性附录）　伸缩装置水平转角试验方法	371
附录 D（规范性附录）　伸缩装置竖向转角试验方法	373
附录 E（规范性附录）　伸缩装置活动梳齿板挠度试验方法	375
附录 F（规范性附录）　伸缩装置摩擦阻力试验方法	376
附录 G（规范性附录）　伸缩装置整体疲劳试验方法	378

前言

本标准按照 GB/T 1.1—2009 给出的规则起草。

本标准由全国交通工程设施(公路)标准化技术委员会(SAC/TC 223)提出并归口。

本标准起草单位:西安中交万向科技股份有限公司、中交第一公路勘察设计研究院有限公司、长安大学、同济大学、西安中交土木科技有限公司、衡水市橡胶总厂有限公司、柳州东方橡胶制品有限公司、成都市大通路桥机械有限公司。

本标准主要起草人:吴明先、张华、赵永国、王侃、潘长平、彭泽友、赵小宇、陆宏伟、潘图春、伍大成、赵东来、黎俊虎。

引 言

桥梁阻尼减振多向变位梳齿板伸缩装置具有结构合理、性能可靠、功能显著、安装方便、降噪减振、维养成本低、经济耐久等特点,且能够适应桥梁各个方向的变位要求,有着良好的推广应用前景。为进一步规范桥梁阻尼减振多向变位梳齿板伸缩装置的技术质量要求,促进产品标准化、系列化和产业化,特制定本标准。

本文件的发布机构提请注意,声明符合本文件4.2时,可能涉及专利号为201110125568.2《模块梳齿板式多向变位桥梁伸缩装置及其安装方法》相关专利的使用。

本文件的发布机构对于专利的真实性、有效性和范围无任何立场。

该专利持有人已向本文件的发布机构保证,他愿意同任何申请人在合理且无歧视的条款和条件下,就专利授权许可进行谈判。该专利持有人的声明已在本文件的发布机构备案。相关信息可以通过以下联系方式获得:

专利持有人姓名:西安中交万向科技股份有限公司

地址:陕西省西安市高新区科技二路63号

邮编:710075

请注意:除上述专利外,本文件的某些内容仍可能涉及专利。本文件的发布机构不承担识别这些专利的责任。

JT/T 1064—2016

桥梁阻尼减振多向变位梳齿板伸缩装置

1 范围

本标准规定了桥梁阻尼减振多向变位梳齿板伸缩装置的分类、结构、规格及型号、技术要求、试验方法、检验规则以及标志、包装、运输和储存。

本标准适用于桥梁伸缩量为 80mm～2 400mm 的阻尼减振多向变位梳齿板伸缩装置。

2 规范性引用文件

下列文件对于本文件的应用是必不可少的。凡是注日期的引用文件，仅注日期的版本适用于本文件。凡是不注日期的引用文件，其最新版本（包括所有的修改单）适用于本文件。

GB/T 193	普通螺纹　直径与螺距系列
GB/T 699	优质碳素结构钢
GB/T 700	碳素结构钢
GB/T 702	热轧钢棒尺寸、外形、重量及允许偏差
GB/T 706	热轧型钢
GB 912	碳素结构钢和低合金结构钢热轧薄钢板和钢带
GB/T 985.1	气焊、焊条电弧焊、气体保护焊和高能束焊的推荐坡口
GB/T 1184	形状和位置公差　未注公差值
GB/T 1228	钢结构用高强度大六角头螺栓
GB/T 1231	钢结构用高强度大六角头螺栓、大六角螺母、垫圈技术条件
GB/T 1591	低合金高强度结构钢
GB/T 1690	硫化橡胶或热塑性橡胶　耐液体试验方法
GB/T 1800.1	产品几何技术规范（GPS）　极限与配合　第1部分:公差、偏差和配合的基础
GB/T 1804	一般公差　未注公差的线形和角度尺寸的公差
GB/T 2970	厚钢板超声波检验方法
GB/T 3274	碳素结构钢和低合金结构钢热轧厚钢板和钢带
GB/T 3280	不锈钢冷轧钢板和钢带
GB/T 3512	硫化橡胶或热塑性橡胶　热空气加速老化和耐热试验
GB/T 3672.1	橡胶制品的公差　第一部分:尺寸公差
GB/T 4171	耐候结构钢
GB/T 6187.1	全金属六角法兰面锁紧螺母
GB/T 7760	硫化橡胶或热塑性橡胶与硬质板材粘合强度的测定　90°剥离法
GB/T 9870.1	硫化橡胶或热塑性橡胶动态性能的测定　第1部分:通则
GB/T 11345	焊缝无损检测　超声检测　技术、检测等级和评定
GB/T 17955	桥梁球型支座
HG/T 2502	5201 硅脂
JB/T 5943	工程机械　焊接件通用技术条件

JT/T 327　　　　　公路桥梁伸缩装置
JT/T 722　　　　　公路桥梁钢结构防腐涂装技术条件
JT/T 842　　　　　公路桥梁高阻尼隔震橡胶支座
JT/T 901　　　　　桥梁支座用高分子材料滑板

3 术语和定义、符号

3.1 术语和定义

JT/T 327 界定的以及下列术语和定义适用于本文件。

3.1.1

阻尼减振多向变位伸缩装置　damping multi-directional displacement telescopic device

利用橡胶隔层实现阻尼减振,利用多向变位结构中球型支座和 U 型螺栓,实现桥梁多向变位要求的桥梁伸缩装置。

3.1.2

竖向压缩刚度　vertical compression stiffness

设计竖向承压力与竖向变形量之比。

3.1.3

有效长度　effective length

活动梳齿板沿桥梁纵向的长度。

3.1.4

斜交角　skew angle

伸缩装置与车辆前进方向右侧的夹角。

3.2 符号

下列符号适用于本文件。

DH——横向最小间隙,单位为毫米(mm);

DZ——纵向最小间隙,单位为毫米(mm);

E——弹性模量,单位为牛每平方毫米(N/mm²);

e——设计伸缩量,单位为毫米(mm);

F——伸缩装置摩擦阻力,单位为千牛(kN);

F_d——伸缩装置摩阻力试验中千斤顶读数,单位为千牛(kN);

F_g——轮胎和伸缩装置上表面的滚动摩擦力,单位为千牛(kN);

F_1——伸缩装置活动梳齿板底部和滚轴之间的滚动摩擦力,单位为千牛(kN);

I——截面惯性矩,单位为四次方毫米(mm⁴);

K_v——竖向压缩刚度,单位为千牛每毫米(kN/mm);

L——梳齿板的有效长度,单位为毫米(mm);

L_0——加载测点间距离,单位为毫米(mm);

L_1——加载位置远端测点变形量,单位为毫米(mm);

L_2——加载位置近端测点变形量,单位为毫米(mm);

S——梳齿板搭接长度,单位为毫米(mm);

T_s——累年日平均最低气温平均值,单位为摄氏度(℃);

Y——压缩变形量,单位为毫米(mm);

α——伸缩装置水平转角,单位为弧度(rad);

β——伸缩装置竖向转角,单位为弧度(rad);
ζ——等效阻尼比;
θ——斜交角,单位为度(°)。

4 分类、结构、规格及型号

4.1 分类

4.1.1 按阻尼减振多向变位伸缩装置(以下简称"伸缩装置")活动梳齿板梳齿在桥梁接缝处伸缩状况分为:
  a) MSⅠ型伸缩装置——活动梳齿板梳齿活动范围位于桥面上,在桥梁接缝处为活动梳齿板实体板面,代号 MSⅠ;
  b) MSⅡ型伸缩装置——活动梳齿板梳齿活动范围同时位于桥面上和桥梁接缝处,在桥梁接缝处为活动梳齿板梳齿,代号 MSⅡ。

4.1.2 按伸缩装置斜交角分为:
  a) 正交型伸缩装置——伸缩装置斜交角 $\theta = 90°$,代号 Z;
  b) 斜交型伸缩装置——伸缩装置斜交角为 $45° \leq \theta < 90°$,代号 X。

4.1.3 按减振橡胶等效阻尼比分为:
  a) 常规阻尼减振伸缩装置,等效阻尼比为 $12\% \leq \zeta < 15\%$,代号 KCⅠ;
  b) 高阻尼减振伸缩装置,等效阻尼比为 $15\% \leq \zeta < 17\%$,代号 KCⅡ。

4.1.4 按伸缩装置使用地区温度分为:
  a) 常温型伸缩装置——适用于 $-25℃ \sim +70℃$,代号 C;
  b) 耐寒型伸缩装置——适用于 $-40℃ \sim +70℃$,代号 F。

4.2 结构

4.2.1 MSⅠ型伸缩装置

MSⅠ型伸缩装置由数块宽度1m的模块组成,每个模块由活动梳齿板、固定梳齿板、多向变位结构(含球型支座和U型螺栓)、保险螺栓、橡胶隔层、紧固螺栓、排水结构、不锈钢板等组成。MSⅠ型伸缩装置结构示意见图1(适用于混凝土桥梁),用于钢结构桥梁结构示意参见图A.1。

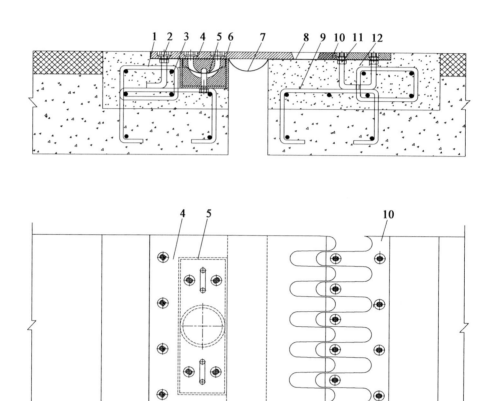

说明：
1——箍筋；
2——保险螺栓；
3——通长筋；
4——活动梳齿板；
5——多向变位结构（含球型支座和U型螺栓）；
6——橡胶隔层；
7——排水结构；
8——不锈钢板；
9——预埋筋；
10——固定梳齿板；
11——紧固螺栓；
12——纤维混凝土。

图1 MS Ⅰ型伸缩装置结构示意图

4.2.2 MS Ⅱ型伸缩装置

MS Ⅱ型伸缩装置由数块宽度1m的模块组成，每个模块由活动梳齿板、固定梳齿板、多向变位结构（含球型支座和U型螺栓）、支撑底板、橡胶隔层、支撑牛腿、紧固螺栓、排水结构、不锈钢板等组成。MS Ⅱ型伸缩装置结构示意见图2（适用于钢结构桥梁），用于混凝土桥梁结构示意参见图A.2。

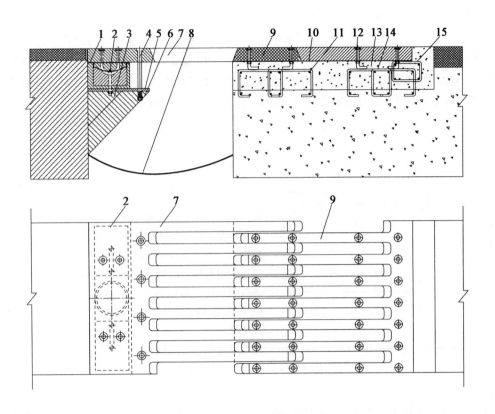

说明：
1——橡胶隔层；
2——多向变位结构(含球型支座和U型螺栓)；
3——支撑牛腿(A)；
4——保险螺栓；
5——支撑底板；
6——支撑牛腿(B)；
7——活动梳齿板；
8——排水结构；
9——固定梳齿板；
10——不锈钢板；
11——通长钢筋；
12——紧固螺栓；
13——纤维混凝土；
14——预埋筋；
15——箍筋。

图2 MS Ⅱ型伸缩装置结构示意图

4.2.3 多向变位结构

伸缩装置的多向变位结构中包含的球型支座和U型螺栓结构示意见图3。

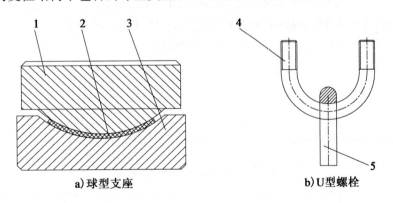

a)球型支座 b)U型螺栓

说明：
1——上球座；
2——改性聚四氟乙烯滑板；
3——下球座；
4——活动U型螺栓；
5——固定U型螺栓。

图3 多向变位结构中球型支座和U型螺栓结构示意图

4.3 规格

4.3.1 MSⅠ型伸缩装置伸缩量分为:80,120,160,240,320,400,480,560,640,720,800,880,960mm。

4.3.2 MSⅡ型伸缩装置伸缩量分为:720,800,880,960,1 040,1 120,1 200,1 280,1 360,1 440,1 520,1 600,1 680,1 760,1 840,1 920,2 000,2 080,2 160,2 240,2 320,2 400mm。

4.4 型号

伸缩装置型号表示方法见图4。

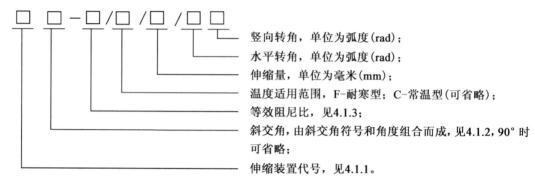

图4 伸缩装置型号表示方法

示例1:

伸缩量为480mm,斜交角70°,等效阻尼比12%,常温型,水平转角±0.02rad,竖向转角±0.02rad的MSⅠ型伸缩装置,表示为:MSⅠX70-12%/C/480/0.02/0.02。

示例2:

伸缩量为1 200mm,斜交角90°,等效阻尼比17%,耐寒型,水平转角±0.03rad,竖向转角±0.02rad的MSⅡ型伸缩装置,表示为:MSⅡZ-17%/F/1200/0.03/0.02。

5 技术要求

5.1 外观

5.1.1 伸缩装置表面外观应平整洁净、无机械损伤、无毛刺、无锈蚀。产品铭牌标记清晰。

5.1.2 橡胶表面应光滑平整,无缺陷,外观质量应符合JT/T 842的规定。

5.1.3 涂装表面应平整,不应有脱落、流痕、褶皱等现象。

5.2 性能

5.2.1 整体性能

伸缩装置整体使用寿命应达到20年,整体性能应符合表1的要求。

表1 伸缩装置整体性能要求

序号	项目		单位	性能要求
1	伸缩时最大水平摩擦阻力		kN/m	≤5.0
2	水平转动时最大摩擦阻力		kN/m	≤5.0
3	拉伸、压缩时最大竖向变形偏差	$80 \leqslant e < 720$	mm	≤1.0
		$720 \leqslant e \leqslant 1\,440$		≤1.5

表1（续）

序号	项目		单位	性能要求
3	拉伸、压缩时最大竖向变形偏差	$1\,440 < e \leq 2\,400$	mm	≤2.0
4	容许转角偏差	竖向转角	rad	≤0.005
		水平转角		≤0.005
5	伸缩装置活动梳齿板最大挠度		mm	$L/600$
6	竖向压缩刚度 K_v		kN/mm	$K_v \pm K_v \times 30\%$
7	压缩变形量 Y		mm	设计荷载下，不大于橡胶总厚度的7%
8	温度适用范围	天然橡胶	℃	-40 ~ +70
		其他橡胶		-25 ~ +70
9	疲劳性能			经 2×10^6 次疲劳试验，结构完好

5.2.2 转角性能和等效阻尼比

伸缩装置竖向转角、水平转角和等效阻尼比应符合表2的要求。

表2 伸缩装置转角和等效阻尼比要求

序号	伸缩量范围（mm）	竖向转角（rad）	水平转角（rad）	等效阻尼比（%）
1	$80 \leq e < 720$	0.01		$12 < \zeta \leq 15$
2	$720 \leq e \leq 1\,440$	0.01、0.02		$12 < \zeta \leq 15$
3	$1\,440 < e \leq 2\,400$	0.01、0.02、0.03		$15 < \zeta \leq 17$

5.2.3 梳齿板搭接长度和梳齿横向间隙

梳齿板搭接长度和梳齿横向间隙应符合表3的要求。

表3 伸缩装置梳齿板搭接长度及梳齿横向间隙要求   单位为毫米

项目	设计伸缩量	搭接长度或最小间隙
梳齿板搭接长度	$80 \leq e < 720$	$S \geq 30$
	$720 \leq e < 1\,440$	$S \geq 40$
	$1\,440 \leq e \leq 2\,400$	$S \geq 60$
梳齿板最小间隙	$80 \leq e < 2\,400$	$DH \geq 3$
		$DZ \geq 10$

5.3 材料

5.3.1 钢材

5.3.1.1 伸缩装置中钢材应符合 GB/T 700、GB 912、GB/T 1591 的规定，钢材进厂后应按 GB/T 2970

的规定进行抽样探伤后方可使用。

5.3.1.2 钢材性能应符合表4的要求。

表4 钢材性能要求

钢材类别	性能要求		
梳齿板钢板	$0℃ < T_s$	不低于Q345B	符合GB/T 699、GB/T 700、GB/T 1591的规定
	$-20℃ < T_s ≤ 0℃$	不低于Q345C	
	$T_s ≤ -20℃$	不低于Q345D	
其他钢板、圆钢、方钢、角钢	$0℃ < T_s$	Q235A、Q235B	符合GB/T 702、GB/T 706、GB 912、GB/T 3274的规定
	$-20℃ < T_s ≤ 0℃$	不低于Q235C	
	$T_s ≤ -20℃$	不低于Q235D	
普通螺栓	符合GB/T 193的规定		
高强度螺栓	符合GB/T 1228、GB/T 1231的规定		
螺母	符合GB/T 6187.1的规定		
不锈钢板	符合GB/T 3280的规定		

注:桥梁工程处于氯化物环境时,伸缩装置可使用Q335NHD、Q235NHE级钢和Q355NHD、Q355NHE级钢,其力学性能和质量要求应符合GB/T 4171的规定。

5.3.2 改性聚四氟乙烯滑板

改性聚四氟乙烯滑板物理机械性能应符合JT/T 901的规定。

5.3.3 橡胶

5.3.3.1 橡胶材料采用天然橡胶或其他合成橡胶,不应使用任何再生胶或粉碎的硫化橡胶,其物理机械性能应符合JT/T 842的规定。

5.3.3.2 排水结构橡胶采用氯丁橡胶、天然橡胶或三元乙丙橡胶,物理机械性能应符合表5的要求。

表5 排水结构采用橡胶材料物理机械性能

序号	项 目		氯丁橡胶（适用于-25℃~70℃地区）	天然橡胶（适用于-40℃~70℃地区）	三元乙丙橡胶（适用于-40℃~70℃地区）
1	硬度（IRHD）		55±5	55±5	55±5
2	拉伸强度（MPa）		≥10	≥10	≥10
3	扯断伸长率（%）		≥300	≥300	≥300
4	脆性温度（℃）		≤-40	≤-50	≤-60
5	耐盐水性（23℃×14d,浓度4%）	体积变化（%）	≤+10	≤+10	≤+10
		硬度变化（IRHD）	≤+10	≤+10	≤+10
6	耐油污性（1号标准油,23℃×168h）	体积变化（%）	-5~+10	≤+45	≤+45
		硬度变化（IRHD）	-10~+5	<-25	<-25

5.3.4 硅脂润滑剂

球型支座使用硅脂5201-2润滑剂,在使用温度范围内不应干涸,并具有良好的抗臭氧、耐腐蚀及防水性能,对滑移面材料不应有损伤。硅脂5201-2物理化学性能应符合HG/T 2502的规定。

5.3.5 黏结剂

黏结剂应具有不可溶的热固性,质量应稳定,改性聚四氟乙烯板与钢材的剥离强度不小于5kN/m。

5.4 工艺

5.4.1 活动、固定梳齿板宜采用数控、自动、半自动的精密切割下料,梳齿板钢板下料前应辊平,梳齿板高度大于100mm时,宜采用串联组装成型,并用高强度连接销、保险销连接。高强度连接销和保险销加工尺寸偏差应符合设计要求,与零部件配合公差应符合GB/T 1800.1中H7/p6的规定。

5.4.2 伸缩装置中钢构件应按设计要求加工制造,其偏差应满足设计要求。未注公差尺寸的加工件其公差应符合GB/T 1804中V级的规定;未注形状和位置的公差应符合GB/T 1184中L级的规定。

5.4.3 活动、固定梳齿板沿长度方向平面度允许偏差应小于1.0mm/m,全长平面度允许偏差应小于5mm/10m,扭曲应小于1/1 000。

5.4.4 梳齿板组装采用熔透角焊工艺,焊接等级Ⅱ级。紧固螺栓应连接可靠,螺栓与钢筋焊缝不应有裂纹、未熔合、夹渣、焊腐等缺陷。多向变位结构和其他焊接件的焊接要求应符合GB/T 985.1和JB/T 5943的规定。焊缝应按GB/T 11345的规定进行探伤,探伤验收等级不低于二级。

5.4.5 球型支座采用的改性聚四氟乙烯滑板采用整体模压板,不应使用车削板。其厚度应符合设计图要求,曲面轮廓度公差不应大于0.2mm。尺寸偏差及镶嵌间隙应符合GB/T 17955的规定,滑板表面储存硅脂润滑剂,储脂槽应采用热压成型,不应采用机械加工方法成型。

5.4.6 伸缩装置构件表面需处理油污及其他杂物后采用喷砂或抛丸除锈再进行涂装,涂装体系按所处环境类别、设计使用年限选用。涂装的表面处理、涂装要求及涂层质量应符合JT/T 722的规定。

5.4.7 橡胶隔层厚度应符合GB/T 3672.1中M2级公差的规定;其他尺寸应符合GB/T 3672.1中M3级公差的规定。

5.4.8 排水结构尺寸公差应符合GB/T 3672.1中E2级的规定。

6 试验方法

6.1 外观和尺寸

6.1.1 外观质量,采用目测方法进行。

6.1.2 尺寸测量采用标定的钢直尺、游标卡尺、平整度仪、水准仪等量具,在测量时应取不少于两个模块组装件进行,并取其平均值作为测量值。

6.2 性能试验

6.2.1 试样

伸缩装置的性能试验应采用一个模块实体伸缩装置进行,受试验设备能力限制时,伸缩装置的整体性能试验可采用伸缩量较小的伸缩装置进行,但选用伸缩装置的伸缩量不应小于160mm。

6.2.2 整体静载试验

6.2.2.1 拉伸压缩试验方法见附录B。

6.2.2.2 水平转角试验方法见附录C。

6.2.2.3 竖向转角试验方法见附录D。

6.2.2.4 活动梳齿板最大挠度试验方法见附录E。

6.2.2.5 摩擦阻力试验方法见附录F。

6.2.3 竖向压缩刚度

伸缩装置竖向压缩刚度试验应按JT/T 842的规定进行。

6.2.4 压缩变形量

伸缩装置压缩变形量试验应按JT/T 842的规定进行。

6.2.5 整体疲劳性能试验

在常规竖向载荷作用下对伸缩装置进行整体疲劳性能试验,试验方法见附录G。

6.3 材料

6.3.1 钢材

伸缩装置用钢材试验方法应符合表6的要求。

表6 钢材性能要求

钢材类别	试验方法
梳齿板钢板	符合GB/T 699、GB/T 700、GB/T 1591的规定
其他钢板、圆钢、方钢、角钢	符合GB/T 702、GB/T 706、GB 912、GB/T 3274的规定
普通螺栓	符合GB/T 193的规定
高强度螺栓	符合GB/T 1228、GB/T 1231的规定
螺母	符合GB/T 6187.1的规定
不锈钢板	符合GB/T 3280的规定

6.3.2 改性聚四氟乙烯滑板

改性聚四氟乙烯滑板试验应按JT/T 901的规定进行。

6.3.3 橡胶

6.3.3.1 橡胶的耐水性能、耐油性能试验应按GB/T 1690的规定进行。

6.3.3.2 橡胶老化试验应按GB/T 3512规定的方法进行,试验温度和时间应符合JT/T 842的规定。

6.3.3.3 等效阻尼比性能试验应按GB/T 9870.1的规定进行。

6.3.3.4 排水结构橡胶试验应从伸缩装置成品中取样,制成标准试片进行试验,按照表5的要求进行检测,试验应按GB/T 1690的规定进行。

6.4 黏结剂

改性聚四氟乙烯滑板与钢材的黏结剥离强度试验应按GB/T 7760的规定进行。

6.5 涂装

伸缩装置表面涂装质量检测应按 JT/T 722 的规定方法进行。

7 检验规则

7.1 检验分类

7.1.1 型式检验

有下列情况之一时,应进行型式检验:
a) 新产品或老产品转厂生产的试制定型鉴定;
b) 正式生产后,如结构、材料工艺有改变,影响产品性能时;
c) 正常生产时,定期两年进行一次检验;
d) 产品停产两年后,恢复生产时;
e) 出厂检验结果与上次型式检验有较大差异时。

7.1.2 出厂检验

伸缩装置每批产品交货前应进行出厂检验,出厂检验应由工厂质检部门进行,确认合格后方可出厂。

7.2 检验项目

伸缩装置型式检验和出厂检验项目应符合表7的要求。

表7 伸缩装置型式检验和出厂检验项目

序号	检验项目		技术要求	试验方法	型式检验	出厂检验	检验频次	
							型式检验	出厂检验
1	外观		5.1	6.1	+	+	每道伸缩装置中取2~3个模块	100%
2	整体性能	拉伸、压缩时最大水平摩擦阻力	5.2.1	附录F	+	−		−
		水平转动时最大摩擦阻力	5.2.1	附录F	+	−		−
		容许转角偏差	5.2.1	附录D、E	+	−		−
		伸缩装置活动梳齿板最大挠度	5.2.1	附录E	+	−		−
		竖向压缩刚度	5.2.1	6.2.3	+	−		−
		压缩变形量	5.2.1	6.2.4	+	−		−
		疲劳性能	5.2.1	附录G	+	−		−
3	转角性能		5.2.2	附录D、E	+	−	100%	−
4	等效阻尼比		5.2.2	6.3.3	+	−		−
5	橡胶		5.3.3	6.3.3	+	−		−
6	排水用橡胶		5.3.3	6.3.3	+	−		−
注:"+"为检验项目;"−"为非检验项目。								

JT/T 1064—2016

7.3 判定规则

7.3.1 型式检验时,试样整体项目试验的性能指标全部满足要求为合格。若检验项目有一项不合格,则应从该批产品中再随机抽取双倍试样进行复检,若仍有一项不合格,则判定该批产品不合格。

7.3.2 出厂检验时若有一项指标不合格,则该套产品不合格。

8 标志、包装、运输和储存

8.1 标志

伸缩装置应有明显标志,其内容包括产品商标、生产厂名、工程名称、规格型号、质量和生产日期。捆扎包装和包装箱外应注明产品名称、规格型号、体积、质量及存储、运输时注意事项。

8.2 包装

8.2.1 梳齿板采用捆扎包装,应牢固可靠,平整,其他部件分别用箱包装。

8.2.2 出厂时应附有产品质量合格证明文件和整体性能检验报告,并附有安装使用注意事项及说明书;技术文件应使用塑料袋装袋封口。

8.3 运输及储存

8.3.1 运输中,应避免阳光直接曝晒、雨淋、雪浸,并保持清洁;注意轻吊、轻放,防止碰撞或受力变形;不应与其他有害物质相接触,注意防火。

8.3.2 橡胶材料在运输中,应避免阳光直接曝晒、雨淋、雪浸,应保持清洁,不应与影响材料质量的物质相接触。

8.3.3 存储产品的库房应干燥通风,产品应离热源2m以上,不应与地面直接接触,产品应存放整齐、保持清洁,严禁与酸、碱、油类、有机溶剂等相接触,不宜露天堆放。

附 录 A
（资料性附录）
伸缩装置其他适用桥型

A.1 MSⅠ型伸缩装置（用于钢结构桥梁）结构示意见图 A.1。

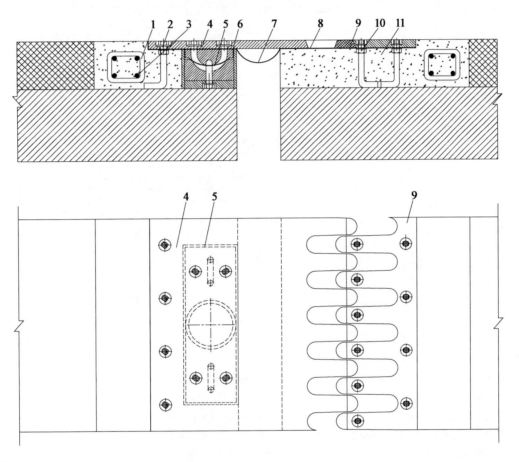

说明：
1——箍筋；
2——保险螺栓；
3——通长筋；
4——活动梳齿板；
5——多向变位结构（含球型支座和 U 型螺栓）；
6——橡胶隔层；
7——排水结构；
8——不锈钢板；
9——固定梳齿板；
10——紧固螺栓；
11——纤维混凝土。

图 A.1　MS Ⅰ 型伸缩装置（用于钢结构桥梁）结构示意图

A.2 MSⅡ型伸缩装置(用于混凝土桥梁)结构示意见图A.2。

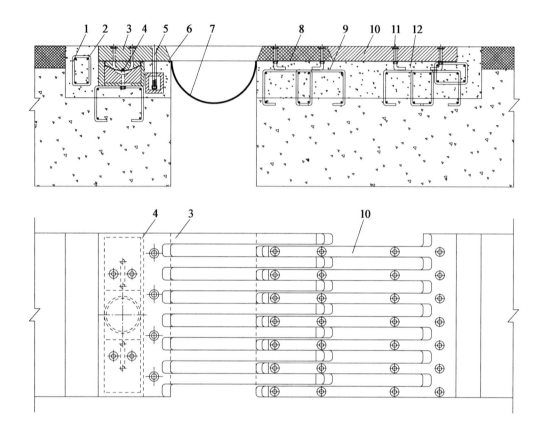

说明：
1——箍筋；
2——通长筋；
3——活动梳齿板；
4——多向变位结构(含球型支座和U型螺栓)；
5——紧固螺栓；
6——橡胶隔层；
7——排水结构；
8——不锈钢板；
9——预埋筋；
10——固定梳齿板；
11——紧固螺栓；
12——纤维混凝土。

图A.2 MSⅡ型伸缩装置(用于混凝土桥梁)结构示意图

附 录 B
（规范性附录）
伸缩装置拉伸压缩试验方法

B.1 试验装置

拉伸压缩试验装置示意见图 B.1。

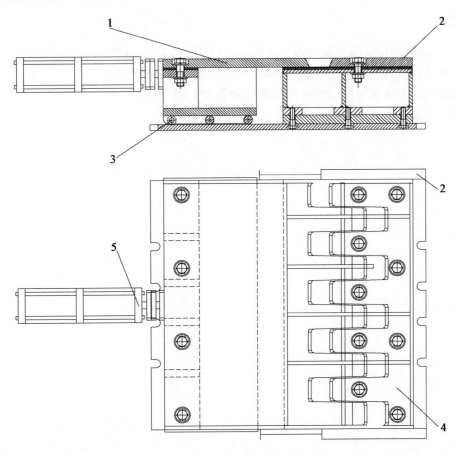

说明：
1——活动梳齿板； 4——固定梳齿板；
2——位移计； 5——千斤顶。
3——滚轴；

图 B.1 拉伸压缩试验装置示意图

B.2 试验步骤

拉伸压缩试验应按下列步骤进行，整个试验过程中及试验结束后伸缩装置不应出现焊缝开裂及构件破坏等结构失效的现象：

a) 试验前应确保伸缩装置梳齿叠合长度为梳齿长度一半，梳齿宽度中心线与齿槽宽度中心线重合。

b) 活动梳齿板端部中心采用千斤顶施加沿梳齿方向拉力，以 3mm/s 速度均匀加载，直至活动梳齿板齿顶与固定梳齿板齿顶搭接长度达到 3mm 停止试验。试验装置两侧位移计读数的平均

369

值为本次拉伸试验测试值。
c) 恢复伸缩装置初始状态,活动梳齿板端部中心采用千斤顶施加沿梳齿方向推力,直至活动梳齿板与固定梳齿板的最小距离为3mm时停止试验。试验装置两侧位移计读数的平均值为本次压缩试验测试值。
d) 拉伸压缩试验的伸缩量取拉伸位移与压缩试验测试值之和的一半,作为该次拉伸压缩试验测试值。
e) 以上试验重复进行3次,取3次测试值的平均值作为测试结果,记录伸缩装置拉伸压缩试验测试值,并对测试结果进行判定。

B.3 试验报告

试验结束后,测试单位应提交试验报告。试验报告应包含以下内容:
a) 试验概况:试验设备、试验荷载、试验温度及试验伸缩装置型号;
b) 试验过程有无异常情况,如有异常,描述异常发生的过程;
c) 试验及安装过程的照片等附件。

附 录 C
（规范性附录）
伸缩装置水平转角试验方法

C.1 试验装置

水平转角试验装置示意见图 C.1。

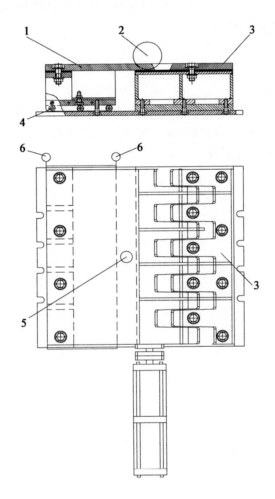

说明：
1——活动梳齿板；
2——水平方向千斤顶作用位置；
3——固定梳齿板；
4——滚轴；
5——竖向载荷作用位置；
6——百分表。

图 C.1 水平转角试验装置示意图

C.2 试验步骤

水平转角试验应按下列步骤进行，整个试验过程中及试验结束后伸缩装置不应出现焊缝开裂及构件破坏等结构失效的现象：

a) 试验前应确保伸缩装置梳齿叠合长度为梳齿长度 1/2，梳齿宽度中心线与齿槽宽度中心线重合；

b) 在缝宽中心位置施加70kN的竖向荷载,试验过程中保持不变；

c) 在活动梳齿板侧面,沿梳齿延伸方向设置两个百分表,并将读数清零,两个百分表的间距大于20cm；

d) 在设计要求位置施加水平荷载,直至活动梳齿板齿顶即将接触齿槽边缘时停止试验。记录两个百分表读数 L_1 和 L_2,根据式(C.1)计算水平转角为该次试验测试值；

$$\alpha = \arctan\left(\frac{|L_1 - L_2|}{L_0}\right) \times \frac{\pi}{180} \tag{C.1}$$

e) 以上试验重复进行3次,取3次测试值的平均值作为测试结果,记录伸缩装置水平转角试验测试值,并对测试结果进行判定。

C.3 试验报告

试验报告应包含如下内容：

a) 试验概况:试验设备、试验荷载、试验温度及试验伸缩装置型号；

b) 试验过程有无异常情况,如有异常,描述异常发生的过程；

c) 试验及安装过程的照片等附件。

JT/T 1064—2016

附 录 D
（规范性附录）
伸缩装置竖向转角试验方法

D.1 试验装置

竖向转角试验装置示意见图 D.1。

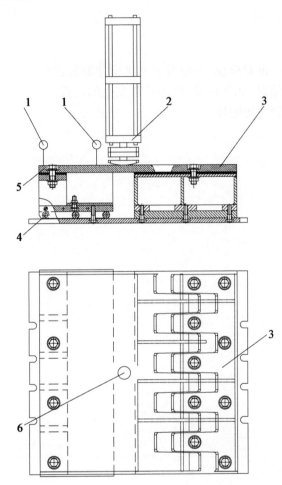

说明：
1——百分表； 4——滚轴；
2——千斤顶； 5——活动梳齿板；
3——固定梳齿板； 6——竖向荷载作用位置。

图 D.1 竖向转角试验装置示意图

D.2 试验步骤

竖向转角试验应按下列步骤进行，整个试验过程中及试验结束后伸缩装置不应出现焊缝开裂及构件破坏等结构失效的现象：

a) 试验前应确保伸缩装置梳齿叠合长度为梳齿长度1/2，梳齿宽度中心线与齿槽宽度中心线重合；

373

b) 在活动梳齿板上表面,沿梳齿延伸方向设置两个百分表,并将读数清零,两个百分表的间距大于20cm;

c) 在缝宽中心位置施加70kN的竖向荷载,记录两个百分表读数 L_1 和 L_2,根据式(D.1)计算竖向转角为该次试验测试值;

$$\beta = \arctan\left(\frac{|L_1 - L_2|}{L_0}\right) \times \frac{\pi}{180} \tag{D.1}$$

d) 以上试验重复进行3次,取3次试验测试值的平均值作为测试结果,记录伸缩装置竖向转角试验测试值,并对测试结果进行判定。

D.3 试验报告

试验报告应包含如下内容：

a) 试验概况:试验设备、试验荷载、试验温度及试验伸缩装置型号;
b) 试验过程有无异常情况,如有异常,描述异常发生的过程;
c) 试验及安装过程的照片等附件。

附 录 E
（规范性附录）
伸缩装置活动梳齿板挠度试验方法

E.1 试验装置

挠度试验装置示意见图 D.1。

E.2 试验步骤

挠度试验应按下列步骤进行，整个试验过程中及试验结束后伸缩装置不应出现焊缝开裂及构件破坏等结构失效的现象：
a) 试验前应确保伸缩装置梳齿叠合长度为梳齿长度 1/2，梳齿宽度中心线与齿槽宽度中心线重合。
b) 在活动梳齿板上表面，沿梳齿延伸方向设置两个百分表，并将读数清零。
c) 在缝中心位置施加竖向载荷，观察两个百分表读数 L_1 和 L_2，直至两个百分表读数均不再变化后，记录竖向荷载 P。根据式（E.1）计算伸缩装置活动梳齿板最大挠度。

$$Y_{\max} = \frac{8PL^3}{384EI} \tag{E.1}$$

d) 以上试验重复进行 3 次，取 3 次试验测试值的平均值作为测试结果，记录伸缩装置活动梳齿板最大挠度试验测试值，并对测试结果进行判定。

E.3 试验报告

试验报告应包含如下内容：
a) 试验概况：试验设备、试验荷载、试验温度及试验伸缩装置型号；
b) 试验过程有无异常情况，如有异常，描述异常发生的过程；
c) 试验及安装过程的照片等附件。

附　录　F
（规范性附录）
伸缩装置摩擦阻力试验方法

F.1 试验装置

摩擦阻力试验装置示意见图 F.1。

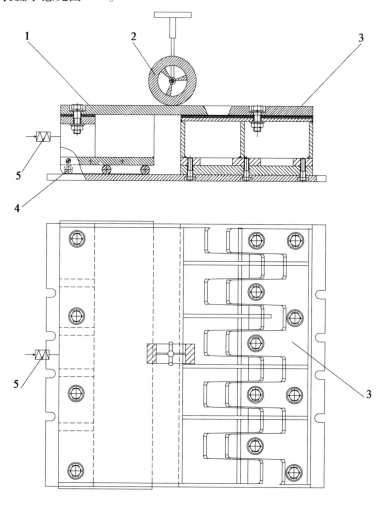

说明：
1——活动梳齿板；　　4——滚轴；
2——轮胎；　　　　　5——水平测力传感器。
3——固定梳齿板；

图 F.1　摩擦阻力试验装置示意图

F.2 试验步骤

摩擦阻力试验应按下列步骤进行，整个试验过程中及试验结束后伸缩装置不应出现焊缝开裂及构件破坏等结构失效的现象：

a) 试验前应分别测定在 70kN 竖向载荷作用下轮胎与伸缩装置上表面的滚动摩擦力 F_1 和活动梳齿板底部与滚轴之间的滚动摩擦力 F_g。确保伸缩装置梳齿叠合长度为梳齿长度 1/2，梳齿宽度中心线与齿槽宽度中心线重合。
b) 通过可转动的轮胎对伸缩装置在缝宽中心位置施加 70kN 的竖向荷载,在试验过程中保持不变。
c) 用千斤顶对伸缩装置施加梳齿延伸方向推力,直至伸缩装置活动梳齿板滑动,记录千斤顶读数 F_d,根据式(F.1)计算摩擦阻力 F 为该次试验测试值:

$$F = F_d - F_l - F_g \tag{F.1}$$

d) 以上试验重复进行3次,取3次测试值的平均值作为测试结果,记录伸缩装置摩擦阻力测试值,并对测试结果进行判定。

F.3 试验报告

试验报告应包括如下内容:
a) 试验概况:试验设备、试验荷载、试验温度及试验伸缩装置型号;
b) 试验过程有无异常情况,如有异常,描述异常发生的过程;
c) 试验及安装过程的照片等附件。

附 录 G
（规范性附录）
伸缩装置整体疲劳试验方法

G.1 试验装置

整体疲劳性能试验装置示意见图 G.1。

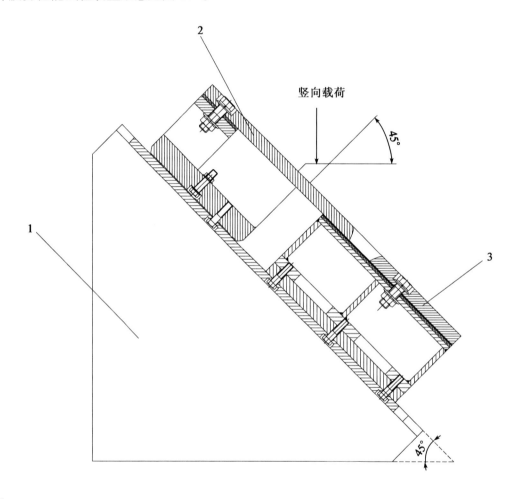

说明：
1——支架；　　　　　　3——固定梳齿板。
2——活动梳齿板；

图 G.1 伸缩装置疲劳试验装置示意图

G.2 试验要求和步骤

G.2.1 试验要求

疲劳试验要求如下：
a) 荷载加载面积为轮胎实际作用面积，加载位置为缝宽中心位置；
b) 疲劳试验过程中应对球座转动面和橡胶层转动面进行实时冷却，防止耐磨材料和橡胶材料因过热导致损坏；

c) 伸缩装置疲劳试验加载参数见表 G.1。

表 G.1 伸缩装置疲劳试验加载参数

名 称	最大荷载（kN）	最小荷载（kN）	荷载幅值（kN）	荷载频率（Hz）	疲劳次数
加载值	99	14	42.5	10	$\geqslant 2 \times 10^6$

G.2.2 试验步骤

疲劳试验应按下列步骤进行：
a) 试验前应确保伸缩装置梳齿叠合长度为梳齿长度1/2,梳齿宽度中心线与齿槽宽度中心线重合,并保证伸缩装置和试验工装在整个试验过程中不产生偏斜和滑移。
b) 对伸缩装置施加最大荷载的10%作为初始预压力,然后按设计荷载进行疲劳荷载预加载。预加载时间10min,在预加载过程中不应出现伸缩装置及工装偏斜或滑移、橡胶硫化等失效情况。
c) 预加载完成后,进行正式加载,每40 000次作为一个数量级,拍照记录伸缩装置受损情况。
d) 试验完成后,观察伸缩装置疲劳受损情况,并对伸缩装置进行拆卸,检测伸缩装置各构件受损情况及焊缝开裂情况,并进行记录。

G.3 试验报告

试验报告应包含以下内容：
a) 试验概况：试验设备、试验荷载、循环加载次数、加载频率、试验温度及试验伸缩装置型号；
b) 试验过程有无异常情况,如有异常,描述异常发生的过程；
c) 试验及安装过程的照片等附件。

ICS 93.040
P 28
备案号：

中华人民共和国交通运输行业标准

JT/T 529—2016
代替 JT/T 529—2004

预应力混凝土桥梁用塑料波纹管

Plastic bellows for prestressed concrete bridge

2016-04-08 发布

2016-07-01 实施

中华人民共和国交通运输部 发布

JT/T 529—2016

目次

前言	384
1 范围	385
2 规范性引用文件	385
3 术语和定义	385
4 分类、结构、规格	386
5 技术要求	391
6 试验方法	392
7 检验规则	395
8 标志、包装、运输和储存	397
附录 A(规范性附录) 塑料波纹管管节接头规格	398

前言

本标准按照GB/T 1.1—2009给出的规则起草。

本标准代替JT/T 529—2004《预应力混凝土桥梁用塑料波纹管》。

本标准与JT/T 529—2004相比，主要变化如下：
——增加了环刚度、柔韧性、灰分和氧化诱导时间的术语和定义（见第3章）；
——增加了塑料波纹管的分类（见4.1）；
——增加了塑料波纹管管节接头（见4.1.2、4.3.2和A.1）；
——增加了锚下垫板与塑料波纹管管节连接接头（见4.1.3、4.2.4和4.3.3）；
——增加了塑料波纹管结构示意（见4.2.1）；
——增加了桥梁用塑料波纹管产品的材料要求（见5.2.1和5.2.2）；
——增加了产品灰分技术要求（见5.2.1）和试验方法（见6.2.1）；
——增加了塑料波纹管氧化诱导时间技术要求（见5.2.1）和试验方法（见6.2.2）；
——增加了抗老化性技术要求（见5.2.1）和试验方法（见6.2.3）；
——增加了纵向荷载技术要求（见5.3.3）和试验要求（见6.3.4）；
——增加了塑料波纹管拉伸性能技术要求（见5.3.6）和试验方法（见6.3.7）；
——增加了塑料波纹管拉拔力技术要求（见5.3.7）和试验方法（见6.3.8）；
——增加了塑料波纹管密封性技术要求（见5.3.8）和试验方法（见6.3.9）；
——删除了不圆度的测定方法（见2004年版6.5）。

本标准由全国交通工程设施（公路）标准化技术委员会（SAC/TC 223）提出并归口。

本标准起草单位：天津鑫坤泰预应力专业技术有限公司、交通运输部公路科学研究院、天津城建设计院、深圳市市政设计研究院有限公司、天津市市政工程设计研究院、真势兴技术股份有限公司、威胜利工程有限公司、中交第三公路工程局有限公司。

本标准主要起草人：牛坡、高俊元、韩振勇、何晓晖、刘旭锴、杨旭才、刘征宇、马春轶、姜劲松、张宏强、焦学超、王聚杰、梁小光。

本标准所代替标准的发布情况为：JT/T 529—2004。

JT/T 529—2016

预应力混凝土桥梁用塑料波纹管

1 范围

本标准规定了预应力混凝土桥梁用塑料波纹管产品的分类、结构、规格、技术要求、试验方法、检验规则及标志、包装、运输和储存。

本标准适用于后张法预应力混凝土桥梁结构用的塑料波纹管,其他预应力混凝土结构用的塑料波纹管可参照使用。

2 规范性引用文件

下列文件对于本文件的应用是必不可少的。凡是注日期的引用文件,仅注日期的版本适用于本文件。凡是不注日期的引用文件,其最新版本(包括所有的修改单)适用于本文件。

GB/T 8804.3　热塑性塑料管材　拉伸性能测定　第3部分:聚烯烃管材
GB/T 8806　塑料管道系统　塑料部件尺寸的测定
GB/T 9345.1　塑料　灰分的测定　第1部分:通用方法
GB/T 9647　热塑性塑料管材　环刚度的测定
GB/T 10802　通用软质聚醚型聚氨酯泡沫塑料
GB/T 11115　聚乙烯(PE)树脂
GB/T 14152　热塑性塑料管材耐外冲击性能试验方法　时针旋转法
GB/T 15820　聚乙烯压力管材与管件连接的耐拉拔实验
GB/T 18742.1　冷热水用聚丙烯管道系统　第1部分:总则
GB/T 19466.6　塑料　差示扫描量热法(DSC)　第6部分:氧化诱导时间(等温OIT)和氧化诱导温度(动态OIT)的测定
GB/T 19472.1　埋地用聚乙烯(PE)结构管道系统　第1部分:聚乙烯双壁波纹管管材

3 术语和定义

下列术语和定义适用于本文件。

3.1
环刚度　ring stiffness
管壁单位面积承受的压力。

3.2
柔韧性　flexibility
物体在受力变形后,不易折断的性质。

3.3
灰分　ash content
在规定的条件下,灼烧后剩下的不燃物质。

3.4
氧化诱导时间　oxidation induction time(OIT)
试样在高温氧气条件下开始发生自动催化氧化反应的时间。

3.5
真实冲击率 true impact rate

冲击破坏数与冲击总数的比值,以百分数表示。

4 分类、结构、规格

4.1 分类

4.1.1 按塑料波纹管管节截面形状分为:
a) 圆形管节,代号 C;
b) 扁形管节,代号 F。

4.1.2 按塑料波纹管管节接头分为:
a) 圆形管节接头:
1) 有排气孔,代号 CH;
2) 无排气孔,代号 CHN。
b) 扁形管节接头:
1) 有排气孔,代号 FH;
2) 无排气孔,代号 FHN。

4.1.3 按锚下垫板与塑料波纹管管节连接接头分为:
a) 塑料喇叭管,用于锚下垫板与圆形塑料波纹管管节连接接头,代号 PT;
b) 热塑套管,用于锚下垫板与扁形塑料波纹管管节连接接头,代号 HP。

4.2 结构

4.2.1 塑料波纹管

塑料波纹管由塑料波纹管管节、管节接头、连接接头(塑料喇叭管或热塑套管)组成,圆形塑料波纹管结构示意如图 1a)所示,扁形塑料波纹管结构示意如图 1b)所示。

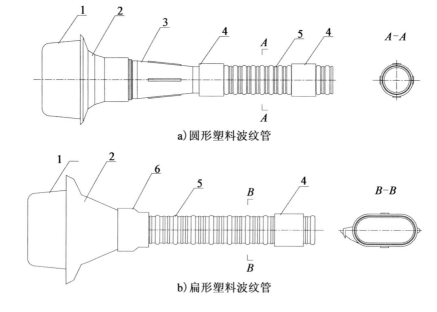

a) 圆形塑料波纹管

b) 扁形塑料波纹管

说明:
1——锚头; 3——塑料喇叭管; 5——塑料波纹管管节;
2——锚下垫板; 4——塑料波纹管管节接头; 6——热塑套管。

图 1 塑料波纹管结构示意

4.2.2 塑料波纹管管节

塑料波纹管管节分为圆形管节和扁形管节,管节波峰 $S_o = 4\mathrm{mm} \sim 5\mathrm{mm}$;波距 $L_h = 30\mathrm{mm} \sim 60\mathrm{mm}$,其外表面凸起环形螺纹应垂直于管节中心线,圆形管节如图2a)所示,扁形管节如图2b)所示。

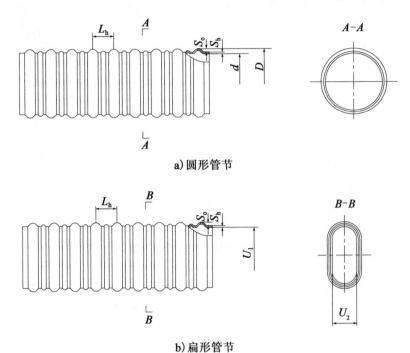

a) 圆形管节

b) 扁形管节

图 2 塑料波纹管管节结构示意

4.2.3 塑料波纹管管节接头

4.2.3.1 圆形管节接头

圆形管节接头由两个半圆卡瓣组成,卡瓣槽内嵌入密封圈,两个半圆卡瓣对拼后,在卡槽中插入锁紧楔形插板,使之形成紧密封闭圆形管节接头。圆形有排气孔管节接头如图3a)所示;圆形无排气孔管节接头如图3b)所示。

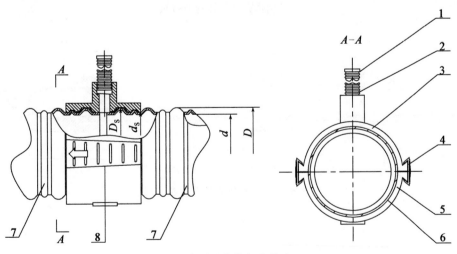

a) 圆形有排气孔接头

图 3

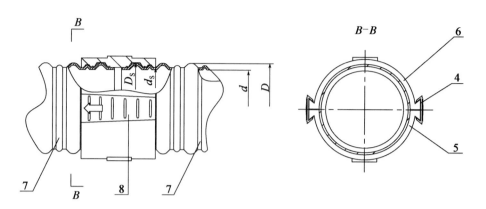

b) 圆形无排气孔接头

说明：
1——盖帽；
2——排气孔；
3——有排气孔半圆卡瓣；
4——卡槽；
5——密封圈；
6——无排气孔半圆卡瓣；
7——圆形塑料波纹管管节；
8——楔形锁紧插板。

图3 圆形管节接头结构示意

4.2.3.2 扁形管节接头

扁形管节接头由扁形三通（扁形直通）和两个扁形卡箍组成，两个扁形卡箍分别连接在两侧扁形波纹管管节上，使之形成密封管节接头。扁形有排气孔管节接头如图4a)所示；扁形无排气孔管节接头如图4b)所示。

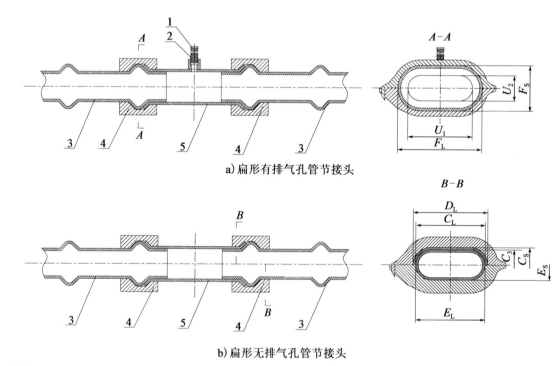

a) 扁形有排气孔管节接头

b) 扁形无排气孔管节接头

说明：
1——盖帽；
2——排气孔；
3——扁形塑料管管节；
4——扁形卡箍；
5——扁形直通。

图4 扁形管节接头结构示意

4.2.4 锚下垫板与塑料波纹管管节连接接头

4.2.4.1 塑料喇叭管。塑料喇叭管设大端和小端,大端有两个对称定位件,小端凸起波峰与波纹管管节波峰一致,外表面设 4 条对称纵向加强筋,如图 5a)所示。

4.2.4.2 热塑套管。热塑套管设大端和小端,如图 5b)所示。

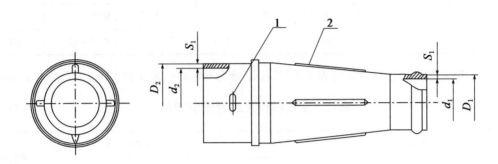

a) 塑料喇叭管

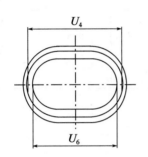

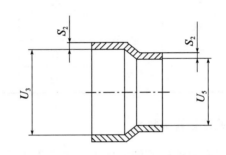

b) 热塑套管

说明:
1——定位件;
2——纵向加强肋。

图 5 锚下垫板与塑料波纹管管节连接接头结构示意

4.3 规格

4.3.1 塑料波纹管管节

4.3.1.1 圆形塑料波纹管管节规格见表 1,管节长度分为 6m、8m、10m 和 12m,偏差 0 ~ +10mm。

表 1 圆形塑料波纹管管节规格　　　　单位为毫米

型 号	内径 d		外径 D		壁厚 S_h		配套使用的锚具	
	标称值	偏差	标称值	偏差	标称值	偏差		
C-50	50	±1.0	63	±1.0	2.5	+0.5	YM12—7	YM15—5
C-60	60		73		2.5		YM12—12	YM15—7
C-75	75		88		2.5		YM12—19	YM15—12
C-90	90		106		2.5		YM12—22	YM15—17

表1(续)

型号	内径 d 标称值	内径 d 偏差	外径 D 标称值	外径 D 偏差	壁厚 S_h 标称值	壁厚 S_h 偏差	配套使用的锚具	
C-100	100	±2.0	116	±2.0	3.0	+0.5	YM12—31	YM15—22
C-115	115		131		3.0		YM12—37	YM15—27
C-130	130		146		3.0		YM12—42	YM15—31

4.3.1.2 扁形塑料波纹管管节规格见表2,管节长度分为6m、8m、10m和12m,偏差0~+10mm。

表2 扁形塑料波纹管管节规格   单位为毫米

型号	长轴(U_1) 标称值	长轴(U_1) 偏差	短轴(U_2) 标称值	短轴(U_2) 偏差	壁厚(S_h) 标称值	壁厚(S_h) 偏差	配套锚具
F-41	41	±1.0	22	0.5	2.5	0.5	YMB—2
F-55	55		22		2.5		YMB—3
F-72	72		22		3		YMB—4
F-90	90		22		3		YMB—5

4.3.2 塑料波纹管管节接头

4.3.2.1 圆形塑料波纹管管节接头规格见A.1。

4.3.2.2 扁形塑料波纹管管节接头规格见A.2。

4.3.3 锚下垫板和塑料波纹管管节连接接头

4.3.3.1 塑料喇叭管连接接头规格见表3。

表3 塑料喇叭管连接接头规格   单位为毫米

型号	大端内径 d_1 标称值	大端内径 d_1 偏差	大端外径 D_1 标称值	大端外径 D_1 偏差	小端内径 d_2 标称值	小端内径 d_2 偏差	小端外径 D_2 标称值	小端外径 D_2 偏差	壁厚 S_1 标称值	壁厚 S_1 偏差
PT-50	50	±0.1	$M_{50}-3$	±0.1	50	±1.0	63	±1.0	2.5	±0.5
PT-60	60		$M_{60}-3$		60		73		2.5	
PT-75	75		$M_{75}-3$		75		88		2.5	
PT-90	90		$M_{90}-3$		90		106		2.5	
PT-100	100	±1.0	$M_{100}-3$	±1.0	100	±2.0	116	±2.0	3	±0.5
PT-115	115		$M_{115}-3$		115		131		3	
PT-130	130		$M_{130}-3$		130		146		3	

注:M——与喇叭管配套的锚下垫板内径。

4.3.3.2 热塑套管连接接头规格见表4。

表4 热塑套管连接接头规格　　　　　　　　　　　　　　　　　　　　　　　单位为毫米

型号	大端长轴 U_3		大端短轴 U_4		小端长轴 U_5		小端短轴 U_6		壁厚 S_2	
	标称值	偏差	标称值	偏差	标称值	偏差	标称值	偏差	标称值	偏差
HP-41	$X_{41}+3$	±1.0	$Y_{41}+3$	±1.0	52	+0.5	34	+0.5	2.5	+0.5
HP-55	$X_{55}+3$		$Y_{55}+3$		62		34		2.5	
HP-72	$X_{72}+3$		$Y_{72}+3$		82		34		3	
HP-90	$X_{90}+3$		$Y_{90}+3$		102		34		3	
注：X——扁形管节锚下垫板长轴；Y——扁形管节锚下垫板短轴。										

5 技术要求

5.1 外观

塑料波纹管外观应光洁，外表和内壁不应有破裂、气泡、裂口、硬块及影响使用的划伤。

5.2 材料

5.2.1 塑料波纹管原材料应使用原始粒状原料，不应使用再生料。高密度聚乙烯（HDPE）应符合 GB/T 11115 的规定，聚丙烯（PP）应符合 GB/T 18742.1 的规定。采用注塑成型的塑料波纹管，灰分含量不应超过 7%，氧化诱导时间不小于 14min。经抗老化性试验后，不应出现分层、开裂或起泡。

5.2.2 密封圈采用聚氨酯，应符合 GB/T 10802 的规定。

5.3 性能要求

5.3.1 环刚度

圆形塑料波纹管环刚度不应小于 $6kN/m^2$，扁形塑料波纹管环刚度不应小于 $4kN/m^2$。

5.3.2 局部横向荷载

塑料波纹管承受局部横向荷载，持荷 2min，管节表面不应出现破裂；卸荷 5min 后，管节变形量不应超过管节外径（或扁形管节短轴）的 10%。

5.3.3 纵向荷载

塑料波纹管承受纵向荷载时，管节纵向压缩量与管节长度之比不大于 0.8%。

5.3.4 柔韧性

塑料波纹管按 6.3.5.2 反复弯曲 5 次后，采用专用球形塞规，应能顺利地从塑料波纹管节中通过。

5.3.5 抗冲击性

塑料波纹管低温落锤冲击试验的真实冲击率（TIR）最大允许值为 10%。

5.3.6 拉伸性能

5.3.6.1 塑料波纹管拉伸屈服应力不小于 20MPa。

5.3.6.2
高密度聚乙烯塑料波纹管的断裂伸长率不小于500%,聚丙烯塑料波纹管的断裂伸长率不小于400%。

5.3.7 拉拔力

将塑料波纹管管节与管节接头、连接接头安装好的试样,固定在拉力计上,保持恒定拉力,持续1h,连接处不松脱。

5.3.8 密封性

将两根波纹管管节、管节接头和连接接头安装好,测定真空度,真空度不大于-0.07MPa。

6 试验方法

6.1 外观

6.1.1
用目测和触摸直接检查外观质量,内壁用光源照看。

6.1.2
塑料波纹管内径和壁厚尺寸按GB/T 8806的规定测量。

6.2 材料

6.2.1
灰分试验按GB/T 9345.1规定中直接煅烧法测定塑料波纹管的灰分含量。

6.2.2
氧化诱导时间试验按GB/T 19466.6的规定进行。

6.2.3
抗老化性试验按GB/T 19472.1的规定进行。

6.3 性能

6.3.1 试样制备环境

试样试验前在(23±2)℃环境下放置24h以上。

6.3.2 环刚度

6.3.2.1
从5根管节上各取长(300±10)mm试样一段,两端应与管节轴线垂直切平。按GB/T 9647的规定进行,上压板下降速度为(5±1)mm/min,当试样垂直方向内径变形量为原内径(或扁形管节短轴)的3%时,记录此时试样所受荷载。试验结果为5个试样算数平均值。

6.3.2.2 试验结果按式(1)计算。

$$S = \left(0.0186 + 0.025 \times \frac{\Delta Y}{d_i}\right) \times \frac{F_1}{\Delta Y \cdot L} \qquad (1)$$

式中:S——试样环刚度,单位为千牛每平方米(kN/m²);

ΔY——试样内径(或扁形管节短轴)垂直方向3%变化量,单位为米(m);

F_1——试样内径(或扁形管节短轴)垂直方向3%变形时荷载,单位为千牛(kN);

d_i——试样内径(或扁形管节长轴与短轴的算术平均值),单位为米(m);

L——试样长度,单位为米(m)。

6.3.3 局部横向荷载

6.3.3.1
试样长1 100mm,在试样中部位置波谷处取1点,用端部φ12mm,横向长度150mm圆柱顶压头施加横向荷载F_2,如图6所示,在30s内达到规定荷载值800N,持荷2min后,观察试样表面是否破裂;卸荷5min后,在加载处测量塑料波纹管管节外径(或扁形管节短轴)变形量。

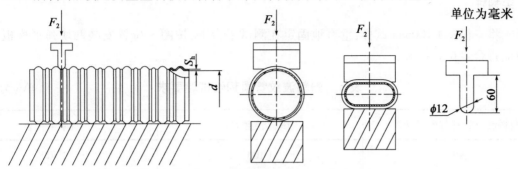

图6 塑料波纹管横向荷载试验

6.3.3.2 每根试样测试1次,记录数据,取5根试样平均值作为最终结果。

6.3.4 纵向荷载

截取长1 100mm的塑料波纹管管节试样,不用内衬,施加纵向荷载(N),如图7所示,持荷10min,记录前后所施加荷载及其管节压缩量(ΔL),按式(2)计算压缩量。塑料波纹管管节内径与施加纵向荷载关系见表5。

$$K = \frac{\Delta L}{L''} \tag{2}$$

式中:K——管节纵向压缩量与管节长度之比;
ΔL——管节纵向压缩量,单位为毫米(mm);
L''——试样管节长度,单位为毫米(mm)。

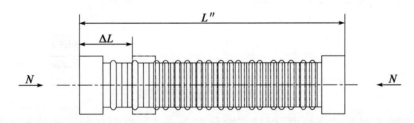

图7 纵向荷载试验

表5 塑料波纹管管节内径与施加纵向荷载

塑料波纹管管节内径 d(mm)	施加纵向荷载 N(N)
≤60	900
60 < d ≤ 80	1 400
80 < d ≤ 100	1 900
100 < d ≤ 130	2 200

6.3.5 柔韧性

6.3.5.1 将一根长1 100mm试样,垂直地固定在测试平台上,按图8位置安装两块弧形模板,其曲率半径(ρ)应符合表6的要求。

表6 塑料波纹管柔韧性试验要求　　　　　　　　　　　　　　　单位为毫米

塑料波纹管管节内径 d	试样长度 L''	曲率半径 ρ
≤90	1 100	1 500
>90	1 100	1 800

6.3.5.2 在试样上段900mm范围内,向两侧缓慢弯曲试样至弧形模板位置,如图8所示,左右往复弯曲5次。

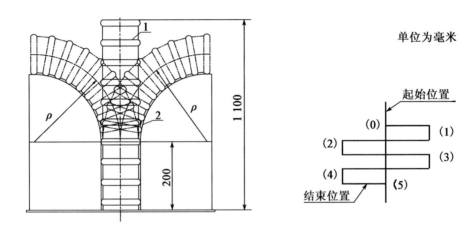

说明:
1——试样;
2——弧形模板。

图8 塑料波纹管柔韧性试验

6.3.5.3 当试样弯曲至最终结束位置,保持弯曲状态2min后,将图9所示的球形塞规放入塑料波纹管管节内,观察球形塞规能否顺利通过。

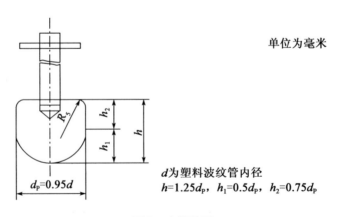

d 为塑料波纹管内径
$h=1.25d_p$, $h_1=0.5d_p$, $h_2=0.75d_p$

图9 塞规外形

6.3.6 抗冲击性

试验温度(0±1)℃,落锤质量和冲击高度见表7。试验方法按GB/T 14152的规定进行。

表7 落锤质量和冲击高度

内径 d(mm)	落锤质量(kg)	冲击高度(mm)
≤90	0.5	2 000
90 < d ≤ 130	1.0	2 000

6.3.7 拉伸性能

按 GB/T 8804.3 的规定进行。

6.3.8 拉拔力

按 GB/T 15820 的规定进行。

6.3.9 密封性

将两根波纹管管节、管节接头和连接接头安装好,如图10所示,两端密封,管节接头排气孔连接真空泵(功率不小于2.2kW),测定真空度。

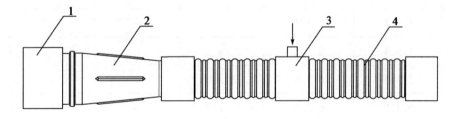

说明:
1——封装头;
2——塑料喇叭管(热塑套管);
3——管节接头;
4——塑料波纹管管节。

图10 密封性试验

7 检验规则

7.1 检验分类

7.1.1 型式检验

若有下列情况之一,应进行型式检验:
a) 新产品或老产品转厂生产的试制定型鉴定;
b) 正式生产后,如设备、原料、工艺有改变,影响产品性能时;
c) 正常生产时,每两年定期进行一次检验;
d) 出厂结果与上次型式检验有较大差异时;
e) 产品长期停产后恢复生产时;
f) 国家质量监督机构提出进行型式检验的要求时。

7.1.2 出厂检验

塑料波纹管需经生产厂质量检验部门检验合格,并附有合格证,方可出厂。

7.2 检验分类

型式检验和出厂检验项目见表8。

表8 型式检验和出厂检验项目

检测项目	技术要求	试验方法	型式检验		出厂检验	
			管节	接头	管节	接头
外观	5.1	6.1.1	+	+	+	+
规格	4.3和附录A	6.1.2	+	+	+	+
灰分	5.2.1	6.2.1	+	+	+	+
氧化诱导时间	5.2.1	6.2.2	+	+	+	+
抗老化性	5.2.1	6.2.3	+	+	+	+
环刚度	5.3.1	6.3.2	+	—	+	—
局部横向荷载	5.3.2	6.3.3	+	—	+	—
纵向荷载	5.3.3	6.3.4	+	—	+	—
柔韧性	5.3.4	6.3.5	+	—	+	—
抗冲击性	5.3.5	6.3.6	+	+	+	+
拉伸性能	5.2.6	6.3.7	+	+	+	+
拉拔力	5.3.7	6.3.8	+	+	+	+
密封性	5.3.8	6.3.9	+	+	+	+
注:"+"表示要求检验项目,"—"表示不检验项目。						

7.3 组批与抽样

7.3.1 组批

产品以批为单位进行验收,同一配方、同一生产工艺、同设备稳定连续生产的一定数量的产品为一批,每批数量不超过10 000m。

7.3.2 抽样

产品检验以批为单位,外观质量检测时每次抽取5根进行检测。

7.4 判定规则

7.4.1 外观判定

在外观检测中抽取5根塑料波纹管中,当有3根不符合5.1要求时,则该5根所代表的产品不合格;若有两根不符合要求时,可再抽取5根进行检测,若仍有两根不符合规定,则该批塑料波纹管为不合格。

7.4.2 复验判定

在外观检验后,检验其他指标均合格时则判该批产品为合格批。若其他指标中有一项不合格,则应在该产品中重新抽取双倍样品制作试样,对指标中不合格项目进行复检,复检全部合格,判定该批为合格批;检测结果若仍有一项不合格,则判定该批产品为不合格。复检结果作为最终判定的依据。

8 标志、包装、运输和储存

8.1 标志

产品出厂时应有明显标志,塑料波纹管管节、管节接头和连接接头分别标识,内容包括产品名称与商标、规格、数量、执行标准、生产厂名、生产日期等。

8.2 包装

塑料波纹管管节应用非金属绳捆扎,必要时用木架固定。管节接头、连接接头用箱包装。每箱应附有合格证。

8.3 运输

塑料波纹管搬运时,不应抛摔或在地面拖拉,运输时防止剧烈撞击,以及油污和化学品污染。

8.4 储存

8.4.1 塑料波纹管应储存在远离热源、油污和化学品污染源的地方。室外堆放不应直接堆放在地面上,并应有遮盖物,避免曝晒。

8.4.2 塑料波纹管存放地点应平整,堆放高度不应超过2m。

8.4.3 塑料波纹管储存期自生产之日起,一般不超过一年。

附 录 A
（规范性附录）
塑料波纹管管节接头规格

A.1 圆形塑料波纹管管节接头

A.1.1 圆形塑料波纹管管节接头组成部件结构示意如图 A.1 所示。圆形有排气孔半圆卡瓣（含密封圈）如图 A.1a）所示，圆形无排气孔半圆卡瓣（含密封圈）如图 A.1b）所示，锁紧楔形插板如图 A.1c）所示。

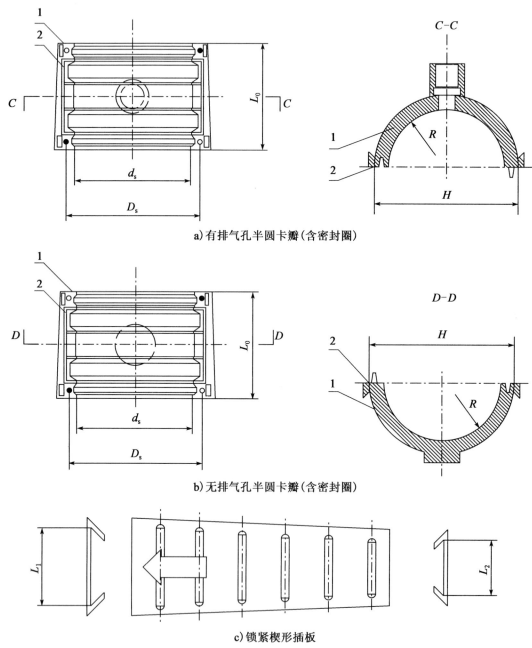

a) 有排气孔半圆卡瓣（含密封圈）

b) 无排气孔半圆卡瓣（含密封圈）

c) 锁紧楔形插板

说明：
1——半圆形卡瓣；　2——密封圈。

图 A.1 圆形塑料波纹管管节接头结构示意

A.1.2 圆形塑料波纹管管节接头规格见表 A.1。

表 A.1 圆形塑料波纹管管节接头规格　　　　单位为毫米

型号	半圆形卡瓣尺寸						密封圈尺寸						楔形锁紧插板	
	内径 d_s		槽口内径 D_S		长度 L_0		大径 R		小径 r		宽度 H		大端长度 L_1	小端长度 L_2
	标称值	偏差	标称值	偏差	标称值	偏差	标称值	偏差	标称值	偏差	标称值	偏差	标称值	标称值
CH(N)-50	57	±1	67	±1	126	±1	33.5	±1	27.5	±1	80	±1	30	22
CH(N)-60	67		77		126		38.6		32.5		89		30	22
CH(N)-75	82		92		130		46		40		106		34	26
CH(N)-90	98		108		130		54		48		121		34	26
CH(N)-100	108		118		134		59		53		131		38	28
CH(N)-115	123		133		134		66.5		60.5		146		38	28
CH(N)-130	138		148		138		74		68		161		42	30

注1：卡瓣壁厚应大于或等于相同规格管节的最小壁厚。
注2：排气孔直径 50mm。

A.2 扁形塑料波纹管管节接头

A.2.1 扁形塑料波纹管管节接头组成部件结构示意如图 A.2 所示。扁形三通如图 A.2a)所示，扁形直通如图 A.2b)所示，扁形卡箍如图 A.2c)所示。

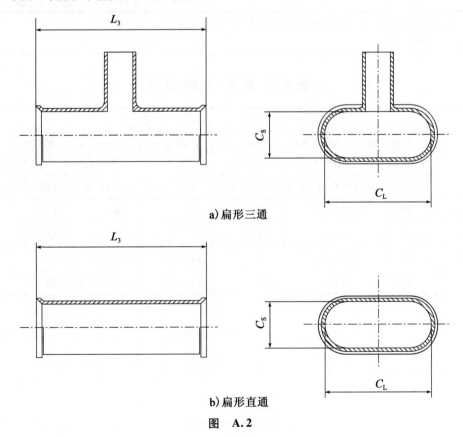

a) 扁形三通

b) 扁形直通

图 A.2

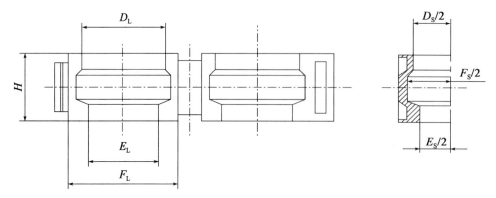

c)扁形卡箍

图A.2 扁形塑料波纹管管节接头结构示意

A.2.2 扁形塑料波纹管管节接头中扁形三通(扁形直通)规格见表A.2,扁形卡箍规格见表A.3。

表A.2 扁形三通(扁形直通)规格   单位为毫米

型号	扁形三通(扁形直通)尺寸(mm)						配套使用的扁形塑料波纹管(mm)	
	长轴内径 C_L		短轴内径 C_S		长度 L_3		长轴内径 U_1	短轴内径 U_2
	标称值	偏差	标称值	偏差	标称值	偏差	标称值	标称值
FH(N)-41	47	±1	28	±1	90	±1	41	22
FH(N)-55	61		28		90		55	22
FH(N)-72	79		29		90		72	22
FH(N)-90	97		29		90		90	22

注1:扁形三通(直通)壁厚应大于或等于相同规格管节的最小壁厚。
注2:排气孔直径50mm。

表A.3 扁形卡箍规格   单位为毫米

型号	卡箍尺寸												
	大端长轴内径 D_L		大端短轴内径 $D_S/2$		小端长轴内径 E_L		小端短轴内径 $E_S/2$		槽口长轴内径 F_L		槽口短轴内径 $F_S/2$		宽度 H	
	标称值	偏差	标称值	偏差	标称值	偏差	标称值	偏差	标称值	偏差	标称值	偏差	标称值	偏差
FH(N)-41	52	±1	16.5	±1	47	±1	14	±0.5	56	±1	18.5	±0.5	35	±1
FH(N)-55	66		16.5		61		14		70		18.5		35	
FH(N)-72	85		17.5		79		14.5		91		20.5		35	
FH(N)-90	104		17.5		97		14.5		109		20.5		35	

ICS 93.040
P 28
备案号:

中华人民共和国交通运输行业标准

JT/T 1090—2016

桥梁用填充型环氧涂层钢绞线挤压锚固拉索

Filled epoxy-coated strand cable with swaging anchorage for bridge

2016-10-21 发布　　　　　　　　　　　　　　　　2017-01-01 实施

中华人民共和国交通运输部　发布

JT/T 1090—2016

目 次

前言 ·· 404

1 范围 ·· 405

2 规范性引用文件 ··· 405

3 术语和定义、符号 ·· 406

4 分类、结构、规格及型号 ··· 406

5 技术要求 ·· 409

6 试验方法 ·· 412

7 检验规则 ·· 413

8 标志、包装、运输和储存 ··· 414

附录 A(资料性附录) 挤压锚固拉索产品规格 ·· 416

附录 B(资料性附录) 挤压锚固拉索索体断面排列 ·· 417

附录 C(资料性附录) 挤压锚固拉索锚具技术参数 ·· 418

前　言

本标准按照 GB/T 1.1—2009 给出的规则起草。

本标准由全国交通工程设施(公路)标准化技术委员会(SAC/TC 223)提出并归口。

本标准起草单位:江阴法尔胜住电新材料有限公司、上海市政工程设计研究总院(集团)有限公司、江苏法尔胜鸿昇集团有限公司。

本标准主要起草人:邓青儿、金平、单继安、费汉兵、朱维军、杨晓海、王志刚、游晓祥、姜平、许奇峰、王钢、袁丹、李涛、朱峰。

JT/T 1090—2016

桥梁用填充型环氧涂层钢绞线挤压锚固拉索

1 范围

本标准规定了桥梁用填充型环氧涂层钢绞线挤压锚固拉索产品的分类、结构、规格及型号、技术要求、试验方法、检验规则,以及标志、包装、运输和储存。

本标准适用于斜拉桥拉索、悬索桥和拱桥吊索,其他建筑结构工程用拉索和防腐要求高的岩土锚固预应力拉索可参照使用。

2 规范性引用文件

下列文件对于本文件的应用是必不可少的。凡是注日期的引用文件,仅注日期的版本适用于本文件。凡是不注日期的引用文件,其最新版本(包括所有的修改单)适用于本文件。

GB/T 196	普通螺纹 基本尺寸
GB/T 197	普通螺纹 公差
GB/T 230.1	金属材料 洛氏硬度试验 第1部分:试验方法(A、B、C、D、E、F、G、H、K、N、T标尺)
GB/T 231.1	金属材料 布氏硬度试验 第1部分:试验方法
GB/T 528	硫化橡胶或热塑性橡胶 拉伸应力应变性能的测定
GB/T 699	优质碳素结构钢
GB/T 700	碳素结构钢
GB/T 1804	一般公差 未注公差的线性和角度尺寸的公差
GB/T 2951.11	电缆和光缆绝缘护套材料通用试验方法 第11部分:通用试验方法——厚度和外形尺寸测量——机械性能试验
GB/T 3077	合金结构钢
GB/T 3512	硫化橡胶或热塑性橡胶 热空气加速老化和耐热试验
GB/T 4162	锻轧钢棒超声检验方法
GB/T 4956	磁性基体上非磁性覆盖层 覆盖层厚度测量 磁性法
GB/T 5224	预应力混凝土用钢绞线
GB/T 5796(所有部分)	梯形螺纹
GB/T 6031	硫化橡胶或热塑性橡胶硬度的测定(10~100IRHD)
GB/T 7753	压敏胶粘带拉伸性能试验方法
GB/T 14370	预应力筋用锚具、夹具和连接器
GB/T 16924	钢件的淬火和回火
GB/T 18365	斜拉桥热挤聚乙烯高强钢丝拉索技术条件
GB/T 21073	环氧涂层七丝预应力钢绞线
CJ/T 297	桥梁缆索用高密度聚乙烯护套料
JB/T 4730.4	承压设备无损检测 第4部分:磁粉检测
JB/T 5000.8	重型机械通用技术条件 第8部分:锻件
JB/T 5000.9	重型机械通用技术条件 第9部分:切削加工件

| JB/T 6396 | 大型合金结构钢锻件 技术条件 |
| JT/T 737 | 填充型环氧涂层钢绞线 |

3 术语和定义、符号

3.1 术语和定义

下列术语和定义适用于本文件。

3.1.1
填充型环氧涂层钢绞线索体 filled epoxy-coated strand cable

按照预定长度及规格要求，将一定数量的填充型环氧涂层钢绞线紧密排列、集束同心左向扭绞，并缠包纤维增强聚酯带，再热挤高密度聚乙烯(HDPE)护套的钢绞线束，简称索体。

3.1.2
挤压锚固拉索 strand cable with swaging anchorage

在索体两端采用挤压锚固的方式与锚具连接而成的拉索构件。

3.1.3
公称破断力 nominal breaking load of the cable

钢绞线抗拉强度标准值与钢绞线索体钢丝截面总面积的乘积。

3.2 符号

下列符号适用于本文件。

A_{pk}——单根填充型环氧涂层钢绞线的公称截面积，单位为平方毫米(mm^2)。

A_p——填充型环氧涂层钢绞线索体钢丝截面总面积，单位为平方毫米(mm^2)。

f_{ptk}——钢绞线抗拉强度标准值，单位为兆帕(MPa)。

F_{ptk}——填充型环氧涂层钢绞线挤压锚固拉索(以下简称挤压锚固拉索)的公称破断力，单位为千牛(kN)。

f_{pm}——试验所用钢绞线(截面以A_{pk}计)的实测极限抗拉强度平均值，单位为兆帕(MPa)。

L_0——挤压锚固拉索设计基准温度下无应力长度，单位为米(m)。

ΔL——挤压锚固拉索长度允许误差，单位为米(m)。

η_a——挤压锚固拉索试件静载试验测得的锚具效率系数。

ε_{apu}——挤压锚固拉索试件达到实测极限拉力时钢绞线索的总应变。

4 分类、结构、规格及型号

4.1 分类

挤压锚固拉索按锚具构造分为：
a) 可调式(A型)锚具；
b) 固定式(B型)叉耳锚具。

4.2 结构

4.2.1 挤压锚固拉索

4.2.1.1 组成

挤压锚固拉索由索体、锚头、密封筒、螺母或叉耳等结构组成，见图1。

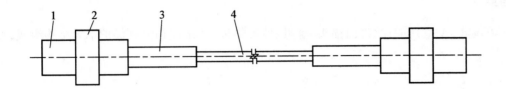

说明：
1——锚头；　　　3——密封筒；
2——螺母；　　　4——填充型环氧涂层钢绞线索体。

图1　挤压锚固拉索结构示意图

4.2.1.2　索体

索体由多根填充型环氧涂层钢绞线经集束、扭绞、缠包纤维增强聚酯带、热挤高密度聚乙烯（HDPE）护套而成，索体断面见图2。热挤 HDPE 护套一般为双层，内层为黑色，外层为彩色。

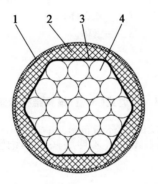

说明：
1——外层 HDPE 护套；　　3——纤维增强聚酯带；
2——内层 HDPE 护套；　　4——填充型环氧涂层钢绞线

图2　索体断面示意图

4.2.1.3　锚头

锚头由挤压锚固件、锚固套、锚罩和密封筒等结构组成，见图3。

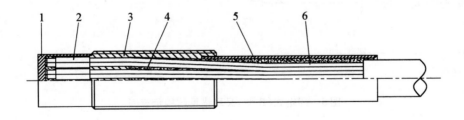

说明：
1——锚罩；　　　　　3——锚固套；　　　5——密封筒；
2——挤压锚固件；　　4——锚固填料；　　6——填充型环氧涂层钢绞线。

图3　挤压锚固锚头结构示意图

4.2.2 锚具

4.2.2.1 可调式(A型)锚具组件由锚头、螺母、球形垫板、减振体和锚具保护罩等结构组成,见图4。

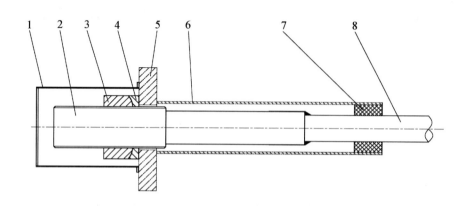

说明:
1——锚具保护罩；　4——球形垫板；　7——减振体；
2——锚头；　　　　5——预埋垫板；　8——索体。
3——螺母；　　　　6——预埋钢管；

图4　可调式(A型)锚具结构示意图

4.2.2.2 固定式(B型)叉耳锚具组件由锚头、叉耳连接件和销轴等结构组成,见图5。

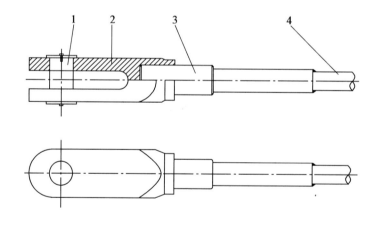

说明:
1——销轴；　　3——锚头；
2——叉耳连接件；　4——索体。

图5　固定式(B型)叉耳锚具结构示意图

4.3 规格

4.3.1 挤压锚固拉索的产品规格参见附录A。

4.3.2 挤压锚固拉索的索体断面排列参见附录B。

4.3.3 挤压锚固拉索的锚具技术参数参见附录C。

4.4 型号

挤压锚固拉索的型号表示方法见图6。

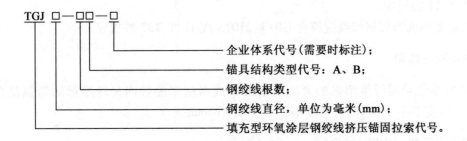

图6 挤压锚固拉索的型号表示方法

示例1：
19根φ15.2mm填充型环氧涂层钢绞线组成索体，两端锚具为可调式(A型)的挤压锚固拉索标记为：TGJ15-19AA。

示例2：
19根φ15.2mm填充型环氧涂层钢绞线组成索体，两端锚具分别为可调式(A型)和固定式(B型)的挤压锚固拉索标记为：TGJ15-19AB。

5 技术要求

5.1 外观和尺寸

5.1.1 填充型环氧涂层钢绞线外观

填充型环氧涂层钢绞线表面应光滑，无破损、裂纹和机械损伤。

5.1.2 索体外观

索体护套外表面应无破损，护套外表面不应有凹陷大于1.0mm、面积大于100mm²的表面缺陷。

5.1.3 锚具外观

锚具螺纹连接副应能自由旋合，螺纹不应有任何损伤，外表面镀层不应有可视损伤。

5.1.4 索体外径

沿索体全长的HDPE护套外径和厚度应均匀一致，外径偏差在-1mm～+2mm之间。

5.1.5 拉索长度

挤压锚固拉索索长(L_0)允许偏差(ΔL)应符合以下要求：

a) $L_0 \leq 100\text{m}$，$\Delta L \leq 0.020\text{m}$；

b) $L_0 > 100\text{m}$，$\Delta L \leq L_0/5\,000$。

5.2 材料

5.2.1 填充型环氧涂层钢绞线

5.2.1.1 用于制作填充型环氧涂层钢绞线的光面钢绞线,宜采用直径 $\phi15.2$ mm,1 860MPa 的钢绞线,应符合 GB/T 5224 的规定。

5.2.1.2 填充型环氧涂层钢绞线应符合 GB/T 21073 或 JT/T 737 的规定。

5.2.2 高强聚酯纤维带

高强聚酯纤维带采用纤维增强的聚酯压敏胶带或两层聚酯带内夹纤维丝的增强复合带,带宽为 30mm~50mm,厚度不小于 0.1mm,强度不小于 250N/10mm。

5.2.3 高密度聚乙烯(HDPE)护套料

索体防护用高密度聚乙烯(HDPE)护套料性能应符合 CJ/T 297 的规定。

5.2.4 锚具

锚固套、螺母、销轴和叉耳主要受力构件应选用合金结构钢,材料性能应符合 GB/T 3077 的规定,其他组件材料应符合 GB/T 699 或 GB/T 700 的规定。锻件应符合 JB/T 5000.8 或 JB/T 6396 的规定。

5.2.5 锚固填料

5.2.5.1 锚固填料由钢丸、环氧树脂、固化剂、增韧剂、稀释剂和填充料等组成。

5.2.5.2 锚固填料试件在 23℃±5℃ 范围内,抗压强度不应小于 100MPa。

5.2.6 减振体

减振体材料宜采用丁基橡胶,其性能应符合表1的要求。

表1 减振体丁基橡胶性能

项 目		性能指标	试验方法
硬度(IRHD)		55±5	GB/T 6031
拉伸强度(MPa)		≥8	GB/T 528
扯断伸长率(%)		≥450	GB/T 528
阻尼比		>0.2	单向压缩法
热空气老化试验 (试验条件 70℃×96h)	拉伸强度变化率(%)	<25	GB/T 3512
	扯断伸长率变化率(%)	<25	

5.3 工艺性能

5.3.1 锚具组件

5.3.1.1 锚具组件机械加工应符合 JB/T 5000.9 的规定,未注尺寸公差不应低于 GB/T 1804 中 C 级的规定,需进行热处理的部件其工艺应符合 GB/T 16924 的规定。

5.3.1.2 锚固套、螺母、销轴和叉耳应逐件进行超声波和磁粉探伤的无损检测,并应达到 GB/T 4162 中 B 级和 JB/T 4730.4 中 Ⅱ 级质量的规定。

5.3.1.3 梯形螺纹应符合 GB/T 5796 的规定，普通螺纹应符合 GB/T 196 和 GB/T 197 的规定。

5.3.1.4 锚具所有金属组件表面应采用镀锌表面处理。电镀锌层的厚度为 20μm～40μm，电镀锌后应做脱氢处理；热镀锌层的厚度不应小于 90μm。

5.3.1.5 锚具组件应标记规格型号和产品流水号，同规格型号锚具相同部件应保证互换。

5.3.2 扭绞

按设计长度和规格型号要求，将一定数量填充型环氧涂层钢绞线呈规则多边形紧密排列，将钢绞线束同心左向扭绞，最外层钢绞线的扭绞节距应符合扭合角 3°±0.5° 的要求，并右向缠绕高强聚酯纤维带。

5.3.3 挤塑

经扭绞后的钢绞线束外表面热挤双层高密度聚乙烯（HDPE）防护套，内层护套为黑色，外层护套颜色可根据桥梁景观设计确定。

5.3.4 挤压灌锚

将钢绞线索体两端安装锚具，挤压并灌注锚固填料，锚固力不应小于填充型环氧涂层钢绞线拉索公称破断索力的 95%。

5.3.5 预张拉

5.3.5.1 每根挤压锚固拉索均应进行预张拉，预张拉力一般取 1.2 倍～1.4 倍设计索力，取值如下：
a) 设计索力不大于 3 000kN 时，取 1.4 倍；
b) 设计索力大于 3 000kN 且小于 6 000kN 时，取 1.3 倍；
c) 设计索力不小于 6 000kN 时，取 1.2 倍。

5.3.5.2 挤压锚固拉索在张拉槽或台座上安装后，预张拉力按 50kN 的倍数取整，分 5 级加载，加载速度不大于 100MPa/min。预张拉所用张拉设备、仪器仪表均应经过有效的标定。挤压锚固拉索在预张拉后，锚具螺纹的旋合不受影响。

5.4 力学性能

5.4.1 静载性能

挤压锚固拉索静载性能应符合锚具效率系数 $\eta_a \geq 0.95$ 和总应变 $\varepsilon_{apu} \geq 2.0\%$ 的要求。

注：η_a 为实测最大索力与公称破断索力之比。

5.4.2 疲劳性能

5.4.2.1 挤压锚固拉索经疲劳性能试验后，拉索钢绞线断丝率不大于 2%，HDPE 护套不应有损伤，锚具螺纹旋合正常。疲劳试验参数为上限应力 $45\% f_{ptk}$、应力幅 200MPa、循环次数 200 万次。

5.4.2.2 挤压锚固拉索试件在疲劳试验后再进行静载拉伸试验，其实测极限张拉应力不应低于 $92\% f_{pm}$ 或 $95\% f_{ptk}$（取两者中的较大值）。

5.4.3 水密封性能

挤压锚固拉索索体与锚具过渡段在 3m 高的水压下，挤压锚固拉索内部钢绞线表面应无渗水现象。

6 试验方法

6.1 外观和尺寸

6.1.1 填充型环氧涂层钢绞线外观

填充型环氧涂层钢绞线外观用目测检查。

6.1.2 索体外观

索体外观用目测检查。

6.1.3 锚具外观

6.1.3.1 挤压锚固拉索锚具外观用目测,尺寸用游标卡尺测量。

6.1.3.2 锚具镀锌层厚度检验按 GB/T 4956 的规定方法进行。

6.1.4 索体外径

索体外径和 HDPE 护套厚度的检验按 GB/T 2951.11 的规定进行。

6.1.5 拉索长度

挤压锚固拉索长度测量按 GB/T 18365 规定的方法进行。

6.2 材料

6.2.1 填充型环氧涂层钢绞线

填充型环氧涂层钢绞线技术性能检验按 GB/T 21073 或 JT/T 737 规定的方法进行。

6.2.2 高强聚酯纤维带

6.2.2.1 高强聚酯纤维带宽度和厚度用卡尺和千分尺进行测量。

6.2.2.2 高强聚酯纤维带抗拉力的检验按 GB/T 7753 的规定进行。

6.2.3 高密度聚乙烯(HDPE)护套料

索体防护用 HDPE 护套材料性能的试验方法按 CJ/T 297 的规定进行。

6.2.4 锚具

6.2.4.1 锚具各部件机械性能和化学成分按 GB/T 3077 和 GB/T 699 规定的方法进行。

6.2.4.2 锚固套、螺母、销轴和叉耳超声波探伤检测和磁粉探伤检测按 GB/T 4162 和 JB/T 4730.4 规定的方法进行。

6.2.4.3 锚具硬度检验按 GB/T 230.1 或 GB/T 231.1 规定的方法进行。

6.2.5 锚固填料

6.2.5.1 每个锚具灌注锚固填料时,应同时制作一组 3 个尺寸为 $\phi25mm \times 30mm$ 的试件,并同炉或按相同工艺固化。

6.2.5.2 试件在 23℃ ±5℃ 下进行抗压强度试验,以 3 个试件测定值的算术平均值作为该冷铸锚固填料测定值。任一测定值与中值的差值超过中值15%时,则取中值为测定值。

6.2.6 减振体

减振体的材料性能试验方法按表1的规定进行。

6.3 力学性能

6.3.1 静载性能

挤压锚固拉索静载性能试验按 GB/T 14370 规定的方法进行。

6.3.2 疲劳性能

6.3.2.1 疲劳试验索的索体自由长度不小于3m。疲劳性能试验允许以较小规格的试验索做模拟试验,但试验索的钢绞线根数不少于成品拉索中钢绞线根数的20%。

6.3.2.2 试验方法如下:
a) 将试件安装在试验设备上,然后进行锚固;
b) 先施加1.2倍设计荷载的静载荷,持荷10min后卸载,记录试件初始数据;
c) 用脉冲荷载加载,使拉索应力上限45%f_{ptk},应力幅200MPa,试验加载频率不超过8Hz;
d) 试验过程中观测试件状况,如有异常现象发生,应记录发生异常的位置、现象及当时脉冲计数;
e) 经200万次脉冲加载的疲劳试验结束后,检查试验索HDPE护套有无损伤,锚具螺纹旋合情况;
f) 疲劳试验后,用同一试验索继续进行静载拉伸试验,试验时加载速度不大于100MPa/min,加载至80%f_{ptk}时,持荷30min,随后用低于100MPa/min的加载速度缓慢加载,直至静载试验拉力超过规定值或试验索破坏。

6.3.3 水密封性能

将疲劳试验合格后的试验索浸入有红色染料的水中,水平面至锚具与索体连接部位的水深应大于3m,静置96h后取出试验索,将锚具及索体表面水分干燥处理后,解剖索体与锚具,目测拉索内部钢绞线表面有无水渗入。

7 检验规则

7.1 检验分类

挤压锚固拉索产品检验分为型式检验和出厂检验。

7.1.1 型式检验

有下列情况之一时,应进行型式检验:
a) 新产品或老产品转厂生产的试制定型鉴定;
b) 正式生产后,如结构、材料、工艺有改变,影响产品性能时;
c) 需方提出要求,经供需双方协议一致时;
d) 产品长期停产后,恢复生产时;
e) 出厂检验结果与上次型式检验有较大差异时;
f) 国家质量监督机构提出进行型式检验的要求时。

7.1.2 出厂检验

出厂检验为生产单位在每批产品出厂前进行的产品质量控制性检验。

7.2 检验项目

型式检验和出厂检验项目见表2。

表2 型式检验和出厂检验项目

检验项目		技术要求	试验方法	型式检验	出厂检验	抽样数量
填充型环氧涂层钢绞线	外观	5.1.1	6.1.1	+	+	逐盘卷
	材料	5.2.1	6.2.1	+	+	按 GB/T 21073 或 JT/T 737 的取样规定
填充型环氧涂层钢绞线索体	外观	5.1.2	6.1.2	+	+	每根
	外径	5.1.4	6.1.4	+	+	每根
高强聚酯纤维带	材料	5.2.2	6.2.2	+	+	3组/批
HDPE 护套料	材料	5.2.3	6.2.3	+	—	按 CJ/T 297 的取样规定
锚具	外观	5.1.3	6.1.3	+	+	外观100%
	材料性能	5.2.4 5.3.1	6.2.4	+	+	机械性能、化学成分1个/炉;超声波检测、磁粉检测100%;硬度100%
锚固填料	材料	5.2.5	6.2.5	+	+	100%
减振体	材料	5.2.6	6.2.6	+	—	每批3件
挤压锚固拉索成品	长度	5.1.5	6.1.5	+	+	每根
	预张拉	5.3.5	6.3	+	+	每根
	静载性能	5.4.1	6.4.1	+	—	3根
	疲劳性能	5.4.2	6.4.2	+	—	1根
	水密封性能	5.4.3	6.4.3	+	—	1根
注1:"+"为检验,"—"为不检验。						
注2:高强聚酯纤维带以批为单位,同一原料、同一配方、同一设备连续生产同一型号的产品为一批。						

7.3 判定规则

7.3.1 型式检验项目均应符合本标准要求。

7.3.2 当出厂检验项目均符合本标准要求时,该批产品为合格品;当检验结果有不合格项目时,对不合格项目重新加倍取样进行复检,若复检结果仍不合格,则该批产品不合格。

8 标志、包装、运输和储存

8.1 标志

8.1.1 在每根挤压锚固拉索两端锚具的密封筒上,用红色油漆标明拉索编号和规格型号。

8.1.2 每根挤压锚固拉索应有合格标牌。标牌应牢固可靠地系于包装层外两端锚具上,并确保在运输过程中不丢失。标牌上应注明挤压锚固拉索编号、规格型号、长度、质量、制造厂名、工程名称、生产日期和执行标准等,字迹应清晰。

8.2 包装

8.2.1 挤压锚固拉索的索体采用两层包装：内层棉布、外层包覆纤维编织布。

8.2.2 挤压锚固拉索两端锚具用聚丙烯薄膜及塑料纤维编织布双层包装后，再用三合一塑料编织套作整体包裹。

8.2.3 挤压锚固拉索可以采用脱胎成圈或钢盘卷绕成盘两种形式包装，其盘绕内径不应小于20倍拉索外径，且不小于1.8m，盘绕后索体外形不应有明显变形。

8.2.4 每盘挤压锚固拉索采用不损伤挤压锚固拉索表面质量的材料捆扎结实，捆扎不少于6道。

8.3 运输和储存

8.3.1 在运输、装卸过程中应轻装轻卸，防止碰伤拉索的外层HDPE护套及锚具。

8.3.2 成品拉索包装好后宜在室内存放，露天存放时应加遮盖。存放时应平稳整齐堆垛，在地面堆放时，应加垫木。

附 录 A
（资料性附录）
挤压锚固拉索产品规格

挤压锚固拉索产品规格参见表A.1。

表A.1 挤压锚固拉索产品规格表

规格型号	索体直径 ϕA（mm）	索体钢丝截面总面积 A_p（mm²）	索体参考单位质量 W（kg/m）	公称破断力 F_{ptk}（kN）
TGJ15-3	ϕ46	420	4.24	≥780
TGJ15-4	ϕ50	560	5.5	≥1 040
TGJ15-5	ϕ56	700	6.85	≥1 300
TGJ15-6	ϕ61	840	8.09	≥1 560
TGJ15-7	ϕ61	980	9.26	≥1 820
TGJ15-9	ϕ78	1 260	12.36	≥2 340
TGJ15-12	ϕ80	1 680	15.61	≥3 120
TGJ15-16	ϕ97	2 240	21.34	≥4 160
TGJ15-19	ϕ97	2 660	24.85	≥4 940
TGJ15-22	ϕ109	3 080	29.38	≥5 720
TGJ15-25	ϕ117	3 500	33.27	≥6 500
TGJ15-27	ϕ117	3 780	35.59	≥7 020
TGJ15-31	ϕ121	4 340	39.61	≥8 060
TGJ15-37	ϕ132	5 180	47.81	≥9 620
TGJ15-43	ϕ150	6 020	56.31	≥11 180
TGJ15-55	ϕ154	7 700	69.05	≥14 300

注1：本表数据适用于 ϕ15.2mm、1 860MPa规格的钢绞线，单根钢绞线抗拉破断力标准值按260kN计。
注2：当采用其他规格的钢绞线时，可根据所用钢绞线参数计算确定。

附 录 B
（资料性附录）
挤压锚固拉索索体断面排列

挤压锚固拉索的索体断面排列方式参见图 B.1。

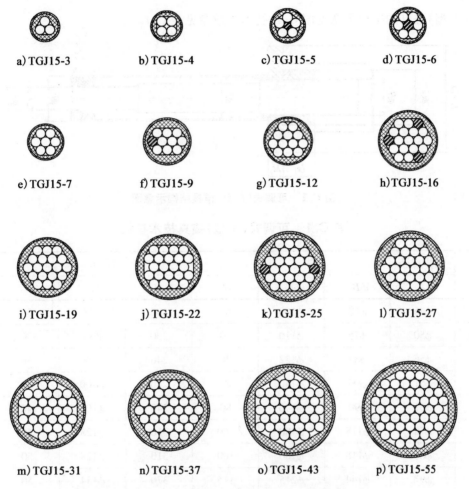

a) TGJ15-3　　b) TGJ15-4　　c) TGJ15-5　　d) TGJ15-6

e) TGJ15-7　　f) TGJ15-9　　g) TGJ15-12　　h) TGJ15-16

i) TGJ15-19　　j) TGJ15-22　　k) TGJ15-25　　l) TGJ15-27

m) TGJ15-31　　n) TGJ15-37　　o) TGJ15-43　　p) TGJ15-55

注：在索体钢绞线排列的空位填充非金属填充条，见图中圆条剖面示意。

图 B.1　挤压锚固拉索索体断面排列示意图

附录 C
（资料性附录）
挤压锚固拉索锚具技术参数

C.1 可调式（A型）锚具

可调式（A型）锚具的结构示意见图C.1，技术参数参见表C.1。

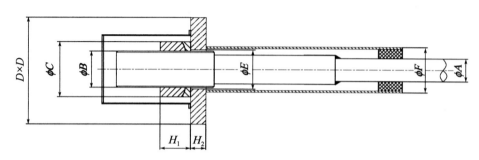

图 C.1 可调式（A型）锚具结构示意图

表 C.1 可调式（A型）锚具技术参数

单位为毫米

拉索规格	索体直径	锚具			锚垫板			预埋管
	ϕA	ϕB	ϕC	H_1	D	ϕE	H_2	ϕF
TGJ15-3	$\phi 46$	$\phi 68$	$\phi 100$	60	180	$\phi 78$	30	$\phi 89 \times 5$
TGJ15-4	$\phi 50$	$\phi 75$	$\phi 110$	70	200	$\phi 85$	30	$\phi 95 \times 5$
TGJ15-5	$\phi 56$	$\phi 82$	$\phi 122$	70	240	$\phi 92$	40	$\phi 102 \times 5$
TGJ15-6	$\phi 61$	$\phi 90$	$\phi 140$	80	240	$\phi 100$	40	$\phi 114 \times 6$
TGJ15-7	$\phi 61$	$\phi 90$	$\phi 140$	80	240	$\phi 100$	40	$\phi 114 \times 6$
TGJ15-9	$\phi 78$	$\phi 118$	$\phi 180$	100	310	$\phi 128$	50	$\phi 146 \times 7$
TGJ15-12	$\phi 80$	$\phi 118$	$\phi 180$	100	310	$\phi 128$	50	$\phi 146 \times 7$
TGJ15-16	$\phi 97$	$\phi 144$	$\phi 215$	115	370	$\phi 154$	50	$\phi 168 \times 7$
TGJ15-19	$\phi 97$	$\phi 148$	$\phi 220$	115	370	$\phi 158$	50	$\phi 180 \times 8$
TGJ15-22	$\phi 109$	$\phi 164$	$\phi 240$	125	420	$\phi 174$	50	$\phi 194 \times 8$
TGJ15-25	$\phi 117$	$\phi 175$	$\phi 255$	130	450	$\phi 185$	50	$\phi 203 \times 9$
TGJ15-27	$\phi 117$	$\phi 175$	$\phi 265$	145	450	$\phi 185$	50	$\phi 203 \times 9$
TGJ15-31	$\phi 121$	$\phi 200$	$\phi 275$	145	540	$\phi 210$	60	$\phi 245 \times 10$
TGJ15-37	$\phi 132$	$\phi 210$	$\phi 290$	165	550	$\phi 225$	65	$\phi 245 \times 10$
TGJ15-43	$\phi 150$	$\phi 240$	$\phi 325$	165	590	$\phi 250$	70	$\phi 273 \times 10$
TGJ15-55	$\phi 154$	$\phi 260$	$\phi 355$	185	620	$\phi 270$	80	$\phi 299 \times 10$

注1：锚垫板材质不低于Q345。
注2：本表数据适用于$\phi 15.2$mm、1 860MPa规格的钢绞线；当采用其他规格的钢绞线时，参数尺寸可根据用户要求协商确定。

C.2 固定式(B型)叉耳锚具

固定式(B型)叉耳锚具的结构示意见图C.2,技术参数参见表C.2。

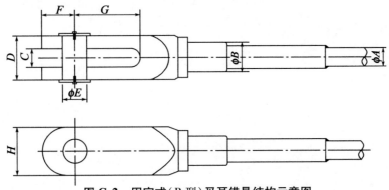

图 C.2　固定式(B型)叉耳锚具结构示意图

表 C.2　固定式(B型)叉耳锚具技术参数

单位为毫米

拉索规格	索体直径 ϕA	锚具 ϕB	叉耳					
			C	D	ϕE	F	G	H
TGJ15-3	$\phi46$	$\phi68$	50	100	$\phi50$	70	135	105
TGJ15-4	$\phi50$	$\phi75$	55	110	$\phi55$	85	150	120
TGJ15-5	$\phi56$	$\phi82$	55	115	$\phi65$	95	175	130
TGJ15-6	$\phi61$	$\phi90$	60	120	$\phi70$	110	190	150
TGJ15-7	$\phi61$	$\phi90$	65	130	$\phi75$	115	200	160
TGJ15-9	$\phi78$	$\phi118$	85	165	$\phi85$	120	215	175
TGJ15-12	$\phi80$	$\phi118$	90	185	$\phi95$	145	245	200
TGJ15-16	$\phi97$	$\phi144$	100	200	$\phi110$	160	285	240
TGJ15-19	$\phi97$	$\phi148$	110	215	$\phi120$	180	310	260
TGJ15-22	$\phi109$	$\phi164$	120	240	$\phi130$	195	325	285
TGJ15-25	$\phi117$	$\phi175$	135	265	$\phi140$	200	335	295
TGJ15-27	$\phi117$	$\phi175$	145	285	$\phi145$	205	350	300
TGJ15-31	$\phi121$	$\phi200$	155	305	$\phi155$	215	365	320
TGJ15-37	$\phi132$	$\phi210$	165	325	$\phi170$	240	405	355
TGJ15-43	$\phi150$	$\phi240$	165	345	$\phi190$	260	430	390
TGJ15-55	$\phi154$	$\phi260$	185	385	$\phi210$	295	480	435
注:本表数据适用于$\phi15.2mm$、1 860MPa规格的钢绞线;当采用其他规格的钢绞线时,参数尺寸可根据用户要求协商确定。								

ICS 93.040;77.140.65
P 28
备案号：

中华人民共和国交通运输行业标准

JT/T 1104—2016

桥梁用热镀锌铝合金钢丝

Hot-dip zinc-aluminium coated steel wires for bridge

2016-12-30 发布　　　　　　　　　　　　　2017-04-01 实施

中华人民共和国交通运输部 发布

目　次

前言 …………………………………………………………………………………………………… 424
1 范围 ………………………………………………………………………………………………… 425
2 规范性引用文件 …………………………………………………………………………………… 425
3 术语和定义 ………………………………………………………………………………………… 425
4 分类、规格和型号 ………………………………………………………………………………… 426
5 技术要求 …………………………………………………………………………………………… 427
6 试验方法 …………………………………………………………………………………………… 428
7 检验规则 …………………………………………………………………………………………… 430
8 标志、包装、质量证明书、运输和储存 …………………………………………………………… 432
附录 A（规范性附录）　镦头试验方法 …………………………………………………………… 433

JT/T 1104—2016

前　言

本标准按照 GB/T 1.1—2009 给出的规则起草。

本标准由全国交通工程设施(公路)标准化技术委员会(SAC/TC 223)提出并归口。

本标准起草单位:江阴华新钢缆有限公司、中交公路规划设计院有限公司、广东省公路建设有限公司。

本标准主要起草人:周琦、吴玉刚、陈华青、崔岗、代希华、王林烽、张叶飞、冯苋、魏巍巍、刘晓娣。

JT/T 1104—2016

桥梁用热镀锌铝合金钢丝

1 范围

本标准规定了桥梁用热镀锌铝合金钢丝的分类、规格和型号、技术要求、试验方法、检验规则,以及标志、包装、质量证明书、运输和储存要求。

本标准适用于桥梁缆索结构主缆、拉(吊)索,拱桥吊索、系杆等用热镀锌铝合金钢丝,其他结构用热镀锌铝合金钢丝可参照使用。

2 规范性引用文件

下列文件对于本文件的应用是必不可少的。凡是注日期的引用文件,仅注日期的版本适用于本文件。凡是不注日期的引用文件,其最新版本(包括所有的修改单)适用于本文件。

GB/T 239.1	金属材料 线材 第1部分:单向扭转试验方法
GB/T 1839	钢产品镀锌层质量试验方法
GB/T 2103	钢丝验收、包装、标志及质量证明书的一般规定
GB/T 2972	镀锌钢丝锌层硫酸铜试验方法
GB/T 2976	金属材料 线材 缠绕试验方法
GB/T 17101	桥梁缆索用热镀锌钢丝
GB/T 12689.1	锌及锌合金化学分析方法 第1部分:铝量的测定 铬天青 S-聚乙二醇辛基苯基醚-溴化十六烷基吡啶分光光度法、CAS 分光光度法和 EDTA 滴定法
GB/T 21839	预应力混凝土用钢材试验方法
GB/T 24238	预应力钢丝及钢绞线用热轧盘条
YS/T 310	热镀用锌合金锭

3 术语和定义

下列术语和定义适用于本文件。

3.1
热镀锌铝合金钢丝 hot-dip zinc-aluminium coated steel wires
通过锌铝合金熔池,在光面钢丝外表镀上锌铝合金层的钢丝。

3.2
一步法 one-step process
直接通过锌铝合金熔池,在光面钢丝外表镀上锌铝合金层的方法。

3.3
两步法 double-step process
先通过纯锌熔池在光面钢丝外表镀上纯锌后,再通过锌铝合金熔池镀上锌铝合金层的方法。

4 分类、规格和型号

4.1 分类

4.1.1 按热镀锌铝合金钢丝公称直径分为：
  a) 5mm级（含公称直径大于5mm、小于7mm热镀锌铝合金钢丝）；
  b) 7mm级。

4.1.2 按热镀锌铝合金钢丝抗拉强度等级分为：
  a) 1 670MPa；
  b) 1 770MPa；
  c) 1 860MPa；
  d) 1 960MPa。

4.1.3 按热镀锌铝合金钢丝松弛性能等级分为：
  a) Ⅰ级松弛（普通松弛）；
  b) Ⅱ级松弛（低松弛）。

4.2 规格

热镀锌铝合金钢丝尺寸及允许偏差应符合表1的要求。

表1 热镀锌铝合金钢丝尺寸及允许偏差

公称直径 d_n (mm)	直径允许偏差(mm)	圆度(mm)	公称截面积[a] S_n (mm²)	参考质量[b] (g/m)
5.00	±0.06	≤0.06	19.6	153
7.00	±0.07	≤0.07	38.5	301

注1：热镀锌铝合金钢丝公称直径、公称截面积、每米参考质量均含锌铝合金镀层在内。
注2：热镀锌铝合金钢丝参考密度7.81g/cm³。

[a] 其他公称直径钢丝按其公称直径计算公称截面积。
[b] 其他公称直径钢丝按其公称直径计算参考质量。

4.3 型号

热镀锌铝合金钢丝型号表示方法见图1。

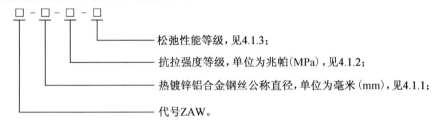

图1 热镀锌铝合金钢丝型号表示方法

说明如下（从左至右）：
- 代号ZAW。
- 热镀锌铝合金钢丝公称直径，单位为毫米(mm)，见4.1.1；
- 抗拉强度等级，单位为兆帕(MPa)，见4.1.2；
- 松弛性能等级，见4.1.3；

示例1：
公称直径5mm，抗拉强度级别1 670MPa，Ⅰ级松弛的热镀锌铝合金钢丝，其型号表示为ZAW-5-1670-Ⅰ。

示例2：
公称直径7mm，抗拉强度级别1 770MPa，Ⅱ级松弛的热镀锌铝合金钢丝，其型号表示为ZAW-7-1770-Ⅱ。

5 技术要求

5.1 材料

5.1.1 生产光面钢丝采用的高碳洁净钢盘条应符合 GB/T 24238 的规定。

5.1.2 热镀用锌铝合金锭应符合 YS/T 310 中锌铝合金类热镀用或锌铝稀土合金类热镀用锌合金锭的规定。

5.2 外观

5.2.1 热镀锌铝合金钢丝表面镀层应连续、均匀、光滑,不应有机械损伤、局部脱锌、露铁等缺陷,允许有不影响镀层质量的局部轻微划痕,热镀锌铝合金钢丝在空气中暴露时允许有颜色变化。

5.2.2 热镀锌铝合金钢丝应顺直,不应有弯折、扭曲等。

5.2.3 热镀锌铝合金钢丝直线性:
  a) 弦长 1m 时,最大自然矢高不大于 30mm;
  b) 长度大于 5m 时,自由翘头高度不大于 150mm。

5.2.4 整卷热镀锌铝合金钢丝不应有任何形式的接头。

5.3 力学性能

热镀锌铝合金钢丝力学性能见表2。

表2 热镀锌铝合金钢丝力学性能

序号	项 目		单位	技 术 指 标							
				5mm 级				7mm 级			
1	抗拉强度		MPa	≥1 670	≥1 770	≥1 860	≥1 960	≥1 670	≥1 770	≥1 860	≥1 960
2	屈服强度	Ⅰ级松弛	MPa	≥1 340	≥1 420	≥1 490	≥1 570	≥1 340	≥1 420	≥1 490	≥1 570
		Ⅱ级松弛		≥1 490	≥1 580	≥1 660	≥1 750	≥1 490	≥1 580	≥1 660	≥1 750
3	松弛性能 ($0.7F_m$,1 000h)	Ⅰ级松弛	%	≤7.5				≤7.5			
		Ⅱ级松弛		≤2.5				≤2.5			
4	抗脉动拉伸疲劳性能		—	应力上限 $0.45F_m$,应力幅[a] 360MPa,≥2.0×10^6 次 不断裂				应力上限 $0.45F_m$,应力幅 360MPa,≥2.0×10^6 次 不断裂			
5	弹性模量		MPa	$(2.0 \pm 0.1) \times 10^5$				$(2.0 \pm 0.1) \times 10^5$			
6	断后伸长率[b]		%	≥4.0				≥4.0			
7	扭转性能		次	≥14				≥8			≥5
8	缠绕性能		—	缠绕 8 圈不断裂				缠绕 8 圈不断裂			

表2(续)

序号	项目	单位	技术指标 5mm级	技术指标 7mm级
9	反复弯曲	—	≥4次,不断裂	≥5次,不断裂

注：F_m 为热镀锌铝合金钢丝公称极限拉力，单位为牛顿(N)。

a 应力幅按式(1)计算。

$$2\Delta f_a = \frac{2\Delta F_a}{S_n} \tag{1}$$

式中：S_n——热镀锌铝合金钢丝公称截面面积，单位为平方毫米(mm^2)；

$2\Delta F_a$——脉动应力幅荷载值，单位为牛顿(N)；

$2\Delta f_a$——抗脉动拉升疲劳应力幅，单位为兆帕(MPa)。

b 测定热镀锌铝合金钢丝伸长率时，应采用最小分度不大于1mm的量具，标距长度250mm；若试样在距钳口2倍热镀锌铝合金钢丝公称直径(d_n)范围内断裂，而此时抗拉强度、伸长率及屈服强度未达到表2要求，则该试验无效，应另取样重新试验。

5.4 工艺性能

5.4.1 光面钢丝应在拉拔后热镀锌铝合金，并进行连续稳定化处理。

5.4.2 单位面积锌铝合金镀层质量：一步法不小于250g/m²，两步法不小于300g/m²。

5.4.3 热镀锌铝合金钢丝镀层中铝含量不应低于4.2%。

5.4.4 镀层附着力和均匀性应符合下列要求：

a) 镀层附着力：热镀锌铝合金钢丝经6.2.8缠绕试验后，螺旋圈的外侧锌层应没有剥落或用手指（避免采用指甲）摩擦产生剥落现象；

b) 镀层均匀性：热镀锌铝合金钢丝经硫酸铜溶液浸泡两次（每次45s），不应出现光亮沉积层和橙红色铜的黏附。

5.4.5 镦头性能应符合下列要求：

a) 镦头为鼓槌状，鼓槌最大外径为热镀锌铝合金钢丝直径的(1.5±0.1)倍；

b) 镦头不应出现横向裂纹；

c) 镦头允许出现平行于沿热镀锌铝合金钢丝轴线的不贯通纵向裂纹和斜裂纹，但裂纹宽度应小于0.1mm，且镦头扣紧力大于公称破断力的95%。

6 试验方法

6.1 外观

6.1.1 用量具进行尺寸检查：

a) 采用精度为0.01mm的千分尺测量热镀锌铝合金钢丝直径。直径测量应在同一截面相互垂直的两个方向上进行，取平均值；

b) 采用钢直尺或钢卷尺测量热镀锌铝合金钢丝直线性、翘高和卷径。

6.1.2 热镀锌铝合金钢丝表面用目视方法检查。

6.1.3 直线性检测方法如下：
a) 矢高——取1根镀锌铝合金钢丝,自然放在平整地面或桌面上,取弦长(1±0.005)mm,测量弦与弧内侧最大距离 h,h 为矢高,见图2；

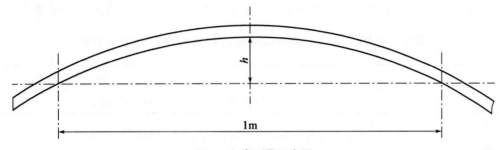

图2 矢高测量示意图

b) 翘高——取长度大于5m的热镀锌铝合金钢丝,自然放置于光滑平整地面上,一端接触地面,翘起的一端离地面高度为翘高。

6.2 力学性能

6.2.1 抗拉强度

测定热镀锌铝合金钢丝抗拉强度的拉伸试验按GB/T 21839的规定进行。

6.2.2 屈服强度

热镀锌铝合金钢丝屈服强度试验按GB/T 21839的规定进行。

6.2.3 松弛性能

松弛性能试验按下列方法进行：
a) 试验期间,试样温度应保持在(20±2)℃。
b) 试验前,试样不应承受任何荷载、不应进行热处理和冷加工,也不能进行弯折。
c) 初载应在(3～5)min内均匀施加,标距应保持恒定,施加全部荷载1min后开始读数。
d) 加载过程中试样不允许超载。
e) 试验标距应为公称直径的60倍,如果该标距超过引伸仪或试验机能力,最小长度可取公称直径的40倍作为标距。
f) 试验按GB/T 21839的规定进行,持续时间1 000h。在保证型式检验1 000h松弛合格基础上,也可采用至少120h较短期限试验数据,推算1 000h松弛值。

6.2.4 抗脉动拉伸疲劳性能

热镀锌铝合金钢丝抗脉动拉伸疲劳试验按GB/T 17101的规定进行。

6.2.5 弹性模量

热镀锌铝合金钢丝弹性模量试验按GB/T 21839的规定进行。

6.2.6 断后伸长率

热镀锌铝合金钢丝断后伸长率试验按GB/T 21839的规定进行。

6.2.7 扭转性能

热镀锌铝合金钢丝扭转试验按GB/T 239.1的规定进行,标距为$100d_n$,扭转测试转速不应大于

30r/min。

6.2.8 缠绕性能与镀层附着力

热镀锌铝合金钢丝缠绕和镀层附着力试验按GB/T 2976的规定进行,相应的试验要求见表3。

表3 热镀锌铝合金钢丝缠绕试验和镀层附着力试验要求

热镀锌铝合金钢丝公称直径(mm)	缠绕试验		镀层附着力试验	
	芯棒直径(mm)	圈数(圈)	芯棒直径(mm)	圈数(圈)
5.00	15	8	25	8
7.00	20	8	35	8
注1:供方检验时可用相邻较小直径芯棒进行试验,仲裁时按标准进行。				
注2:5mm级的其他公称直径钢丝的缠绕和镀层附着力试验芯棒直径为$3d_n$和$5d_n$(取整数部分)。				

6.2.9 反复弯曲性能

热镀锌铝合金钢丝反复弯曲试验按GB/T 21839的规定进行。

6.3 工艺性能

6.3.1 镀层质量

镀层质量试验按GB/T 1839的规定进行。

6.3.2 镀层铝含量

镀层中铝含量按GB/T 12689.1中EDTA滴定法规定的方法3进行。

6.3.3 镀层均匀性

镀层均匀性试验按GB/T 2972的规定进行。

6.3.4 镦头性能

热镀锌铝合金钢丝镦头试验按附录A的要求进行。

7 检验规则

7.1 检验分类

7.1.1 型式检验

有下列情况之一时,应进行型式检验,也可根据产品实际情况进行型式检验:
a) 生产线搬迁时,生产的试制定型检验;
b) 正式生产后,如材料、工艺有改变,影响产品质量及性能时;
c) 正式生产时,定期或积累一定产量后,应至少2年进行一次检验;
d) 产品长期停产后,恢复生产时;
e) 本次出厂检验结果与上次型式检验有较大差异时;
f) 国家质量监督机构提出进行型式检验要求时。

7.1.2 出厂检验

出厂检验为生产单位在每批产品出厂前进行的厂内产品质量控制性检验。

7.2 检验项目

热镀锌铝合金钢丝的型式检验和出厂检验项目见表4。

表4 热镀锌铝合金钢丝型式检验和出厂检验项目

序号	检 验 项 目		技术要求	试验方法	型式检验	出厂检验	出厂检验数量[a]
1	直径		4.2	6.1.1	+	+	每盘取1根
2	圆度		4.2	6.1.1	+	+	
3	外观		5.2.1	6.1.2	+	+	逐盘
4	直线性		5.2.3	6.1.3	+	+	每10盘取1根
5	抗拉强度		5.3.1	6.2.1	+	+	每盘取1根
6	屈服强度		5.3.1	6.2.2	+	+	每10盘取1根
7	松弛性能	120h	5.3.1	6.2.3	×	+	每300t取1根
8		1 000h	5.3.1	6.2.3	+	×	—
9	抗脉动拉伸疲劳性能		5.3.1	6.2.4	+	×	—
10	弹性模量		5.3.1	6.2.5	+	+	每10t取1根
11	断后伸长率		5.3.1	6.2.6	+	+	每盘取1根
12	扭转性能		5.3.1	6.2.7	+	+	每10盘取1根
13	缠绕性能		5.3.1	6.2.8	+	+	
14	反复弯曲性能		5.3.1	6.2.9	+	+	
15	镀层质量		5.4.2	6.3.1	+	+	
16	镀层铝含量		5.4.3	6.3.2	+	+	每10盘取1根
17	镀层附着力		5.4.4.a	6.2.8	+	+	
18	镀层均匀性		5.4.4.b	6.3.3	+	+	
19	镦头性能		5.4.5	6.3.4	+	+	
注:"+"为检验,"×"为不检验。							
[a] 同一批中不足10盘,按10盘取样;松弛试验和疲劳试验在交货不足取样数量时,供方提供12个月内同类产品的试验报告。							

7.3 组批规则

每批由同一钢号、同一规格、同一生产工艺制造的热镀锌铝合金钢丝组成,每批质量不大于100t。

7.4 判定规则

出厂检验中,只要有一项不符合本标准相应规定时,则该盘不合格,再对该批进行双倍取样,对不合格项目进行复检,如仍不合格,则该批判为不合格品。

8 标志、包装、质量证明书、运输和储存

8.1 标志、包装、质量证明书

8.1.1 热镀锌铝合金钢丝的标志、包装、质量证明书应符合 GB/T 2103 的规定，其中包装应符合 GB/T 2013 中 B 类包装的规定。

8.1.2 标志。每个无轴卷应附有两个牢固的标牌，标明长度、规格、类型、级别、标准号及制造厂的名称或标记。一个标牌置于装运中不易丢失的位置，另一个置于易识别的外部。

8.1.3 包括应满足下列要求：
a) 公称直径 5mm 级的热镀锌铝合金钢丝采用最小内径为 1 500mm 的无轴包装；公称直径 7mm 级的热镀锌铝合金钢丝采用最小内径为 1 700mm 的无轴包装。
b) 热镀锌铝合金钢丝宜采用防锈纸和聚丙烯编织物的防潮包装。
c) 热镀锌铝合金钢丝最小盘重 400kg，交货批中 800kg 以上的比例应大于 95%。

8.1.4 质量证明书。每一合同批热镀锌铝合金钢丝应附有质量证明书，其上注明供方名称、产品名称、标记、规格、强度级别、批号、执行标准号、重量及件数、需方名称、试验结果、发货日期、质量检验部门印记。

8.2 运输和储存

8.2.1 热镀锌铝合金钢丝在运输、装卸过程中应轻装轻卸，防止相互挤压、碰撞造成包装及产品损伤。

8.2.2 热镀锌铝合金钢丝应存放在无腐蚀和干燥、清洁的室内，避免产品遭受腐蚀、玷污、机械损伤。

附 录 A
（规范性附录）
镦头试验方法

A.1 原理

采用专用夹具将热镀锌铝合金钢丝端部挤压成鼓槌状，形状及尺寸如图 A.1 所示。

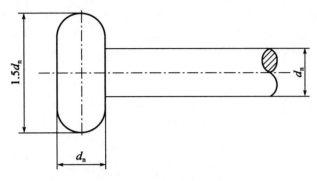

图 A.1 镦头鼓槌形示意

A.2 试验步骤

镦头试验步骤如下：
a) 截取一段未经加工、长 200mm～300mm 的热镀锌铝合金钢丝，端面应与母材垂直，以免镦头歪斜与尺寸不足；
b) 将热镀锌铝合金钢丝居中送入镦头器的墩头模底部，以防止镦头过小、偏斜与开裂；
c) 将镦头器与油泵连接，操作油泵，油液进入缸内推动活塞，使夹片夹紧热镀锌铝合金钢丝，油液进入夹紧活塞的内腔，继续推动活塞对热镀锌铝合金钢丝进行镦头；
d) 到达额定压力后卸荷，在回程弹簧作用下各零件自动复位，完成镦头工作；
e) 镦头尺寸偏小时，允许二次镦头。

ICS 93.040;77.140.65
P 28
备案号：

中华人民共和国交通运输行业标准

JT/T 1105—2016

桥梁用热镀锌铝合金钢绞线

Hot-dip zinc-aluminium coated steel wire strand for bridge

2016-12-30 发布　　　　　　　　　　　　　　　　2017-04-01 实施

中华人民共和国交通运输部 发 布

JT/T 1105—2016

目　次

前言 ·· 438
1　范围 ··· 439
2　规范性引用文件 ·· 439
3　术语和定义 ··· 439
4　分类、规格和型号 ·· 440
5　技术要求 ·· 441
6　试验方法 ·· 443
7　检验规则 ·· 445
8　标志、包装、质量证明书、运输和储存 ··· 446

前　言

本标准按照GB/T 1.1—2009给出的规则起草。

本标准由全国交通工程设施(公路)标准化技术委员会(SAC/TC 223)提出并归口。

本标准起草单位：江阴华新钢缆有限公司、中交公路规划设计院有限公司、广东省公路建设有限公司。

本标准主要起草人：周琦、吴玉刚、陈华青、崔岗、代希华、王林烽、张叶飞、冯茛、魏巍巍、刘晓娣。

桥梁用热镀锌铝合金钢绞线

1 范围

本标准规定了桥梁用热镀锌铝合金钢绞线的分类、规格和型号、技术要求、试验方法、检验规则,以及标志、包装、质量证明书、运输和储存要求。

本标准适用于桥梁缆索结构的斜拉索、主缆及锚固系统、拱桥吊索和系杆及体外索等用热镀锌铝合金钢绞线,其他结构用热镀锌铝合金钢绞线可参照使用。

2 规范性引用文件

下列文件对于本文件的应用是必不可少的。凡是注日期的引用文件,仅注日期的版本适用于本文件。凡是不注日期的引用文件,其最新版本(包括所有的修改单)适用于本文件。

GB/T 1839　　钢产品镀锌层质量试验方法
GB/T 2972　　镀锌钢丝锌层硫酸铜试验方法
GB/T 2976　　金属材料　线材　缠绕试验方法
GB/T 12689.1　锌及锌合金化学分析方法　第1部分:铝含量的测定　铬天青 S-聚乙二醇辛基苯基醚-溴化十六烷基吡啶分光光度法、CAS 分光光度法和 EDTA 滴定法
GB/T 21839　　预应力混凝土用钢材试验方法
GB/T 24238　　预应力钢丝及钢绞线用热轧盘条
YS/T 310　　热镀用锌合金锭

3 术语和定义

下列术语和定义适用于本文件。

3.1

热镀锌铝合金钢绞线　hot-dip zinc-aluminium coated steel wire strand

由6根外层热镀锌铝合金钢丝紧密地螺旋包裹在一根热镀锌铝合金中心钢丝上组成的钢绞线(图1)。

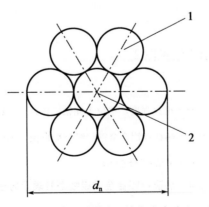

说明:
1—外层钢丝;　　2—中心钢丝;　　d_n—钢绞线公称直径,单位为毫米(mm)。

图1　热镀锌铝合金钢绞线截面图

3.2
稳定化处理 stabilizing

为减少应用时应力松弛,热镀锌铝合金钢绞线在一定张力下进行的短时热处理。

4 分类、规格和型号

4.1 分类

4.1.1 按热镀锌铝合金钢绞线公称直径分为:
a) 12.7mm;
b) 15.2mm;
c) 15.7mm。

4.1.2 按热镀锌铝合金钢绞线抗拉强度等级分为:
a) 1 770MPa;
b) 1 860MPa;
c) 1 960MPa。

4.2 规格

热镀锌铝合金钢绞线尺寸及允许偏差应符合表1的要求。

表1 热镀锌铝合金钢绞线尺寸及允许偏差

公称直径 d_n (mm)	直径允许偏差 (mm)	公称截面积 S_n (mm²)	参考质量 (g/m)	中心钢丝直径与任一外层钢丝直径间最小差值 (mm)
12.7	+0.30 −0.10	98.7	771	0.11
15.2	+0.40 −0.20	140	1 093	0.13
15.7		150	1 172	

注:单位长度参考质量不包括直径偏差引起的变化,计算时,热镀锌铝合金钢绞线参考密度取7.81g/cm³。

4.3 型号

热镀锌铝合金钢绞线型号表示方法见图2。

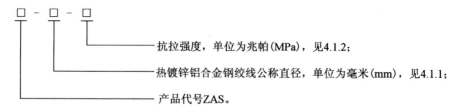

图2 热镀锌铝合金钢绞线型号表示方法

示例:

公称直径15.2mm,抗拉强度级别1 860MPa的热镀锌铝合金钢绞线,其型号表示为:ZAS-15.2-1860。

5 技术要求

5.1 材料

5.1.1 生产光面钢丝用高碳洁净钢盘条应符合 GB/T 24238 的规定。

5.1.2 热镀用锌铝合金锭应符合 YS/T 310 中锌铝合金类热镀用锌合金锭或锌铝稀土合金类热镀用锌合金锭的规定。

5.2 外观

5.2.1 热镀锌铝合金钢绞线在无绑扎切割后,钢丝不应松散离位,或离位后可用手复原。

5.2.2 取弦长1m热镀锌铝合金钢绞线,其弦与弧内侧最大自然矢高不大于25mm。

5.2.3 制成热镀锌铝合金钢绞线后,热镀锌铝合金钢丝表面镀层应连续,不应有局部脱镀、露铁等缺陷,但允许有不影响镀层质量的局部轻微划痕;制成热镀锌铝合金钢绞线后,在空气中暴露的热镀锌铝合金钢丝允许有颜色变化(氧化色)。

5.2.4 在生产热镀锌铝合金钢绞线单根钢丝的过程中,只允许盘条接头,其余任何形式的接头均应切除。拉索用热镀锌铝合金钢绞线中钢丝应无任何接头。非拉索用途的热镀锌铝合金钢绞线在长度45m范围内,单丝中的盘条接头不应超过1个。

5.3 力学性能

5.3.1 热镀锌铝合金钢绞线力学性能见表2。

表2 热镀锌铝合金钢绞线力学性能

序号	项目		单位	技术指标								
				12.7mm			15.2mm			15.7mm		
1	抗拉强度		MPa	≥1 770	≥1 860	≥1 960	≥1 770	≥1 860	≥1 960	≥1 770	≥1 860	≥1 960
2	破断力		kN	≥175	≥184	≥194	≥248	≥260	≥274	≥266	≥279	≥294
3	屈服力		kN	≥156	≥164	≥173	≥221	≥232	≥244	≥237	≥249	≥262
4	最大力总延伸率		%	≥3.5			≥3.5			≥3.5		
5	松弛性能($\leq 70\% F_m$, 1 000h)		%	2.5			2.5			2.5		
6	弹性模量		MPa	$(1.95 \pm 0.1) \times 10^5$			$(1.95 \pm 0.1) \times 10^5$			$(1.95 \pm 0.1) \times 10^5$		
7	偏斜拉伸系数	拉索	%	≤20			≤20			≤20		
		非拉索		≤28			≤28			≤28		
8	抗脉动拉伸疲劳性能	拉索	MPa	应力上限$0.45F_m$,应力幅[a]300MPa,$\geq 2.0 \times 10^6$次 不断裂			应力上限$0.45F_m$,应力幅300MPa,$\geq 2.0 \times 10^6$次 不断裂			应力上限$0.45F_m$,应力幅300MPa,$\geq 2.0 \times 10^6$次 不断裂		

表2(续)

序号	项目	单位	技术指标		
			12.7mm	15.2mm	15.7mm
8	抗脉动拉伸疲劳性能 非拉索	MPa	应力上限$0.7F_m$，应力幅190MPa，$\geqslant 2.0\times10^6$次 不断裂	应力上限$0.7F_m$，应力幅190MPa，$\geqslant 2.0\times10^6$次 不断裂	应力上限$0.7F_m$，应力幅190MPa，$\geqslant 2.0\times10^6$次 不断裂

注：F_m为热镀锌铝合金钢绞线公称极限拉力，单位为牛顿(N)。

ª 应力幅按式(1)计算：

$$2\Delta f_a = \frac{2\Delta F_a}{S_n} \quad (1)$$

式中：S_n——热镀锌铝合金钢绞线公称面积，单位为平方毫米(mm^2)；
$2\Delta F_a$——脉动应力幅荷载值，单位为牛顿(N)；
$2\Delta f_a$——抗脉动拉升疲劳应力幅，单位为兆帕(MPa)。

5.3.2 热镀锌铝合金钢绞线拉伸试验时，钢丝断口应有颈缩现象；若无明显颈缩时，断面收缩率不应低于25%。

5.4 工艺性能

5.4.1 热镀锌铝合金钢绞线捻向通常为左(S)捻；热镀锌铝合金钢绞线捻制后应进行连续稳定化处理。

5.4.2 热镀锌铝合金钢绞线捻距应均匀，捻距长度为热镀锌铝合金钢绞线公称直径(d_n)的12倍～16倍。热镀锌铝合金钢绞线同一平面内6根边丝顶点的距离为1个捻距长度(图3)。

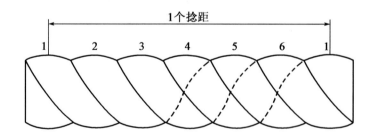

图3 热镀锌铝合金钢绞线捻距示意图

5.4.3 热镀锌铝合金钢绞线的拆股钢丝单位面积锌铝合金层质量应为190g/m^2～350g/m^2。

5.4.4 热镀锌铝合金钢绞线的拆股钢丝镀层铝含量不低于4.2%。

5.4.5 镀层附着力和均匀性应符合下列要求：
a) 镀层附着力：热镀锌铝合金钢绞线的拆股钢丝经6.3.4试验后，螺旋圈的外侧锌层应没有剥落或用手指(避免采用指甲)摩擦不致产生剥落；
b) 镀层均匀性：热镀锌铝合金钢绞线的拆股钢丝经硫酸铜溶液浸泡两次(每次45s)，不应出现光亮沉积层和橙红色铜的黏附。

6 试验方法

6.1 外观

6.1.1 尺寸

6.1.1.1 直径

热镀锌铝合金钢绞线的直径应用分度值不大于0.02mm的量具测量。直径应以相对两根外层钢丝外缘为准,并在同一截面不同方向测量两次,取平均值。

6.1.1.2 矢高

取1根热镀锌铝合金钢绞线,自然放在平整地面或桌面上,量取弦长1m,测量其弦与弧内侧的最大距离(h)即为矢高,见图4。

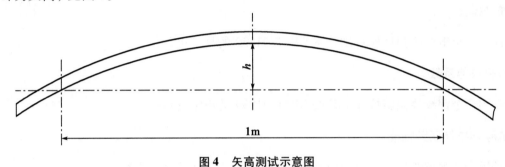

图4 矢高测试示意图

6.1.2 表面

热镀锌铝合金钢绞线表面用目视方法检查。

6.2 力学性能

6.2.1 抗拉强度

热镀锌铝合金钢绞线抗拉强度试验按 GB/T 21839 的破断力试验进行,计算强度时采用公称截面积。

6.2.2 破断力

热镀锌铝合金钢绞线破断力试验按 GB/T 21839 的规定进行。

6.2.3 屈服力

热镀锌铝合金钢绞线屈服力试验按 GB/T 21839 的规定进行。

6.2.4 最大力总延伸率

最大力总延伸率按以下方法进行:
a) 热镀锌铝合金钢绞线最大力总延伸率试验按 GB/T 21839 的规定进行。使用计算机采集数据或使用电子拉伸设备的,测量延伸率时预加负荷对试样所产生的延伸率应加在总延伸内。标距长度不小于610mm。
b) 实际测量中宜将屈服伸长率(1%)加上此后钳口间距的伸长或位移与夹具间新间距的百分比。仲裁试验,按塑性延伸率为0.2%时的应力($F_{p0.2}$)进行。

6.2.5 松弛性能

松弛性能试验按以下方法进行：
a) 试验期间,试样温度应保持20℃±2℃；
b) 松弛试验前,试样不应承受任何荷载,不应进行热处理或冷加工；
c) 初始荷载应在3min～5min均匀施加,标距应保持恒定,加完全部荷载1min后开始读数；
d) 加载过程中试样不允许过载；
e) 试验标距不应小于公称直径的60倍,若该标距超过引伸仪或试验机的能力,可用最小长度为公称直径40倍标距代替；
f) 松弛试验按GB/T 21839的规定进行,持续时间1 000h。在保证型式检验1 000h松弛合格的基础上,也可采用至少120h较短期限试验数据,推算1 000h松弛值。

6.2.6 弹性模量

热镀锌铝合金钢绞线弹性模量试验按GB/T 21839的规定进行。

6.2.7 偏斜拉伸系数

热镀锌铝合金钢绞线偏斜拉伸试验按GB/T 21839的规定进行。

6.2.8 抗脉动拉伸疲劳性能

热镀锌铝合金钢绞线抗脉动拉伸疲劳试验按GB/T 21839的规定进行。

6.3 工艺性能

6.3.1 捻距

用精度1mm的直尺测量热镀锌铝合金钢绞线的捻距。

6.3.2 镀层质量

镀层质量试验按GB/T 1839的规定进行。

6.3.3 镀层铝含量

镀层中铝含量按GB/T 12689.1中EDTA滴定法(方法3)进行。

6.3.4 镀层附着力

镀层附着力试验按GB/T 2976的规定进行。附着力试验要求见表3。

表3 附着力试验要求

钢绞线公称直径 (mm)	缠绕芯棒直径 (mm)	缠绕圈数 (圈)
12.7	20	6
15.2	20	6
15.7	20	6

6.3.5 镀层均匀性试验按GB/T 2972的规定进行。

7 检验规则

7.1 检验分类

7.1.1 型式检验

有下列情况之一时,应进行型式检验,也可根据产品实际情况进行型式检验:
a) 生产线搬迁时,生产的试制定型检验;
b) 正式生产后,如材料、工艺有改变,影响产品质量及性能时;
c) 正式生产时,定期或积累一定产量后,应至少两年进行一次检验;
d) 产品长期停产后,恢复生产时;
e) 本次出厂检验结果与上次型式检验有较大差异时;
f) 国家质量监督机构提出进行型式检验要求时。

7.1.2 出厂检验

出厂检验为生产单位在每批产品出厂前进行的厂内产品质量控制性检验。

7.2 检验项目

热镀锌铝合金钢绞线型式检验和出厂检验项目见表4。

表4 热镀锌铝合金钢绞线型式检验和出厂检验项目及数量

序号	检验项目		技术要求	试验方法	型式检验	出厂检验	出厂检验数量[a]
1	尺寸		4.2	6.1	+	+	逐盘
2	外观		5.2	6.1	+	+	
3	抗拉强度		5.3.1	6.2.1	+	+	每批10%,不小于3盘,每盘取1根
4	破断力		5.3.1	6.2.2	+	+	
5	屈服力		5.3.1	6.2.3	+	+	
6	最大力总延伸率		5.3.1	6.2.4	+	+	
7	松弛性能	120h	5.3.1	6.2.5	-	+	每200吨取1根
8		1 000h	5.3.1	6.2.5	+	-	
9	弹性模量		5.3.1	6.2.6	+	+	每批10%,不小于3盘,每盘取1根
10	偏斜拉伸系数		5.3.1	6.2.7	+	-	
11	抗脉动拉伸疲劳性能		5.3.1	6.2.8	+	-	
12	捻距		5.4.2	6.3.1	+	+	逐盘
13	镀层质量		5.4.3	6.3.2	+	+	每批10%,不小于3盘,每盘取1根
14	镀层铝含量		5.4.4	6.3.3	+	+	
15	镀层附着力		5.4.5.a	6.3.4	+	+	
16	镀层均匀性		5.4.5.b	6.3.5	+	+	
注:"+"为检验,"-"为不检验。							
[a] 同一批中不足10盘,按10盘取样;松弛试验和疲劳试验在交货不足取样数量时,供方提供12个月内同类产品的试验报告。							

7.3 组批规则

每批由同一钢号、同一规格、同一生产工艺制造的热镀锌铝合金钢绞线组成,每批质量不大于100t。

7.4 判定规则

出厂检验中,只要有一项不符合本标准相应规定时,则该盘不合格。再进行双倍取样,对不合格项目进行复检,如仍不合格,则该批判为不合格品。

8 标志、包装、质量证明书、运输和储存

8.1 标志

每个无轴卷应附有两个牢固的标牌,标明长度、规格、类型、级别、标准号及制造厂名称或标记。一个标牌置于装运中不易丢失的位置,另一个置于易识别的外部。

8.2 包装

8.2.1 热镀锌铝合金钢绞线宜采用最小内径610mm的无轴包装,并应有避免装运中机械损伤的良好保护措施。

8.2.2 热镀锌铝合金钢绞线宜采用防锈纸和聚丙烯编织物的防潮包装。

8.3 质量证明书

每一合同批应附有质量证明书,其上注明供方名称、产品名称、标记、规格、强度级别、批号、执行标准号、质量及件数、需方名称、试验结果、发货日期、质量检验部门印记。

8.4 运输和储存

8.4.1 热镀锌铝合金钢绞线在运输、装卸过程中应轻装轻卸,防止相互挤压、碰撞,以免造成包装及产品损伤。

8.4.2 热镀锌铝合金钢绞线应存放在无腐蚀和干燥、清洁的室内,避免产品遭受腐蚀、玷污和机械损伤。

ICS 93.040;77.140.65
P 28
备案号:

中华人民共和国交通运输行业标准

JT/T 1106—2016

悬索桥主缆缠绕用 S 形钢丝

S-shaped steel wrapping wire for main cable of suspension bridge

2016-12-30 发布　　　　　　　　　　　　2017-04-01 实施

中华人民共和国交通运输部　发 布

JT/T 1106—2016

目　次

前言 ……………………………………………………………………………………………………… 450
1 范围 …………………………………………………………………………………………………… 451
2 规范性引用文件 ……………………………………………………………………………………… 451
3 结构、规格和型号 …………………………………………………………………………………… 451
4 技术要求 ……………………………………………………………………………………………… 452
5 试验方法 ……………………………………………………………………………………………… 454
6 检验规则 ……………………………………………………………………………………………… 455
7 标志、包装、运输和储存 …………………………………………………………………………… 456

前言

本标准按照 GB/T 1.1—2009 给出的规则起草。

本标准由全国交通工程设施（公路）标准化技术委员会（SAC/TC 223）提出并归口。

本标准起草单位：江苏法尔胜缆索有限公司、广东省公路建设有限公司、浙江省交通规划设计研究院、湖南省交通规划勘察设计院。

本标准主要起草人：吴玉刚、赵军、崔岗、薛花娟、代希华、胡建华、王昌将、刘榕、宁世伟、史方华、周祝兵、朱晓雄、梁中梅。

悬索桥主缆缠绕用 S 形钢丝

1 范围

本标准规定了悬索桥主缆缠绕用 S 形钢丝的结构、规格和型号、技术要求、试验方法、检验规则,以及标志、包装、运输和储存要求。

本标准适用于悬索桥主缆缠绕用 S 形钢丝。

2 规范性引用文件

下列文件对于本文件的应用是必不可少的。凡是注日期的引用文件,仅注日期的版本适用于本文件。凡是不注日期的引用文件,其最新版本(包括所有的修改单)适用于本文件。

GB/T 223　　钢铁及合金化学分析方法系列国家标准

GB/T 228.1　金属材料　拉伸试验　第1部分:室温试验方法

GB/T 239.1　金属材料　线材　第1部分:单向扭转试验方法

GB/T 470　　锌锭

GB/T 701　　低碳钢热轧圆盘条

GB/T 1839　 钢产品镀锌层质量试验方法

GB/T 2972　 镀锌钢丝锌层硫酸铜试验方法

GB/T 2976　 金属材料　线材　缠绕试验方法

GB/T 4336　 碳素钢和中低合金钢

GB/T 12689　锌及锌合金化学分析方法

GB/T 20123　钢铁　总碳硫含量的测定　高频感应炉燃烧后红外吸收法(常规方法)

3 结构、规格和型号

3.1 结构

S 形钢丝截面结构见图1。

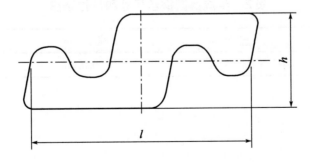

说明:
l——S 形钢丝中心距宽度,单位为毫米(mm);
h——S 形钢丝高度,单位为毫米(mm)。

图1　S 形钢丝截面

3.2 规格

S形钢丝规格应符合表1的要求。

表1 S 形 钢 丝 规 格

项目	中心距宽度 l(mm)	高度 h(mm)	公称截面积(mm²)	每米参考质量(g/m)
指标	7.00±0.15	3.00±0.08	13.14±1.02	103±8

注：S形钢丝的中心距宽度、高度、公称截面积、每米参考质量均包含锌层在内。

3.3 型号

S形钢丝型号表示方法见图2。

图2 S 形钢丝型号表示方法

示例：

S形钢丝中心距宽度为7mm，高度为3mm，其型号表示为S7-3。

4 技术要求

4.1 原料

4.1.1 S形钢丝采用低碳钢盘条，应符合GB/T 701的规定。其中硫、磷含量均不应超过0.04%，碳含量应在0.04%~0.10%范围内。

4.1.2 热镀锌锌锭应采用GB/T 470 中的 Zn99.995 或 Zn99.99。

4.2 尺寸

盘条拉拔形成的半成品圆钢丝(S形钢丝初加工材料)尺寸和抗拉强度应符合表2的要求。

表2 半成品圆钢丝尺寸和抗拉强度

项目	钢丝直径(mm)	圆度(mm)	抗拉强度(MPa)
指标	5.12~5.16	±0.06	≥500

4.3 外观

4.3.1 直线性

S形钢丝长度方向应顺直，不应有弯折、扭曲等缺陷。

4.3.2 表面

S形钢丝表面镀锌层应连续且光滑均匀，具有良好的通条稳定性和均匀性，不应有痕点、裂纹、毛刺、机械损伤、油污、锈斑、有害附着物以及有局部脱锌、露钢等缺陷,但允许有不影响镀锌层的局部轻微划痕。

4.4 力学性能

S形钢丝力学性能应符合表3的要求。

表3　S形钢丝力学性能

项目	抗拉强度(MPa)	断后伸长率(%)	扭转次数(次)
指标	≥540	≥1.5	≥6

注1:抗拉强度为实际破断载荷与公称截面积的比值。
注2:S形钢丝断后伸长率为S形钢丝试样被拉断后,标距的伸长量与原始标距的百分比(标距是测量伸长量用的试样圆柱或棱柱部分的长度)。

4.5 镀层性能

4.5.1 S形钢丝应在冷轧后进行热镀锌。

4.5.2 S形钢丝镀锌后的尺寸应符合表1的要求。

4.5.3 S形钢丝的镀锌层性能应符合以下要求:
a) S形钢丝单位面积锌层质量应大于或等于$300g/m^2$(截面周长为21.37mm);
b) 锌层的附着性按5.5.2进行试验,S形钢丝缠绕直径为15mm的芯棒至少2圈,锌层应不起层,不剥离;
c) 镀层均匀性按5.5.3进行试验,重复至少4次,每次60s,S形钢丝应不露铜。

4.6 焊接性能

4.6.1 焊接方法

S形钢丝铝热剂焊接步骤:
a) 首先去除S形钢丝表面的油污、锈迹及水分,并保持模具干燥;
b) 按图3的装置进行点火焊接,焊接采用并焊形式;

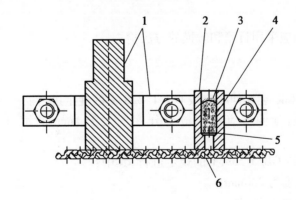

说明:
1——模具夹具；　4——铝热焊剂；
2——模具；　　　5——铜托盘；
3——点火粉；　　6——S形钢丝。

图3　S形钢丝焊接工艺示意

c) 焊接完后,移除上述试验装置,并对焊接点进行修磨,使焊接点不高于钢丝表面1mm,见图4。

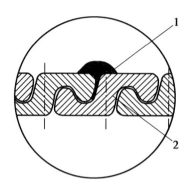

说明:
1——焊接点;
2——S形钢丝。

图4 铝热焊焊接点

4.6.2 焊接部位(铝热剂焊接或等效焊接)强度不得低于主体材料的公称抗拉强度。

4.6.3 焊点去除后,焊点处不应出现裂纹。

5 试验方法

5.1 原料

5.1.1 盘条

S形钢丝用低碳钢盘条的化学成分试验按照GB/T 223、GB/T 4336、GB/T 20123的有关规定进行。

5.1.2 锌锭

锌锭的化学成分试验按GB/T 12689中的有关规定进行。

5.2 尺寸

半成品圆钢丝及成品S形钢丝的尺寸应采用精度为0.01mm的千分尺测量。

5.3 外观

S形钢丝直线性和表面应采用目测和触摸的方法检查。

5.4 力学性能

5.4.1 S形钢丝抗拉强度和断裂延伸率应按GB/T 228.1的规定进行。

5.4.2 测定S形钢丝断后延伸率应采用最小分度不大于1mm的钢直尺测量,试样的标距长度为150mm。

5.4.3 S形钢丝扭转试验按GB/T 239.1的规定进行,其中:
——夹头之间的长度为200mm;
——扭转速度不应大于30次/min;
——试样上施加1%最小破断载荷的附加荷载。

5.5 镀层性能

5.5.1 单位面积锌层质量试验按GB/T 1839的规定进行。

5.5.2 锌层附着性试验按 GB/T 2976 的规定进行。

5.5.3 锌层均匀性的硫酸铜试验按 GB/T 2972 的规定进行。

5.6 焊接性能

将焊接好的两根 S 形钢丝焊点去除并重新剥离开,对单根钢丝进行力学性能试验,试验方法按 5.4 的规定进行。

6 检验规则

6.1 检验分类

6.1.1 型式检验

型式检验项目为第 4 章的全部技术要求,出现下列情况之一时应进行型式检验:

a) 新产品或者产品转厂生产的试制定型鉴定;
b) 投入批量生产后,如结构、材料、工艺有改变,影响产品性能时;
c) 正常生产过程中,定期或积累一定产量后,周期性地进行一次检验,考核产品质量稳定性时;
d) 产品停产两年后,恢复生产时;
e) 出厂检验结果与上次型式检验有较大差异时。

6.1.2 出厂检验

出厂检验项目及取样数量按表 4 规定。

表 4　S 形钢丝出厂检验项目及取样数量

序 号	检验项目		技术要求	试验方法	取样数量	取样部位
1	化学成分		4.1	5.1	1 根/炉	盘条任一端
2	尺寸		4.2	5.2	1 根/盘	盘的任一端
3	外观		4.3	5.3	逐盘	—
4	力学性能	抗拉强度	4.4	5.4	1 根/盘	盘的任一端
		断后伸长率	4.4	5.4	1 根/盘	盘的任一端
		扭转次数	4.4	5.4	1 根/盘	盘的任一端
5	镀层性能	锌层质量	4.5	5.5	1 根/盘	盘的任一端
6		锌层附着性	4.5	5.5	1 根/盘	盘的任一端
7		镀层均匀性	4.5	5.5	5%	盘的任一端
8	焊接性能		4.6	5.6	一批一次	焊接点处

6.2 组批规则

S 形钢丝一般由同一规格、同一炉号、同一生产工艺制造的钢丝组批验收。

6.3 判定规则

S 形钢丝的检验中如有某一项检查结果不符合要求,则该盘不合格,并从同一批中取双倍数量的试样进行该不合格项目的复验(包括该项试验所要求的任一指标)。当复检结果全部符合要求时,则判定该批产品为合格品。

7 标志、包装、运输和储存

7.1 标志

S形钢丝产品外包装上应系有合格标牌。合格标牌应注明：供方名称或商标、产品名称、产品型号、制造日期、生产批号等。

7.2 包装

7.2.1 S形钢丝采用内径为500mm的脱胎包装。

7.2.2 S形钢丝成品脱胎后,先在打包扣处包垫两层专用防水纸,打包后整体再包两层专用防水纸,然后整体包覆拉伸薄膜,外层采用二合一编织带进行包装。

7.3 运输

7.3.1 S形钢丝运输时应垫防水材料。运输过程中应采取防水、防火措施。应避免易造成包装损坏的运输方式。

7.3.2 S形钢丝在运输和装卸过程中,应采取措施防止腐蚀或机械损伤。

7.4 储存

S形钢丝产品宜储存在库房中,堆放时底层采用软质垫板隔开,并高于地面20cm。每层中间采用木板或软质板隔开,最高叠放层数不超过4层。

ICS 93.040
P 28
备案号：

中华人民共和国交通运输行业标准

JT/T 1107—2016

桥梁用蟹钳式三角钢管支架

Crab pliers type triangular steel pipe support for bridge

2016-12-30 发布　　　　　　　　　　　　　　2017-04-01 实施

中华人民共和国交通运输部 发 布

目　次

前言	460
引言	461
1　范围	463
2　规范性引用文件	463
3　术语和定义	463
4　结构形式和规格	464
5　技术要求	467
6　试验方法	468
7　检验规则	469
8　标志、包装、运输和储存	470
附录A（资料性附录）　自锁接头连接	471
附录B（资料性附录）　蟹钳三角支架结构组合形式	472
附录C（规范性附录）　杆件形位公差	474
附录D（规范性附录）　三角构件桁架单元及蟹钳接头力学性能试验方法	475

前言

本标准按照 GB/T 1.1—2009 给出的规则起草。

本标准由全国交通工程设施(公路)标准化技术委员会(SAC/TC 223)提出并归口。

本标准主要起草单位:浙江中交科技有限公司、浙江省交通工程建设集团有限公司。

本标准参加起草单位:浙江金筑交通建设有限公司、浙江省嘉维交通科技发展有限公司、浙江省交通规划设计研究院、杭州市市政工程集团有限公司、杭州中车车辆有限公司、杭州市交通工程集团有限公司、宁波诺丁汉大学。

本标准主要起草人:陈合富、郑竞友、赵明朝、来伟新、申屠德进、金德均、张明文、单光炎、史久文、周松国、颜东锋、娄亮、周是今、叶水标、吕景飞、曾先才、刘向阳、陈小亮、俞申伟、章立、董鑫、虞华炜、郭佳佳、陆明彦。

引　言

桥梁用蟹钳式三角钢管支架具有承载能力高、稳定性好、安全可靠、拆装方便、经济耐久等特点,有着良好的推广应用前景。为进一步规范桥梁用蟹钳式三角钢管支架的技术质量要求,促进产品标准化、系列化和产业化,特制定本文件。

本文件的发布机构提请注意,声明符合本文件时,可能涉及 4、附录 A 和附录 D 中与蟹钳式三角钢管支架结构形式相关的,专利号为 201310197017.6、201320259233.4、201220674797.X 的专利使用。

本文件的发布机构对于专利的真实性、有效性和范围无任何立场。

该专利持有人已向本文件的发布机构保证,他愿意同任何申请人在合理且无歧视的条款和条件下,就专利授权许可进行谈判。该专利持有人的声明已在本文件的发布机构备案。相关信息可以通过以下联系方式获得：

专利持有人:浙江中交科技有限公司

地址:浙江省杭州市江干区香樟路 2 号

邮编:310016

请注意除上述专利外,本文件的某些内容仍可能涉及其他专利。本文件的发布机构不承担识别这些专利的责任。

JT/T 1107—2016

桥梁用蟹钳式三角钢管支架

1 范围

本标准规定了桥梁用蟹钳式三角钢管支架的结构形式和规格、技术要求、试验方法、检验规则,以及标志、包装、运输和储存要求。

本标准适用于桥梁用蟹钳式三角钢管支架。

2 规范性引用文件

下列文件对于本文件的应用是必不可少的。凡是注日期的引用文件,仅注日期的版本适用于本文件。凡是不注日期的引用文件,其最新版本(包括所有的修改单)适用于本文件。

GB/T 700	碳素结构钢
GB/T 1591	低合金高强度结构钢
GB/T 8110	气体保护电弧焊用碳钢、低合金钢焊丝
GB/T 11352	一般工程用铸造碳钢件
GB/T 13912	金属覆盖层 钢铁制件热浸镀锌层技术要求及试验方式
GB 50205	钢结构工程施工质量验收规范
JGJ 130	建筑施工扣件式钢管脚手架安全技术规范
JJG 30	通用卡尺
JJG 4	钢卷尺
JT/T 722	公路桥梁钢结构防腐涂装技术条件
JTG/T F50	公路桥涵施工技术规范

3 术语和定义

下列术语和定义适用于本文件。

3.1

蟹钳式三角钢管支架 crab pliers type triangular steel pipe support

以三角构件组成桁架单元,桁架单元之间由水平连接杆、竖向对角斜杆通过蟹钳自锁接头完成扩展连接,三角构件上下连接采用套接管,配合可调顶托与可调底座组成的桥梁施工用的承重支架。

3.2

三角构件 triangular frame

由立杆、水平杆、斜杆等钢管杆件焊接成的三角形构件,立杆上焊有 U 形卡座和套接管,水平杆焊有 C 形卡配有楔形插销。

3.3

三角构件桁架单元 triangular truss component

以 4 片三角构件、基杆、水平连接杆、水平对角拉杆配合蟹钳式自锁接头,组成的空间桁架单元。

3.4

蟹钳式自锁接头 crab pliers type self-locking joint

杆件端部C形卡配合另一杆件U形卡座,插入楔形插销形成的似如蟹钳的紧密接头。

3.5
水平连接杆 horizontal connecting bar
用于三角构件桁架单元内和桁架单元之间水平连接的杆件。

3.6
竖向对角斜杆 vertical diagonal bar
用于三角构件桁架单元之间竖向对角连接的斜向杆件。

3.7
水平对角拉杆 horizontal diagonal tie bar
用于三角构件桁架单元内的水平对角连接拉杆。

4 结构形式和规格

4.1 结构形式

4.1.1 蟹钳式三角钢管支架(以下简称蟹钳三角支架)由三角构件、基杆、水平连接杆、水平对角拉杆和竖向对角斜杆等组成,蟹钳三角支架结构示意见图1。

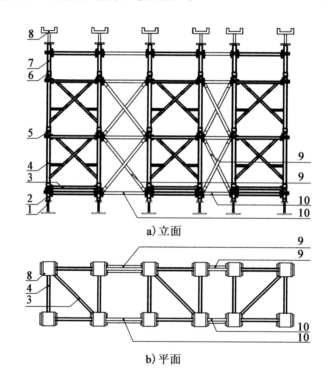

说明:
1——可调底座;   5——弧形插销;   9——竖向对角斜杆;
2——基杆;   6——定心套管;   10——水平连接杆。
3——水平对角拉杆;   7——顶杆;
4——三角构件;   8——可调顶托;

图1 蟹钳三角支架结构示意

4.1.2 三角构件桁架单元由4片三角构件、基杆、水平连接杆、水平对角拉杆配合蟹钳式自锁接头组成空间桁架单元,三角构件桁架单元结构示意见图2。

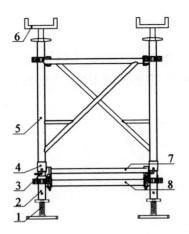

说明：
1——可调底座；　　4——定心套管；　　7——水平对角拉杆；
2——基杆；　　　　5——三角构件；　　8——水平连接杆。
3——弧形插销；　　6——可调顶托；

图2　三角构件桁架单元结构示意

4.1.3 蟹钳式自锁接头（以下简称自锁接头）用于三角构件与水平连接杆、竖向对角斜杆的连接，自锁接头结构连接见附录A。

4.2 规格

4.2.1 三角构件

三角构件由立杆、水平杆、斜杆、踏杆、U形卡座、C形卡、楔形插销、套接管和弧形插销组成，代号SJJ。三角构件高1 000 mm，宽900 mm，三角构件结构示意见图3。

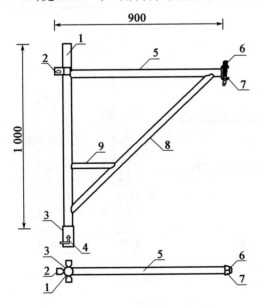

说明：
1——立杆；　　　　4——弧形插销；　　7——C形卡；
2——U形卡座；　　5——水平杆；　　　8——斜杆；
3——套接管；　　　6——楔形插销；　　9——踏杆。

图3　三角构件结构示意

465

4.2.2 连接杆件

蟹钳三角支架连接杆件分为水平连接杆、竖向对角斜杆、水平对角拉杆、基杆和顶杆：

a) 水平连接杆由水平杆、C形卡、楔形插销组成，代号SPL，水平连接杆长度规格有以下3种，见图4a）：
   1) 600mm，代号SPL1；
   2) 900mm，代号SPL2；
   3) 1 200mm，代号SPL3；

b) 竖向对角斜杆由主杆、销轴、碟形弹簧和楔形插销组成，代号SDX，竖向对角斜杆长度规格有以下3种，见图4b）：
   1) 1 122mm，代号SDX1；
   2) 1 286mm，代号SDX2；
   3) 1 493mm，代号SDX3；

c) 水平对角拉杆由主杆和套接环组成，代号SDL，见图4c）；

d) 基杆用于三角构件桁架单元向上搭设时基础杆件，代号JG，见图4d）；

e) 顶杆用于三角构件桁架单元向上搭设至设计标高时接长杆件，顶杆长度规格有两种，代号DG，见图4e）：
   1) 300mm，代号DG1；
   2) 750mm，代号DG2。

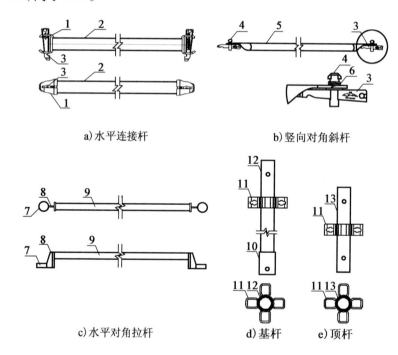

a) 水平连接杆   b) 竖向对角斜杆

c) 水平对角拉杆   d) 基杆   e) 顶杆

说明：
1——C形卡；
2——水平连接杆；
3——楔形插销；
4——销轴；
5——竖向对角斜杆；
6——蝶形弹簧；
7——套接环；
8——连接片；
9——水平对角拉杆；
10——套接管；
11——U形卡座；
12——基杆；
13——顶杆。

图4 蟹钳三角支架连接杆件结构示意

4.2.3 主要杆件规格及质量

蟹钳三角支架主要杆件规格及质量见表1。

表1 蟹钳三角支架杆件规格及质量

序号	杆 件	代号	规格（mm）		质量（kg）
1	三角构件	SJJ	立杆	$\phi 48 \times 3.5 \times 1\,000$	9.19 ± 0.9
			水平杆	$\phi 40 \times 3.0 \times 900$	
			斜杆	$\phi 34 \times 2.5 \times 1\,050$	
			踏杆	$\phi 26.8 \times 2.4 \times 230$	
			套接管	$\phi 57 \times 3.5 \times 140$	
2	水平连接杆	SPL1	$\phi 48 \times 3.0 \times 600$		2.23 ± 0.2
		SPL2	$\phi 48 \times 3.0 \times 900$		3.22 ± 0.3
		SPL3	$\phi 48 \times 3.0 \times 1\,200$		4.21 ± 0.4
3	竖向对角斜杆	SDX1	$\phi 38 \times 2.5 \times 1\,122$		3.41 ± 0.3
		SDX2	$\phi 38 \times 2.5 \times 1\,286$		3.76 ± 0.3
		SDX3	$\phi 38 \times 2.5 \times 1\,493$		4.21 ± 0.4
4	水平对角拉杆	SDL	$\phi 40 \times 2.5 \times 1\,270$		3.17 ± 0.3
5	基杆	JG	$\phi 48 \times 3.5 \times 300$		1.73 ± 0.2
6	顶杆	DG1	$\phi 48 \times 3.5 \times 300$		2.73 ± 0.2
		DG2	$\phi 48 \times 3.5 \times 750$		3.25 ± 0.3
7	可调顶托/底座	—	$\phi 36$		4.62 ± 0.4
8	弧形插销	—	$\phi 10$		0.15
注：水平连接杆SPL1、SPL2、SPL3与竖向对角拉杆SDX1、SDX2、SDX3分别配合使用。					

5 技术要求

5.1 总体要求

5.1.1 蟹钳三角支架构造要求应符合JTG/T F50的规定，其结构组合形式参见附录B。

5.1.2 蟹钳三角支架搭设高度不宜大于24m，高度与宽度之比不应大于3。

5.2 外观

5.2.1 杆件应无裂纹、凹陷、锈蚀。

5.2.2 杆件表面应顺直、光洁，直线度允许偏差应为杆件长度的1/500，杆件两端面应平整，不应有斜口、毛刺、损伤。

5.2.3 三角构件及杆件上零件焊接应定位准确、可靠，焊缝应饱满，不应有未焊透、夹渣、咬肉、裂纹等缺陷。

5.2.4 楔形插销、销轴表面应光滑，不应有砂眼、缩孔、裂纹、浇冒口残余等缺陷，表面粘砂应清除干净。

5.2.5 杆件表面涂装(油漆、镀锌)应均匀光滑,不应有误涂、漏涂、脱皮、皱纹、气孔和返锈等缺陷。

5.3 材料

5.3.1 三角构件立杆、基杆、顶杆材料采用 Q345B 钢管,应符合 GB/T 1591 的规定;其余杆件采用 Q235B 钢管,应符合 GB/T 700 的规定。

5.3.2 C 形卡、U 形卡座采用的钢板应符合 GB/T 1591 的规定。

5.3.3 楔形插销、销轴采用铸钢,应符合 GB/T 11352 中 ZG 270—500 的规定。

5.3.4 焊丝应符合 GB/T 8110 中气体保护电弧焊用碳钢、低合金钢焊丝要求。

5.4 力学性能

5.4.1 三角构件桁架单元应能承受 440kN 竖向承载力,杆件无变形,焊缝无开裂、错位现象。

5.4.2 三角构件立杆、基杆和顶杆应能承受 110kN 轴向压力,杆件无变形。

5.4.3 水平连接杆应能承受 78kN 轴力,杆件无变形。

5.4.4 水平对角拉杆应能承受 66kN 轴力,杆件无变形。

5.4.5 竖向对角斜杆应能承受 63kN 轴力,杆件无变形。

5.4.6 自锁接头常温下应能承受 20kN 水平拉力,焊缝无开裂、错位现象。

5.4.7 自锁接头常温下应能承受 22kN 竖向剪力,焊缝无开裂、错位现象。

5.4.8 自锁接头常温下应能承受 14kN 水平剪力,焊缝无开裂、错位现象。

5.5 工艺性能

5.5.1 杆件加工应符合 GB/T 50205 的规定,杆件形位公差应符合附录 C 的要求。

5.5.2 C 形卡、U 形卡座工艺性能应符合下列要求:
   a) 下料尺寸允许偏差 ±0.5mm,自由边和切割边应磨削圆角半径 0.5mm 或倒角 0.5mm,切割边缘应整齐,无裂纹、夹渣、分层和大于 1mm 的缺棱;
   b) 采用钢板冲压成型扣件,其折弯角度允许偏差 ±0.5°;与杆件焊接的水平和垂直角度允许偏差 ±0.5°;
   c) 杆件与 C 形卡、U 形卡座焊接应在专用工装定位装置上进行,焊接部位应精准,有效焊缝高度不应小于 3.5mm。

5.5.3 可调顶托、可调底座应符合 JGJ 130 的规定。

5.6 防腐

5.6.1 杆件防腐涂装前应进行除锈处理,除锈后的杆件表面不应有焊渣、焊疤、灰尘、油污、水、氧化皮和毛刺等。

5.6.2 防腐涂装材料规格、性能等应符合 JT/T 722 的规定;采用镀锌防腐,应符合 GB/T 13912 的规定。

6 试验方法

6.1 外观

随机抽取 3 组试样进行外观质量检验,用目测和触摸检查。

6.2 尺寸和允许偏差

6.2.1 测量量具游标卡尺应符合 JJG 30 的规定;钢卷尺应符合 JJG 4 的规定。

6.2.2 杆件测量均在常温下进行,测量允许偏差应符合附录C的要求。

6.3 力学性能

6.3.1 取3组三角构件桁架单元进行承载力试验,试验方法应符合附录D的要求。

6.3.2 取3组自锁接头分别进行水平拉力、竖向剪力、水平剪力试验,试验方法应符合附录D的要求。

7 检验规则

7.1 检验分类

7.1.1 杆件检验分为型式检验和出厂检验。

7.1.2 有下列情况之一时,应进行型式检验:
   a) 正式生产后,如重要结构、材料、工艺有改变,影响产品性能时;
   b) 正常生产之后每3年;
   c) 产品停产超过半年,重新恢复生产时;
   d) 出厂检验结果与上次型式检验有较大差异时;
   e) 国家质量技术监督部门和行业管理部门提出时。

7.1.3 杆件应进行出厂检验,检验合格方可出厂。

7.2 检验项目

蟹钳三角支架杆件型式检验和出厂检验项目按表2的要求进行。

表2 蟹钳三角支架杆件型式检验和出厂检验项目

序号	检验项目	技术要求	试验方法	型式检验	出厂检验
1	外观	5.2	6.1	+	+
2	尺寸	5.2	6.2	+	+
3	三角构件桁架单元承载能力	5.4.1	D.1	+	-
4	三角构件、基杆和顶杆轴向压力	5.4.2	D.1	+	-
5	水平连接杆轴力	5.4.3	GB/T 700	+	-
6	水平对角拉杆轴力	5.4.4	GB/T 700	+	-
7	竖向对角斜杆轴力	5.4.5	GB/T 700	+	-
8	自锁接头水平拉力	5.4.6	D.2	+	-
9	自锁接头竖向剪力	5.4.7	D.3	+	-
10	自锁接头水平剪力	5.4.8	D.4	+	-

注:"+"检验项目;"-"不检验项目。

7.3 组批规则和抽样规则

7.3.1 杆件应按批进行检查和验收,每批杆件应由同一规格、同一材料状态的成品组成。每批杆件不宜超过400件,若不少于200件且不超过400件可单独列为一批,若剩余杆件少于200件可并入同品质相邻批次。杆件需经检验合格并附有质量检验合格证方可出厂。

7.3.2 应在同一组批中,按随机抽样方式抽取3件成品作为样本。复检时,后继的样本应从同一批中的剩余部分抽选。

7.4 判定规则

对于杆件出厂检验,3件试样其中有一项不合格时,则将该批杆件进行返工处理。对于返工处理过的该批杆件,重新再抽取6件试样进行复检,若该6件试样均合格,则判定该批合格;如果仍有一项不合格,则对该批产品逐一检验。

8 标志、包装、运输和储存

8.1 标志

8.1.1 杆件应按分类和判定方法每批次分别做标记牌。标记牌应注明:供方印记或注册商标、批号、产品规格、产品标准号、重量或数量、制造日期和产品合格证。

8.1.2 杆件分类经维修、保养、修理后应标明"检验合格"的明显标志和检验日期,不应与未经检验和处理的杆件混放或混用。

8.2 包装、运输和储存

8.2.1 杆件应根据规格分别堆叠捆扎包装,包装应牢固可靠,防止运输过程中被损坏,大小高度以方便装卸为宜。

8.2.2 杆件装车运输时应堆放整齐,上方不可压重物。

8.2.3 杆件宜存放在干燥通风的环境中,下垫枕木,避免雨水浸泡和各种腐蚀性气体或介质的影响。

附 录 A

（资料性附录）

自锁接头连接

自锁接头连接示意见图 A.1。

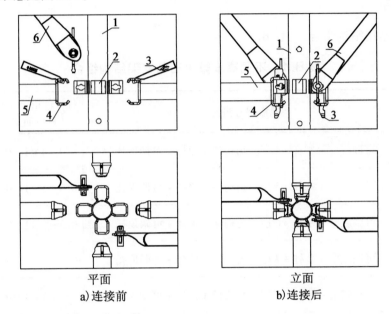

平面　　　　　　　　　　立面
a) 连接前　　　　　　　b) 连接后

说明：
1——立杆；　　　　4——C 形卡；
2——U 形卡座；　　5——水平连接杆；
3——楔形插销；　　6——竖向对角斜杆。

图 A.1 自锁接头结构连接示意

附 录 B
（资料性附录）
蟹钳三角支架结构组合形式

B.1 常用搭设组合

蟹钳三角支架常用结构组合，见表 B.1。

表 B.1 不同高度蟹钳三角支架结构组合

序号	高度（m）	规格型号搭配	各杆件搭设（m）（自下而上）	底座与顶托可调节长度（m）
1	5	可调底座+基杆+4层三角构件+顶杆+可调顶托	0.3+4×1+0.3	0.4
2	6	可调底座+基杆+5层三角构件+顶杆+可调顶托	0.3+5×1+0.3	0.4
3	7	可调底座+基杆+6层三角构件+顶杆+可调顶托	0.3+6×1+0.3	0.4
4	8	可调底座+基杆+7层三角构件+顶杆+可调顶托	0.3+7×1+0.3	0.4
⋮	⋮	可调底座+基杆+X层三角构件+顶杆+可调顶托	0.3+X×1+0.3	0.4
20	24	可调底座+基杆+23层三角构件+顶杆+可调顶托	0.3+23×1+0.3	0.4

注：表中搭设高度在24m以下经济性高，实际高度与表中不同时，也可按照同样的搭配方式进行调整组合，遇到特殊情况可考虑与其他类支架配合使用。

B.2 结构组合样例

跨度25m，高度5m的一跨现浇箱梁，蟹钳三角支架布置搭设样例，见图 B.1。

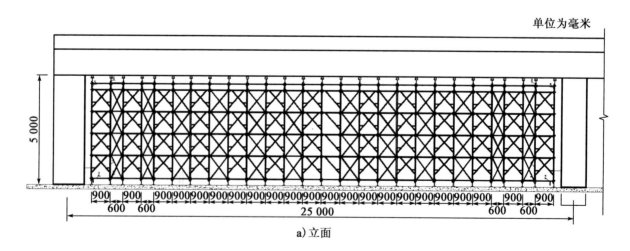

a) 立面

图 B.1

单位为毫米

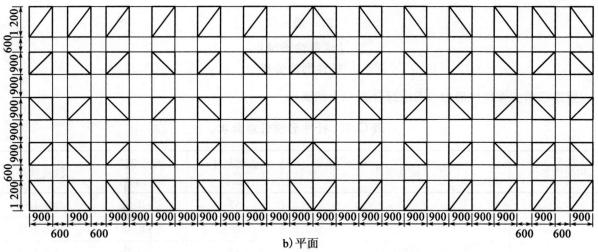

b) 平面

单位为毫米

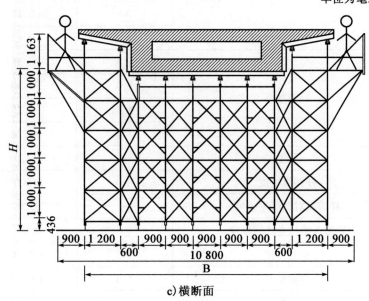

c) 横断面

图 B.1 蟹钳三角支架布置搭设示意

附 录 C
（规范性附录）
杆件形位公差

蟹钳三角支架杆件形位公差应符合表C.1的要求。

表C.1 杆件形位公差要求

构配件名称	检查项目	公称尺寸（mm）	允许偏差（mm）	检测量具
三角构件	钢管外径	57	±0.57	游标卡尺
		48	±0.48	游标卡尺
		40	±0.20	游标卡尺
		34	±0.17	游标卡尺
		26.8	±0.13	游标卡尺
	钢管壁厚	3.5	±0.35	游标卡尺
		3.0	±0.30	游标卡尺
		2.5	±0.25	游标卡尺
		2.4	±0.24	游标卡尺
	长度	—	±3.0	钢卷尺
	杆件直线度	—	$L/500$	专用量尺
	杆端面对轴线垂直度	—	0.20	角尺
	U形卡座与立杆同轴度	—	0.50	专用量尺
水平连接杆	钢管外径	48	±0.48	游标卡尺
	钢管壁厚	3.0	±0.30	游标卡尺
	长度	—	±5.00	钢卷尺
	两端C形卡平行度	—	≤1.00	专用量尺
竖向对角斜杆水平对角拉杆	钢管外径	48	±0.50	游标卡尺
	钢管壁厚	2.5	±0.25	游标卡尺
	长度	—	±3.00	钢卷尺
弧形插销	外径	10	−0.30	游标卡尺

附 录 D
（规范性附录）
三角构件桁架单元及蟹钳接头力学性能试验方法

D.1 三角构件桁架单元承载能力

D.1.1 由基杆、水平连接杆、水平对角拉杆和4片三角构件组成一个桁架单元，三角构件桁架单元承载能力试验装置示意见图D.1

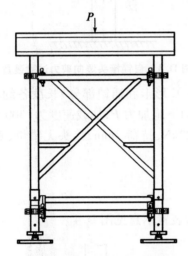

图 D.1 三角构件桁架单元承载能力试验装置示意

D.1.2 试验时在4片三角构件的立杆上架上工字钢施加荷载，分级加载时每级荷载为40kN，加至440kN时（即每个三角构件立杆承受110kN作用力），杆件无明显变形，焊缝无开裂、错位现象，否则视为不合格。

D.2 自锁接头水平拉力试验

D.2.1 自锁接头闭合状态下水平拉力试验装置示意见图D.2。

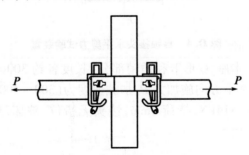

图 D.2 自锁接头水平拉力试验装置示意

D.2.2 截取自锁接头（含U形卡座、C形卡和插销部分）长度各约300mm，试验时采用在接头水平向施加拉力，加载速度为(350 ± 20)N/s，分两次加载。第一次从0kN→10kN→0kN，第二次从0kN→20kN，持荷2min，接头无错位、破坏，焊缝无开裂现象，否则视为不合格。

D.3 自锁接头竖向剪力试验

D.3.1 自锁接头竖向剪力试验装置示意见图D.3。

475

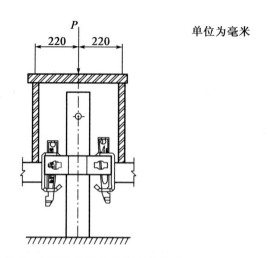

图 D.3 自锁接头竖向剪力试验装置

D.3.2 截取自锁接头(含U形卡座、C形卡和插销部分)长度各约300mm,试验时采用倒U形加压钢板在C形卡接头与横杆交接处竖直向下施加力P,加载速度为$(300\sim400)$N/s,分两次加载。第一次从0kN→11kN→0kN,第二次从0kN→22kN,持荷2min,接头无错位、破坏,焊缝无开裂现象,否则视为不合格。

D.4 自锁接头水平方向剪力试验

D.4.1 自锁接头水平方向剪力试验装置示意见图D.4。

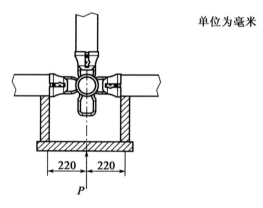

图 D.4 自锁接头水平剪力试验装置

D.4.2 截取自锁接头(含U形卡座、C形卡和插销部分)长度各约300mm,试验时采用倒U形加压钢板在C形卡接头与横杆交接处水平方向施加力P,加载速度为$(300\sim400)$N/s,分两次加载。第一次从0kN→7kN→0kN,第二次从0kN→14kN,持荷2min,接头无错位、破坏,焊缝无开裂现象,否则视为不合格。

ICS 93.040
P 28
备案号：

中华人民共和国交通运输行业标准

JT/T 327—2016
代替 JT/T 327—2004

公路桥梁伸缩装置通用技术条件

General technical requirements of expansion and contraction
installation for highway bridge

2016-12-30 发布　　　　　　　　　　　　　　2017-04-01 实施

中华人民共和国交通运输部　　发 布

JT/T 327—2016

目 次

前言	480
1 范围	481
2 规范性引用文件	481
3 术语和定义	482
4 分类	482
5 总体要求	484
6 技术要求	484
7 试验方法	488
8 检验规则	490
附录 A（规范性附录） 伸缩装置的极限状态验算要求	493
附录 B（规范性附录） 变形性能试验方法	495
附录 C（规范性附录） 防水性能试验方法	497
附录 D（规范性附录） 承载性能试验方法	498
附录 E（规范性附录） 橡胶密封带夹持性能试验方法	500

前言

本标准按照 GB/T 1.1—2009 给出的规则起草。

本标准代替 JT/T 327—2004《公路桥梁伸缩装置》。与 JT/T 327—2004 相比，主要技术变化如下：

——调整了伸缩装置的伸缩量范围(见第1章)；

——删除了伸缩体的术语和定义(见2004年版的3.4)，增加了弹性支承元件的术语和定义(见3.4)；

——修改了伸缩装置的分类，删除了橡胶式伸缩装置(见2004年版的4.1.3)，将异型钢单缝式伸缩装置调整为单缝模数式伸缩装置(见4.2,2004年版的4.1.4)，增加了无缝式伸缩装置(见4.1c)，细化了模数式伸缩装置和梳齿板式伸缩装置的类型(见4.2、4.3和4.4)；

——完善了产品代号表示方法，补充了伸缩装置的构造示意(见4.5)；

——补充完善了伸缩装置的总体要求，完善了变形性能要求(见5.1.1)，补充了防水性能要求(见5.1.2)、承载性能要求(见5.2.1)和耐久性能要求(见5.2.2)；

——补充完善了伸缩装置的试验方法，补充了变形性能试验(见7.1.5)、防水性能试验(见7.1.6)和承载性能试验(见7.1.7)，完善了焊接质量检验(见7.2.4)和涂装质量检验(见7.2.5)。

本标准由全国交通工程设施(公路)标准化技术委员会(SAC/TC 223)提出并归口。

本标准起草单位：中交公路规划设计院有限公司、中交公路长大桥建设国家工程研究中心有限公司、衡水布朗科技有限公司、成都市新筑路桥机械股份有限公司、河北宝力工程装备股份有限公司、江苏万宝桥梁构件有限公司、柳州东方工程橡胶制品有限公司、苏州海德工程材料科技有限公司、四川新路桥机械有限公司、衡水中铁建工程橡胶有限责任公司、丰泽工程橡胶科技开发股份有限公司、宁波路宝科技实业集团有限公司。

本标准主要起草人：冯苠、李会驰、侯若敬、熊劲松、王希慧、陆骏、潘图春、吴志峰、刘国建、李英娣、徐瑞祥、徐速、屠义伟、问建学、吴飞志。

本标准所代替标准的历次版本发布情况为：JT/T 327—1997,JT/T 327—2004。

公路桥梁伸缩装置通用技术条件

1 范围

本标准规定了公路桥梁伸缩装置的分类、总体要求、技术要求、试验方法及检验规则。

本标准适用于伸缩量为20mm～3 000mm的公路桥梁工程使用的伸缩装置。

2 规范性引用文件

下列文件对于本文件的应用是必不可少的。凡是注日期的引用文件,仅注日期的版本适用于本文件。凡是不注日期的引用文件,其最新版本(包括所有的修改单)适用于本文件。

GB/T 193	普通螺纹 直径与螺距系列
GB/T 699	优质碳素结构钢
GB/T 700	碳素结构钢
GB/T 702	热轧钢棒尺寸、外形、重量及允许偏差
GB/T 706	热轧型钢
GB 912	碳素结构钢和低合金结构钢热轧薄钢板和钢带
GB/T 985.1	气焊、焊条电弧焊、气体保护焊和高能束焊的推荐坡口
GB/T 1184	形状和位置公差 未注公差值
GB/T 1228	钢结构用高强度大六角头螺栓
GB/T 1231	钢结构用高强度大六角头螺栓、大六角螺母、垫圈技术条件
GB 1499.1	钢筋混凝土用钢 第1部分:热轧光圆钢筋
GB 1499.2	钢筋混凝土用钢 第2部分:热轧带肋钢筋
GB/T 1591	低合金高强度结构钢
GB/T 1690	硫化橡胶或热塑性橡胶 耐液体试验方法
GB/T 1804	一般公差 未注公差的线性和角度尺寸的公差
GB/T 3274	碳素结构钢和低合金结构钢热轧厚钢板和钢带
GB/T 3280	不锈钢冷轧钢板和钢带
GB/T 3323	金属熔化焊焊接接头射线照相
GB/T 3672.1	橡胶制品的公差 第1部分:尺寸公差
GB/T 4171	耐候结构钢
GB/T 11345	焊缝无损检测 超声检测 技术、检测等级和评定
JB/T 5943	工程机械 焊接件通用技术条件
JT/T 4	公路桥梁板式橡胶支座
JT/T 722	公路桥梁钢结构防腐涂装技术条件
JT/T 1039	公路桥梁聚氨酯填充式伸缩装置
JTG D60	公路桥涵设计通用规范
JTG D64	公路钢结构桥梁设计规范

3 术语和定义

下列术语和定义适用于本文件。

3.1
伸缩缝 expansion and contraction joint

为适应桥梁结构变形的需要,在上部结构中设置的间隙。

3.2
公路桥梁伸缩装置 expansion and contraction installation for highway bridge

为使车辆平稳通过桥面并符合桥梁上部结构变形的需要,在伸缩缝处设置的各种装置的总称。

3.3
伸缩量 expansion and contraction quantity

伸缩装置拉伸、压缩变形的总和。

注:以负号(-)表示拉伸变形,以正号(+)表示压缩变形。

3.4
弹性支承元件 elastic bearing element

伸缩装置中承压支座、压紧支座的统称。

3.5
纵向错位 longitudinal stagger

伸缩装置沿桥梁中线方向发生的水平相对位移。

3.6
横向错位 transverse stagger

伸缩装置沿桥梁中线垂直方向发生的水平相对位移。

3.7
竖向错位 vertical stagger

伸缩装置沿桥面垂直方向发生的竖向相对位移。

4 分类

4.1 公路桥梁伸缩装置(简称伸缩装置)按伸缩结构分为:
 a) 模数式伸缩装置,代号 M;
 b) 梳齿板式伸缩装置,代号 S;
 c) 无缝式伸缩装置,代号 W。

4.2 模数式伸缩装置按橡胶密封带的数量分为:
 a) 单缝,代号 MA;
 b) 多缝,代号 MB。

4.3 梳齿板式伸缩装置按梳齿板受力状况分为:
 a) 悬臂,代号为 SC;
 b) 简支,代号为 SS。

4.4 简支梳齿板式伸缩装置按活动梳齿板的齿板与伸缩缝的相对位置分为:
 a) 活动梳齿板的齿板位于伸缩缝一侧,代号为 SSA;
 b) 活动梳齿板的齿板跨越伸缩缝,代号为 SSB。

4.5 伸缩装置的构造示意见表1。

表1 伸缩装置的构造示意

装置类型		构造示意	伸缩量 e(mm)
模数式伸缩装置	MA	1-桥梁端部或桥台； 2-伸缩缝中心线； 3-边纵梁； 4-橡胶密封带。	$20 \leq e \leq 80$
	MB	1-桥梁端部或桥台； 2-伸缩缝中心线； 3-边纵梁； 4-中纵梁； 5-横梁； 6-弹性支承元件； 7-橡胶密封带。	$e \geq 160$
梳齿板式伸缩装置	SC	1-桥梁端部或桥台； 2-伸缩缝中心线； 3-悬臂梳齿板； 4-导水装置。	$60 \leq e \leq 240$
	SSA	1-桥梁端部或桥台； 2-伸缩缝中心线； 3-固定梳齿板； 4-活动梳齿板； 5-导水装置； 6-不锈钢板。	$80 \leq e < 1\ 000$
梳齿板式伸缩装置	SSB	1-桥梁端部或桥台； 2-伸缩缝中心线； 3-固定梳齿板； 4-活动梳齿板； 5-导水装置； 6-不锈钢板。	$e \geq 1\ 000$
无缝式伸缩装置	W	1-桥梁端部或桥台； 2-伸缩缝中心线； 3-弹性伸缩体； 4-隔离膜。	$20 \leq e \leq 100$

5 总体要求

5.1 性能要求

5.1.1 伸缩装置应适应、满足桥梁纵、横、竖三向变形要求,伸缩装置变形性能应符合表2的要求。当桥梁变形使伸缩装置产生显著的横向错位和竖向错位时,宜通过专题研究确定伸缩装置的平面转角要求和竖向转角要求,并进行变形性能检测。

表2 伸缩装置变形性能要求

装置类型	项 目			要 求
MB	拉伸、压缩时最大水平摩阻力(kN/m)			≤4×n
	拉伸、压缩时变形均匀性	每单元最大偏差值(mm)		-2~2
		总变形最大偏差值(mm)	80≤e≤400	-5~5
			400<e≤800	-10~10
			e>800	-15~15
	拉伸、压缩时每单元最大竖向变形偏差(mm)			≤2.0
	符合水平摩阻力和变形均匀性条件下的错位性能	纵向错位		伸缩装置的扇形变位角度≥2.5°
		横向错位		伸缩装置两端偏差值≥20×n(mm)
		竖向错位		顺桥向坡度≥5%
SC	拉伸、压缩时最大竖向变形偏差(mm)			≤1.0
SSA SSB	拉伸、压缩时最大水平摩阻力(kN/m)			≤5.0
	拉伸、压缩时最大竖向变形偏差(mm)	80≤e≤720		≤1.0
		720<e≤1 440		≤1.5
		e>1 440		≤2.0
W	拉伸、压缩时最大竖向变形(mm)			≤6.0
注:n为多缝模数式伸缩装置中橡胶密封带的个数。				

5.1.2 伸缩装置应具有可靠的防水、排水系统,防水性能应符合注满水24h无渗漏的要求。

5.2 使用要求

5.2.1 在车辆轮载作用下,伸缩装置各部件及连接应安全可靠。模数式伸缩装置和梳齿板式伸缩装置的钢构件应符合附录A中A.1.2的要求。

5.2.2 在正常设计、生产、安装、运营养护条件下,伸缩装置设计使用年限不应低于15年。当公路桥梁处于重要路段或伸缩装置结构特殊时,伸缩装置设计使用年限宜适当提高。

6 技术要求

6.1 模数式伸缩装置

6.1.1 外观

6.1.1.1 外观表面应平整洁净,无机械损伤,无毛刺,无锈蚀。产品铭牌标记清晰。

6.1.1.2 橡胶表面应光滑平整,无缺陷。
6.1.1.3 焊缝应均匀,不应有气孔、夹渣等缺陷。
6.1.1.4 涂装表面应平整,不应有脱落、流痕、褶皱等现象。

6.1.2 材料

6.1.2.1 钢材性能应符合表3的要求。当桥梁结构处于氯化物环境时,伸缩装置宜使用Q335NHD、Q235NHE级钢和Q355NHD、Q355NHE级钢,其力学性能和质量要求应符合GB/T 4171的规定。

表3 钢材性能要求

钢材类别	性能要求		
异型钢材	$T_s > 0℃$	Q345B	符合GB/T 1591的规定
	$-20℃ < T_s ≤ 0℃$	Q345C	
	$T_s ≤ -20℃$	Q345D	
钢板、圆钢、方钢、角钢	$T_s > 0℃$	Q235A、Q235B	符合GB/T 702、GB/T 706、GB 912、GB/T 3274的规定
	$-20℃ < T_s ≤ 0℃$	Q235C	
	$T_s ≤ -20℃$	Q235D	
锚固钢筋	HPB300、HRB400		符合GB 1499.1、GB 1499.2的规定
不锈钢板	符合GB/T 3280的规定		
注:T_s为最低日平均温度值。			

6.1.2.2 橡胶密封带物理机械性能应符合表4的要求。

表4 橡胶密封带物理机械性能要求

项 目		氯丁橡胶(适用于-25℃~60℃地区)	天然橡胶(适用于-40℃~60℃地区)	三元乙丙橡胶(适用于-40℃~60℃地区)
硬度(IRHD)		55±5	55±5	55±5
拉伸强度(MPa)		≥15	≥16	≥14
拉断伸长率(%)		≥400	≥400	≥350
脆性温度(℃)		≤-40	≤-50	≤-60
恒定压缩永久变形(室温×24h)(%)		0~20	0~20	0~20
耐臭氧老化(试验条件:20%伸长,40℃×96h)		臭氧浓度 $50×10^{-8}$ 无龟裂	臭氧浓度 $25×10^{-8}$ 无龟裂	臭氧浓度 $50×10^{-8}$ 无龟裂
热空气老化试验(与未老化前数值相比发生最大变化)	试验条件(℃×h)	70℃×96h	70℃×96h	70℃×96h
	拉伸强度变化率(%)	-15~+15	-15~+15	-10~+10
	拉断伸长率(%)	-25~+25	-25~+25	-20~+20
	硬度变化(IRHD)	0~+10	-5~+10	0~+10

表4（续）

项目		氯丁橡胶（适用于-25℃~60℃地区）	天然橡胶（适用于-40℃~60℃地区）	三元乙丙橡胶（适用于-40℃~60℃地区）
耐盐水性(23℃×14d,浓度4%)	体积变化(%)	0~+10	0~+10	0~+10
	硬度变化(IRHD)	0~+10	0~+10	0~+10
耐油污性(1号标准油,23℃×168h)	体积变化(%)	-5~+10	0~+45	0~+45
	硬度变化(IRHD)	-10~+5	-25~0	-25~0

6.1.2.3 弹性支承元件使用的橡胶物理机械性能应符合表5的要求和JT/T 4的规定。

表5 弹性支承元件使用的橡胶物理机械性能要求

项目		压紧支座	承压支座
硬度(IRHD)		70±5	62±5
拉伸强度(MPa)	天然橡胶	≥18.5	≥18.5
	氯丁橡胶	≥17.5	≥17.5
拉断伸长率(%)	天然橡胶	≥350	≥500
	氯丁橡胶	≥300	≥400

6.1.3 工艺

6.1.3.1 钢构件
钢构件应按设计图要求加工制造,其偏差应符合设计要求。未注公差尺寸的钢构件其极限偏差应符合GB/T 1804中V级的规定;未注形状和位置的公差应符合GB/T 1184中L级的规定。

6.1.3.2 弹性支承元件
弹性支承元件按设计图要求加工制造,其偏差应符合设计要求。未注公差尺寸的弹性支承元件,其高度公差应符合GB/T 3672.1中M2级的规定,其他尺寸公差应符合GB/T 3672.1中M3级的规定。

6.1.3.3 焊接件
焊接件的焊缝应符合设计要求,焊接技术应符合GB/T 985.1和JB/T 5943的规定。

6.1.3.4 表面处理
涂装体系按所处的环境类别、设计使用年限选用。涂装的表面处理、涂装要求及涂层质量应符合JT/T 722的规定。

6.1.3.5 装配
6.1.3.5.1 橡胶密封带应整条安装,表面应洁净,安装中不应以任何方法拉长,与异型钢型腔的夹持力不应小于1kN/m。

6.1.3.5.2 装配公差应符合下列要求:
a) 当完全压缩时,在任意位置同一断面,以两边纵梁顶平面为准,每根中纵梁顶面和边纵梁顶面相对高差不应大于1.5mm;每单元的纵向偏差应在±2mm范围内;
b) 平面总宽度的偏差应符合表6的要求。

表6 平面总宽的偏差要求　　　　　　　　　　　　　　　　　　　　　单位为毫米

项 目	伸缩量 e		
	80≤e≤400	400<e≤800	e>800
平面总宽的偏差值	-5~5	-10~10	-15~15

6.2 梳齿板式伸缩装置

6.2.1 外观

6.2.1.1 整体外观、产品铭牌、橡胶外观和涂装应符合6.1.1.1、6.1.1.2、6.1.1.4的要求。

6.2.1.2 外露螺栓应连接可靠。

6.2.2 材料

6.2.2.1 钢材性能应符合表3和表7的要求。

表7 钢材性能要求

钢材类别	性能要求
普通螺栓	符合GB/T 193的规定
高强度螺栓	符合GB/T 1228、GB/T 1231的规定

6.2.2.2 导水装置使用的橡胶物理机械性能应符合表4和表8的要求。

表8 导水装置使用的橡胶物理机械性能要求

项 目	氯丁橡胶(适用于 -25℃~60℃地区)	天然橡胶(适用于 -40℃~60℃地区)	三元乙丙橡胶(适用于 -40℃~60℃地区)
拉伸强度(MPa)	≥10	≥10	≥10
拉断伸长率(%)	≥300	≥300	≥300

6.2.3 工艺

6.2.3.1 钢构件、焊接件和表面处理应分别符合6.1.3.1、6.1.3.3和6.1.3.4的要求。

6.2.3.2 装配公差应符合表9的要求。

表9 梳齿板式伸缩装置装配公差要求　　　　　　　　　　　　　　　　单位为毫米

序号	项 目		SC	SSA、SSB		
				80≤e≤720	720<e≤1440	e>1440
1	伸缩范围内任一位置,同一断面处两边齿板高差		≤1.0	≤1.0	≤1.5	≤2.0
2	最大压缩量时	纵向间隙	≥15	≥30		
		横向间隙	≥5	≥2		
3	最大拉伸量时齿板搭接长度		≥10			

6.3 无缝式伸缩装置

6.3.1 外观

外观表面应平整洁净,无机械损伤,无毛刺。

6.3.2 材料

弹性伸缩体物理机械性能应符合表10的要求。

表10 弹性伸缩体物理机械性能要求

项 目		要 求
硬度(IRHD)		65±5
拉伸强度(MPa)		≥10
拉断伸长率(%)		≥650
撕裂强度(N/mm)		≥15
温度为-20℃~40℃时,与表面经防锈处理钢板的黏结剥离强度(N/mm)		≥8
温度为-20℃~40℃时,与混凝土的黏结拉伸强度(MPa)		≥1.5
脆性温度(℃)		≤-50
人工气候老化(与未老化前数值相比发生最大变化)	硬度(IRHD)	±5
	拉伸强度变化率(%)	±20
	拉断伸长率(%)	±20

6.3.3 工艺

钢构件及其表面处理应分别符合6.1.3.1和6.1.3.4的要求。

7 试验方法

7.1 一般要求

7.1.1 试验对象分为3类:材料试件、构件试件和整体试件。

7.1.2 试件不应少于两个样本。

7.1.3 材料试件应按试验要求取样。构件试件应取足尺产品。整体试件宜采用整体装配后的伸缩装置;若受试验设备限制,不能对整体试件进行试验时,按下列要求取样:
   a) 单缝模数式伸缩装置的试件长度不小于4m;
   b) 多缝模数式伸缩装置的试件长度不小于4m,并具有不少于4个位移箱;
   c) 梳齿板式伸缩装置的试件长度不小于4m或一个单元;
   d) 无缝式伸缩装置的试件长度不小于4m。

7.1.4 试件的锚固系统应采用定位螺栓或其他有效方法,试验装置应能模拟伸缩装置在公路桥梁的实际受力状态,并进行规定项目试验。

7.1.5 伸缩装置变形性能试验应按附录 B 的要求进行。

7.1.6 伸缩装置防水性能试验应按附录 C 的要求进行。

7.1.7 伸缩装置承载性能试验应按附录 D 的要求进行。

7.2 模数式伸缩装置

7.2.1 外观

外观采用目测方法和相应精度的量具逐件进行检测。

7.2.2 材料

7.2.2.1 钢材性能试验应按表 11 的要求进行。

表 11 钢材性能试验要求

钢 材 类 别	试 验 要 求
异型钢材	符合 GB/T 699、GB/T 700 和 GB/T 1591 的规定
钢板、圆钢、方钢、角钢	符合 GB/T 702、GB/T 706、GB 912、GB/T 3274 的规定
锚固钢筋	符合 GB 1499.1 或 GB 1499.2 的规定
不锈钢板	符合 GB/T 3280 的规定

7.2.2.2 橡胶物理机械性能试验应按 JT/T 4 规定的方法进行。橡胶耐盐水性、耐油污性试验应按 GB/T 1690 规定的方法进行。当从橡胶密封带成品取样、制成标准试片、按规定方法进行试验时,测定拉伸强度和拉断伸长率,与表 4 数值相比,拉伸强度下降应不大于 20%,拉断伸长率下降应不大于 35%。

7.2.3 尺寸偏差

尺寸偏差应采用标定的钢直尺、游标卡尺、平整度仪、水准仪等测量,每 2m 取其断面测量后,按平均值取用。

7.2.4 焊接质量

焊接质量检验按 GB/T 3323 和 GB 11345 规定的方法进行。

7.2.5 表面涂装质量

表面涂装质量检验按 JT/T 722 规定的方法进行。

7.2.6 橡胶密封带夹持性能

橡胶密封带夹持性能试验应按附录 E 的要求进行。

7.3 梳齿板式伸缩装置

7.3.1 外观

外观采用目测方法和相应精度的量具逐件进行检测。

7.3.2 材料

7.3.2.1 钢材性能试验应按表 11 和表 12 的要求进行。

表12 钢材性能试验要求

钢 材 类 别	试 验 要 求
普通螺栓	符合 GB/T 193 的规定
高强度螺栓	符合 GB/T 1228、GB/T 1231 的规定

7.3.2.2 橡胶物理机械性能试验应按 JT/T 4 规定的方法进行。橡胶耐盐水性、耐油污性试验应按 GB/T 1690 规定的方法进行。从导水装置成品取样、制成标准试片、按规定方法进行试验,测定拉伸强度和拉断伸长率,与表8数值相比,拉伸强度下降应不大于20%,拉断伸长率下降应不大于35%。

7.3.3 尺寸偏差

尺寸偏差应采用标定的钢直尺、游标卡尺、平整度仪、水准仪等测量,每2m取其断面测量后,按平均值取用。

7.3.4 表面涂装质量

表面涂装质量检验按 JT/T 722 规定的方法进行。

7.4 无缝式伸缩装置

7.4.1 外观

产品外观应采用目测方法和相应精度的量具逐件进行检测。

7.4.2 材料

弹性伸缩体材料性能试验按 JT/T 1039 的规定进行。

7.4.3 尺寸偏差

尺寸偏差应采用标定的钢直尺、游标卡尺、平整度仪、水准仪等测量,每2m取其断面测量后,按平均值取用。

7.4.4 表面涂装质量

表面涂装质量检验按 JT/T 722 规定的方法进行。

8 检验规则

8.1 检验分类

8.1.1 伸缩装置检验应包含型式检验和出厂检验。

8.1.2 型式检验

有下列情况之一时,应进行型式试验:
a) 新产品投产或老产品转厂生产的试制定型鉴定;
b) 正常生产后,生产设备、生产流程、材料有改变,影响产品性能时;
c) 停产一年以上,恢复生产时;
d) 用户提出要求或桥梁变形变位情况特殊时;
e) 国家质量监督机构要求时。

8.1.3 出厂检验

每批产品交货前应进行出厂检验。

8.2 检验项目及要求

型式检验和出厂检验项目应符合表13的要求。

表13 型式检验和出厂检验项目要求

装置类型	检验项目	技术要求	试验方法	型式检验	出厂检验	检验频次
模数式伸缩装置	外观	6.1.1	7.2.1	√	√	100%
	材料	6.1.2.1	7.2.2.1	√	△	100%
		6.1.2.2	7.2.2.2			
		6.1.2.3				
	尺寸偏差	6.1.3.1	7.2.3	√	√	100%
		6.1.3.2				
	焊接质量	6.1.3.3	7.2.4	√	√	100%
	表面处理	6.1.3.4	7.2.5	√	√	100%
	装配	6.1.3.5.1	7.2.6	√	√	100%
		6.1.3.5.2	7.2.3			
	总体性能	5.1.1	7.1.5	√	△	每批不少于2件
		5.1.2	7.1.6			
		5.2.1	7.1.7			
梳齿板式伸缩装置	外观	6.2.1	7.3.1	√	√	100%
	材料	6.2.2.1	7.3.2.1	√	△	100%
		6.2.2.2	7.3.2.2			
	尺寸偏差	6.2.3.1	7.3.3	√	√	100%
	表面处理	6.2.3.1	7.3.4	√	√	100%
	装配	6.2.3.2	7.3.3	√	√	100%
	总体性能	5.1.1	7.1.5	√	△	每批不少于2件
		5.1.2	7.1.6			
		5.2.1	7.1.7			
无缝式伸缩装置	外观	6.3.1	7.4.1	√	√	100%
	材料	6.3.2	7.4.2	√	△	100%
	尺寸偏差	6.3.3	7.4.3	√	√	100%
	表面处理	6.3.3	7.4.4	√	√	100%
	总体性能	5.1.1	7.1.5	√	△	每批不少于2件
		5.1.2	7.1.6			
		5.2.1	7.1.7			

注:"√"表示进行该项检验,"△"表示为选做。

8.3 结果判定

8.3.1 型式检验应由第三方进行。型式检验项目全部合格,则该批产品为合格。当检验项目中有不合格项,应取双倍试样对不合格项进行复检,复检后仍有不合格,则该批产品为不合格。

8.3.2 出厂检验时,当检验项目中有不合格项,应取双倍试样对不合格项进行复检,复检后仍有不合格,则该批产品为不合格。

附 录 A
（规范性附录）
伸缩装置的极限状态验算要求

A.1 一般要求

A.1.1 本附录适用于模数式伸缩装置和梳齿板式伸缩装置在汽车荷载作用下的极限状态验算。

A.1.2 极限状态验算内容包括：
   a) 承载能力极限状态：材料强度起控制作用的构件和连接的强度破坏或过度变形，或材料的疲劳强度起控制作用的构件和连接的疲劳破坏；
   b) 正常使用极限状态：结构、构件正常使用的变形、振动。

A.1.3 极限状态验算应符合下列要求：
   a) 极限状态验算取伸缩装置处于拉伸变形最大时的状态；
   b) 汽车荷载按 A.2 的要求取值，按应力或挠度对应的最不利方式布置。

A.2 汽车荷载

A.2.1 验算构件和连接发生承载能力极限状态的强度破坏时，汽车荷载按 JTG D60 的规定，取车辆荷载。

A.2.2 验算构件和连接发生承载能力极限状态的疲劳破坏时，汽车荷载按 JTG D60 的规定，取疲劳荷载计算模型Ⅲ。

A.2.3 车辆荷载的冲击力标准值为车辆荷载标准值乘以冲击系数 μ，μ 取 0.3。

A.2.4 验算构件和连接发生强度破坏时，车辆荷载引起的水平力标准值取车辆荷载标准值的 30%。

A.2.5 轮载 P_d 按着地面积进行分配：
   1) 作用于梳齿板的轮载取 $\dfrac{A_2}{A_1+A_2+A_4}P_d$，如图 A.1a) 所示；
   2) 作用于中纵梁的轮载取 $\dfrac{A_4}{A_1+A_2+A_4}P_d$，如图 A.1b) 所示。

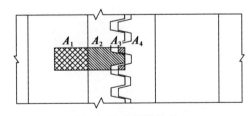

a) 作用于梳齿板的轮载

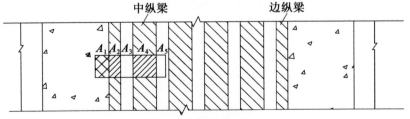

b) 作用于中纵梁的轮载

图 A.1 轮载按着地面积分配

A.3 极限状态验算

A.3.1 承载能力极限状态验算按式(A.1)的要求进行。

$$\gamma_0 S_d \leqslant R_d \tag{A.1}$$

式中：γ_0——结构重要性系数，按 JTG D60 的规定取值；

S_d——作用组合的效应设计值，按 JTG D60 的规定计算；

R_d——构件或连接的承载力设计值，按 JTG D64 的规定计算。

A.3.2 疲劳性能验算按式(A.2)~式(A.4)的要求进行。

$$\gamma_{Ff}\Delta\sigma_{E2} \leqslant k_s \Delta\sigma_C / \gamma_{Mf} \tag{A.2}$$

$$\gamma_{Ff}\Delta\tau_{E2} \leqslant k_s \Delta\tau_C / \gamma_{Mf} \tag{A.3}$$

$$\left(\frac{\gamma_{Ff}\Delta\sigma_{E2}}{\Delta\sigma_C / \gamma_{Mf}}\right)^3 + \left(\frac{\gamma_{Ff}\Delta\tau_{E2}}{\Delta\tau_C / \gamma_{Mf}}\right)^5 \leqslant 1.0 \tag{A.4}$$

式中：γ_{Ff}——疲劳荷载分项系数，取 1.0；

γ_{Mf}——疲劳抗力分项系数，取 1.35；

k_s——尺寸效应折减系数，按 JTG D64 的规定计算；

$\Delta\sigma_{E2}, \Delta\tau_{E2}$——换算为 2×10^6 次常幅疲劳循环的等效常值应力幅，按 JTG D64 的规定计算；

$\Delta\sigma_C, \Delta\tau_C$——换算为 2×10^6 次常幅疲劳循环的疲劳应力强度，按 JTG D64 的规定计算。

A.3.3 进行竖向挠度验算时，应按结构力学的方法，采用不计冲击力的汽车荷载频遇值，频遇值系数取 1.0。

A.3.4 竖向挠度不应大于计算跨径的 1/600。对于简支结构、连续结构，计算跨径取支承间距；对于悬臂结构，计算跨径取悬臂长度的 2 倍。

JT/T 327—2016

附 录 B
（规范性附录）
变形性能试验方法

B.1 试验条件

试验标准温度23℃±5℃，且不应有腐蚀性气体及影响检测的震动源。

B.2 试件

试件应符合7.1.3的要求。试验前应将试件直接置于标准温度23℃±5℃下，静置24h，使试件内外温度一致。

B.3 试验方法

B.3.1 试件布置示意如图B.1所示。试验台、固定台座和移动台座应具有足够的刚度，避免对试验结果产生不良的影响。

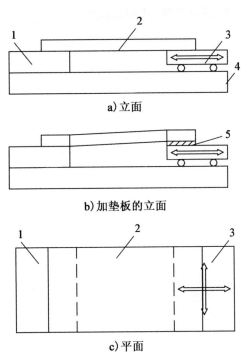

说明：
1——固定台座；   4——试验台；
2——伸缩装置试件；   5——垫块。
3——移动台座；

图 B.1 变形性能试验试件布置示意

B.3.2 试验步骤如下：
a) 试验过程中，应采用不超过1mm/s的速度施加纵向位移；
b) 在横向错位和竖向错位为零的状态下，使伸缩装置完成一次最大闭合和最大开口；在横向错位取最大、竖向错位为零的状态下，使伸缩装置完成一次最大闭合和最大开口；在横向错位为零、竖向错位取最大的状态下，使伸缩装置完成一次最大闭合和最大开口；横向错位和竖向错

位归零,使伸缩装置处于最大开口状态;
c) 以25%最大伸缩量为步长,每步变形完成后,静置5min,由最大开口变形至最大闭合,测量变形、变位和摩阻力;
d) 上一步骤重复进行3次,测量结果的平均值与5.1.1的要求比较,符合要求为合格;
e) 施加最大横向错位,以25%最大伸缩量为步长,每步变形完成后,静置5min,由最大开口变形至最大闭合,测量变形、变位和摩阻力;
f) 上一步骤重复进行3次,测量结果的平均值与5.1.1的要求比较,符合要求为合格;
g) 横向错位归零、施加最大竖向错位,以25%最大伸缩量为步长,每步变形完成后,静置5min,由最大开口变形至最大闭合,测量变形、变位和摩阻力;
h) 上一步骤重复进行3次,测量结果的平均值与5.1.1的要求比较,符合要求为合格。

B.4 试验报告

试验报告应包括以下内容:
a) 试件概况:包括对应的伸缩装置型号、试件编号,并附简图;
b) 试验机性能及配置描述;
c) 试验过程中出现的异常现象描述;
d) 完整的试验记录,包括试验评定结果,并附试验照片。

JT/T 327—2016

附 录 C
（规范性附录）
防水性能试验方法

C.1 试验条件

试验标准温度23℃±5℃，且不应有腐蚀性气体及影响检测的震动源。

C.2 试件

试件应符合7.1.3的要求。试验前应将试件直接置于标准温度23℃±5℃下，静置24h，使试件内外温度一致。

C.3 试验方法

试验步骤如下：
a) 使伸缩装置处于最大开口状态，并固定；
b) 对伸缩装置试样进行封头处理，封头应高出伸缩装置顶面30mm；
c) 使伸缩装置处于水平状态，注水，使水面高出伸缩装置顶面10mm；若24h后，未出现渗水、漏水现象，则伸缩装置的防水性能符合要求。

C.4 试验报告

试验报告应包括以下内容：
a) 试件概况：包括对应的伸缩装置型号、试件编号，并附简图；
b) 试验机性能及配置描述；
c) 试验过程中出现的异常现象描述；
d) 完整的试验记录，包括试验评定结果，并附试验照片。

附 录 D
（规范性附录）
承载性能试验方法

D.1 试验条件

试验标准温度23℃±5℃,且不应有腐蚀性气体及影响检测的震动源。

D.2 试件

试件应符合7.1.3的要求。试验前应将试件直接置于标准温度23℃±5℃下,静置24h,使试件内外温度一致。

D.3 试验方法

D.3.1 试件布置示意如图D.1所示。试验台、固定台座和移动台座应具有足够的刚度,避免对试验结果产生不良的影响。

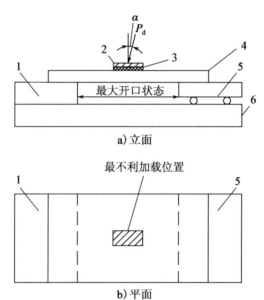

说明：
1——固定台座；　　4——伸缩装置试件；
2——钢加载板；　　5——移动台座；
3——橡胶板；　　　6——试验台。

图 D.1 承载性能试验试件布置示意

D.3.2 试验步骤如下：
a) 在试验台座上固定伸缩装置,移动移动台座,使伸缩装置处于最大开口状态并固定；
b) 使用钢加载板和橡胶板模拟轮载作用,加载板尺寸采用轮载的着地尺寸；
c) 模拟轮载的静力作用时,α取16.7°；以设计轮载P_d的10%为步长,以1kN/s的速度加载,每步加载完成后,静置5min;测量伸缩装置的应力和竖向挠度；
d) 上一步骤重复进行3次,测量结果的平均值与附录A的要求比较,符合要求为合格；
e) 模拟轮载的疲劳作用时,α取0°；以0~P_d为循环幅,施加2×10^6次,测量伸缩装置的应力变化情况,并观察伸缩装置是否开裂;若未出现疲劳裂缝,伸缩装置的疲劳性能符合要求。

D.4 试验报告

试验报告应包括以下内容:
a) 试件概况:包括对应的伸缩装置型号、试件编号,并附简图;
b) 试验机性能及配置描述;
c) 试验过程中出现的异常现象描述;
d) 完整的试验记录,包括试验评定结果,并附试验照片。

JT/T 327—2016

附录 E
（规范性附录）
橡胶密封带夹持性能试验方法

E.1 试验条件

试验标准温度23℃±5℃,且不应有腐蚀性气体及影响检测的震动源。

E.2 试件

试件宜取0.2m长的组装构件。试验前应将试件直接置于标准温度23℃±5℃下,静置24h,使试件内外温度一致。

E.3 试验方法

E.3.1 试件布置示意如图E.1所示。在试验机的承载板上固定异型钢,使异型钢型腔处于同一水平面上,高差应小于1mm。水平油缸、负荷传感器的轴线和橡胶密封带的对称轴重合。

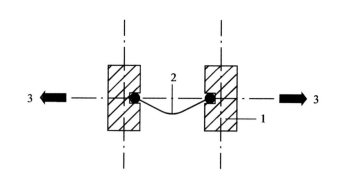

说明：
1——异型钢； 2——橡胶密封带； 3——水平力。

图 E.1 橡胶密封带夹持性能试验试件布置示意

E.3.2 试验步骤如下：
a) 以0.05kN/s~0.10kN/s速度连续均匀加载水平力,使水平力加载至0.2kN,持荷15min,观察橡胶密封带是否脱落、是否产生细裂纹；
b) 以连续、均匀速度卸载至无水平力,静置5min；
c) 重复上述两步骤,加载过程连续进行3次；
d) 若3次夹持性能试验均未出现橡胶密封带脱落和细裂纹,则橡胶密封带的夹持性能符合要求。

E.4 试验报告

试验报告应包括以下内容：
a) 试件概况：包括对应的伸缩装置型号、试件编号,并附简图；
b) 试验机性能及配置描述；

c) 试验过程中出现的异常现象描述；
d) 完整的试验记录,包括试验评定结果,并附试验照片。

ICS 93.040
P 28
备案号:

中华人民共和国交通运输行业标准

JT/T 775—2016
代替 JT/T 775—2010

大跨度斜拉桥平行钢丝拉索

Cable of parallel steel wires for large-span cable-stayed bridge

2016-12-30 发布　　　　　　　　　　　2017-04-01 实施

中华人民共和国交通运输部　发布

目 次

前言 …………………………………………………………………………………………………… 506
1 范围 ………………………………………………………………………………………………… 507
2 规范性引用文件 …………………………………………………………………………………… 507
3 术语和定义、符号 ………………………………………………………………………………… 507
4 结构、型号与规格 ………………………………………………………………………………… 509
5 技术要求 …………………………………………………………………………………………… 512
6 试验方法 …………………………………………………………………………………………… 516
7 检验规则 …………………………………………………………………………………………… 519
8 标志、包装、运输和储存 ………………………………………………………………………… 520
附录 A(规范性附录) 索体断面排列图 …………………………………………………………… 522
附录 B(规范性附录) 斜拉索索体主要技术参数 ………………………………………………… 528
附录 C(规范性附录) 锚具主要参数 ……………………………………………………………… 530
附录 D(规范性附录) 斜拉索超张拉检验 ………………………………………………………… 532
附录 E(规范性附录) 拉弯疲劳试验 ……………………………………………………………… 533
附录 F(规范性附录) 静态水密性试验 …………………………………………………………… 534
附录 G(规范性附录) 动态水密性试验 …………………………………………………………… 535

JT/T 775—2016

前 言

本标准按照 GB/T 1.1—2009 给出的规则起草。

本标准代替 JT/T 775—2010《大跨径斜拉桥平行钢丝斜拉索》。本标准与 JT/T 775—2010 相比，主要变化如下：

——增加了锌铝合金镀层钢丝的术语和定义（见 3.1.1）；

——删除了锚具结构中的垫板调整式锚具和固定端锚杯，增加了斜拉索防护罩、斜拉索密封罩和锚具保护罩（见 4.1.3，2010 年版的 4.1.2）；

——增加了拉索用镀层钢丝的种类、强度级别，规定了锌铝合金镀层钢丝的技术要求，修改了钢丝的扭转性能参数（见 5.1.1）；

——删除了氟化膜胶带的材料及要求（见 2010 年版的 5.1.3）。

——提高了高密度聚乙烯护套料的耐荧光紫外老化时间（见 5.1.3，2010 年版的 5.1.4）；

本标准由全国交通工程设施（公路）标准化技术委员会（SAC/TC 223）提出并归口；

本标准起草单位：江苏法尔胜缆索有限公司、中交公路规划设计院有限公司。

本标准主要起草人：赵军、薛花娟、刘明虎、卢靖宇、宁世伟、刘晓娣、魏巍巍、屠义伟、问建学、周祝兵、吴飞志、强强、许春荣、刘丽萍、梁中梅。

本标准所代替标准的历次版本发布情况为：JT/T 775—2010。

JT/T 775—2016

大跨度斜拉桥平行钢丝拉索

1 范围

本标准规定了大跨度斜拉桥用平行钢丝拉索的结构、型号与规格、技术要求、试验方法、检验规则，以及标志、包装、运输和储存要求。

本标准适用于跨度大于400m的斜拉桥平行钢丝拉索，中小跨度斜拉桥拉索可参照使用。

2 规范性引用文件

下列文件对于本文件的应用是必不可少的。凡是注日期的引用文件，仅注日期的版本适用于本文件。凡是不注日期的引用文件，其最新版本(包括所有的修改单)适用于本文件。

GB/T 228.1　金属材料　拉伸试验　第1部分:室温试验方法
GB/T 231.1　金属材料　布氏硬度试验　第1部分:试验方法
GB/T 238　金属材料 线材 反复弯曲试验方法
GB/T 239.1　金属材料　线材　第1部分:单向扭转试验方法
GB/T 699　优质碳素结构钢
GB/T 1839　钢产品镀锌层质量试验方法
GB/T 2103　钢丝验收、包装、标志及质量证明书的一般规定
GB/T 2972　镀锌钢丝锌层硫酸铜试验方法
GB/T 2976　金属材料　线材　缠绕试验方法
GB/T 3077　合金结构钢
GB/T 4162　锻轧钢棒超声检验方法
GB/T 4237　不锈钢热轧钢板和钢带
GB/T 4956　磁性基体上非磁性覆盖层　覆盖层厚度测量　磁性法
GB/T 5796.2　梯形螺纹　第2部分:直径与螺距系列
GB/T 7753　压敏胶粘带拉伸性能试验方法
GB/T 17101　桥梁缆索用热镀锌钢丝
GB/T 18365　斜拉桥热挤聚乙烯高强钢丝拉索技术条件
GB/T 20492　锌-5%铝-混合稀土合金镀层钢丝、钢绞线
GB/T 22315　金属材料　弹性模量和泊松比试验方法
CJ/T 297　桥梁缆索用高密度聚乙烯护套料
NB/T 47013.4　承压设备无损检测　第4部分:磁粉检测

3 术语和定义、符号

3.1 术语和定义

下列术语和定义适用于本文件。

3.1.1
锌铝合金镀层钢丝 zinc-aluminum alloy coated steel wire
表面有锌铝合金镀层的钢丝。

3.1.2
索体 bundle of parallel wires
将一定数量钢丝呈正六边形或缺角六边形紧密排列,经同心左向扭绞,并在外层包覆高密度聚乙烯护套的钢丝束。

3.1.3
锚具 anchorage
将索体拉力传递给结构的连接部件。

3.1.4
弹性模量 elastic modulus
斜拉桥平行钢丝拉索在弹性变化范围内轴向拉伸应力与轴向拉伸应变的比例常数。

3.1.5
拉弯疲劳性能 bending fatigue property
斜拉桥平行钢丝拉索同时承受拉伸与弯曲两种荷载条件下的抗疲劳性能。

3.1.6
钢丝标准抗拉强度 wire standard tensile strength
钢丝的破断荷载与钢丝的公称截面积的比值。

3.1.7
索力 cable force
作用在斜拉桥平行钢丝拉索上的轴向拉伸荷载。

3.1.8
公称破断索力 nominal breaking force of the cable
索体钢丝束内的钢丝公称截面积之和与钢丝标准抗拉强度的乘积。

3.1.9
拉索效率系数 cable efficiency factor
实测最大索力与公称破断索力的比值。

3.2 符号

下列符号适用于本文件。

A——索体钢丝束的公称截面积,单位为平方毫米(mm^2)

a——加载速度(MPa/min)

B——锚杯外径,单位为毫米(mm)

C——锚圈外径,单位为毫米(mm)

D——预埋管尺寸,单位为毫米(mm)

E——弹性模量,单位为兆帕(MPa)

F——拉弯疲劳试验时施加于拉索的横向力,单位为千牛(kN)

f_{pk}——索体钢丝标准抗拉强度,单位为兆帕(MPa)

H——锚圈高度,单位为毫米(mm)

K——索力设计安全系数

L_{CO}——斜拉桥平行钢丝拉索设计基准温度下的无应力长度,单位为米(m)

L_{CP}——斜拉桥平行钢丝拉索承受拉力 P_1 时的长度,单位为米(m)

L_S——锚杯长度,单位为毫米(mm)
ΔL——斜拉桥平行钢丝拉索长度允许偏差,单位为米(m)
ΔL_P——斜拉桥平行钢丝拉索对应于P_1、P_2下的长度变化值,单位为米(m)
M——锚具质量,单位为千克(kg)
P_b——斜拉桥平行钢丝拉索公称破断索力,单位为千牛(kN)
P_1——斜拉桥平行钢丝拉索弹性模量检测时的起始张拉力,单位为千牛(kN)
P_2——斜拉桥平行钢丝拉索弹性模量检测时的终止张拉力,单位为千牛(kN)
P_{20}——斜拉桥平行钢丝拉索20%的超张拉力,单位为千牛(kN)
T——斜拉桥平行钢丝拉索长度测量时的稳定均匀温度,单位为摄氏度(℃)
T_0——由设计确定的斜拉桥平行钢丝拉索设计基准温度,单位为摄氏度(℃)
α——斜拉桥平行钢丝拉索线膨胀系数,单位为1.2×10^{-5}℃$^{-1}$
η——斜拉桥平行钢丝拉索效率系数
$\Delta \sigma$——疲劳试验的应力幅值,单位为兆帕(MPa)
φ——单根钢丝直径,单位为毫米(mm)

4 结构、型号与规格

4.1 结构

4.1.1 斜拉桥平行钢丝拉索

斜拉桥平行钢丝拉索(简称斜拉索)由索体和锚具(锚杯、锚圈、连接筒)等部件组成。斜拉索结构示意见图1。

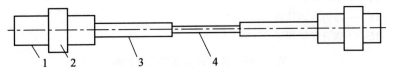

说明:
1——锚杯; 2——锚圈; 3——连接筒; 4——索体。

图1 斜拉索结构示意

4.1.2 索体

斜拉索索体断面结构示意见图2,索体断面结构排列图见附录A。

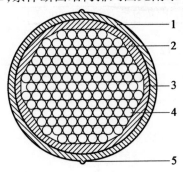

说明:
1——外层彩色高密度聚乙烯护套; 4——钢丝;
2——内层黑色高密度聚乙烯护套; 5——抗风雨振构造示意。
3——高强聚酯纤维带;

图2 索体断面结构示意图

4.1.3 锚具

4.1.3.1 斜拉索锚固结构为冷铸镦头锚,采用螺纹调整拉索长度,其组成部件包括锚杯、锚圈、盖板、分丝板、连接筒等。

4.1.3.2 斜拉索两端安装锚具保护罩。

4.1.3.3 梁端预埋锚具钢管端采用锥形斜拉索防护罩和密封罩。

4.1.3.4 斜拉索锚具结构示意见图3和图4。

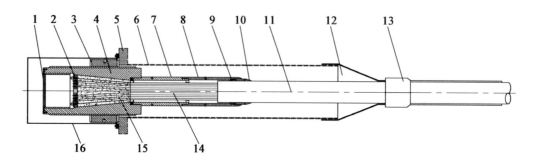

说明:
1——盖板; 9——密封胶圈;
2——分丝板; 10——密封压环;
3——锚圈; 11——索体;
4——锚杯; 12——斜拉索防护罩;
5——锚垫板; 13——斜拉索密封罩;
6——预埋管; 14——密封填料;
7——连接筒 a; 15——冷铸锚固填料;
8——连接筒 b; 16——锚具保护罩。

图3 斜拉索梁端锚具结构示意图

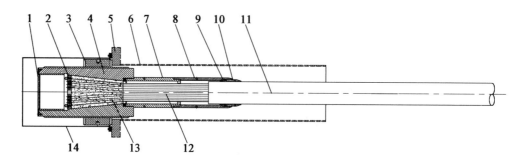

说明:
1——盖板; 8——连接筒 b;
2——分丝板; 9——密封胶圈;
3——锚圈; 10——密封压环;
4——锚杯; 11——索体;
5——锚垫板; 12——密封填料;
6——预埋管; 13——冷铸锚固填料;
7——连接筒 a; 14——锚具保护罩。

图4 斜拉索塔端锚具结构示意图

4.2 型号

4.2.1 斜拉索

斜拉索型号表示方法见图5。

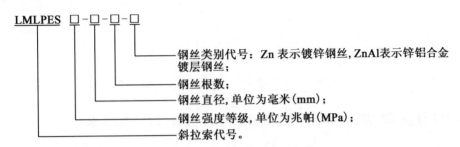

注：ZnAl 为 Zn95Al5 的缩写。

图5 斜拉索型号表示方法

示例：
109根直径7mm、强度等级为1 860MPa的锌铝合金镀层钢丝斜拉索，其型号表示为 LMLPES 1860-7-109-ZnAl。

4.2.2 索体

斜拉索索体型号表示方法见图6。

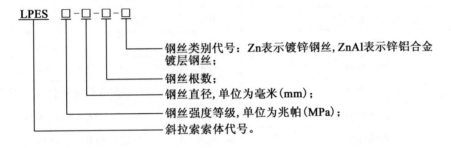

图6 斜拉索索体型号表示方法

示例：
109根直径7mm、强度等级为1 860MPa的锌铝合金镀层钢丝斜拉索索体，其型号表示为 LPES 1860-7-109-ZnAl。

4.2.3 锚具

斜拉索锚具的型号表示方法见图7。

图7 斜拉索锚具型号表示方法

示例：
109根直径7mm、钢丝强度等级为1 860MPa的斜拉索锚具，其型号表示为 LM 1860-7-109。

4.3 规格

4.3.1 斜拉索索体主要技术参数见附录B。

4.3.2 斜拉索锚具主要尺寸见附录C。

5 技术要求

5.1 材料

5.1.1 钢丝

5.1.1.1 斜拉索索体应采用热镀锌或锌铝合金镀层钢丝,并符合表1的要求。

表1 钢丝技术要求

序号	项目		单位	技术要求		
1	公称直径		mm	7.0 ± 0.07		
2	圆度		mm	$\leqslant 0.07$		
3	每米参考质量		g/m	301 ± 6		
4	标准抗拉强度		MPa	$\geqslant 1770$	$\geqslant 1860$	$\geqslant 2000$
5	规定非比例延伸强度		MPa	$\geqslant 1580$	$\geqslant 1660$	$\geqslant 1800$
6	疲劳应力幅值		MPa	360	410	410
7	伸长率		%	$\geqslant 4.0$		
8	弹性模量		MPa	$(2.0 \pm 0.1) \times 10^5$		
9	反复弯曲性能		—	反复弯曲至断裂,弯曲次数$\geqslant 5$		
10	缠绕性能		—	$3D \times 8$ 圈,不断裂		
11	扭转性能		—	扭转至断裂,扭转次数$\geqslant 12$ 次		
12	松弛率		%	$\leqslant 2.5$		
13	铝含量	镀锌钢丝	%	—		
		锌铝合金镀层钢丝	%	$4.2 \sim 7.2$		
14	镀层单位质量		g/m²	$\geqslant 300$		
15	线径增加的平均值		mm	< 0.13		
16	镀层附着性		—	$5D \times 8$ 圈,镀层不开裂、不起层用光裸手指摩擦不产生剥落		
17	硫酸铜试验		—	浸泡次数$\geqslant 4$ 次,每次60s,钢丝不露铜		
18	伸直性能(取弦长1 000mm钢丝,弦与弧的最大自然矢高)		mm	$\leqslant 15$		
19	自由圈升高度		mm	$\leqslant 150$		

注1:规定非比例延伸强度是钢丝在非比例延伸率为0.2%时的强度。

注2:疲劳应力幅值是应力上限在$0.45f_{pk}$条件下,进行2×10^6次疲劳循环试验,钢丝不断裂的疲劳应力幅。

注3:松弛率是钢丝在70%公称破断索力下,经1 000h后的钢丝松弛率。

5.1.1.2 钢丝不允许有任何形式的接头。
5.1.1.3 钢丝进场后应按 GB/T 2103 的规定进行验收。

5.1.2 高强聚酯纤维带

高强聚酯纤维带采用纤维增强的聚酯压敏胶带或两层聚酯带内夹纤维丝的增强复合带,其主要性能应符合表2的要求。高强聚酯纤维带应有质量保证单和合格证。

表2 高强聚酯纤维带技术要求

宽度(mm)	厚度(mm)	破断拉力(N)	延伸率(%)
30~50	≥0.10	≥250(10mm 带宽)	≥3

5.1.3 高密度聚乙烯(HDPE)护套料

5.1.3.1 索体防护用 HDPE 护套料的主要性能应符合表3规定。

表3 HDPE 护套料技术要求

序号	项 目		单位	技 术 要 求	
				黑 色	彩 色
1	密度		g/cm³	0.942~0.965	
2	熔体流动速率		g/10min	≤0.45	
3	拉伸断裂应力		MPa	≥25	
4	拉伸屈服应力		MPa	≥15	
5	断裂标称应变		%	≥600	
6	硬度		ShoreD	≥60	
7	拉伸弹性模量		MPa	≥500	
8	弯曲弹性模量		MPa	≥550	
9	冲击强度		kJ/m²	≥25	
10	软化温度		℃	≥115	
11	耐环境应力开裂		h	≥5 000	
12	冲击脆化温度		℃	<-76	
13	耐热应力开裂		h	≥96	
14	耐热老化(100℃±2℃,168h)	拉伸断裂应力变化率	%	±20	
		断裂标称应变变化率	%	±20	
15	耐臭氧老化(温度24℃±8℃,臭氧浓度50×10⁻⁶,暴露1h)			无异常变化	
16	耐荧光紫外老化	拉伸断裂应力变化率	%	±25(3 000h)	±25(5 000h)
		断裂标称应变变化率	%	±25(3 000h)	±25(5 000h)
17	耐光色牢度		级	—	≥7
18	炭黑分散性		分	≥6	—
19	炭黑含量		%	2.5±0.3	—

5.1.3.2 护套料进场后应按照CJ/T 297规定进行验收。

5.1.4 锚杯和锚圈

5.1.4.1 锚杯和锚圈应符合下列要求：
a) 选用符合GB/T 699和GB/T 3077规定的结构钢,具体要求见表4；
b) 采用锻钢件制作；
c) 采用梯形螺纹,螺距与直径应符合NB/T 47013.4的规定；
d) 符合GB/T 4162中B级和NB/T 47013.4中Ⅱ级质量等级的规定；
e) 采用热镀锌防腐,锌层厚度不应小于90μm；
f) 分丝板丝孔直径为$\phi 7.6mm \pm 0.1mm$。

表4 锚杯、锚圈材质要求

斜拉索钢丝公称抗拉强度f_{pk}(MPa)	锚杯材质	锚圈材质
1 770	40Cr	45钢
1 860	42CrMo	40Cr
2 000	42CrMo	40Cr

5.1.4.2 同规格型号锚具相同部件应保证能互换。

5.1.5 冷铸锚固填料

冷铸锚固填料由钢丸、环氧树脂、固化剂、增韧剂、稀释剂、填充料等构成,冷铸锚固填料应符合GB/T 18365的规定,其抗压强度不应小于147MPa。

5.1.6 附属构件

5.1.6.1 附属构件包括斜拉索锚具保护罩、拉索防护罩和拉索密封罩等。附属构件材料或其他已经证明同样适用的原材料应符合表5要求。

表5 附属构件材料要求

附属构件名称	附属构件材料	符合标准
锚具保护罩	022Cr17Ni12Mo2 不锈钢	GB/T 4237
斜拉索防护罩	022Cr17Ni12Mo2 不锈钢	GB/T 4237
斜拉索密封罩	20号钢	GB/T 699
	022Cr17Ni12Mo2 不锈钢	GB/T 4237

5.1.6.2 为方便检查锚具锈蚀情况,锚具保护罩宜设置窥视孔或其他有相似功能的构造,且应保证其可检、可更换。

5.2 外观表面要求和尺寸偏差

5.2.1 外观表面要求

5.2.1.1 索体外观表面不应有破损、深度大于1.0mm或面积大于100mm²的表面缺陷,允许存在水纹、毛糙等不影响护套使用质量的表观缺陷。

5.2.1.2 索体外表面应设置螺旋线或压花。

5.2.1.3 斜拉索锚杯和锚圈外表面镀层不应有可视损伤,螺纹不应有任何碰伤,螺纹连接副应能自由旋合。

5.2.2 尺寸偏差

5.2.2.1 索体护套厚度不大于10mm时,厚度允许偏差为 −0.5 mm ~ +1.0mm;护套厚度大于10mm时,厚度允许偏差为 −0.5 mm ~ +2.0mm。

5.2.2.2 斜拉索直径允许偏差为 −1mm ~ +4.0mm。

5.2.2.3 斜拉索长度 L_{CO} 允许偏差应符合下列要求:

a) $L_{CO} \leq 200\text{m}, \Delta L \leq 0.020\text{m}$;
b) $L_{CO} > 200\text{m}, \Delta L \leq (L_{CO}/20\,000 + 0.010)\text{m}$。

5.3 力学性能

5.3.1 弹性模量

成品斜拉索弹性模量不应小于 $1.90 \times 10^5 \text{MPa}$。

5.3.2 静载性能

斜拉索静载性能应符合表6的要求。

表6 静载性能要求

弹性模量(MPa)	斜拉索效率系数	极限延伸率(%)	断丝率(%)
≥1.90×10⁵	≥0.95	≥2	≤2

5.3.3 疲劳性能

5.3.3.1 斜拉索轴向疲劳性能应符合表7的规定。

表7 轴向疲劳性能要求

应力上限 (MPa)	应力幅值 (MPa)	循环次数 (次)	疲劳后的斜拉索 效率系数	断丝率 (%)
$0.45f_{pk}$	200~250	2×10^6	≥0.95	≤2

5.3.3.2 斜拉索拉弯疲劳性能应符合表8的规定。

表8 拉弯疲劳性能要求

应力上限 (MPa)	应力幅值 (MPa)	循环次数 (次)	弯曲角度 (mrad)	疲劳后的斜拉索 效率系数	断丝率 (%)
$0.45f_{pk}$	200~250	2×10^6	10	≥0.95	≤2

5.3.4 水密性能

斜拉索索体与锚具连接部位、锚具及其密封结构应具有良好的静态和动态水密性能。

6 试验方法

6.1 抽样

除型式检验外,其他试验检验项目的抽样均从批量化生产的产品中抽取。

6.2 材料

6.2.1 钢丝

镀锌、锌铝合金镀层钢丝的试验方法按表9的要求进行。

表9 镀锌、锌铝合金镀层钢丝试验方法

序号	项目	试验方法	序号	项目	试验方法
1	公称直径	GB/T 17101	12	扭转性能	GB/T 239.1
2	圆度	GB/T 17101	13	松弛率	GB/T 17101
3	公称截面积	GB/T 17101	14	铝含量	GB/T 20492
4	每米参考质量	GB/T 17101	15	镀层单位质量	GB/T 1839
5	标准抗拉强度	GB/T 228.1	16	线径增加的平均值	GB/T 17101
6	规定非比例延伸强度	GB/T 228.1	17	镀层附着性	GB/T 2976
7	疲劳应力幅值	GB/T 17101	18	硫酸铜试验	GB/T 2972
8	伸长率	GB/T 228.1	19	伸直性能	GB/T 17101
9	弹性模量	GB/T 22315	20	自由圈升高度	GB/T 17101
10	反复弯曲性能	GB/T 238	21	钢丝是否有接头	目测检测方法
11	缠绕性能	GB/T 2976			

6.2.2 高强聚酯纤维带

高强聚酯纤维带的宽度测定、厚度测定、破断拉力试验、延伸率试验按GB/T 7753的规定进行。

6.2.3 高密度聚乙烯(HDPE)护套料

HDPE护套料的试验检验按CJ/T 297的规定进行。

6.2.4 锚杯和锚圈

锚杯和锚圈试验方法按表10的要求进行。

表10 锚杯和锚圈试验方法

序号	项目	试验方法
1	力学性能	GB/T 699、GB/T 3077
2	化学成分	GB/T 699、GB/T 3077
3	超声波检测	GB/T 4162

表10（续）

序 号	项 目	试 验 方 法
4	磁粉检测	NB/T 47013.4
5	镀锌层厚度	GB/T 4956
6	外观尺寸	游标卡尺测量
7	螺纹尺寸	螺纹规检查

6.2.5 冷铸锚固填料

6.2.5.1 每个冷铸锚在浇铸填料时应同时制作一组3个尺寸为 $\phi 25mm \times 30mm$ 或 $30mm \times 30mm \times 30mm$ 的冷铸锚固填料试件，并同炉固化。

6.2.5.2 试件在 $23℃ \pm 5℃$ 下进行抗压强度试验，3个试件测定值中任意一个与中值的差值超过15%，则取中值为测定值，否则以其算术平均值为测定值。

6.2.6 附属构件

附属构件试验方法按表11的要求进行。

表11 附属构件试验方法

序 号	项 目	试 验 方 法
1	锚具保护罩化学成分	GB/T 4237
2	斜拉索防护罩化学成分	GB/T 4237
3	斜拉索密封罩化学成分	GB/T 699、GB/T 4237

6.3 成品斜拉索

6.3.1 斜拉索外观表面

斜拉索索体外观表面、锚具外观用目测方式检查。

6.3.2 护套厚度

在斜拉索索体灌锚之前取索体最小厚度处（两端六边形角上或者近似六边形角上）测量护套厚度。护套厚度偏差用游标卡尺在剥套部位测量。

6.3.3 直径

每根斜拉索在索体最大直径处，沿着圆周方向每间隔60°用游标卡尺测量一次。最大直径采用游标卡尺进行测量。

6.3.4 长度

6.3.4.1 每根斜拉索均应进行长度测量，长度测量应在稳定的均匀温度下避光进行。

6.3.4.2 斜拉索长度测量方法：经超张拉检验后（超张拉检验方法见附录D），卸载至20%的超张拉力时测量拉索长度。拉索基准温度下的无应力长度计算公式如下：

$$L_{\mathrm{CO}} = \frac{L_{\mathrm{CP}}}{1 + \dfrac{P_{20}}{EA} + \alpha(T - T_0)} \tag{1}$$

6.4 力学性能

6.4.1 弹性模量

6.4.1.1 每种规格型号的斜拉索至少有1根应测定其弹性模量,弹性模量测量应在超张拉后进行。

6.4.1.2 由 $0.2P_b$ 开始加载,每级加载 $0.1P_b$,持荷5min,直至 $0.5P_b$,加载速度 a 不大于 100MPa/min,弹性模量计算公式如下:

$$E = \frac{P_2 - P_1}{\Delta L_{\mathrm{P}}} \cdot \frac{L_{\mathrm{CP}}}{A} \tag{2}$$

6.4.2 静载性能

6.4.2.1 静载破断试验取3根试件为一组。试件宜取有代表性的大、中、小3种规格斜拉索各1根,试验拉索索体自由长度(不包括锚具内钢丝长度)不应小于3.5m。

6.4.2.2 试验方法如下:

a) 由 $0.1P_b$ 开始加载,每级 $0.1P_b$,持荷5min,加载速度 a 不大于 100MPa/min;
b) 加载到 $0.6P_b$,持荷10min,卸载至 $0.1P_b$ 后测量分丝板的回缩值;
c) 然后由 $0.1P_b$ 开始加载,每级 $0.1P_b$,持荷5min后测量每级索长变化;
d) 加载至 $0.8P_b$,持荷30min继续加载,每级 $0.05P_b$,持荷5min后测量每级的索长变化,直到 $0.95P_b$;
e) 卸载后测量分丝板回缩值,并记录试验中的异常情况。

6.4.3 疲劳性能

6.4.3.1 轴向疲劳性能

轴向疲劳试验取3根试件为一组。试件宜取有代表性的大、中、小3种规格斜拉索各1根。试验拉索索体自由长度(不包括锚具内钢丝长度)不应小于3.5m,轴向疲劳性能试验前试件应先经 $0.48P_b \sim 0.56P_b$ 超张拉。

轴向疲劳试验方法如下:

a) 将试件安装在试验设备上,并进行锚固;
b) 将试件超张拉到 $0.45f_{\mathrm{pk}}$;
c) 在 $0.45f_{\mathrm{pk}}$ 上限应力下,进行200万次循环脉动加载,频率不超过8Hz;
d) 拉索轴向疲劳试验应力幅值应根据拉索抗拉强度等级确定,见表12;

表12 拉索抗拉强度等级与疲劳应力幅值对照表

钢丝标准抗拉强度 (MPa)	钢丝疲劳应力幅值 (MPa)	拉索疲劳应力幅值 (MPa)
1 770	360	200
1 860	410	250
2 000	410	250

e) 试验过程中观察试件状况,如有异常现象发生,应记录发生异常位置、现象及当时脉冲计数;

f) 疲劳性能试验后,对同一试件进行$0.95P_b$轴向拉伸试验,试验过程中逐步、缓慢地增加荷载,加载速度a不大于100MPa/min。

6.4.3.2 拉弯疲劳性能

拉弯疲劳试验方法见附录E。斜拉索经轴向疲劳性能试验或拉弯疲劳性能试验,再进行轴向拉伸试验后,护套不应有损伤,且锚杯和锚圈旋合正常,拉索断丝率不应大于2%,若试验拉索规格型号小于150根钢丝,则允许断丝不大于3根,断丝不应发生在锚固区。

6.4.4 水密性能

6.4.4.1 静态水密性

从疲劳试验后的斜拉索中任取1根(未进行$0.95P_b$拉伸试验的拉索)进行静态水密性试验,试验方法见附录F。

6.4.4.2 动态水密性

任取1根与实际工程同规格的斜拉索进行动态水密性试验,试验方法见附录G。

7 检验规则

7.1 检验分类

7.1.1 型式检验

有下列情况之一时,应进行型式检验:
a) 新产品或老产品转厂生产的试制定型鉴定;
b) 结构、材料、工艺有改变,影响产品性能时;
c) 产品长期停产后,恢复生产时;
d) 出厂检验结果与上次型式检验有较大差异时;
e) 正常生产满3年时。

7.1.2 出厂检验

斜拉索出厂前应进行出厂检验,检验合格方可出厂,并应附检验结果。

7.2 检验项目

斜拉索型式检验和出厂检验项目见表13。

表13 型式检验和出厂检验项目

序号	检验项目	技术要求	试验方法	型式检验	出厂检验
1	锚杯和锚圈	5.1.4	6.2.4	+	+
2	冷铸锚固填料	5.1.5	6.2.5	+	+
3	附属构件	5.1.6	6.2.6	+	+
4	斜拉索外观表面	5.2.1	6.3.1	+	+
5	直径	5.2.2	6.3.3	+	+
6	护套厚度	5.2.2	6.3.2	+	+
7	长度	5.2.2	6.3.4	+	+

表 13(续)

序号	检验项目	技术要求	试验方法	型式检验	出厂检验
8	弹性模量	5.3.1	6.4.1	+	+
9	静载性能	5.3.2	6.4.2	+	—
10	疲劳性能	5.3.3	6.4.3	+	—
11	水密性能	5.3.4	6.4.4	+	—
注:"+"为需进行检验,"—"为不作检验要求。					

7.3 抽样

型式检验的斜拉索试件应采用与批量化生产相同的材料和工艺进行制作。

7.4 判定规则

7.4.1 每根斜拉索出厂检验应按表13序号1、2、4、5、6、7、8进行检验,如有一项未通过,该根斜拉索即为不合格品。序号8检验可按每种规格至少1根进行,如不符合标准要求时,应重新自该同规格产品中取双倍试样,对该不合格项目进行复检。当复检结果全部符合要求时,则判定该批产品为合格品;反之,则判定为不合格品或者对该规格拉索逐根检验其弹性模量。

7.4.2 附属构件应按表13序号3进行检验。如材料的机械性能和化学成分不符合标准要求时,应重新自该批产品中取双倍试样,对该不合格项目进行复检。当复检结果全部符合要求时,则判定该批产品为合格品;反之,则判定为不合格品。

7.4.3 斜拉索型式检验项目中有一项不合格,则需要重新选择原材料和制作工艺,重新制作试样进行型式检验。

8 标志、包装、运输和储存

8.1 标志

8.1.1 在每根斜拉索两端锚具连接筒上,应用红色油漆标明斜拉索编号与规格型号。

8.1.2 每根斜拉索应有合格标牌,要求:
a) 合格标牌和质量保证单相对应;
b) 合格标牌应牢固可靠地系于包装层外的两端锚具上;
c) 合格标牌上应注明斜拉索编号、规格型号、长度、质量、制造厂名、工程名称、生产日期等,字迹应清晰。

8.2 包装

8.2.1 斜拉索经出厂检验合格后独立包装,索体包装共两层:内层棉布、外层包覆纤维编织布。两端锚具涂防锈油脂、用聚丙烯薄膜及塑料纤维编织布双层包装后,再用三合一塑料编织套作整体包裹。

8.2.2 斜拉索以脱胎成盘或钢盘卷绕的形式包装,其盘绕内径视斜拉索规格而定,一般不小于20倍斜拉索外径。

8.2.3 每盘斜拉索采用不损伤拉索表面质量的材料捆扎结实,捆扎不少于6道。

8.3 运输

8.3.1 斜拉索运输时应垫防水材料,运输过程中应采取防水、防火措施。应避免易造成包装损坏的运输方式。

8.3.2 在运输和装卸过程中,应采取措施防止腐蚀或机械损伤。

8.4 储存

按要求包装后的斜拉索应平稳整齐堆垛,不应与地面直接接触,不宜户外存放,若户外存放应加防紫外线遮盖。同时,两端的锚具须有保护和固定措施。

附 录 A
（规范性附录）
索体断面排列图

索体断面排列图见图 A.1～图 A.31。

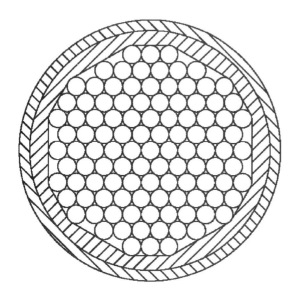

图 A.1　109 丝断面排列图

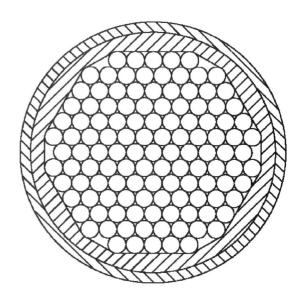

图 A.2　121 丝断面排列图

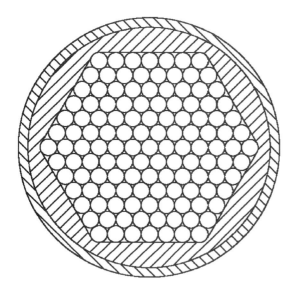

图 A.3　127 丝断面排列图

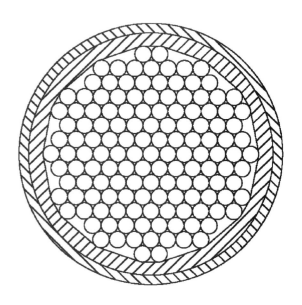

图 A.4　139 丝断面排列图

JT/T 775—2016

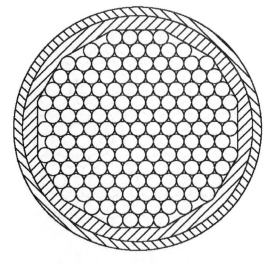

图A.5 151丝断面排列图

图A.6 163丝断面排列图

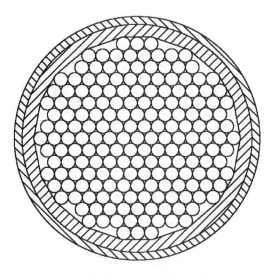

图A.7 187丝断面排列图

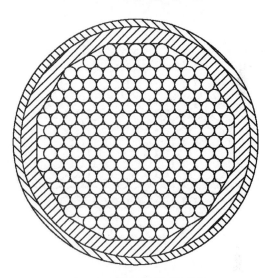

图A.8 199丝断面排列图

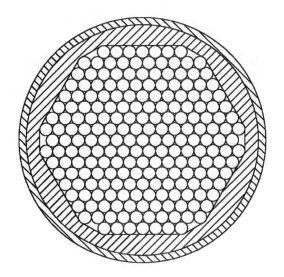

图A.9 211丝断面排列图

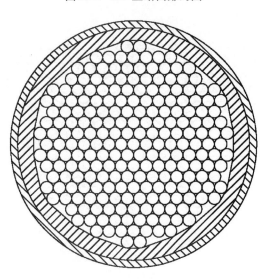

图A.10 223丝断面排列图

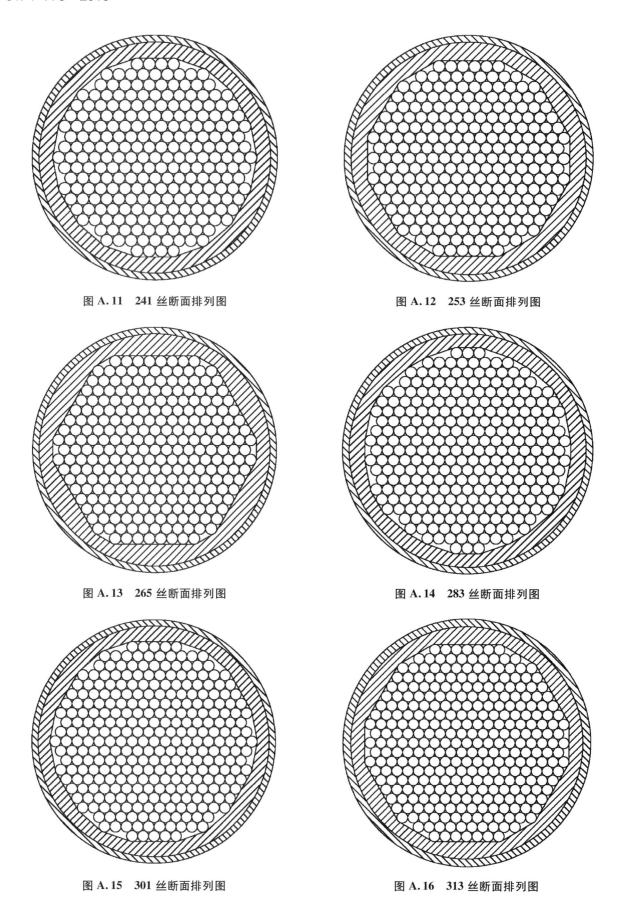

图 A.11　241 丝断面排列图　　　　　图 A.12　253 丝断面排列图

图 A.13　265 丝断面排列图　　　　　图 A.14　283 丝断面排列图

图 A.15　301 丝断面排列图　　　　　图 A.16　313 丝断面排列图

JT/T 775—2016

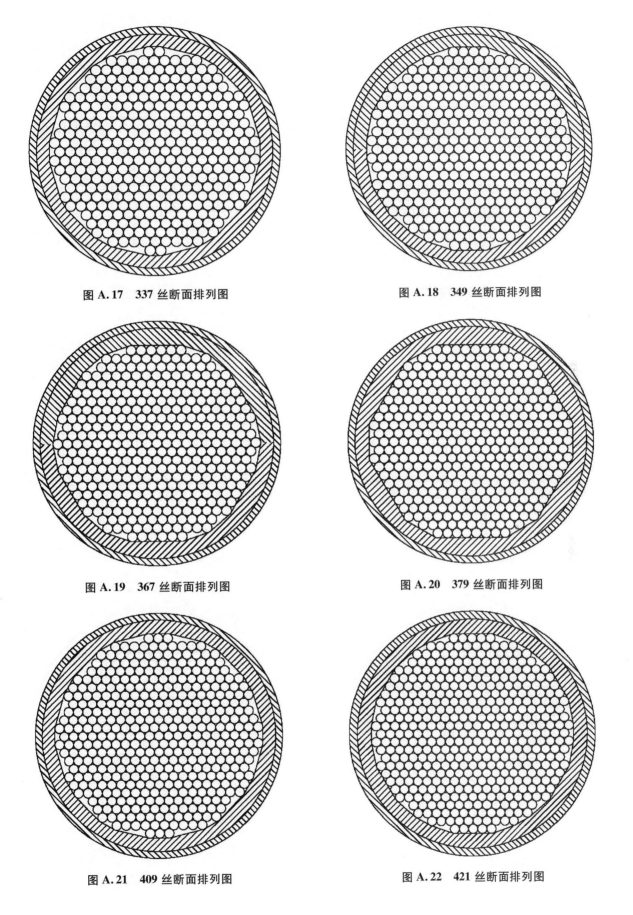

图 A.17　337 丝断面排列图　　　　　图 A.18　349 丝断面排列图

图 A.19　367 丝断面排列图　　　　　图 A.20　379 丝断面排列图

图 A.21　409 丝断面排列图　　　　　图 A.22　421 丝断面排列图

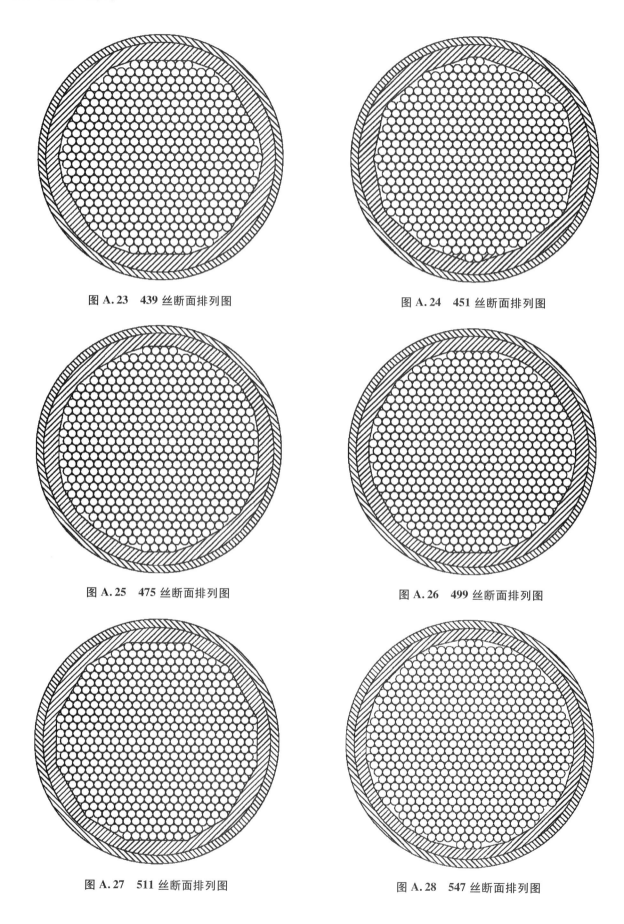

图 A.23 439 丝断面排列图　　　　　图 A.24 451 丝断面排列图

图 A.25 475 丝断面排列图　　　　　图 A.26 499 丝断面排列图

图 A.27 511 丝断面排列图　　　　　图 A.28 547 丝断面排列图

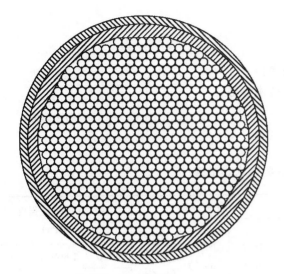

图 A.29 583 丝断面排列图

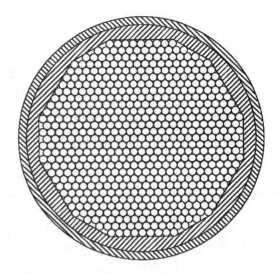

图 A.30 595 丝断面排列图

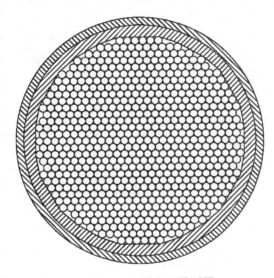

图 A.31 649 丝断面排列图

附 录 B
（规范性附录）
斜拉索索体主要技术参数

斜拉索索体主要技术参数见表 B.1。

表 B.1 斜拉索索体主要技术参数表

规 格	索体				裸索			钢丝标准抗拉强度 f_{pk}（MPa）		
	外径（mm）	护套层厚（mm）		单位质量（kg/m）	直径（mm）	面积（mm²）	单位质量（kg/m）	1 770	1 860	2 000
		内层	外层					破断索力 P_b（kN）		
LPES（ ）-7-109-□	99	5	4	35.3	81.1	4 195	32.9	7 425	7 802	8 390
LPES（ ）-7-121-□	103	5	4	39.2	84.9	4 657	36.6	8 242	8 661	9 313
*LPES（ ）-7-127-□	109	5	4	41.1	91.0	4 888	38.4	8 651	9 091	9 775
LPES（ ）-7-139-□	111	5	4	44.9	92.2	5 349	42.0	9 468	9 950	10 699
LPES（ ）-7-151-□	113	6	4	48.5	94.4	5 811	45.6	10 286	10 809	11 622
*LPES（ ）-7-163-□	118	6	4	52.3	98.8	6 273	49.2	11 103	11 668	12 546
LPES（ ）-7-187-□	125	6	4	60.0	105.0	7 197	56.5	12 738	13 386	14 393
LPES（ ）-7-199-□	130	7	4	64.0	108.0	7 658	60.1	13 555	14 245	15 317
*LPES（ ）-7-211-□	135	7	4	67.9	112.7	8 120	63.7	14 373	15 104	16 240
LPES（ ）-7-223-□	138	7	4	71.6	116.3	8 582	67.4	15 190	15 963	17 164
LPES（ ）-7-241-□	143	8	4	77.5	119.0	9 275	72.8	16 416	17 251	18 550
LPES（ ）-7-253-□	146	8	4	81.3	121.6	9 737	76.4	17 234	18 110	19 473
*LPES（ ）-7-265-□	151	8	4	85.2	126.6	10 198	80.1	18 051	18 969	20 397
LPES（ ）-7-283-□	153	8	4	90.6	129.0	10 891	85.5	19 277	20 257	21 782
LPES（ ）-7-301-□	156	8	4	96.2	131.5	11 584	90.9	20 503	21 546	23 168
*LPES（ ）-7-313-□	161	8	5	105.0	135.3	12 046	94.6	21 321	22 405	24 091
LPES（ ）-7-337-□	167	8	5	107.9	140.5	12 969	101.8	22 956	24 123	25 939
LPES（ ）-7-349-□	168	8	5	111.5	142.0	13 431	105.4	23 773	24 982	26 862
LPES（ ）-7-367-□	175	9	5	117.7	147.1	14 124	110.9	24 999	26 270	28 248
*LPES（ ）-7-379-□	177	9	5	121.4	149.1	14 586	114.5	25 817	27 129	29 171
LPES（ ）-7-409-□	183	9	5	130.9	154.5	15 740	123.6	27 860	29 277	31 480
LPES（ ）-7-421-□	187	10	6	135.4	155.2	16 202	127.2	28 678	30 136	32 404
LPES（ ）-7-439-□	193	10	6	141.1	161.0	16 895	132.6	29 904	31 424	33 789
LPES（ ）-7-451-□	197	10	6	144.8	165.0	17 357	136.2	30 721	32 283	34 713
LPES（ ）-7-475-□	198	10	6	152.3	166.0	18 280	143.5	32 356	34 001	36 560

表 B.1(续)

规 格	索体 外径 (mm)	护套层厚 (mm) 内层	护套层厚 (mm) 外层	索体 单位质量 (kg/m)	裸索 直径 (mm)	裸索 面积 (mm²)	裸索 单位质量 (kg/m)	钢丝标准抗拉强度 f_{pk}(MPa) 1 770 破断索力 P_b(kN)	钢丝标准抗拉强度 f_{pk}(MPa) 1 860 破断索力 P_b(kN)	钢丝标准抗拉强度 f_{pk}(MPa) 2 000 破断索力 P_b(kN)
LPES( )-7-499-□	201	10	6	159.8	168.5	19 204	150.7	33 991	35 719	38 408
LPES( )-7-511-□	206	10	7	164.1	172.1	19 665	154.4	34 808	36 578	39 331
LPES( )-7-547-□	211	10	7	175.2	177.3	21 051	165.3	37 260	39 155	42 102
LPES( )-7-583-□	216	10	7	186.2	182.4	22 436	176.1	39 713	41 732	44 873
LPES( )-7-595-□	220	10	7	190.3	185.8	22 898	179.8	40 530	42 591	45 797
LPES( )-7-649-□	226	10	7	206.8	192.2	24 976	196.1	44 208	46 456	49 953

注1：括号中表示钢丝标准抗拉强度。
注2：方框中表示钢丝类别。
注3：带*者为不推荐使用的规格型号。

附 录 C
（规范性附录）
锚具主要参数

锚具主要参数见表 C.1。

表 C.1 锚 具 主 要 参 数

规格型号	锚杯外径 B（mm）	锚杯长度 L_S（mm）	锚圈外径 C（mm）	锚圈高度 H（mm）	锚具质量 M（kg）	预埋管尺寸 D（mm×mm）
LM（ ）-7-109	225	430	305	110	120	$\phi 273 \times 11$
LM（ ）-7-121	240	450	310	135	140	$\phi 273 \times 11$
*LM（ ）-7-127	245	450	315	135	147	$\phi 273 \times 9$
LM（ ）-7-139	250	460	325	135	155	$\phi 273 \times 7$
LM（ ）-7-151	265	480	340	135	177	$\phi 299 \times 11$
*LM（ ）-7-163	270	510	350	135	192	$\phi 299 \times 8$
LM（ ）-7-187	285	520	380	155	231	$\phi 325 \times 10$
LM（ ）-7-199	300	540	385	155	253	$\phi 325 \times 7.5$
*LM（ ）-7-211	305	555	405	180	287	$\phi 351 \times 12$
LM（ ）-7-223	310	575	405	180	297	$\phi 351 \times 12$
LM（ ）-7-241	325	585	420	180	329	$\phi 351 \times 8$
LM（ ）-7-253	335	595	440	180	361	$\phi 377 \times 10$
*LM（ ）-7-265	340	610	445	200	387	$\phi 377 \times 10$
LM（ ）-7-283	345	635	450	200	402	$\phi 377 \times 10$
LM（ ）-7-301	360	645	475	200	452	$\phi 402 \times 10$
*LM（ ）-7-313	365	655	480	200	466	$\phi 402 \times 10$
LML（ ）-7-337	375	695	485	220	513	$\phi 402 \times 9$
LM（ ）-7-349	385	710	505	220	569	$\phi 426 \times 12$
LM（ ）-7-367	390	715	510	220	577	$\phi 426 \times 12$
*LM（ ）-7-379	400	725	530	220	627	$\phi 450 \times 12$
LM（ ）-7-409	415	755	540	245	703	$\phi 450 \times 10$
LM（ ）-7-421	420	775	545	245	728	$\phi 450 \times 10$
LM（ ）-7-439	425	785	560	245	758	$\phi 465 \times 10$
LM（ ）-7-451	430	790	560	245	775	$\phi 465 \times 10$
LM（ ）-7-475	445	815	580	265	861	$\phi 480 \times 10$
LM（ ）-7-499	455	830	600	265	924	$\phi 500 \times 12$
LM（ ）-7-511	460	835	605	265	956	$\phi 500 \times 10$
LM（ ）-7-547	470	880	610	265	1 019	$\phi 500 \times 10$

表 C.1（续）

规格型号	锚杯外径 B（mm）	锚杯长度 L_S（mm）	锚圈外径 C（mm）	锚圈高度 H（mm）	锚具质量 M（kg）	预埋管尺寸 D（mm×mm）
LM（ ）-7-583	490	905	640	310	1 177	$\phi530×10$
LM（ ）-7-595	495	910	645	310	1 206	$\phi530×10$
LM（ ）-7-649	515	940	670	310	1 333	$\phi550×10$

注1：不同索体抗拉强度所用锚具材质见表4。
注2：括号中表示钢丝标准抗拉强度。
注3：带*者为不推荐使用的规格型号。

附 录 D
（规范性附录）
斜拉索超张拉检验

D.1 基本要求

每根斜拉索均应经过超张拉检验。超张拉后，锚具的分丝板回缩值不应大于锚杯铸体长度的2%，锚圈与锚杯的旋合不受影响。超张拉力取1.1~1.4倍设计索力，超张拉力允许调整到最接近的50kN的整数倍，具体取值方法如下：

a) 设计索力小于或等于3 000kN时取1.4倍；
b) 设计索力大于3 000kN小于6 000kN时，取1.3倍；
c) 设计索力大于或等于6 000kN小于10 000kN时，取1.2倍；
d) 设计索力大于等于10 000kN时，取1.1倍。

D.2 超张拉检验方法

超张拉检验步骤如下：

a) 将拉索锚具水平放置在反力架上，固定好锚具，使用液压千斤顶作为加载装置；
b) 在锚具尾部选3个钢丝镦头作测点，3个测点至锚具中心的距离应大致相等，并互成120°；
c) 以锚杯外端面为基准，用深度卡尺测出测点至基准面的垂直距离；
d) 超张拉力分5级加载，加载速度 a 不大于100MPa/min；
e) 加载后再次测量测点至基准面的垂直距离，3个测点平均值前后两次的差为在该荷载下锚板的回缩值。

附 录 E
（规范性附录）
拉弯疲劳试验

E.1 基本要求

拉弯疲劳试验允许以较小规格的试验索做模拟试验，但钢丝根数不少于组成最大规格斜拉索的钢丝总数的20%。试验取3根试件为一组，试验拉索索体自由长度（不包括锚具内的钢丝长度）不应小于3.5m。

E.2 试验方法

拉弯疲劳的试验方法包括以下两种：

a) 在试验索的中心位置施加外力 F，使索体偏离锚具中心线，角向偏移为10mrad（设备容许时，推荐采用 5mrad±5mrad 周期性变化的弯曲角度，频率可与拉索两端施加的脉动荷载一致），然后进行 2.0×10^6 次的循环脉动加载，见图 E.1；

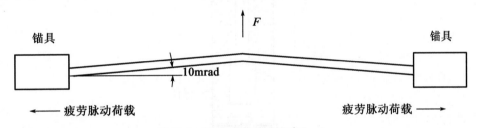

图 E.1 拉弯疲劳试验示意（一）

b) 在试验索锚具端面上采用10mrad的楔形垫板，使索体中心线与锚具中心线偏离，形成10mrad的角度，然后进行 2.0×10^6 次的循环脉动加载，见图 E.2。

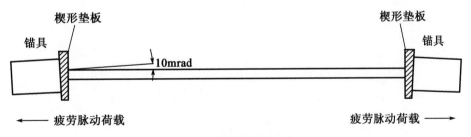

图 E.2 拉弯疲劳试验示意（二）

附 录 F
（规范性附录）
静态水密性试验

静态水密性试验装置见图F.1。

从经轴向疲劳试验后的3根斜拉索中取一根斜拉索浸入有颜色的水中，水平面至索体与锚具连接部位的水深不小于3m，静止放置96h后将斜拉索取出，解剖索体及锚具的连接部位，目测有无进水现象。

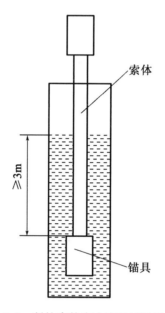

图F.1 斜拉索静态水密性试验示意

附 录 G
（规范性附录）
动态水密性试验

G.1 基本要求

斜拉索组件应采取与实桥等比例的模型进行动态水密性试验，试验水深不小于3m。

G.2 试验装置

试验装置见图G.1。

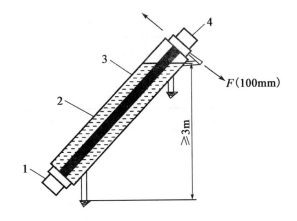

说明：
1——锚具；　　3——水（20℃~70℃）；
2——支架；　　4——轴向千斤顶（$0.2P_b$~$0.5P_b$）。

图G.1 斜拉索动态水密性试验装置示意

G.3 试验方法

在模型斜拉索生产过程中，在斜拉索钢丝与高强聚酯纤维带之间、护套与钢丝之间及护套与热收缩套之间放入指示试纸。然后按照以下步骤进行试验，见图G.2。

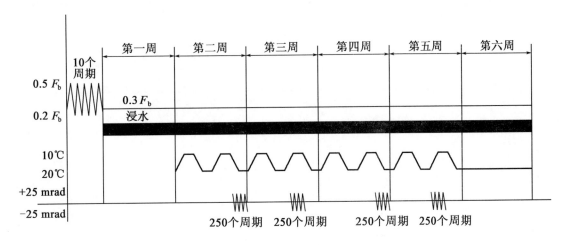

图G.2 斜拉索动态水密性试验过程示意

a) 在环境温度下,对斜拉索进行 10 个周期的 $0.2P_b \sim 0.5P_b$ 的轴向循环加载,循环加载完成后,保持斜拉索轴向载荷为 $0.3P_b$;

b) 确认斜拉索与试验支架完全密封后,向试验支架内注满水,保持水深大于 3m,在环境温度状态下保持一周;

c) 然后水温从 20℃ ~70℃ 进行热循环变化,每周两次,连续进行 8 次循环,一个热循环过程为:在 24h 内由 20℃ 逐步上升至 70℃→保持 70℃±5℃ 的温度 24h→在 12 h 内由 70℃ 逐步下降至 20℃→保持 20℃±5℃ 的温度 24h;

d) 进行热循环的同时,在水温处于特定温度时,每周对斜拉索进行一次 250 个周期的横向位移加载,行程为 200mm,共 4 次;

e) 在环境温度下静置 1 周;

f) 解除索力,拆下斜拉索,对其进行解剖,检查索体内指示试纸的变色情况。

西安中交土木科技有限公司
CCCC Civil Engineering Science & Technology Co., Ltd.

西安中交土木科技有限公司是中国交建集团旗下专职产业化机构，专职负责交通运输行业优秀科技成果（桥隧构件产品、道桥材料产品和工程软件系统等）的二次开发、技术转化和市场运营，并同时承接各类工程技术研究和设计咨询业务，为土木工程领域提供集成解决方案和专业技术服务，是高起点发展、高平台运营的高新技术企业。

公司依托陕西省重点科技创新团队计划、陕西省公路交通防灾减灾重点实验室、博士后科研工作站、陕西省技术转移示范机构等，陆续承担了国家及省部级桥梁防减灾类30余项科研课题。主编了桥梁减隔震装置领域纲领性行业标准《桥梁减隔震装置通用技术条件》（JT/T 1062-2016）、桥梁防撞领域行业标准《桥墩附着式柔性防车撞装置》（JT/T 1061-2016）。"公路桥梁减隔震装置研究"项目荣获了中国公路学会科学技术一等奖，"公路安全风险识别、防控技术及装备"项目荣获陕西省科学技术一等奖。

主要研发方向包括：桥梁柔性耗能防船（车）撞关键技术研究、基于材料阻尼的桥梁抗震与减隔震成套技术研究、桥隧环保型耐久防护提升关键技术研究。研发的相关成果已在全国近百个重大工程项目中成功应用，取得良好的社会经济效益。

广西红水河大桥

吉林中朝圈河大桥

湖南湘潭竹埠港湘江大桥

陕西西宝西潼高速公路

天水市罗家沟大桥

汉中至陕川界高速公路

青岛胶宁高架桥

宝汉高速公路隧道

西安中交土木科技有限公司
CCCC Civil Engineering Science & Technology Co., Ltd.

地址：中国·西安市高新区科技四路205号　　邮编：710075
电话：+86 29 88851152　　　　　　　　　　传真：+86 29 88609353
网址：Http://www.vCivil.com
邮箱：CEST@vCivil.com

河北宝力工程装备股份有限公司
HEBEI BAOLI ENGINEERING EQUIPMENT CORPORATION LIMITED

科/技/创/新/领/先 诚/信/经/营/为/本

河北宝力工程装备股份有限公司（原"衡水宝力工程橡胶有限公司"）创建于1993年，现地处衡水市高新技术开发区，总占地面积达96万平方米，员工3000余人，其中中高级专业工程技术人员150余人，年生产能力可实现20亿人民币。

宝力公司是我国首批通过铁路支座产品CRCC认证，并通过交通产品CCPC认证和ISO9001质量管理体系认证的企业。公司的检测设备先进齐全，检测中心获得了CNAS认可。公司多次被河北省工商行政管理局授予"守合同重信用企业"，荣获"全国守合同重信用企业"、"河北省政府质量奖"、"中国驰名商标"等称号。

宝力公司主要从事板式橡胶支座、盆式橡胶支座、圆柱面支座、球型支座、橡胶止水带、桥梁伸缩装置、速度锁定器和阻尼器等产品的生产、销售和服务，是河北宝力集团公司的核心企业。多年来，公司产品已广泛应用于公路建设、铁路建设、水利建设、市政建设及化工、造纸、通信、电力、海港、航空和轨道机车行业。产品销往全国二十几个省、自治区、直辖市，市场占有量位居同行业前列，并出口德国、韩国、日本、缅甸等国家。

同球向双球面减隔震支座

超耐蚀球型支座

桥梁转体球铰装置

浅埋模数式伸缩装置

无泄漏黏滞流体阻尼器

平面移动类机械式停车设备

地址：河北省衡水市开发区北方工业基地橡塑路13号
电话：0318-7950998 7091666
传真：0318-7952199   邮编：053000
邮箱：baolishichangbu@126.com
www.baoligufen.com

上海彭浦橡胶制品有限公司

上海彭浦橡胶制品有限公司设有3个生产车间和1个检测中心，生产和检测设备先进齐全。公司按照ISO9001：2015标准建立完善并实施质量管理体系，并通过挪威船级社（DNV）质量体系认证和交通产品认证（CCPC）；同时取得了生产桥梁支座和橡胶止水带的《全国工业产品生产许可证》，是具备一定生产规模和较强加工能力的正规化企业。我公司主编的交通运输行业标准《公路桥梁波形降噪板式橡胶伸缩装置》已完成报批稿报批。

上海彭浦橡胶制品有限公司严格按照交通运输行业标准JT/T 4生产GJZ、GYZ公路桥梁板式橡胶支座，按照JT/T 391生产GPZ、JPZ公路桥梁盆式橡胶支座，按照JT/T 327生产各类模数式、梳齿板型桥梁伸缩装置；按照国家标准GB 17955生产球型钢支座，按照GB 18173.2生产各类橡胶止水带。产品种类众多，规格齐全，广泛应用于公路和铁路桥梁、城市高架道路、立交桥、地铁、隧道、水利建设等各种工程中，为著名的上海杨浦大桥、徐浦大桥、卢浦大桥、地铁1号线和2号线以及南京长江二桥等重大工程配套了大量的产品。产品遍及全国多个省、自治区、直辖市，并已出口到非洲、东南亚等地区，在国内外具有一定的知名度，是国内外交通工程客户优先选择的厂家之一。

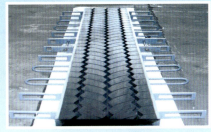

公路桥梁波形降噪板式橡胶伸缩装置

桥梁高性能板式减震橡胶支座

QZ型球型钢支座

竖向承载力为3500吨的QZ球型钢支座应用于上海卢浦大桥

主跨为550米的上海卢浦大桥采用本公司生产的GQF—MZL480型桥梁伸缩装置

公司与经营部地址：上海市江场西路1577弄E座三楼
电话：021-56689222　　　传真：021-66518115　　　邮编：200436
生产基地地址：江苏省太仓市浮桥镇浏家港港口开发区滨洲路9号
电话：0512-53378016　　　传真：0512-53378016　　　邮编：215433
E-mail:sprp@vip.163.com　　　http://www.shpengpurubber.com.cn

真势兴技术股份有限公司

——预应力塑料波纹管及连接件，真空密实灌浆产品和方案提供者

预应力塑料波纹管及连接件

预应力钢绞线成品束

真势兴技术股份有限公司是从事预应力产品、施工和检测的科技开发公司。公司和天津鑫坤泰预应力专业技术有限公司主编交通运输行业标准JT/T 861-2013《桥梁成品预应力钢绞线束》和JT/T 529-2016《预应力混凝土桥梁用塑料波纹管》，为解决预应力钢绞线应力不均匀和孔道灌浆不密实提供了解决方案。特别是新发布的预应力塑料波纹管及连接件，真正实现了孔道密封和真空灌浆。近五年，产品应用于南水北调11座大桥、天津外环高架桥、合肥南淝河大桥等多个重点工程，提高了施工效率，保障桥梁质量和安全。

我公司拥有专项施工设备20余台，满足不同施工环境要求。近期主编交通运输行业标准《桥梁用缓黏结预应力钢绞线及专用锚具》和《桥梁监测用智能绞线》已完成报批和征求意见。我公司竭诚与国内外同行携手合作，为交通行业的发展贡献力量。

预应力塑料波纹管设计院设计模板（如需电子版，请与我单位联系）：

一、设计采用的主要规范和依据
　　《预应力混凝土桥梁用塑料波纹管》（JT/T 529-2016）
二、主要材料的选用
　　塑料波纹管
（1）预应力孔道应采用塑料波纹管管节及其配套的管节接头（在构造合适的部位设置带排气孔接头），连接接头（塑料喇叭管）组成的全密封管道。
（2）管节、管节接头、连接接头（塑料喇叭管），应做尺寸、灰分、氧化诱导时间、抗老化性、纵向荷载、密封性、拉伸性能、拉拔力、抗冲击性、局部横向荷载项目检测，应符合《预应力混凝土桥梁用塑料波纹管》（JT/T 529-2016）的检测项目（表8）的要求。连接接头（塑料喇叭管）与锚垫板连接，锚垫板喇叭口端应精加工，以达到塑料喇叭管与锚垫板相匹配。塑料波纹管管节及其配套连接接头生产厂家的生产工艺和质量管理水平不低于CCPC认证（交通产品认证）要求。
（3）预应力塑料波纹管安装过程见下图。

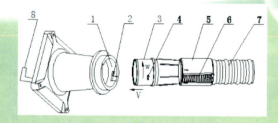

说明：
1—锚垫板小口端；　　　5—塑料波纹管管节接头；
2—锚垫板小口端卡槽；　6—锁紧楔形插板；
3—塑料喇叭管；　　　　7—塑料波纹管管节；
4—定位键（件）；　　　8—锚垫板灌浆口。

安装顺序：

1. 塑料波纹管管节和管节之间使用管节接头，用锁紧楔形插板紧固连接。
2. 塑料波纹管管节和锚垫板之间使用塑料喇叭管连接。塑料喇叭管上有两个定位键（件），在锚垫板小口端内壁加工有两个对应的卡槽，定位键（件）可以沿卡槽向里插进，到底后旋转卡紧塑料喇叭管和锚垫板。
3. 孔道施工完成后，为保证真空灌浆，需对施工完孔道进行密封性检测，保证孔道内真空度不大于-0.07MPa，排除破损漏气等问题。

（4）预应力孔道灌浆完成后，应按DB14/T 1109-2015《桥梁预应力孔道注浆密实度无损检测技术规程》规定，做孔道密实度检测，以确保预应力孔道灌浆密实。

安全　公益　民生

地址：天津市西青开发区海泰发展五道16号楼
联系电话：15122675688　师琳
　　　　　18322631919　牛坡

深州市工程塑料有限公司
SHENZHOU ENGINEERING PLASTICS CO LTD

公司简介
Company Profile

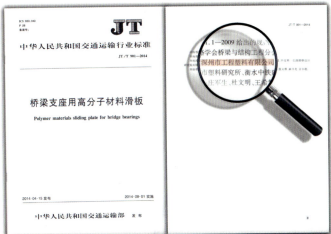

深州市工程塑料有限公司是中国塑协氟塑料加工专业委员会副理事长单位，是我国北方规模较大的氟塑料加工企业，河北省高新技术企业。

主要产品：聚四氟乙烯系列制品；改性聚四氟乙烯与改性超高分子量聚乙烯桥梁支座用滑板；SF-1三层复合材料滑板等。产品广泛应用于桥梁建筑、军工、环保、机械、电气电子等领域。

公司工艺设备先进，技术力量雄厚，具有完备的质量检测手段，有多年的生产实践经验，并不断开展技术、产品创新。其中聚四氟乙烯板材荣获"河北省名牌产品"称号，铁路客运专线桥梁支座用高分子材料滑板被评为"国家重点新产品"并获得"河北省科学技术进步奖"和"中国轻工业联合会科学技术进步奖"；公司《远征》牌商标获得"河北省著名商标"荣誉。

研发实力
Research & Development

深州市工程塑料研发中心是专业从事工程塑料研究的机构。被认定为"河北省特种工程塑料工程实验室""河北省特种工程塑料加工应用工程技术研究中心"和"衡水市特种工程塑料工程技术研究中心"，是清华大学研究生实践基地。

研发中心坚持与高等院校、科研院校合作，走产、学、研结合的路子，先后同清华大学、西安交大、华北电力大学、河北科技大学、铁科院、铁专院、北京塑料研究所等单位建立起了良好的合作关系。

近年来，研发中心在工作中取得了良好的业绩。研制开发出桥梁支座用改性聚四氟乙烯滑板新产品，填补国内空白。我们以研发中心为技术依托，主持起草了交通运输行业标准JT/T 901-2014《桥梁支座用高分子材料滑板》。此标准部分吸收了欧标要求，达到国内领先水平，为推动我国桥梁支座滑板的规范化、提升产品品质起到了促进作用。

地址：河北省深州市经济开发区博陵东路106号　网址：www.yuanzhenggroup.com　电话：0318-6170995

博泓防撞　船桥双保障
国内复合材料桥梁防撞设施设计、制造单位

江苏博泓新材料有限公司是复合材料桥梁防撞设施设计、制造的高新技术企业。现已成功完成国内40余座大型桥梁防撞项目，正在跟踪设计的复合材料防撞设施的桥梁达200余座。设计及制造经验丰富，普遍获得客户好评。

旗下企业**江苏天御海工新材料科技有限公司**，秉承自主创新的理念，专业从事绿色水运、海洋工程及港口建筑新材料的研发、生产和销售。所研发设计的多项港口海工新型复合材料产品，已在洋山深水港第四期工程建设中成熟应用，为绿色节能新材料在海港码头的推广应用迈出了坚实的一步。

润扬大桥防撞保护项目

黄冈大桥防撞保护项目

朱泖河航道桥防撞保护项目

FRP多层支架与平台－上海洋山港项目

FRP围网栏－上海洋山港项目

FRP人行桥－上海洋山港项目

www.sh-bohom.com

江苏博泓新材料科技有限公司 | **江苏天御海工新材料科技有限公司**
Jiangsu Bohong New Materials Technology Co.,Ltd | Js Tianyu Marine New Material Technology Engineering Co.,Ltd

地址：江苏省常州市钟楼区常金大桥下东堍南侧150米
电话：0519-89996758　　传真：0519-89996766　　网站：www.sh-bohom.com

衡水中铁建

- 通过中铁铁路产品CRCC认证、生产许可证认证
- 取得多项河北省科技成果
- 中心试验室通过CNAS认证
- "群力""耐久"商标被认定为中国驰名商标
- 橡胶减震与密封件、桥梁橡胶支座、防水材料、锻造产品被评为"河北省名牌产品"
- 被认定为高新技术企业、河北省认定企业技术中心
- 承办了河北省交通工程配套产品产业技术研究院、河北省路桥减震降噪工程技术研究中心、中国交通工程配套产品产业创新联盟
- 主要从事交通工程用桥梁抗震隔震装置、吸音降噪装置、隧道止水防水材料、铁路车辆勾缓系统、重型装备链式行走系统等产品的研发、制造和服务

桥梁工程功能构件产品

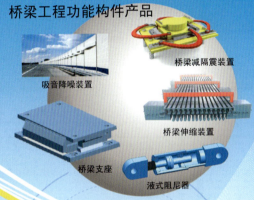

吸音降噪装置　桥梁减隔震装置　桥梁伸缩装置　桥梁支座　液式阻尼器

隧道、地下工程建筑防水产品

改性沥青防水卷材　防水板　自粘防水卷材　止水带

重型装备铸锻构件

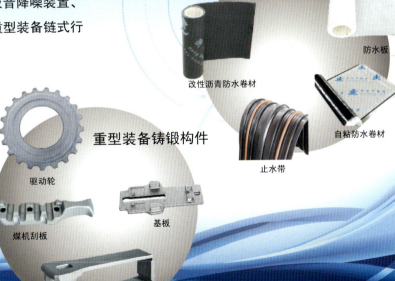

驱动轮　煤机刮板　基板

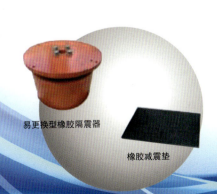

易更换型橡胶隔震器　橡胶减震垫

地址：河北省衡水市桃城区北方工业基地橡塑路1号　邮编：053000
电话：0318-2210066　传真：0318-2210009
网址：www.zhongtiejian.com

威胜利工程有限公司
VSL ENGINEERING Corp., Ltd

泰国IRR项目

威胜利工程有限公司是合肥四方工程机电有限责任公司与VSL国际有限公司在中国合资成立的中外合资企业，经营范围包括制造、销售和安装预应力后张法群锚及相关设备，制造、销售和安装桥梁结构塑料橡胶制品、阻尼器、预制挡土墙、岩土锚等，并提供专项工程设计、施工和技术服务、咨询。

武汉二七长江大桥

威胜利工程有限公司通过引进和吸收VSL国际的先进技术，在国内推出钢绞线群锚系统、真空辅助压浆工艺、体外预应力体系及钢绞线斜拉索体系，其中VSLSSI2000无黏结钢绞线斜拉索体系具有施工安装简便，抗疲劳性能良好，防腐性能可靠，可实现单根换索等特点。

汝郴高速公路赤石特大桥

威胜利工程有限公司先后参与了很多重点桥梁工程的建设项目，如福建青州闽江大桥、江苏润扬长江公路大桥、重庆菜园坝长江大桥、东海大桥、南京第四长江大桥、武汉二七长江大桥、汝郴高速公路赤石特大桥、安徽望东长江大桥等工程，其中重庆马桑溪长江大桥、宜昌夷陵长江大桥工程荣获"鲁班奖"。

安徽望东长江大桥

地址:安徽省合肥市芙蓉路662号
ADD:662 Furong Road, Hefei 230601, Anhui, China
Tel:+86 551 63822918   Fax:+86 551 63822878
E-mail:market@vslchina.com.cn
网址:www.vslchina.com.cn

精益求精 品质优先 让顾客满意

体外索系统

钢绞线群锚系统

钢绞线斜拉索安装

北京支盘地工科技开发中心
北京中航港地工科技有限公司

北京支盘地工科技开发中心、北京中航港地工科技有限公司，是从事挤扩支盘桩设计施工的科技开发公司。公司2013年主编交通运输行业标准JT/T 855-2013《桥梁挤扩支盘桩》，为挤扩支盘桩设计和施工提供了依据。近五年来，先后在宁波绕城高速公路、广东潮汕环线高速公路、河北滹沱河大桥、唐山市外环路、北京地铁13号线、天津滨海国际机场、珠海横琴总部大厦等工程运用了挤扩支盘桩共20多万根，有效地提高了桩基承载力，减短了桩长，缩短了工期，降低了工程造价，经济效益和社会效益显著。

我公司拥有带有分支和承力盘的桩用成孔设备专利，工法4项，拥有适应不同地质情况下近百台挤扩支盘成桩设备。近期主编的交通运输行业标准《浅层地基用混凝土陀螺桩技术要求》已完成报批稿。我公司竭诚与国内外同行携手合作，开创更加美好的明天。

支盘桩　　　　　　支盘挤扩设备

桥梁工程　　　　　　　　　建筑工程

支盘桩施工

广东潮汕环线高速公路试桩

珠海横琴总部大厦

漳州污泥消化池

宁波绕城高速公路

河北滹沱河大桥

天津滨海新区北疆电厂

绿色　科技　节能　环保

地　　址：北京海淀区阜石路甲69号院10号楼一层　　　联系人：裴晓峰 +86 136-2080-6660　郭海龙 +86 159-1066-0201
基地地址：天津市滨海新区大丰路88号　　　　　　　　　　　　霍静林 +86 137-1766-8708　阴泽明 +86 137-5276-6066
联系电话：010-56527553　010-64285503

巨力索具股份有限公司
JULI SLING CO.,LTD.

公司简介

巨力索具股份有限公司始建于1985年，32年专注于索具研发制造。
是规模大、品种齐全、制造专业的索具制造公司，占据中国索具行业"品牌"的主导地位。
在总部建立了：索具技术研发、索具生产制造、索具检测实验三大基地。
拥有：博士后科研工作站，河北省吊索具工程技术研究中心。
成为了：中国吊索具行业的先锋！索具行业标准的制订者！巨力索具不仅销
售索具产品，更重要的是为客户提供吊装技术方案，解决吊装难题！
2010年1月26日巨力索具在深交所成功上市，成就了巨力索具产业大发展、快发展，见证了巨力索具迈进成为全能索具制造公司。
巨力人：用心建造中国人自己的索具行业，在中国创造世界的巨力，在世界创造中国的巨力！
愿景：做吊索具典范，成为世界先进吊索具的主导者！
使命：创造世界上卓越的全能索具，让世界轻松起来！
宗旨：以市场为导向，以客户为关注焦点，以创造企业价值为核心！
战略：依靠自主研发、技术进步、科技创新、市场创新和严格的精益管理，成为世界上规模大、品种全、制造精的吊索具制造公司！

清水河大桥

吉安白鹭大桥

贵州芙蓉江大桥

临江门大桥

集团总部(Headquarter)
电话(Tel):0312-8999999
传真(Fax):0312-8555555
公司网址:http://www.juligroup.com
公司邮件(E-mail):juli@juligroup.com

(Ex.Dept):
Tel:+86-312-8588888
Fax:+86-312-8788888
地址:中国·河北·保定·徐水巨力路
Address:XuShui Juli Road BaoDing City Heibei P.R.C

南京辰顺交通科技有限责任公司

热烈庆祝我公司主编的交通运输行业标准 JT/T 892-2014《公路桥梁节段装配式伸缩装置》公布实施三周年！

公路桥梁节段装配式伸缩装置
——FSS 系列伸缩装置的主要特点与应用

A 北京三环桥梁维修 FSS80M

B 宿迁新建运河景观桥 FSS160、240

C 安徽天长 S312 无尘伸缩缝 FSS40W

特点 1　防腐措施先进

FSS 系列采用先进防腐技术措施，增强了构件的防腐性能，有效防止混凝土的早期胀裂损坏；尤其适合于沿海多盐雾地区和高原盐碱地区、高日照地区，利于延长整体使用寿命。

特点 2　防水功能优越

FSS 止水带断面采用了穿拉式止水带，设有止口截面，密封闭水性能更加可靠。

特点 3　锚固性能可靠

FSS 锚板结构独特，减小焊缝与混凝土之间的酸碱中和效应，容易形成 PBL 剪力键，与混凝土连接坚固，维修作业中减少对桥梁锚具冲击损坏的隐患。

特点 4　运输成本低廉

采用节段装配式分节备产，适于物流配运，减少用户成本。

特点 5　施工环节便利

产品制造中标准节设有对接榫口或对接衬套，利于分幅、分车道施工。

特点 6　利于环保自洁

梁体设有圆弧过渡截面，有利于带走行车掉落的较大坚硬异物，利于自洁，尤其设防尘胶条的规格可减少清扫养护。

特点 7　维护特点美观、降噪、减跳

特点 8　模数综合特点变位性能好

具有抗行车制动功能，同时兼具普通栅格式和铰接式的功能。

地　　　址：南京市秦淮区江宁路 5 号 C-1101　　　邮编：210006
工厂地址：江苏盱眙经济技术开发区 虎山路 8-3　　　邮编：211700
电话（FAX）：公司 025-52305764　工厂 0517-88298078
电子邮箱：csjtkj.chen@163.com　　　网址：http://www.njchenshun.com

江苏省公路学会驻南京辰顺交通科技有限责任公司科技服务站
地址：南京市虎踞关路 1 号宇田大厦 6 楼
邮编：210024　　　　　　　　　　　　　　TEL：025-84209912

MS系列阻尼减振多向变位梳齿板伸缩装置是由中交第一公路勘察设计研究院有限公司及西安中交万向科技股份有限公司共同研发的新型桥梁伸缩装置。伸缩装置通过"球面副""U型螺栓""减振结构""变位箱"实现伸缩装置的多向变位功能。尤其是"减振结构"的设计，使桥梁伸缩装置的受力弱化及减缓，大幅提高了桥梁伸缩装置的使用寿命。同时模块化的设计将伸缩装置整体结构分解，受力结构独立，便于桥梁伸缩装置的维修，可以在不中断交通的情况下快速维修更换，更符合现代交通的发展理念。

JT/T 1064-2016
《桥梁阻尼减振多向变位梳齿板伸缩装置》

行业标准推荐产品

MS Ⅰ型伸缩装置　　MS Ⅱ型伸缩装置

MS系列伸缩装置已经在G65杭瑞高速公路（贵州境）抵母河大桥、总溪河大桥，G2012定武高速公路（宁夏境）沙坡头黄河大桥，G69银百高速公路（陕西境）三水河大桥，G12珲乌高速公路（吉林境）长新高架桥，黑龙江省木兰松花江公路大桥，准兴高速公路（内蒙古境）柳林滩黄河大桥等项目应用。通车至今，所安装桥梁伸缩装置均无损坏情况发生，得到社会各界的一致好评。

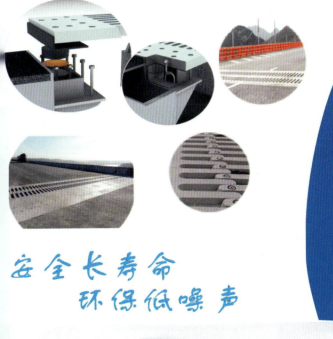

西安中交万向科技股份有限公司
CCCC UNIVERSAL SCIENCE & TECHNOLOGY CO., LTD.

地址：中国·西安市临潼区代新工业园
电话：+86-29 6333 9966　　400 659 9966
传真：+86-29 81371968
邮编：710075
邮箱：vip@zjwxkj.com
网址：www.zjwxkj.com

安全长寿命
环保低噪声

江阴华新钢缆有限公司

标准引领市场 品质铸造辉煌

公司简介

江阴华新钢缆有限公司公司成立于1992年底，主要从事公路、桥梁、水利枢纽、码头、山体护坡、煤矿支护、LNG、核电站核岛安全壳等预应力产品的设计、生产、销售和服务，是江苏省知识和技术密集型企业、高新技术企业。

主要产品

预应力混凝土用钢丝、钢绞线、钢棒，桥梁缆索用热镀锌铝钢丝、热镀锌钢绞线，桥梁拉索用有涂层七丝钢绞线，无黏结预应力钢绞线，环氧涂层七丝预应力钢绞线，缓黏结钢绞线，桥梁缆索用S形缠绕热镀锌钢丝等十大系列产品。

凭借先进的装备、服务创新的理念、20年的耕耘开拓，几大系列产品均处于行业前沿，在参与建设一个又一个国家重点项目中延续着辉煌的业绩。

公司主笔起草、参与修订多项国家标准、行业标准：
桥梁主缆缠绕用S形热镀锌或锌铝合金钢丝GB/T 34106-2017、
预应力热镀锌钢绞线GB/T 33363-2016、
桥梁缆索用热镀锌钢丝GB/T 17101-2008、
桥梁用热镀锌铝合金钢丝JT/T 1104-2016、
桥梁用热镀锌铝合金钢绞线JT/T 1105-2016。

产品遵照GB、ASTM、ISO、BS、EN、KS等国际先进标准执行，生产制造完全标准化管理，WALSIN品牌"华丽神"享誉国内外市场。商标注册编号：第1309509号。

主要代表项目

（悬索桥：5mm系列镀锌丝）广东虎门大桥、江阴长江大桥、润扬长江公路大桥、南京四桥、厦门海沧大桥、宜昌长江公路大桥、刘家峡大桥、鹅公岩大桥、武汉鹦鹉洲大桥、贵州清水河大桥、武汉阳逻长江大桥、泰州长江大桥、虎门二桥、武汉杨泗港长江大桥……

（斜拉桥：PE镀锌钢绞线）武汉二七长江大桥、武汉四环线、安徽铜陵长江大桥、湖南赤石特大桥、宜昌夷陵大桥、重庆马桑溪大桥、云南景洪大桥、望东长江大桥、芜湖二桥体外索……

（斜拉桥：7mm镀锌钢丝）胶州湾跨海大桥、南京二桥、南京三桥、武汉天兴洲公铁两用桥、武汉白沙洲大桥、迎客大桥、公安桥、福建漳州战备大桥、上海卢浦大桥、杭州湾跨海大桥、钱江通道、朝天门大桥、贵广南广项目、黄冈桥、汉江三桥、商合杭铁路芜湖长江公铁大桥、沪通长江大桥……

（PC绞线）沪宁城际铁路、杭宁高速公路、西堠门大桥、杭甬高速公路、甬台温高速公路（铁路）、沈大高速公路、北京五环、北京轻轨、北京地铁、京珠高速公路、云南水麻高速公路、甘肃白兰高速公路、青海马平高速公路、吐大高速公路、青藏铁路、广东台山核电站、福清核电站等300多个项目。

无锡市弘谷振控技术有限公司
WUXI Grand Valley Shock Control Technology Co.,Ltd.

致力于拉索振动控制　　斜拉索阻尼器标准主编单位

　　无锡市弘谷振控技术有限公司成立于1999年，系专业从事桥梁、建筑等领域结构振动控制的高薪技术企业。公司"高稳定高耗散减振材料制备关键技术与装置开发及工程应用"项目荣获"2014年度国家科学技术发明奖"二等奖。

　　公司是交通运输行业标准JT/T 1038-2016《斜拉索外置式黏滞阻尼器》的主编单位。

　　公司是建筑工业行业标准JG/T 209-2012《建筑消能阻尼器》的参编单位。

　　发展至今，公司已承接80余座斜拉桥阻尼器项目，其中包括应用黏滞阻尼器限制斜拉桥纵向位移的湘潭湘江三桥（2001年）、应用斜拉索外置式黏滞阻尼器抑制拉索风雨振的重庆云阳长江大桥（2005年）等。

各类桥梁阻尼器产品

1. 斜拉索外置式黏滞阻尼器
2. 斜拉索外置式黏性剪切型阻尼器
3. 斜拉索外置式密闭筒式黏性剪切型阻尼器
4. 斜拉索外置式永磁调节式磁流变液阻尼器
5. 斜拉索外置式阻尼可调油气耦合阻尼器
6. 斜拉索外置式电磁流变液阻尼器
7. 斜拉索外置式杆式阻尼器
8. 斜拉索内置式黏滞阻尼器
9. 塔梁用黏滞阻尼器
10. 调谐质量阻尼器（TMD）

斜拉索外置式黏滞阻尼器

斜拉索外置式黏性剪切型阻尼器

斜拉索外置式永磁调节式磁流变液阻尼器

斜拉索外置式电磁流变液阻尼器

塔梁用黏滞阻尼器

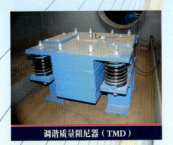
调谐质量阻尼器（TMD）

斜拉索外置式密闭筒式黏性剪切型阻尼器

斜拉索外置式杆式阻尼器

地址：江苏省无锡市锡山经济开发区科技工业园A区3幢
电话：0510-88261166 / 13506191719
传真：0510-88261155
邮编：214101
网址：www.hgzkchina.com
邮箱：hghb228@163.com

江苏法尔胜缆索有限公司

公司简介

江苏法尔胜缆索有限公司总投资1600万美元,拥有超千米长的主厂房和先进的缆索产品生产流水线,产能达16万吨/年。主要产品有热挤聚乙烯拉索系列,悬索桥主缆用预制平行钢丝索股系列和配套锚具夹具系列。

公司以提供优质产品为己任,以实现科技跨越为使命,在同行业中率先通过了ISO 9001:2015质量体系、ISO 14001:2015环境管理体系、GB/T 28001-2011职业健康安全管理体系三大体系认证,并在管理过程中严格贯彻执行。同时,公司研制开发出超高强度耐久型拉索、防渗水吊索、抗风雨振拉索、锌-铝合金镀层钢丝缆索、主缆缠绕S形钢丝等一系列高新技术产品。目前,产品已成功应用于沪通长江大桥、苏通长江大桥、香港昂船洲大桥、荆岳长江大桥、武汉杨泗港长江大桥、虎门二桥、舟山西堠门大桥、润扬长江大桥、泰州长江大桥、南京长江四桥、大岳高速公路洞庭湖大桥、上海卢浦大桥以及土耳其伊兹米特海湾大桥、韩国仁川大桥、挪威Halogaland大桥等800多个国内外重大工程项目。

主要产品

产品已成功应用于800多个国内外重大工程项目

桥梁缆索用高强度热镀锌和镀锌铝合金钢丝,年产50000吨 | 桥梁与结构用热挤聚乙烯拉索,年产40000吨 | 悬索桥预制平行钢丝索股,年产120000吨 | 填充型环氧钢绞线,年产10000吨

工程业绩

目前,主跨列世界前10位的悬索桥中,有7座大桥使用的是法尔胜缆索产品。

桥名	主跨(米)	通车时间
武汉杨泗港长江大桥	1700	在建
虎门二桥坭洲水道桥	1688	在建
舟山西堠门大桥	1650	2009
土耳其伊兹米特海湾大桥	1550	2016
润扬长江大桥	1490	2005
大岳高速公路洞庭湖大桥	1480	在建
南京长江第四大桥	1418	2012

目前,主跨列世界前10位的斜拉桥中,有6座大桥使用的是法尔胜缆索产品。

桥名	主跨(米)	通车时间
沪通长江大桥	1092	在建
苏通长江大桥	1088	2008
香港昂船洲大桥	1018	2009
鄂东长江大桥	926	2010
石首长江大桥	820	在建
荆岳长江大桥	816	2010

武汉杨泗港长江大桥

沪通长江大桥

虎门二桥坭洲水道桥

苏通长江大桥

舟山西堠门大桥

香港昂船洲大桥